U0039346

近代中國外交史事新研

李恩涵　著

臺灣商務印書館　發行

敬以本書

紀念兵工界耆宿、

我尊敬的已故岳父

——金陵吳明才老先生

自序

這本書彙集了我近十多年來所撰寫的有關近代中國不同時期外交史事之研究的二十篇論文，發行問世，俾便於讀者的檢索查閱，我個人實在感覺非常興奮與感謝。由於這些論文之絕大多數，都是我應邀參加一些學術研討會而撰寫的會議論文，其最後發表刊印出來的期刊與論文集，在論題與時間上都各不相同，有些論文集甚至在坊間已難於購得；加之在此十多年期間，我全力埋頭於研究撰著，先後曾經出版了《近代中國史事研究論集（第二冊）》（台北：台灣商務印書館，一九八七）、《北伐前後的「革命外交」》（中央研究院近代史研究所專刊六九，一九九三）、《日本軍戰爭暴行之研究》（台北：台灣商務印書館，一九九四）、《戰時日本販毒與「三光作戰」研究》（江蘇人民出版社，一九九九）等書，而本書的這二十篇論文實際也就是上述各專著論題的一些「補論」，對於讀者之進一步更深入瞭解這些不同的論題，當屬甚為有益。

就本書的內容而論，著者的第一篇文章首自清末民初國人之開始探究我國外交史事的底蘊與其性質，並進而撰成一些史實論評性或史實重建性之論著的探討，以及以瞭解與檢討近五十年來美國哈佛大學已故費正清教授（Professor John K. Fairbank）研究中國近現代〔外交〕史的一些特徵的第二篇文章，作為開端。其後，在簡略討論了清初康熙皇朝以武力有效遏制住俄羅斯自西伯利亞南侵黑龍江流域的尼布楚條約（Treaty of Nerchinck, 1689）之後，即進而探索清朝末年對於中國盛衰最具關鍵重要性的自強運動期間（一八六〇～一八九五），由於中國在應付外交、內政諸問題所標榜奮鬪的目標不高與所獲致的成就不大（其間實際掌握最高政權的慈禧太后所起的作用最大、最壞），導致為同時期內也在自強變革，但卻勝我一籌的東鄰日本之暗算而被擊敗的一些因素——這就是本書第四篇論文的探討主題之所在。著者的結論是，「在檢討自強運動失敗的一些因素時，清廷中心領導層（慈禧太后、清廷樞要人士如恭親王奕訢、醇親王奕譞、軍機大臣孫毓汶與「半中央」的北洋大臣直隸總督李鴻章等）之素質的問題，實應首予釐明清楚；其次，再對政治制度、社會結構、經濟組織、文化背景諸因素，一一予以檢討」；我們才可以「由此獲得更清楚的教訓，以為現在與未來中國現代化提供一些鑒戒與指示」。

其次，本書也對一八九五～一八九九年各帝國主義國家在中國所進行的「利權爭奪戰」（Battle of Concessions）以及一九一一～一九二八年間北洋政府的「修約外交」（以王寵惠、顧維鈞、顏惠慶、王正廷等為首）與南方諸軍政府的「革命外交」（以伍朝樞、陳友仁為首），以及一九二八～一九三一年間南京國民政府致力廢除不平等條約的諸項外交努力（以王正廷為首），分予探究。在本書最後的四篇論文中，著者也就第二次中日戰爭期間（一九三一～一九三七～一九四五年）與戰後國共內戰中的一項關鍵性事件，以及中共建國後對東南亞華人的新政策等論題，予以探討。本書的兩項「附錄」：第一項係就著者治學的淵源與其歷程，略予敘述；第二項之〈中國近代外交史「教學大綱」〉，係著者過去在國立台灣大學政治系與國立政治大學外交系任教時所採用，今發表於此，希望可對於大學本科生選讀該一科目者，提供一項參考性的閱讀綱要。我也希望對於國內大學所有歷史學科之「教學綱要」的標準化（過去與目前許多大學教師於教學時，或不提供學生一項詳明實用的「教學綱要」〔syllabus of lectures〕，或者其所提供的「教學綱要」，並不合乎標準化的格式；這是亟應予以改進的事），提供一項可能的範例。

在我已屆七十四歲高齡的暮春時光裡，我回頭檢討一下我過去近五十年來研究近代中國與其外交史事的歷程，可以說，我是以研究近代我國民族主義的精神與實踐之發軔與發展，而形成一條主要探索的線索：我先自研究一九〇五年前後清廷與各省官紳士民致力於收回外人所據有的開礦利權與修築鐵路的利權著手，寫出了《晚清收回礦權運動》（一九六三）與《中國收回鐵路利權運動》（原書為英文，書名為 *China's Quest for Railway Autonomy*）（一九七七）兩本書；然後，我即致力於研究二十世紀二〇、三〇年代的廢除中外不平等條約運動，積十多年的努力，終於寫出了《北伐前後的「革命外交」》（一九九三）一書。再次，我則對第二次中日戰爭期間（一九三一～一九三七～一九四五）日本軍在中國的戰爭暴行，予以深入、廣泛和比較性（與納粹德國在東歐與蘇聯的戰爭暴行相比較）的探究，廣泛參閱了中、日、英文中有關的原始資料與綜合了前人所遺留下來的記述及論著，寫出了《日本軍戰爭暴行之研究》（一九九四）與《戰時日本販毒與「三光作戰」研究》（一九九九）兩書。其間我並行有餘力以對某些內政與一般外交性諸問題，寫出了有關曾紀澤（一九六六）、左宗棠、唐紹儀等的事功之專著一冊與論文七、八篇。二〇〇〇年八月，我屆齡（七十歲）退休；退休後，則集中一年半至二年的時間寫好了一冊大學教科書式的《東南亞華人史》（九一五頁，二〇〇三），作為我任教新加坡（國立）大學十七年之久在這方面所下教研功力的一個總結。總括而言，至二〇〇四年止，我已出版了專書十一種、譯作一種、學術性論文一百多篇、史料編彙（合編）四種（一萬三千多頁）、譯作十多篇、書評六篇。

展望未來，我多年來一直在計畫企望、時思抽暇完成的寫作計畫，實際尚有數事亟待完成：第一，是應將前年（二〇〇二）撰成的《東南亞華人史》（台北：五南圖書公司，二〇〇三，九一五頁）改以英文重予寫出，並由一家西方大學出版社出版之；第二，應撰寫一巨冊以綜合中、西、日文近五十年來研究佳著為基礎的綜合性、通俗性、大學教科書式的《中國近代外交史》（自明末清初以至一九四九年，甚至延長其探討的時間下限至當代的二十一世紀）；第三，編譯一巨冊《美國外交史》（特重美國二百二十多年外交史上「天定擴展」"Manifest Destiny"與「邊陲不斷前進」"Frontier theory"諸思想模式的闡述與分析及理想主義與現實主義的衝突與協調過程諸要義。我也希望在最後結論的數章中，深入分析核子時代、後冷戰惟一超強美國外交作為的一些特色與其制約的各項因素。當然，由於未來美國在科技上的全盤優勢已無法長期維持，加之新中國十三億具極大創造力的巨大力量業已崛起，美國二點五億人的「超強」地位必將在未來一、二十年内迅速相對衰落，實為一必然的趨勢）。我希望這三項看似龐大、實際則具體而切實可行的寫作計畫，如果假我以身心健康、頭腦與記憶分析力維持良好正常的另一個十年，我應能夠一一順利完成才對。

瑯琊李恩涵謹識

二〇〇四年四月七日於板橋翠巒書齋

目錄

第一章　中國近代外交史研究綜述

一、前言

美國外交史學名家、前美國外交史學會（Society for the History of American Foreign Relations）會長、聖塔芭芭拉加州大學教授戴康德（Alexander DeConde）嘗言：外交是本國政治的反應，而各以其本國的國家利益為基本動機。所以，外交史的研究，實與內政的研究，息息相關，為一體之兩面。1這對於近代中國外交史的研究，也絕不例外。而且由於近代中國自鴉片戰爭以來，在很久的時期內，曾逐漸淪為一個半殖民地性質的國家，再加以中國社會性質的半封建性，其外交問題之影響及於內政者，實際是更為深刻與直接，甚至許多內政上的建置與舉措，都常以外交上的舉措為轉移，而不同的帝國主義國家常在中國的中樞首善之地與不同的廣大地區扮演著極重要，或非常重要的影響控制「內政」的角色，這是一項基本的事實。所以，近代中國外交史的研究，可以有廣、狹二義：廣義的外交史的範圍，甚至可以包括所有中國對外力挑戰的反應之種種內政的舉措與變革的研究，所有中國不同階段內的自強的努力，如不同的維新運動與革命運動的發動與發展，均可列入範圍之內。因為這些內政舉措與變革的原始推動因素，雖然是錯綜複雜的，但無不可以從中發現一條「外力」影響與操縱的線索——這是近代中國在很長的一段時期內與擁有完整主權與強大政權的近代大國，很不相同的一點。即使就狹義的中國外交史的研究而言，雖然研究者係以比較單純的外交事件或人物為對象，但其涉及於內政的不同層面，有時也很深刻，常常為了瞭解問題的真相，不能不就外交之影響於某些內政的問題作相當深入的瞭解。這是研究我國外交史的學者所常體驗到的一項事實，實無疑問。本文為敘述方便起見，對於過去六十年來中國外交史研究的檢討，主要係以狹義的外交史為限，但是在上述的情況下，有時亦常多少涉及於內政問題，也是很自然的事。

二、外交史研究的先驅者

如果我們將十九世紀中葉以來國人對於近代中國史事的研究，作一全面性的檢討，我們便可以發現，其最早期的研究論著，在形式與內容上仍然是傳統史學的史論式或掌故式的（例如自鴉片戰爭後以至英法聯軍之役的前後期間，一些傳統的經世學派與通習洋務的學者所撰寫的外交史著作，如梁廷枏撰《粵氛聞紀》、琴閣主人撰《觸藩始末》、芍塘居士撰《防海紀略》、魏源撰《海國圖志》、夏燮撰《中西紀事》、王之春撰《國朝柔遠紀》等等，都可列入「史論」之列）。此後梁啟超在東京所辦《新民叢報》與其他人在上海所辦《東方雜誌》中，雖然開始將一些探討近代史事模仿西方史學寫作形式的論著公諸行世，但它們也多不符合當時西方式學術內在與外在的形式與內容。而我國正統史學者一般也不視近代史事的撰述，為史學者正常研究的範圍——因為寫作者太受有限資料的限制，完全不作資料的比較研究，其論說又常淪為政治的附庸，所以，其學術性的價值，是非常有限的。加之學者多世紀以來一直重視古代或至少中古、近世史事的探究，中外皆然，其對近代史事研究的輕視與漠視，實為一普遍的事實。這在民國初年，甚至一直到五〇年代播遷來台灣的期間，在我國史學界的主流學者群中，表現的還很顯著。

不過，這種情形經過民國初年許多位專研明清與近代史事的學者努力之後，情況已逐漸有所改善。如孟森對清代開國與中葉史事的研究（著《清朝前紀》、《明元清系通紀》、《心史叢刊》及《心史叢刊續編》等），朱希祖對南明史事的研究，梁啟超對清代學術與近三百年學術史的研究，其嚴謹的治學態度與探幽闡微的功力，都為學術界所公認，為近代史的研究，建立可信賴和足為信史的一些楷模。[2]民國十二年（一九二三），蕭一山著《清代通史》上卷二冊出版，自清室開國迄雍正末，約五十萬言。民國十四年（一九二五），中卷二冊出版，自乾隆迄道光末，約六十萬言。此後一直至民國六十一年（一九七二），蕭氏始將《清代通史》全書，包括下卷，合為五大冊（台北：台灣商務印書館），全部撰成出版，為清史的研究，開一新紀元。也使近代史的學術化，邁入一新的階段。[3]

在中國外交史的撰著方面，最早推動其提高水準的劃時代的著作，尚為美人馬士（Hosea Ballou Morse）於一九一〇～一九一八年出版的三冊 *The International Relations of the Chinese Empire*, 3 Vols（Vol. I, *The Period of Conflict, 1834-1860*, Shanghai, 1910, 727pp.; Vol. II, *The Period of Submission, 1861-1893*, London, 1918, 480pp.; Vol. III, *The Period of Subjection, 1894-1911*, London, 1918, 530pp.）。馬士（一八五五～一九三四）為出生於

加拿大 Nova Scotia 的美籍中國通，早年就學於波士頓拉丁學校（Boston Latin School），一八七四年畢業於哈佛大學後，即加入中國海關服務，先後在上海、北京、天津、北海、淡水、龍州、漢口、廣州等地任職，後來則擔任海關總稅務司署的統計秘書。一九〇七年始離開中國，兩年後辭中國海關之職後，即卜居英國，專力著述，先於一九〇八年出版 *Trade and Administration of the Chinese Empire*（《中華帝國之貿易與貿易制度》，該書又有第二、三版之刊行，第三版之出版時地為 New York, Bombay, Calcutta, Longmans, Green & Co., 1921）；一九一〇～一九一八年乃出版此《中華帝國國際關係史》三巨冊；一九二六～一九二九年又出版五巨冊的 *Chronicle of the East India Company Trading to China, 1635-1843*, 4 Vols.（Oxford, 1926）; Vol. 5, for 1742-1774（Oxford, 1929）；又出版 *The Guilds of China* 一書；一九二八年更與其私淑弟子此後任芝加哥大學遠東史教授的 Harley Farnsworth MacNair 合著 *Far East International Relations*（Shanghai, 1928, 1080pp. and Boston: Houghton, Mifflin, 1931, 846pp.）[4] H. F. MacNair 自己也編有 *The Selected Readings of Chinese Modern History*《中國近代歷史文選》，蒐集有關中國近代與近代外交史的部分西文資料於一書，甚為有用。馬士治學重精確公正，所著《中華帝國國際關係史》除大量引用英國國會文書（Great Britain, Parliamentary Papers [Blue Books]）、美國外交文書（Foreign Relations of the U.S.）與西文中之有關資料與著作之外，也儘量利用當時尚未公開行世但存儲於Public Record Office（London）可供讀者閱讀的Foreign Office Archieves（F. O.）的資料。他的其他著作，也是根據卷帙浩繁的原始資料，參考現有可靠性極高的第二手資料勾稽而成的力作。馬士雖然尚不能閱讀中文中的有關資料，但他認真的忠於史實、忠於學術的態度，已將中國外交史的著作水準，推向一個新的較高的水準。

同時期內，法國遠東史家 Henri Cordier 的三冊大著 *Histoire des Relations de la Chine avec les Puissances Occidentals*, 3 Vols., Paris: F. Alcan, 1901-1902，甚至較 H. B. Morse 的著作，尚早數年問世。Henri Cordier 為出生美國 New Orleans 而受教育於巴黎的法國人，一八六九年來中國，一八八一年返法，任教於 Ecole des langues orientales Vivantes, Paris（巴黎東方語言學校），著作宏富。Henri Cordier 其他有關中國外交史的著作，尚有 “Les marchants hanistes de Canton”, *T'oung Pao*, Vol. 2, No. 3 （1902）, pp. 281-315; *L'Expedition de Chine de 1857-1858: Histoire Diplomatique Notes et Documents* （Paris, 1905）, 450pp., “La Mission Dubois de Jancigny dans L'Extreme Orient, 1841-1846,” *Revue de l'Histoire des Colonies Françaises*, Vol. 4, pp. 1-132 （1916）等等。[5] 雖然 Cordier 所能參考的資料，也是局限於法方的外交文書與其他西文中的有關資料，但其力求真實（當然也具有當時西方史學者的一些成見與「西方中心」的觀念）的學者精神，與有系統探討問題的歷史方法，使他和 H. B. Morse 可並列為推動中國外交史的學術化至一新階段的兩大先驅人物，應毫無疑問。

稍後，同類型的西人著作，所用資料僅限於外文方面的原始資料與第二手的著述，而所敘外交史事也僅限於表達外人的觀點與立場，表現一種強烈的「西方中心」思想，尚有 Tyler Dennett, *Americans in Eastern Asia: A Critical Study of the Policy of the United States with the Reference to China, Japan and Korea in the Nineteenth Century* （New York, 1922）, 725pp.; Philip Joseph, *Foreign Diplomacy in China, 1894-1900* （London, 1928）；德國人亥爾穆特・施丟克爾著、喬松譯，《十九世紀的德國與中國》（北京：三聯書店，一九六三）等代表性的著作。[6]

三、研究風氣的勃興與史料的刊布

民國初年，留日學生大量返國，在軍、政與學術界廣泛參與服務。他們在日本讀書期間，都深受日本強橫凌我的「二十一條要求」的心理刺激，又飽讀過日本學界為配合其本國侵略滿、蒙而對我所作的各項學術支援性、具有扭曲史事性的一些所謂「研究」。所以，他們之中很多人都具有很強烈的民族主義情緒，於返國之後即發憤於中外外交史的撰述；其中最著名的一位留日外交史學者，即為此後擔任國會議員的劉彥（劉氏後來於民國十一年十一月在國會領導通過了一項決議案，公開宣示廢止了中日有關二十一條的協約與換文）。劉氏早於一九一一年即出版過《鴉片戰爭》（中國近時外交史發行所）一書；民國三年（一九一四），又出版了《中國近時外交史》（上海：華昌書局，一九一四），條理清晰而資料豐富，對近代我國所有的重大外交事件，均能溯其原委，詳其始末，為當年欲瞭解我國近代外交史問題的必讀之作。該書後來又一再增訂，一九二七年更改名《帝國主義壓迫中國史》（二冊，上海：太平洋書店），風行更廣。劉彥在此前後又再撰《歐戰期間中日交涉史》（上海：太平洋書店，一九二一）、《最近三十年中國外交史》（上海：太平洋書店，一九三〇）及《被侵害之中國》等書。惟劉氏所撰各書，多取材於日本人的著作，輾轉抄譯而傅之以我國民族主義的觀點，雜揉而成，他自己並未對此等外交事件作何深入而綜括性的個案研究。所以，他的著作雖能一時獨擅史林，尚難稱之為外交史的真正著作。7但在這種籠統的民族主義的支配下，從民國初年以至一九四九年初期的三十多年，這類列強侵華史、外患史、國難史、外禍史、近代外交史與中外雙邊關係史之類的所謂「著作」，據粗略估計，竟不下於一百三十多部之多，文章則約有三百多篇，[8]大多是輾轉選譯、東抄西湊的編彙之作，雖能對各外交事件的粗略輪廓，羅列其簡單事實，但完全缺乏根據完整的外交檔案所作的細微地深入地個案研究；這些「著述」只能用之於向群眾宣傳與動員群眾的政治性運動，而於學術上追求外交史實的目標，相距尚遠。

在二〇年代與三〇年代最能刺激國人從事外交史研究的一項重要因素，當為我國外交史料的逐步刊印。民國十八年（一九二九），故宮博物院先影印《道光朝籌辦夷務始末》八十卷，其中許多「極密」或機密性文件，從未見之於他書。這部書原係咸豐帝應大學士杜受田的建議，諭設館編纂而成，起自一八三六年之議禁鴉片，終於一八四九年之不准英人進入廣州，前後十四年，取一切有關「夷務」的章奏，悉行抄錄，不遺一字，不更一言，按照原議辦法，應是高度科學性的史料抄錄。但實際主編者後來卻未能作到這一點：不只常對原文有所刪節，尤以各奏摺為甚；書中所列的日期也只是軍機處收到或奉旨發出的日期，而非各疆臣奏摺發奏的日期；而且主編者又將上述的日期改為干支，致常造成日期的混亂。[9]此後，故宮博物院又陸續影印了《咸豐朝籌辦夷務始末》與《同治朝籌辦夷務始末》兩書，前者亦為八十卷，起自道光三十年正月（一八五〇年二月），止於咸豐十一年七月（一八六一年八月），首尾十二年。後者全書一百卷，起自咸豐十一年七月（一八六一年八月），止於同治十三年十二月（一八七五年一月）。三書合併，稱之為《三朝籌辦夷務始末》。[10]這是中國早期外交文書（一八三六～一八七五）的大刊布，其中絕大部分的文件都是過去從未公布過的。我方外交史資料的大量增加，實大大刺激了中外學者對外交史研究的興趣與其水準。所以，蔣廷黻曾稱：「夷務始末的出版，是中國外交史的學術革命」，[11]確是一語見其真髓。

惟《三朝籌辦夷務始末》只概括了道光、咸豐、同治三朝約略四十年間的外交關係的資料，而光緒（一八七五～一九〇八）與宣統（一九〇九～一九一一）兩朝卻沒有官署編纂的資料。但私人編纂的，卻有王彥威、王亮父子所編的《清季外交史料》二百四十三卷，起自光緒元年（一八七五），以迄宣統三年（一九一一）清室覆亡為止。王彥威初任工部主事，補軍機章京，在軍機處中他曾見到奉旨編纂的籌辦夷務始末，即曾利用奉公之暇，錄抄了一份副本。12 更念光緒以來，曾經中法戰爭、中日戰爭、戊戌變法、庚子義和團，以及議和、通商、劃界等重大事件，皆為中國國勢興衰的大關鍵，因輯錄軍機處外交檔案中的資料，起自光緒元年（一八七五），而止於光緒三十年（一九〇四）五月，題稱《洋務始末》。清制廷寄電報與臣工奏摺，有關緊要者，均不得傳播外間，而王彥威則利用直宿章京駐宿軍機處的機會，每至直宿，即摭錄外交檔件，無少間，夜以達旦。13 惟洋務始末止於一九〇四年五月，自此時之後，以至光緒三十四年（一九〇八）的史料，則為其子王亮所補編。後更將《洋務始末》，改名為《光緒朝外交史料》，共二百十八卷。自一九〇九年至一九一二年清室覆亡，為王亮所輯，訂名《宣統朝外交史料》，共二十四卷；另有《西巡大事記》十一卷，《外交年鑑》四卷。合《光緒朝外交史料》與《宣統朝外交史料》為一書，則總稱為《清季外交史料》。時人估計《清季外交史料》所抄錄的文件，至少有百分之五十至六十，是前所未曾發表的，為研究外交史不可缺乏的參考書之一。14

此外，故宮博物院繼影印《籌辦夷務始末》之後，也著手搜輯雍正、乾隆、嘉慶三朝及道光元年至十五年的有關各國交涉的文書，以補夷務始末之不足。書名定為《清代外交史料》，而先將嘉慶朝（一七九六～一八二〇）的文書刊印行世。此後，《清代外交史料（道光朝）》，賡續刊布，係輯為四冊；原訂編至道光十五年（一八三五），但實際僅編至十一年（一八三一）而止。顯然並未完成預定的計畫；在此之前的雍正、乾隆兩朝，亦未繼續刊印。[15]該院另外也刊印《清光緒朝中日交涉史料》（起自光緒元年，止於光緒三十一年，共四十四冊）、《清光緒朝中法交涉史料》（起自光緒元年〔一八七五〕，止於光緒十一年〔一八八五〕）。《清宣統朝中日交涉史料》（共三冊）。光緒朝共三十四年，宣統在位三年，光緒朝中日、中法兩部外交史料，都未編輯完成。有關宣統朝者則遺漏更多，且過於簡略。[16]

故宮博物院在一九三七年前另外也編印《文獻叢編》、《史料旬刊》與其他叢書行世。前者印至三十六輯，後者發行至四十期，其中也有不少有關外交史的新資料。[17]

四、蔣廷黻、張忠紱對外交史研究的貢獻

在我方大量外交新資料刊印的同時，中國外交史的研究工作，也在清華大學歷史系教授蔣廷黻的領導下，邁入一個新的階段。蔣廷黻為美國哥倫比亞大學博士，在美留學十年，又赴歐洲遊法一年，於一九二三年返國。他在哥大所撰寫的博士論文，原與中國無關，而是探討英國工黨（The Labour Party）內外政策的〈勞工與帝國〉，但他在返國之後，即轉而致力於中國外交史的研究。[18]由於他在西洋政治、外交知識與文字語言方面均有充分的訓練，極力提倡「撰外交史者必須搜羅有關各國的文件，根據一方面的文件來撰外交史，等於專聽一面之辭來判訟」。又提倡研究外交史當首先追求「真實」、「研究外交史，不是辦外交，不是作宣傳，是研究歷史，是求學問。」[19]這便將外交史的研究，推進至高等的與其他史學領域所追求的同樣的境界。

蔣廷黻在一九三一年發表的〈琦善與鴉片戰爭〉一文（《清華學報》，第六卷，第三期，民國二十年十月，北平），即是摒除意氣、平心靜氣自多文字、多檔案與多方面評斷鴉片戰爭早期外交的一篇典型之作。這篇文字的篇幅雖然不長，但卻有斷、有論、有史實的考證，也有是非的評定，而且時而從當事人涉身處地的境況來論述，時而從傳統的或西方的國際關係的型態上來分析，我們固然不必同意他所作的一些論斷，但該論文確為中國外交史的研究，開闢一新途徑，也建立了研究與寫作中國外交史的新標準。

在此前後，蔣廷黻也出版了他編輯的《近代中國外交史資料輯要》（上卷），（上海：商務印書館，一九三一），三年後的一九三四年十一月，該資料輯要中卷（上海：商務印書館）出版。（惟此後並無下卷刊行），蒐集一八六〇年前有關外交大事的中文資料（多輯自《三朝籌辦夷務始末》），平鋪直敘的呈現歷史發展的真相。而於每章每節之前，冠以簡要的背景敘述與事實性的評斷，完全跳出了過去外交史著作常常情緒化痛罵洋人如何欺壓中國，不平等條約應該如何廢除的舊窠臼。[20]稍後，他又根據中、英、法三種文字中的新資料（他後來雖被任為駐俄大使，但他這時似乎不懂俄文），寫成〈最近三百年東北外患史〉一文（《清華學報》，第八卷，第一期，一九三二年十二月）與〈中國與近代世界的大變局〉（《清華學報》，第九卷，第四期，一九三四年十月）。一九四〇年，他又抽暇寫出《中國近代史大綱》（長沙：商務印書館）的一本小書（此後該書再版多次，又名《中國近代史》），雖然只是對近代史的一個簡略的初步報告，但見解精闢，出語不凡。[21]蔣廷黻真正有關外交史的論著不多，但所寫書評與評論外交所發生的影響力很大，因為自一九三一年九一八國難之後，他的精力大部分都用於支持《獨立評論》，為書生報國之計，但他在造成風氣與維持高水準的外交研究方面，貢獻甚偉。

蔣廷黻對於外交史研究的另一大貢獻，是在清華大學歷史系訓練了一批繼起研究教學的人才。如研究中日關係的王信忠（早年著有《中日甲午戰爭之外交背景》，北平，一九三七。可惜王氏從一九四九年後即定居日本，改而從商，未見再有其他的專著行世）。與研究中法關係與中外全盤關係的邵循正（邵氏遊學法國與德國，原係專力於研究蒙古史，但也間以其餘力研究近代外交史事，頗能掌握英、法、德、義及波斯、蒙古等多種語文）及其他優秀學者[22]（張雁深研究中法關係與一般中西外交史，似畢業於燕京大學，但也似受蔣廷黻的影響甚深），都是他所訓練的學生。而今日中國大陸研究外交史的一批骨幹學者如丁名楠（西南聯大畢業）、余繩武（西南聯大畢業）、張振鵾等，則多為邵循正的學生。

蔣廷黻之外，同時期內研究外交史的卓越學者尚有王芸生、張忠紱、郭斌佳、徐淑希等。王芸生為天津《大公報》的名記者與專欄作家，對外交問題特別是日本問題夙有研究，常有公允中肯的評論發表。他所編彙的《六十年來的中國與日本》，起自一八七〇年日本之遣使來華訂約，原擬止於一九三一年九一八事變，惟其後陸續只出版七大册，至一九一九年巴黎和會為止（第六卷包括一九一一～一九一五年中日間的大事件，其「二十一條」交涉中之文件有袁世凱的朱批，指示交涉方針與策略；第七卷為一九一五～一九一九年間之大事件；而卷中均包括有我駐俄、駐日使館及其他重要官員所提供的新資料）；[23]全書雖為資料的彙輯性質，但綱舉目張，實如創作，對外交史的研究，促進之功甚大。張忠紱畢業於清華學堂，旋即以官費留學美國當時在研究國際關係與國際法最負盛名的約翰霍布金斯大學（Johns Hopkins University），獲博士學位，對於歐美與遠東國際外交有精湛深入的研究，一九三一年即在其母校Johns Hopkins University以英文出版*The Anglo-Japanese Alliance*（Baltimore, 1931）一書。其業師為中國通著有多種當代中國外交問題專著的韋羅貝教授（W.

W. Willoughby，著有 *Foreign Rights and Interests in China*, Baltimore, 1927; *China at the Conference*, Baltimore, 1922; *The Sino-Japanese Controversy and the League of the Nations*, Baltimore, 1935 等等）。張氏返國後，一九三一年即擔任北京大學政治系主任，先以中文出版《英日同盟》（上海：新月，一九三一）及《歐洲外交史》（世界書局，一九三四）；其後，則出版其《中華民國外交史》第一冊（重慶：正中書局，一九四三），自一九一一年寫至一九二二年華盛頓會議。該書利用中西已經發表的外交資料，言必有據，為紮實的奠定外交史基石之作。可惜他辛勤蒐集的第二冊中的中外文資料與已經初步寫成的草稿，包括一九二二年至九一八事變之間的外交大事件，經過八年抗戰的大動亂，在北平竟全部損毀焚壞，所以，其《中華民國外交史》第二冊竟無法出版，實為他個人與外交史界可惜之事。[24] 郭斌佳與徐淑希亦均留美博士，郭氏曾以英文撰有 *A Critical Study of the First Anglo-Chinese War, with Documents*（Shanghai, 1935），執教於武漢大學，造就了不少兼通中、西文的後進。他與國際法權威周鯁生（曾任武漢大學校長）在所主持的武漢大學（文哲）社會科學季刊內，也發表過不少外交史的佳作。徐淑希教授為燕京大學政治系主任，著有 *Chinese and Her Political Entity*（London, 1926）, *The Manchurian Question*（Peking, 1929）, *How the Far Eastern War was Begun*（Shanghai, 1938）等書。抗戰全面爆發，日軍於進佔南京後曾進行長達八、九週的大屠殺，是為「南京大屠殺」。徐氏則將在大屠殺期間西人所組織的南京安全區國際委員會向日軍歷次抗議的各項文件，輯為 *The War Conduct of the Japanese*（Shanghai, 1938）（又名 *Documents of the Nanking Safety Zone*, Shanghai, 1939），將日軍暴行以原始的第一手資料的形式，予以刊布問世，使日本政府當局與其在野人士均無法抵賴其暴行，至今為研究日軍南京大屠殺的必讀之作——徐氏的編纂此書，可稱得上是「學術報國」的最佳例證之一了。

可惜由於日本之侵略中國，國難當頭，上述蔣、張、郭、徐四位對外交史可有更多更大之貢獻的學者，均先後為國家徵召，轉而從政，擔任實際的外交設計或外交實地工作。蔣廷黻先任行政院政務處長，後出使俄國，任駐蘇聯大使，後更任中華民國駐聯合國常任代表（大使）。張忠紱先被邀出任外交部美洲司司長，後轉任軍事委員會參事室參事，後亦在中國駐聯合國代表團服務。郭斌佳亦先為軍委會參事，後駐美為中國駐聯合國代表團之一員，以後並被任為聯合國官員之一。徐淑希則曾出使加拿大，後亦為中國駐聯合國代表團之一員，為國宣勞。他們這些位於從政後，分別效力國家，雖多各有貢獻，但就外交史的研究而言，卻因失去了他們直接的卓越領導與源源不斷的撰著為可惜了。

五、中外研究成果總評

抗日戰爭勝利後，國內戰事很快擴大至全面性的決鬪之局，政治、經濟、社會的全面情勢既擾攘不安，外交史的研究，更無從談起。一直到國民政府播遷來台灣，而台灣海峽兩岸的戰爭漸成對峙之局，中華民國在台灣的政局也漸趨於穩固，外交史的研究乃重新展開，特別是從民國四十四年（一九五五）二月中央研究院設立近代史研究所籌備處之後為然。近代史研究所成立之初，即在陶振譽教授的安排下，從外交部接收了外交檔案一百八十九箱，其中包括清季總理衙門、外務部及民國十五年以前北京政府的檔案。由於該所成立之初，圖書貧乏而經費短少，而整個中華民國台灣的藏書，除去中央研究院歷史語言研究所的藏書質量均佳之外，都極感不足。所以，在郭廷以教授的領導下，近代史研究所早期的工作，除督促同人就近利用本所與史語所的藏書，加緊從事於專題研究的準備之外，其工作重心即在編纂出版這批外交檔案，列之為中國近代史資料彙編，經過三十多年來的賡續努力，至今該彙編已出版十一種，每種都包括了許多大本，例如：⑴《海防檔》，計精裝本九大冊；⑵《中俄關係史料》，計十五大冊；⑶《礦務檔》，精裝八大冊；⑷《中法越南交涉檔》，精裝七大冊；⑸《道光、咸豐兩朝籌辦夷務始末補遺》，一大冊；⑹《四國新檔》，精裝四大冊；⑺《中美關係史料》（非全部根據檔案），精裝三大冊；⑻《近代中國對西方及列強認識資料彙編》（非根據檔案，而係博採多種資料而成），三輯六大冊；⑼《清季中日韓關係史料》，精裝十一大冊；⑽《教務教案檔》，七輯，精裝二十一大冊；⑾《中日關係史料》，十大冊。

近代史研究所早期出版的一些「專刊」，係所內同仁從事專題研究的成果，也多與外交史有關：如黃嘉謨的《甲午戰前台灣之煤務》與《美國與台灣》，李毓澍的《外蒙古撤治問題》與《中日二十一條交涉（上）》，李國祁的《中國早期的鐵路經營》與《張之洞的外交政策》，呂實強的《中國早期的輪船經營》與《中國官紳反教的原因》，王璽的《中英開平礦權交涉》與《李鴻章與中日訂約》，李恩涵的《晚清的收回礦權運動》與《曾紀澤的外交》，王爾敏的《清季兵工業的興起》，王聿均的《中蘇外交的序幕》，王樹槐的《外人與戊戌變法》與《庚子賠款》，張存武的《中美工約風潮》與《清韓宗藩貿易》，王萍的《西方曆算學之輸入》，王家儉的《魏源年譜》，趙中孚的《清季中俄東三省界務交涉》，林明德的《袁世凱與朝鮮》，郭廷以、陸寶千的《郭嵩燾先生年譜》，黃福慶的《清末留日學生》與《近代日本在華文化及社會事業之研究》，黃嘉謨的《滇西回民政權的聯英外交》，陳三井的《華工與歐戰》，陳存恭的《列強對中國的軍火禁運》，李健民的《五卅慘案後的反英運動》等等，也都是牽涉外交問題的深入研究之作，在迄今近代史研究所出版的五十四種「專刊」中，所佔份量最大。此外，近代史研究所所出版的史料叢刊五種中，有兩種也與外交問題有關，其自民國五十八年（一九六九）以後即一直每年至少出版一大冊的《中央研究院近代史研究所集刊》，迄今（一九八八）已出版十七期（共十九大冊），其中的論文也不乏外交史的佳作。[25]毫無疑問地，近代史研究所是中華民國台灣境內外交史研究的第一重要中心。

此外私立中國文化大學歷史研究所梁嘉彬教授，亦於中國外交史有重要的貢獻。梁教授為研究近代史的前輩學人，獲日本東京大學文科博士，早年以《廣東十三行考》一書成名，來台灣後則肆力於中琉（球）關係與李鴻章外交的研究，成就卓著。國立政治大學李雲漢教授著《宋哲元與七七抗戰》，同大學蔣永敬教授著《鮑羅廷與武漢政權》及《胡志明——一個偽裝的民族主義者》等，均為著力之作，也均與外交史有關。李定一教授著《中美外交史》第一冊（一九六〇），亦搜羅資料繁富。台灣大學政治系教授傅啟學與黃正銘，為大學教學之需，亦有《中國外交史》之作；該校歷史系王曾才教授則著《中英外交史論集》（台北：台灣商務印書館），對郭嵩燾使英與辛亥革命期間的中英外交，有所研究。國立師範大學歷史研究所李國祁教授則對中德外交史所下工夫最深，曾有德文專著行世，中文論著散見各學術刊物。輔仁大學的戚世皓教授（Madelaine Chi）則以英文撰有《中英蘇杭甬鐵路借款的外交》（見 *Modern Asian Studies*, Vol. 7, No. 1, 1973），另在哈佛大學東亞研究中心出版 *China Diplomacy, 1914-1918*（1970）一書。中興大學的已故陳驥教授、文化大學的王綱領教授也均有不同時期的有關外交史的著述。此外，國立台灣大學歷史研究所與政治研究所，國立台灣師範大學歷史研究所，國立政治大學外交研究所、歷史研究所與文化大學歷史研究所與中美關係研究所所訓練的博士、碩士所寫的論文中，亦頗有不錯的佳作，[26]惜多未出版，搜閱不易。

與中華民國中央研究院成立近代史研究所約略同時，一九五五年美國哈佛大學教授費正清（John K. Fairbank）在該校創辦東亞研究中心（East Asian Research Center，現在其中國研究的部分，名為 John K. Fairbank Research Center, Harvard University），一面訓練優秀的中國研究人才，一面出版該校（及他校）所訓練成績優秀的博士人才的博士論文行世。迄今為止，該中心已出版了一百五十一冊極具水準的專著，其中一百二十四冊是有關中國的。[27]而這些論著在早期也多以中國外交史（包括所謂"China's Response to the West"的一些論題）為主，而哈佛大學的近代中國研究與中華民國境內的近代史研究，也是互為影響。他們所出版的論著，如 John K. Fairbank, *Trade and Diplomacy on the China Coast*（1953），Immanuel C. Y. Hsu（徐中約教授），*China's Entrance into the Family of Nations*（1960）（徐氏另著 *The Ili Crisis*，由 Oxford 大學 Clarendon 出版，1965），Kwang-Ching Liu（劉廣京教授），*Anglo-American Steamship Rivalry in China, 1862-1974*（1962），Meng Ssu-ming, *The Tsungli Yamen*（1962），Paul A. Cohen, *China and Christianity*（1963），Lloyd E. Eastman, *Throne and Mandarins*（1967），Hao Yen-ping（郝延平教授），*The Compradore in the 19th-Century China*（1972），Akira Iriye, *After Imperialism*（1972）等等，均為研究外交史的必讀之作（其中徐中約教授為燕京大學畢業，曾短期在日本擔任外交官，後赴哈佛大學從外交史著名學者 William L. Langer 攻讀，獲博士學位。徐氏任教聖塔芭芭拉加州大學二十五年以上，精通中、英、法、日各種文字，並粗知俄文，為華裔美籍學者中研究外交史之有數的卓越學者。他與劉廣京教授年歲相若，而在學術上的成就也互為伯仲，其所著 *The Rise of Modern China*（Oxford, 1970, 1975），計一千零二頁，現為全美大學最通行的近代中國科目的教科書之一。哈佛大學的這批外交史的著作，往往是參閱了中、英、日、法、德、俄等不同國家的外交檔案之作（至少包括了中、英、美、日等國現已刊行，或雖未刊行但已可獲准閱讀的外交檔案中的有關的文書），而且這些論著不只著力於史實的重建，也對史實的解釋，作出廣狹不同的探討。它們對於中華民國台灣學術界類似的研究，頗起刺激的作用。當然他們的研究，也受到不少台灣學者的影響與助力。

同時期內，中國大陸方面對外交史的研究，其在五〇年代與六〇年代前半段的表現，雖然具有著很深刻的政治色彩，但由於在一九四九年的巨變中他們留下來的人才較多，實在是相當不俗。中共除去在范文瀾、翦伯贊等主持下，在中國近代史資料叢刊的大部頭書名下，出版了鴉片戰爭、第二次鴉片戰爭、洋務運動、捻軍、回民起義、中法戰爭、中日戰爭、戊戌變法、義和團、辛亥革命等十種重大事件的史料彙刊，每種史料彙刊都各有四大冊至八大冊之多，為研究外交史（與研究整個中國近代史）者所必讀；其中國科學院近代史研究所所出版的《近代史資料》（月刊），也經常有前所未見的史料發表，頗有助於近代史事（包括外交史）的探究。他們在一九六四年之前所出版的一些有關探討帝國主義侵華史的著作，像胡繩的《帝國主義與中國政治》，丁名楠、余繩武等的《帝國主義侵華史》第一卷（一九五八），卿汝楫的《美國侵華史》（二冊），錢實甫的《清代外交機關》，列島編《鴉片戰爭史論文專集》，余素的《清季英國侵略西藏史》，張雁深的《中法外交關係》，牟安世的《中法戰爭》，蔣孟引的《第二次鴉片戰爭》，胡濱的《十九世紀末葉帝國主義爭奪中國權益史》等等，[28]抉除去其政治色彩濃厚的一些套語專辭之外，都可算是相當著力，具有相當高水準的力作——他們不只能夠廣泛地參閱中文資料，對外文方面的有關資料（如英人在華所辦報紙 *North China Daily News, North China Herald* 等），也能基本上予以運用，頗合蔣廷黻、邵循正以下研治外交史的一項基本原則。

其他研究列強在華經濟侵略的一些著作，其成績似較前者更為出色，如多篇論文編成的《帝國主義經濟侵華史㈠》，欽本立的《美國經濟侵華史》，吳承昭的《帝國主義在舊中國的投資》、劉秉麟遺著《近代中國外債史稿》，徐義生的《中國近代外債史統計資料（一八五三～一九二七）》等等，都具有很高的學術水準。[29]同時期內，中國大陸學者所寫的一些外交史的論文，如鄧楚川的〈威爾遜與中國〉（《歷史研究》，一九六四，第二期），陳芳芝的〈九一八事變時期美、日帝國主義的勾結〉（《北京大學學報》，一九六二，第三、四期），邵循正的〈美國對華侵略的作風與路線〉（一九五一年一月十二日，《大公報》），嚴中平的〈英國資產階級紡織利益集團〉與〈兩次鴉片戰爭史料〉（《經濟研究》，一九五五，第一、二期），齊思和的〈鴉片戰爭時期英國煙販們是英國侵略中國的主謀〉（一九五三年六月二十六日，《光明日報》），余繩武的〈辛亥革命時期帝國主義列強的侵華政策〉（《歷史研究》，一九六一，第五期），邵循正的〈辛亥革命前五十年間外國侵略者和中國買辦化軍閥官僚勢力的關係〉（《歷史研究》，一九五四，第四期），孫毓棠的〈中日甲午戰爭前外國資本在中國經營的近代工業〉（《歷史研究》，一九五四，第五期），汪敬虞的〈十九世紀外資對中國工礦企業的侵略活動〉（《經濟研究》，一九六五，第十二期）、〈十九世紀外國在華銀勢力的擴張及其對中國通商口岸金融市場的控制〉（《歷史研究》，一九六三，第五期），張仲禮的〈一八三四～一八六七年我國對外貿易的變化與背景〉（《學術月刊》，一九六〇，第九期），洪葭管的〈從匯豐銀行看帝國主義對舊中國的金融統治〉（《學術月刊》，一九六四，第四期），胡濱的〈關於十九世紀末帝國主義瓜分中國鐵路利權的陰謀活動〉（《歷史研究》，一九五六，第五期），聶寶璋的〈從美資旗昌輪船公司的創辦與發展看買辦的作用〉（《歷史研究》，一九六四，第二期）等等，[30]抉除掉這些文章中政治性的一套辭彙，也都是一些具有高水準的論文。

但是，中共政治很快就走火入魔，早在一九五八年即有人指責丁名楠、余繩武等所編寫的《帝國主義侵華史》（第一卷），「只講帝國主義侵略，不講人民的反抗，犯了方向性的錯誤」，所以，該編寫組被命令解散，研究工作中斷達二十年，而只有該書的第一冊行世。[31]在「文革」的所謂「十年風暴」中，外交史研究與其他的學術研究一樣完全淪為政治的附庸和國際間宣傳罵陣的工具，不只老一輩的蔣伯贊（他與外交史無關）等被迫害而死，次一輩的齊思和、邵循正等也相繼死亡，再次一輩現年六十六、七歲的丁名楠、余繩武等，也被下放勞動，苟延殘喘於作點翻譯工作十多年之久；極端政治之阻礙學術研究的正常化發展，此為一最明顯的例證。所以，大陸學者過去約略三十五年（一九四九～一九八五）的期間，雖然根據粗略的統計，據說出版了近代中外關係史的著作，包括部分涉及這方面的著作，共計有一百五十六種，資料書、工具書九十八種，論文集十六冊，有關文章二千零三十篇，[32]但除去在一九六五年之前少數學者在政治的外衣下，確有紮實功力、言之有物的佳著之外，絕大多數在一九六六～一九七八年間所刊布的作品都是政治性、宣傳性、罵戰性之作，缺乏學術性著作的外在形式與內在質素，較之四、五十年前劉彥式的一些外交史著作，尚覺不知。

同時期內，在一九六五年之前，大陸學者在外交史方面最重大的貢獻，也在資料書的編纂方面。大部頭的資料書，除上述中國近代史資料叢刊十數種十大册之外，也有另一大型資料叢書《帝國主義與中國海關》的出版，計自一九五七～一九六五年間，已陸續出版了十輯，如第四編的中國海關與中法戰爭，第五編中國海關與緬藏問題，第六編中國海關與中葡里斯本草約，第七編中國海關與中日戰爭，第八編中國海關與英德續借款，第九編中國海關與義和團運動，第十編中國海關與庚子賠款，第十二編中國海關與郵政，第十三編中國海關與辛亥革命，第十五編一九三八年英日關於中國海關的非法協定等等；至於第一編至第三編，第十一、十四編共五編，則因材料不齊或其他原因，所以一直沒有出版。[33]其他水準極高的資料編纂書籍，則有孫毓棠等編的《中國近代工業史資料》第一輯（一九五七），汪敬虞等編的《中國近代工業史資料》第二輯（上、下二冊），陳真等編的《中國近代工業史資料》，第一輯、二、三、四輯；彭澤益編《中國近代工業史資料》（三冊，一九五七），嚴中平等編《中國近代經濟史統計資料選輯》（一九五五），朱士嘉編《十九世紀美國侵華檔案史料選輯》（二冊，一九五九）及《美國迫害華工史料》（一九五八）等。此外，尚有王鐵崖編訂的《中外舊約章匯編》（三冊），齊思和整理的《籌辦夷務始末》（道光朝），孫瑞芹編譯《德國外交文件有關中國交涉史料選輯》（三冊），與張蓉初譯《紅檔雜誌中有關中國交涉史料選譯》（一九五七）等，都是研究外交史的重要史料來源。

六、未來展望

展望未來，中國外交史的研究，實在是大有可為，可作而應作的研究工作，實在是太多太多。就現在在中華民國台灣研究外交史的同人而言，可喜的現象是經過近四十年按部就班的加強研究與培植人才，今日台灣的許多研究中心已蔚為「大國」，不只像中央研究院近代史研究所有關外交史的資料收藏，已經相當豐富，所有英（包括英外交部「秘密文書」Confidential Print各檔號系統）、美、日本等國的外交檔案（包括日本戰前的陸、海軍與參謀本部的部分檔案）均有相當完備的收藏（microfilms，微膠捲），而且其中、外交雜誌、報章的收藏，也是相當精粹且良好（微膠捲）；再配合該院史語所有關叢書部、集部及方志的收藏與該院經濟研究所、中山社會科學研究所，及民族研究所有關近年社會科學論著的收藏，實為一理想的研究外交史（與一般中國近代史）的研究環境。甚至即使在一些較小型的研究中心，如國立台灣師範大學歷史研究所與歷史系，也在過去十多年經過李國祁、張朋園等教授的精心主持之下，已獨立擁有七、八萬册可供師生基本研究的藏書，中外著名的一些學術性期刊，基本上訂購完備，令人刮目相看。而在過去近四十年來，中華民國台灣所訓練的新人才，無論在本國，或在國外，均已蔚為大用；他們一般都受有良好的多種文字與社會科學的訓練，假以鍛鍊與砥礪，未來的成就，頗可預期。他們無論用中文或用英文與其他外文寫作，其實際的貢獻都是一樣的。

而在中國大陸方面，經過近十年來的對外開放，也已漸走上賡續一九六五年之前的正規途徑。但他們顯然正面對著人才斷層的嚴重問題，老一代近七十歲的外交史研究者，雖想有所作為，但已是有心無力；而年紀三、四十歲的壯年人才，則在文字訓練與專業學科的訓練上，顯然不足。雖然他們近年來也大量遣派大學剛畢業的年輕人，分赴美、英、法、日、德各國進修深造，但「十年樹木，百年樹人」，人才不是三、五年甚至十年所可培養起來的，没有十五年或二十年持續有恆的努力，其成效是尚難有所表現的。如果我們就近年《中央研究院近代史研究所集刊》與自一九八〇年即創刊的《近代史研究》（中國社會科學院近代史研究所編）中所發表的論文，作一比較，當可發現《近代史研究》發表的許多論文，尚未能達到基本上利用不同文字中的資料與已經發表的論著研究而進一步予以綜合比較的當代學術水平。近年《近代史研究》中發表的論文，顯然已逐漸改善，但對「前人研究」的運用，大部分仍未顧及到。在這方面，《中央研究院近代史研究所集刊》的作者，顯然有其相當大的優勝之處。不過，中國大陸方面，顯然在急起直追，在研究中心多、原始資料多與人員眾多的有利條件下，他們顯然對於中日、中美、中俄、中歐等外交史的許多領域，都在作有計畫的培養人才與從事一些大型化而有系統的集體性的資料編彙、編譯與研究。近年出版的《沙俄侵華史》（已出版四冊），在資料蒐集、史實考證與立論等方面，都超越前人的著述甚多，[34]可為證明。其他如滿鐵史資料的刊行與大規模迻譯日本人有關侵略滿、蒙的一些論著，亦可看出他們致力於編纂研究的一些趨向。這對中華民國台灣地區的外交史研究的同人，也頗起其砥礪作用，使他們可有更多更好的研究成果，這是可以預期的。

一九八八年四月八日脫稿於新加坡國立大學研究室

注釋

1 Alexander DeConde, *A History of American Foreign Policy* (New York: Charles Scribner's Sons, 1963), pp. 1-2, 847-850.

2 參閱蕭一山，〈近代史書、史料及其批評〉，見李定一等編，《中國近代史論叢》，第一輯（台北：正中書局，民國四十五年），第一冊，頁九〇～九三。

3 頁上文，頁八九。

4 參閱 Samuel Couling, *The Encyclopaedia Sinica* (Shanghai, 1917), p. 382; John K. Fairbank, *Trade and Diplomacy on the China Coast: The Opening of the Treaty Ports, 1842-1854* (Cambridge, Mass., 1953), vol. I,「書前之頁」，vol. II，「書目」。

5 Couling, *op. cit.* p. 133; J. K. Fairbank, *op. cit.*, Vol. II. p. 67.

6 陳恭祿，《中國近代史資料概述》（北京：中華書局，一九八二），頁三三五～三三九。

7 蕭一山，〈近代史書、史料及其批評〉，見《中國近代史論叢》，第一輯，第一冊，頁九四；中國社會科學院歷史研究所資料室編，《七十六年（一九〇〇～一九七五）史學書目》（中國社會科學出版社，一九八一），頁四七，三七六，三八三。

8 宮明編，《中國近代史研究述評選》（中國人民大學出版社，一九八六），頁一三七。

9 陳恭祿，前書，頁八八，九六～九七；蔣廷黻，〈道光朝籌辦夷務始末之史料的價值〉，見《清華週刊》，第三十七卷，第九期。

10 陳恭祿，前書，頁九一～九四，九六。

11 蔣廷黻，〈清季外交史料序〉，見蔣廷黻，《中國近代史論集》（台北：大西洋書店，民國五十九年），頁一五六。

12 陳恭祿，前書，頁九七～九八。

13 同上書，頁九七。

14 同上書，頁九七～九八。

15 同上書，頁一三四。

16 同上書，頁一三四～一三五。

17 同上書，頁一二九，一三一。

18 蔣廷黻，《蔣廷黻回憶錄》（台北：傳記文學社，序於民國六十八年），頁七八～七九，九五～九六。

19 蔣廷黻，〈外交史及外交史料〉，見《中國近代史論集》，頁六三，六六。

20 蔣廷黻，〈中國近代史論集・序例〉，《中國近代史論集》，頁二～三。

21 同上書，〈序例〉，頁二。

22 蔣廷黻《蔣廷黻回憶錄》，頁一三〇～一三一；邵循正，《邵循正歷史論文集》，〈出版前言〉（北京：北京大學出版社，一九八五）。

23 陳恭祿，前書，頁二八五～二八六；蔣廷黻，《中國近代史論集》，頁一五五。

24 張忠紱，《迷惘集》（台北：雙子星出版社，民國六十年），頁四、五九、七六～七七。

25 參閱《中央研究院近代史研究所集刊》，第十六冊（一九八七），卷末所附出版廣告。

26 中央研究院近代史研究所編，《近代中國史研究通訊》，第四期（民國七十六年九月），頁一七六～一八四。

27 郝延平，"John King Fairbank"，見《近代中國史研究通訊》，第四期，頁六六。

28 宮明編，《中國近代史研究述評選》，頁一三八～一四四。

29 同上書，頁一四二～一四三。

30 同上書，頁一三九～一四三。

31 同上書，頁一四五。

32 同上書，頁一三六。

33 中國近代經濟史資料叢刊編委會，《中國海關與中日戰爭》，〈前言〉（北京：中華書局，一九八三）。

34 《中國歷史學年鑒（一九八一）》（北京：人民出版社，一九八一），頁一八一～一八二。

原載中央研究院近代史研究所編，《六十年來的中國近代史研究》，台北：中央研究院近史所，一九八八，上冊，頁四七～七二

第二章 論美國費正清教授（一九〇七～一九九一）對中國近現代（外交）史的研究

已故美國哈佛大學 Francis Lee Higginson 歷史講座教授費正清（John King Fairbank, 1907-1991）稱得上是二十世紀五〇年代後美國研究中國近現代史最權威的一位學者；他也是美國之中國研究最有力的倡導者與組織者，有「學術企業家」（academic entrepreneur）之譽；對於當代中國問題經常發表評論，其對美國的對華政策的影響力也非常巨大，不亞於任何一位當代學者。[1]在他長達六十二年（一九二九～一九九一）之久的接觸中國與研究中國的過程中，其著作之繁富，包括專著、合著、編纂、合編的著述，當在三十六種以上。
另外，並有數百篇專著性論文、書評、政治評論、序跋文與國會證辭等（他的許多非學術性、概括性文章，包括《美國與中國》初版在內，基本上多用口述 dictation，而由打字員打字，然後再稍微潤飾而成）。[2]他既在美國學術界著名大學教授中國近代史、指導博碩士論文，又作為中國或東亞研究中心的學術行政主持人、基金會之募款者，又在美國對華政策或對東亞政策的塑造過程中扮演輿論領袖的角色，能文能武，在各方面都享有盛名。費正清自一九三八年執教哈佛以來，除中間兩度於一九四二～一九四三年、一九四五～一九四六年因參與服務美政府公職約共三年而短暫離開教職之外，他直接在大學講堂上教過的大學學生當不下數千人，自一九四六～一九四八年他主持哈佛「中國與鄰近地區研究計畫」（Regional Studies Program on China and Peripheral Areas）之後（其後該計畫於一九五五年更名為「東亞研究中心」Center for East Asian Studies；一九六一年則改為 East Asian Research Center；一九七七年又改名為 Fairbank East Asian Research Center 至今），只至一九六五年止，即有高級研究生二百二十多人就讀；而至一九七七年費氏退休前，他所指導攻讀中國近現代史博士學位的學生即有一百多人，最後獲得博士學位的，則有七十多人；而在費氏間接影響與指導的哈佛其他學系而獲得有關東亞博士學位的學者，則約有三百多人，[3]分別在美國各主要與次要大學任教中國課程，另外服務於政府與在各大私人企業中的也相當不少。他所教過的第一代博士學生中，其後在研究中國近現代史與中國問題卓著聲譽的，如 Mary C. Wright（耶魯大學教授）、Benjamin Schwartz（哈佛大學教授）、Robert Scalapino（柏克萊加州大學教授）、Joseph Levenson（柏克萊加州大學教授）、Albert Feuerwerker（密西根大學教授）、Marius Jensen（普林斯頓大學教授），以及華裔美籍的徐中約（Immanuel C. Y. Hsu，聖塔芭芭拉加州大學教授。嚴格而言，徐氏為哈佛大學歐洲外交史權威 Prof. William Langer 的學生）、劉廣京（Kwang-ching Liu，戴維斯加州大學教授）等，均在不同的中國近現代史專業領域的教學研究中，著作甚多，教育後進英才無數，為費正清開拓的中國研究非正式被稱為哈佛學派之一方健將，開疆拓土，成長江後浪推前浪之勢。費正清也水漲船高，不只於一九五九年被推舉為美國亞洲學會（Association for Asian Studies）會長，一九六八年更當選為美國歷史學會（American Historical Association）會長，成為研究中國史的學者中擔任此項全美性歷史專業團體最高職位的第一人[4]（此後研究中國史或東亞史擔任此項全美國歷史學界最高榮譽職位的，尚有柏克萊加州大學講座教授 Frederick Wakeman, Jr，及芝加哥大學／哈佛大學教授入江昭 Akira Iriye 兩位）。

費正清教授是一位治學嚴謹的學者，他在美國學術界崇高的地位，基本上係奠基於他研究堅實、深入全面而且質量繁富的學術論著上。他出版的第一本學術性專著即是一九四八年出版的《美國與中國》（*The U.S. and China*）。該書雖然不是一本嚴格性的學術著作，而只是一本半學術性、概論性、先自中國傳統社會與文化的本質與其近現代政治、經濟、社會、思想的發展，以綜論中美關係的過去、現在與未來發展的一本中國研究的入門書，但全書自始至終，行文如流水而遣詞用字則生動活潑。作者在綜論中國史事時略古而詳今，條理清晰而又兼具指導後學者可以進一步研究中國近現代問題的功能。本書也是費正清研究中國近現代史與接觸中國社會文化十九年（一九二九～一九四八）之久，其間實際在中國當地研讀任事約計七年（一九三二～一九三六，一九四二～一九四三，一九四五～一九四六）之久的研究與深入觀察之後的一些心得發現，兼具學術性與經驗主義性的實地考察報告之作。所以，該書（初版）在出版之後，即廣為學術界、政界與社會一般讀者所喜讀，它不只被列為「美國外交政策文庫」（American Foreign Policy Library）專著之一，很快為美國前駐中國記者翟可比（Annalee Jacoby）在《紐約時報書評專刊》（*New York Times Book Review*）中撰文大力予以讚揚推崇；其他書評也譽之為「談近代中國史事最佳的一卷本專著」。並於同年（一九四八）獲得美國政治學會本年度最佳國際關係的「非小說」著作（non-fiction 通俗性）的威爾基獎（Wendell Wilkie Prize）；[5]使費正清的聲名在學術界內外都為之大譟。此後，《美國與中國》一書很快在一九五八、一九七一與一九七九年連續再出版了三種內容大幅度修改過的「增改版」，其他獲得哈佛大學出版社授權而印刷的「加印版」（printings）更是不下一、二十種之多。每種版本雖然在基本史實與其解釋上，並無多大改變，但在次要內容的詳略著重上，則各版本都有許多重要的增改，各章節在組織與文字上的變動尤多。四種版本之《美國與中國》（*The United States and China*）的總銷路，至少當有三十多萬冊。6

該書不同版本的出版，各有其特殊意義。例如初版的發行問世，正值美國馬歇爾將軍調停國共內戰失敗之後的美國總統大選的敏感時期，共和黨正以「失去中國」為題，而猛烈抨擊民主黨政府。費氏此書雖然詳細剖析了戰後國民黨所面對的困境以及它與中國北大、清華的高級知識份子、自由主義者日益隔閡、對立的情況，詳細地予以呈現，他在書中似乎也盡了最大努力以保持全書的學術性與客觀性。此一初版原本只有三百四十八頁，所附「建議閱讀書目」也只有十八頁；但一九五八年出版的第二版時已是中共牢牢統治中國大陸，並大力展開向蘇聯「一面倒」的社會主義建設了。而韓戰的爆發與其休戰協定的簽定，也使美國與中共的關係急劇惡化，雙方處於交戰的敵國狀態；故在本書第二版中，費正清增加了對中共所建立的新秩序與經濟建設的描述，因使全書篇幅增加至五百頁，「建議閱讀書目」則增加至二十四頁。一九七一年出版的該書第三版，費氏更就內容大肆增加，對中共的社會主義改造運動，如大躍進和文化大革命，都詳予分析。他對中共的這些激烈的社會運動，基本上都抱著同情的態度，或予公開的辯護，或予輕描淡寫；其最後一章則以「越戰對我們（美國）的啟發」為結束。一九七九年的第四版，也是台灣該書譯本所根據的一個版本（本版各「加印本」的內容，也略有不同），全書內容被增加修改的最多；因該年為中共與美國建交之年，所以增加了第三部分「美國與中華人民共和國」，而全書各章也被重新予以編排，整個篇幅增至六百零六頁。變動最大的尤其是「建議閱讀書目」的部分，竟猛增至八十三頁之多，詳列了一九四八年之後三十年間美、歐出版的西文中，有關近現代史的佳著約一千兩百種，使全書更為學術界從事進一步研究者所必讀（其後一九八三年「加印本」正文雖無任何改變，但「建議閱讀書目」又增加至一百頁之多。）[7]

就《美國與中國》的內容而論，該書可以說是已經充分利用美國當代政治學、經濟學與社會學的研究成果於分析中國傳統社會及中國近現代的發展過程中所遭遇到的種種問題的一項成果。它不是一本普通的一般概論性的著作，而是對中國史事提供了許多不同規模的周延性的解釋性著作。以本書一九四八年的初版而論（它與本譯書在章節安排與內容結構上都大為不同），全書計分四大部分：第一部分，（第一章先談中國的人文與地理）係先就中國社會的性質與其結構、儒家思想下的官僚士紳系統、異族統治與朝代循環以及中國政治中的專制傳統等子目，分予剖析，每子目中都有簡潔、全面而深入的嶄新解釋；第二部分，則以「西方的衝擊」為序幕，導引出中國在「不平等」條約體制下的反應、改革與革命；第三部分，係討論抗日戰爭前後，中國的政治、經濟社會與文化的重建問題；第四部分，則討論中國自由主義的前景，而以美國對華政策之回顧與前瞻，作為全書的結束。[8]惟本譯本（第四版）雖然在大的脈絡與重要解釋的內涵上與初版本並無改變，但在每章與各章之下的各節之標題與用字上，已大為不同：如其「前言」（Introduction）中雖仍簡介了中國的南、北地理與人文，卻增加了「華族源流」一節；第一部分為討論「舊體制」（Old Order），約相當於初版中的第一部分；第二部分之標題為「中國變革的過程」，則為本書初版之第二部分與第三部分的合併與綜論；第三部分討論之「美國與中華人民共和國」，則為初版第四部分的擴大與增訂，特別是台灣該書譯本（即《美國與中國》的第四版）的第十四至十七章，幾全為新撰者。[9]

費正清在該書的四種版本中所提出的對傳統中國與近代中國史事的多種「解釋」中，「西方衝擊論」是他在初版中，即首先相當鮮明地予以闡釋的；惟在本書出版三十年之後的本版（第四版）中，他大約因為此論已成定論，已經無需再重複多談，故只在第六章中簡略一敘，並將「西方衝擊」一詞改為「西方侵略」。另外，著者也對中共一直攻訐西方傳教士在中國所辦的醫院目之為「文化帝國主義」的表徵這一點，基本上予以接受，因為「（中共）普遍適用的『帝國主義』名詞用來誣衊西方慈善事業最高的動機，恰好提供我們（美國人）這樣一項事實：是西方擴張到中國的而不是中國擴張到西方」。費正清也在本書初版中詳細分析了中國的朝代循環論與異族統治論，指出中國皇朝統治期的最後一千年中，北方有一半以上的時間是在異族統治之下，如北魏、遼、金、元、清等朝，這也是日本人野心勃勃地想予以仿效的一大因素。但費氏指出，日本人田中義一、土肥原賢二之流（以及日本御用學者稻葉君山、內藤湖南、矢野仁一之輩），實在是知古而不知今，在西方列強的衝擊下，中國的近代民族主義，已經覺醒，日本要想仿效蒙古人、滿洲人一樣達到對中國的征服目的，已經不太可能了。雖然如此，異族統治在中國歷史上留下的深刻痕跡，對現代中國的發展，仍有一定的影響作用。現代西方的威脅取代了傳統中國所受遊牧民族的威脅，而中國與蠻族的歷史關係也影響了中國近代化的進程。10

在本書的初版內，費正清曾對國民黨在抗日戰爭後期與戰勝日本初期的國內統治，作出非常嚴酷的批評；對於國民黨內CC派陳立夫的抨擊，尤其措辭尖刻。這主要反應了費氏在一九四二～一九四三與一九四五～一九四六年間他第二度與第三度在中國擔任美國政府官職兩年的經驗與觀察。他在文化界的好朋友是西南聯大（北京大學、清華大學）的梁思成、林徽因夫婦，錢端升、金岳霖、陳岱孫、張奚若、陳復田等自由主義的學者，他們都是極力反對陳立夫的腐敗官僚主義（口是心非、欺世虛偽的所謂儒家學者）、極力反對「黨化」教育的留美精英份子。[11]而費氏在戰時與戰後對中國社會的觀察，在在均加深他對國府統治印象的惡劣與其危機四伏情狀的緊迫感，這在該書初版中均有詳實與動人心弦的描述。費正清在該書中甚至抨擊儒家文化的特質乃是專制獨裁，是「現代權威主義的前驅，從一開始它就是專制主義和官僚主義的工具」。費正清在初版中並詳述戰後國民政府接受淪陷區後所形成的普遍貪污現象，以及通貨膨漲的失控。鄉村與城市的經濟已經破產，使過去靠道德和信義號召民眾的國民黨，愈來愈需要倚靠武力以壓制反對者的意見，鎮壓學生示威，使本來不是共產黨的學生和知識份子（特別是費正清的那些自由主義知識份子的朋友們），也逐漸倒向共產黨的一方。這樣，終於使國府失去了「天命」（Mandate of Heaven）。費正清在本書的初版中，對於毛澤東的共產革命，明顯地表示同情，認為「共產黨主張歷史上農民造反的權力，這就是古代天命論和造反有理學說所表述的概念。」費正清又說：國民黨自一九二七年在全國範圍內執政後，只是強調民族主義，而把民權與民生主義放到民族獨立完成之後，再去進行。國民黨為了保住自己的政權，變得愈來愈保守。這或許可以解釋國民黨從革命走上非常保守的原因。[12]

不過，上述的這些層層分析、娓娓道來他對國、共在思想、政治、經濟與軍事等範疇內的衝突與戰鬥的剖述，在該書第四版（即台灣該書譯本）內，則大部分均予刪節，而改以短短八頁的第十章第二節來談蔣中正領導下的國民黨在思想與政策上的變化；對於抗戰末期與戰後國民黨在國共內戰中的挫敗，也以第十三章第二節的短短六頁的敘述，取代了初版中非常詳細的層層分析。

不過，我們應該知道，該書的出版（一九四八）只是費正清所發表的學術性與半學術性論著的第一本書，費氏真正學術地位的奠定則是在他於一九五三年出版的真正學術性著作的《中國沿海貿易與外交：一八四二～一八五四年通商口岸的開放》（*Trade and Diplomacy on the China Coast: The Opening of the Treaty Ports, 1842-1854*, Harvard Univ. Press）一書之後（此後即簡稱《貿易與外交》）。該書合共兩冊，計正文四百八十九頁，附錄兩百多頁，另注釋一千三百多條，兩冊合計五百七十七頁。《貿易與外交》不只完整深入地探討了該主題之不同方面的史實，也就五年前著者所出版的《美國與中國》中所提出的不同規模的「解釋」（interpretations）特別是「西方衝擊論」與「異族統治（合治）論」兩點，給予更詳細的闡釋。它既包括「史實的重建」，也包括了「史實的解釋」。該書無論在外在形式與內容分析的兩方面，都代表了第二次世界大戰後美國對中國近代外交史與制度史研究的一項典範，成為此後費正清所創始的哈佛學派與美國所有研究中國史事在相類似的形式與結構上爭相仿效的一項標竿。該書也確立了戰後美國的中國研究與過去歐洲漢學（Sinology）之著重語文與瑣屑事物的考訂之非常不同的一些特質。[13]此後，歐洲漢學或中國研究的論著，反而要反過來要向美國學術界爭相仿效與學習了。

《貿易與外交》係費正清將一九三五年在英國牛津大學獲得博士學位論文"The Origin of Chinese Maritime Customs Service, 1850-1858"予以擴大改寫而成。而且，自該博士論文完成後，費氏經過十八年（一九三五～一九五三）之久，對該一論題之史實的深入探究與他個人對近代中西外交問題之沈澱性重複再重複的思考與多方推究，他不只在「史實重建」的層次上更有斬獲，另在「史實解釋」方面尤多有創見，發前人所未發。首先，《貿易與外交》在外部形式上，已為此後美國之中國近現代史研究，立下六項必須遵守的原則：⑴在史料運用上，博士學位水準的論文必須以包括中外相關的資料為標準（至少在運用中、英、日文中的相關資料，甚至再包括法文資料），所謂「多種文字、多種檔案」（multi-language and multi-archive——此說早自一九三〇年代我國清華大學蔣廷黻教授已開其先緒。換言之，不具備此語文條件的研究者，是不合乎類同博士學位的研究水準的）；(2)應利用與總結前人的研究與論說，並致力於綜合或修正前人研究的成就；(3)著重論著寫作的「外部形式」（physical forms），引書應詳細註明該被引之書的著者、書名、出版地、出版者、出版年（版本）、頁次，總以應具備可資重檢所引資料的可靠性為準；(4)儘量運用近年社會科學的新理論、新成就於中國史事的研究，以為史學者蒐集、組織與分析史料的一項架構，填補史料的空白；(5)重現對史實的不同的大、小規模的解釋（interpretation）。史學者不應以單純的從事於重建史實為滿足，而應在此之外，進一步就該史實與其相關問題的關係作出解釋工夫，因為只有該史學者對此一史實與其相關史料最熟；(6)趨向於對中國之不同時代或不同地區之同類論題的比較研究；或將中國與其他國家之同類事務的發展，作比較研究。[14]

在研究內容方面，《貿易與外交》將五年前費正清出版的《美國與中國》一書，所提出來的「西方衝擊論」與「華夷統（合）治論」等解釋性說法，作更進一步地詳予闡釋。對於前者，著者認為鴉片戰爭之後中國近代化的各項變革，乃是傳統中國在社會、政治、經濟、文化等方面在面對西方文化強力衝擊之反應的一項過程（此說在一九三〇年代即早有蔣廷黻、郭廷以二氏之發表成說，惟蔣、郭二氏並未如費正清一樣作出完整而極有系統的予以闡明）。鴉片戰後中外所形成的不平等條約制度則是中國原即熟習之在異族統治下的「華夷共治」（synarchy，包括滿人、漢人、洋人）的新型態。因此，帝國主義理論並非是現代中國的惟一理論。中國儒家帝國是一種特有的非民族主義制度，而一八四二年後的不平等條約制度則是中、西「合治」

的一種新形式，代替了一六四四年之後的「滿漢共治」（dynarchy）。[15] 費氏此書根據史實所提供的此一解釋，雖然具有相當濃厚的帝國主義色彩，為中國的民族主義史學者與相信馬克思史觀的史學者均所不喜，但它卻有著史實上的充分依據，故對美國與西方之中國研究學界的影響很大。配合著費氏其他論著的接續出版，費正清也從此建立起他在美國甚至世界研究中國近現代與中國研究上崇高而難以撼動的學術地位。

　　費正清在出版其《貿易與外交》大著前後，也致力於編纂多種可以提供美國人研讀中國近代史的指導性入門書籍；這也是一些史無前例的導讀性創作。例如他與鄧嗣禹、孫任以都（近代中國科技人文界留學美國的先驅者之一任鴻雋與陳衡哲之女）等合作編譯的 *Chinese's Response to the West, 1839-1923*（Harvard Univ. Press, 1954），係編譯一八三九～一九二三年間有關中國政治、經濟、社會、文化的重要中文原始文件，予以全部或節錄迻譯為英文，並對其內容與其背景分作簡括性說明的一本書。對美國人與留學美國的中國人之初學中國近代史者非常有用，因為中國留學者可以從該書所譯的一些英譯中文辭彙中學習到迻譯中文為英文的一些方法。該書第二冊之附錄名為 *Research Guide for China's Response to the West: A Documentory Survey, 1839-1923*，則為對原書文件中的諸命題，一一指出中西人士對其研究的現況，並清楚指明某些可供學習進一步研究的論題與其進一步研究的可能途徑。這對於未來研究中國近現代史的學生與學者都很有用。為輔導美國學生研讀中國外交檔案《籌辦夷務始末》等資料，費正清也編纂迻譯出版了 *Ch'ing Documents: An Introductory Syllabus*, 2 vols.（一九五二，後於一九五九、一九七〇年更增訂新版）；又與 Conrad Brandt 與 Benjamin Schwartz 合編 *A Documentory History of Chinese Communism, 1921-1950*（一九五二）一書，都是美國人甚至整個西方人研讀中國近現代史者必讀之作。同時期內，費氏為提供研究中國近現代史者之瞭解過去學者的研究成就，也致力於與某些學者合作編纂了中、日文中的有關書目，如與劉廣京合編的 *Modern China: A Bibliographical Guide to Chinese Works, 1898-1937*（一九五〇）、與坂野正高合編的 *Japanese Studies of Modern China: A Bibliographical Guide to Historical and Social-Science Research on the 19th and 20th Centuries*（一九五五）及與蒲地典子、市古宙三合編的 *Japanese Studies of the Modern China Since 1953: A Bibliographical Guide to Historical and Social-Science Research on the 19th and 20th Centuries, Supplementary Volume for 1953-1969*（一九七五年出版）。此外，費正清也與哈佛大學日本史（兼通中國史）教授賴世和（Edwin O. Reischauer）合寫了數種可供大學本科生之用的東亞史教科書，如 *East Asia: The Great Tradition*（Vol. I of A History of East Asian Civilization，一九六〇年出版）、*East Asia: The Modern Transformation*（Vol. II of A History of East Asian Civilization，一九六五年出版，撰著者增加了 Albert M. Craig），以及上述兩書的合訂本，*East Asia: Tradition and Transformation*（一九七三，增訂本出版於一九七八年，撰者仍為費正清等三人）。一九七八年，費氏自己更單獨出版了中國通史性質的 *China: Tradition and Transformation* 大學教科書。出版後，廣為美國各大學師生採用為學習中國史、日本史以及中國近現代史與日本近代史的入門性教科書〔至一九七〇年後，中國近代史的部分始有徐中約教授 Prof. Immanuel C. Y. Hsu 所撰的 *The Rise of Modern China*（至九〇年代中，已出版了五版，全書近一千頁）代之而為全美各大學廣泛採用的教科書。一九九〇年代後更有 Jonathan Spence, *The Search for Modern China* 之教科書的出版〕。這些工具性質與基本教科書性質的書籍之出版，加之費正清所訓練出來的素質優良的哈佛大學博士級學者源源而出，分赴美國各主要與次要的大學擔任教職，費氏以哈佛大學為基盤所確立起來之他在美國甚至整個西方國家研究中國近現代史的學術泰斗的地位，更為之巍然鞏固化，一時有「西方孔夫子」之稱。[16]

同時期內，費正清更殫精竭慮，設想出一些中國史事上的重要主題，邀請世界各國對此一主題素有研究的學者，撰寫環繞該主題之不同方面的論文，並在美國之不同地點召開一項學術會議，以互相討論之，會後則將各論文予以精選，在嚴格的編輯規範下以論文集的形式結集印行出版。這可以說是費正清創始的一種集體性的創作方式，是一種在有效編纂規範下可以在短期內深入探討某一專題（主題）而有所創獲的新型集體研究的方法。在此種方式下，費正清所編纂出版而為專家學者所必當參閱研讀的佳著，有七種之多，包括 *Chinese Thought and Institutions*（一九五七）、*The Chinese World Order: Traditional China's Foreign Relations*（一九六八）、*Chinese Ways in Warfare*（一九七四）、*The Missionary Enterprise in China and American*（一九七四）、*Symposium on Chinese-American Relations*（一九七七）、*Christianity in China: Early Protestant Missionary Writings*（與 Suzanne Wilson Barnett 合編，一九八五）、與 *America's China Trade in Historical Perspective: The Chinese and American's Performance*（與 Ernest R. May 合編，一九八六）等書。[17]每書都有一篇費正清自撰的煌煌序言（絕非短短之簡述編纂該書背景之作的「短序」）或總論，對該一主題所作出綜論性、全盤性的分析，其所言所論常常是頗有創見，發前人所未發。

同時期內，自二十世紀五〇年代中期開始，費正清所主持的哈佛東亞研究中心的研究成績，則極為卓著；在它成立後的二十年（一九五五～一九七五）內，即出版了一百五十一冊很具水準的專著（著者不完全是哈佛大學出身的博士），[18]成為毫無疑問地西方世界研究中國近現代史最卓著的研究中心。而費氏自各大基金會籌募經費以供研究中心支用的本領，也是真正世界一流，計自一九五五～一九七〇年的十五年的期間，他的東亞研究中心所獲福特基金會（Ford Foundation）與卡內基基金會（The Carnegie Foundation）等的財政捐款，共達三千萬美元（全美國之基金會在同一期間支援中國研究的撥款則共達四千萬美元），但此三千萬美元中撥給哈佛大學研究支用的則只有五百五十萬美元。費正清並與哥倫比亞大學韋慕庭教授（C. Martin Wilbur）、華盛頓大學戴德華教授（George Taylor）合作，大力促成了福特基金會於一九六二～一九七二年的十年期間支助中央研究院近代史研究所四十二萬多美元的補助款項，對於加強近史所的人員出國進修、購買圖書、支助出版與人員的研究補助等，助益甚大。[19]

二十世紀七〇年代後期，費正清與英國劍橋大學（後轉去美國普林斯頓大學任教）的崔維澤教授（Denis Twitchett）所合編的《劍橋中國史》（*Cambridge History of China*）之中由費氏負責編纂的近代現代史部分，開始陸續出版（一九六六年費氏即受邀編纂此一部分。稍後，費氏即邀請了十多個國家中的一百多位學者分別撰寫不同專題的高度研究性論文。台灣受邀撰寫論文的有王爾敏教授），至八〇年代末期，陸續出版為六大冊——這實在代表了美國與西方國家學術界精研中國近現代史最高的結晶性成就（整個《劍橋中國史》原本計畫只出版六冊，其後則擴大至十二冊，最後則可能出版十六冊或十八冊）。[20]其中國近現代史部分的書題如下：

The Cambridge History of China（Cambridge Univ. Press）：

Vol. 10, Late Ch'ing, 1800-1911, Part 1（一九七八年出版）；

Vol. 11, Late Ch'ing, 1800-1911, Part 2（與劉廣京合編，一九八〇年出版）；

Vol. 12, Republican China, 1912-1949，（一九八三年出版）；

Vol. 13, Republican China, 1912-1949, Part 2（與 Albert Feuerwerker 合編，一九八六年出版）

Vol. 14, The Emergence of Revolutionary China, 1949-1965（與 Roderick MacFarquhar 合編，一九八七年出版）；

Vol. 15, Revolutions Within the Chinese Revolution（與 Roderick MacFarquhar 合編，一九八八年出版）。

一九七七年費正清自哈佛大學退休（一九七六年哈佛贈送他名譽文學博士的榮譽），一九七七年並改東亞研究中心為「費正清東亞研究中心」，以紀念他對該中心的貢獻。[21]他此後除致力於上述《劍橋中國史》近現代部分各卷的出版事宜外，其大部分時間即投入於重新檢視近代中國的一波波改革與革命的變局而重新予以評價，撰成《中國大革命》（*The Great Chinese Revolution, 1800-1985*）一書（一九八六年出版），以提供他作為一個外國人曾經旅居中國六年而又研究中國近現代史事五十六年之久的一些心得結晶。他認為近代中國在政治、社會和經濟的變革，實在是一場大革命的歷程，而中國現代化過程的起伏多艱，是由於中國歷史包袱的負擔沈重。他雖然對毛澤東與其所領導下的中共革命，仍然表示同情，但對於國民黨與共產黨的政權之爭，已經有著比較持平的看法：他認為在國府之下，人民多有批評政府的自由，但在中共政權之下則不然；它只想保有其一黨專政的統治而不實踐諾言。費氏認為毛澤東發動的文化大革命是當代歷史悲劇中最深刻的一幕，估計有一億人參加、五億人受到相當大程度的影響。對於鄧小平於一九七八年之後所主持的開放改革，則認為是「官僚社會主義」。[22]

費正清在他八十四歲的生命（一九九一年去世）中所著有關中國的最後的一本書，是在他死後一年才出版的《中國新史》（*China: A New History*, 1992 第一版，一九九八年出版「加大版」加入了其學生波士頓大學教授Merle Goldman所撰的第二十一章"The Post-Mao Reform Era"，合計五百四十六頁）。他在去世前數日的一九九一年九月十二日所寫的「前言」中，認為歷史研究是對新課題與新爭執的新探究，而新探究已經取代了過去的舊漢學。在檢論中國數千年的專制傳統時，他認為歷代中國的偉大皇朝，常具有一種混同性，以創造一種自我更新、自給自足的文化體制；總的來說，在十一至十二世紀時中國實較歐洲為進步，但至十九世紀與二十世紀則變的大為落後。在中國變革救存的過程中，中國的「革命模式」只能自我創造與自我拯救，無法完全採納其他國家的既有模式。他對一九八九年「六四事件」的爆發，很表失望，但他深信中國在過去三千年來既已渡過了重重危機，此後也必定可以繼續維持著生存的生機。該書「加大版」補撰者固德曼Merle Goldman則對「後毛時期」以至九〇年代鄧小平加速「開放政策」後中國的各項成就評估說：「開放二十年的新中國，雖然在國內經濟與國際對外貿易方面有著長足的發展，但是伴隨著迅速發展中的社會經濟生產力，中國也面臨著六大危險：⑴地區之間的經濟差異；⑵社會上貧富的不均；⑶人民願望之提高，滋生助長了不滿的情緒；⑷工人階級的不安；⑸對自然環境的破壞；⑹中共黨國威權的弱化等，在在均對新中國政權的持續發展，形成挑戰」。[23]

綜論費正清教授的一生，他可以說是一位有著堅實論著而又能開創風氣、善於組織、堅持訓練高水準後進的教育家與研究領導者。他在研究傾向於較重視政治、人口、制度與社會經濟結構等方面，而對中國人精神層面的宗教、思想、文學、藝術等方面較為忽視；[24]這當然是事實，因為每一位學者自有其研究興趣上的著重所在，難於面面顧到而一通百通。他也是數十年來經常撰寫有關中國的政論性文章的人，對於美國對華與對亞洲政策常常提出種種擬議，為美國政府出謀劃策：如該書的初版（一九四八）出版時，他是力主對國共之爭袖手旁觀政策的人，而基本上則是堅持一種親共反蔣的態度。其後韓戰爆發（一九五〇年六月），美國開始對撤退到台灣島上之蔣中正領導的國府恢復軍經援助，費氏則於五〇年代極力主張「兩個中國政策」（「康隆報告」之主要撰稿人、加州大學教授 Robert Scalapino 為費正清的大弟子）；六〇年代則轉而主張「一中一台」政策，大力主張美國與中共關係「正常化」。一九七二年二月美國尼克遜總統之訪問中國大陸，大體上即係根據費正清在該書三版（一九七一）中所列對華政策的一些擬議而設計的。此後一九七九年一月美總統卡特與中共正式建交，而與我中華民國政府改而建立非官方的經濟、文化「辦事處」的關係；一九七九年四月，美國會則通過了「台灣關係法」，以將此項非官方關係建構起美國國內法的法律基礎，以迄於今。這也是費正清等人所一向主張之解決台灣海峽兩岸中國內戰之延續問題的主要解決方案的落實。所以，在台灣的中華民國政府無論在蔣中正統治時代與七〇年代中期後的蔣經國統治時期，都對費正清其人與其自六〇年代早期之後的數次來訪台灣感到非常討厭，曾數度發動學者徐高阮、胡秋原、黎東方與政論作家任卓宣、何浩若、周之鳴、侯立朝等撰文痛予攻訐之。不過，這類數量龐大而自政治觀點尖刻圍剿的言論與文學，多是情緒性的謾罵之言，完全沒有自實證理性的論點而作客觀與富有建設性質之論證的文章出現。這實際對費氏所持對兩岸問題的一些具體性的看法，並無交集性意義的影響力。[25] 反而中央研究院近史所創所所長郭廷以教授，因在費正清的協助下曾經獲得美國福特基金會為期十年對該所的財政資助，因而遭到了池魚之殃；他不只在被污衊的情況下被迫辭去了所長的職務，而且被迫遠赴美國居留，終生無法返台安居。

不過，總而言之，費正清對於中國歷史與中國問題的研究與評論，雖然基本上是站在現實主義與作為一個美國人為美國國家的利益而立論，但他顯然對於中國與中國人也是有相當感情的投入的。只是他所熟習的中國，大約只是二十世紀四〇年代與五〇年代貧窮、落後、支離、破碎、傷痕累累的舊中國。他大概作夢也沒有想到在他本人死後的十年之後，在鄧小平改革開放的二十五年之後、在二十一世紀剛剛開端之後的新時代裡，一個嶄新的具有全球性超級強國實力的新中國，已經巍然崛起：它不只在經濟上已昂然以全球鋼產量第一位、能源消耗量高居全球第二或第三位、對外貿易量也佔全球第三或第四位（二〇〇三年對外貿易量將達八千億美元），而在具有代表性的太空科技方面則雄踞美、蘇之後而隱居全球第三位的先進位置了。費正清如果活到今天，他對於中國的未來與台灣海峽兩岸中國人發展的新展望，應該另有一番嶄新的評估吧！

寫於二〇〇三年九月十六日

台北板橋翠巒書齋

注釋

1 郝延平"John King Fairbank"，《近代中國史研究通訊》（台北出版社，一九八七），頁六四；保羅・埃文斯著、陳同等譯，《費正清看中國》（上海：上海人民出版社，一九九五），頁四〇一。

2 費正清著、黎明等譯《費正清自傳》（天津：天津人民出版社，一九九三），頁四〇三；Merle Goldman, "Preface to the Enlarged Edition in John K. Fairbank, *China: A New History*" (Harvard University Press, 2001), p.xv。

3 Paul M. Evans, *John Fairbank and the American Understanding of Modern China* (N. Y.: Basil Blackwell, 1988), pp. 2, 192-193, 198；郝延平，前文，頁六六。

4 Paul M. Evans, *op. cit.*, p. 263；郝延平，前文，頁六七。

5 Evans, *op. cit.*, pp. 107, 166, 263；費玉清著、黎明等譯，《費正清自傳》，頁四〇四。

6 *Ibid*. p. 107.

7 史東遊〈論費正清與「中國研究」〉，見《國史館館刊》，復刊第十八期（民國八十四年一九九五），頁一六～一七；《費正清看中國》，頁一二一；Paul M. Evans, *op. cit*., p. 404；《費正清自傳》，頁四〇四。

8 史東遊，前文，頁一八。

9 參閱 John K. Fairbank, *The United States and China* (Cambridge, Mass.: Harvard University Press, 1981), p.xix-xxiv。

10 史東遊，前文，頁二〇。

11《費正清自傳》，頁三三五。

12 史東遊，前文，頁二一、二四～二五；Paul M. Evans, *op. cit*., pp. 113-120.

13 Paul M. Evans, *op. cit*., pp. 60-62；史東遊，前文，頁一四。

14《費正清看中國》，頁四〇九；李恩涵，〈當代研究中國近代史的趨勢與特徵〉，見《近代中國史事研究論集》，第二冊（台北：台灣商務印書館，民國七十六年一九八七），頁四〇一～四〇三。

15 郝延平，前文，頁七〇～七一；史東遊，前文，頁一一～一三；另參閱 John K. Fairbank, "Synarchy under the Treaties", in John K. Fairbank, ed. *Chinese Thought and Institutions* (Chicago: Chicago University. Press, 1957)。

16 參閱郝延平，前文，頁七一、七六、七七；另參閱《費正清自傳》，頁二。

17 參閱郝延平，前文，頁六六～六七；《費正清自傳》，頁四四九、四六七；《費正清看中國》，頁四〇七～四〇九。

18 郝延平，前文，頁六六。

19 同上文，頁六七。

20 同上文，頁七二。

21 Paul M. Evans, *op. cit*., pp. 280, 336.

22 郝延平，前文，頁七二～七四。

23 John K. Fairbank, Merle Goldman, *China: A New History* (Belknap Press of Harvard University Press, 2001, 9th Printing), pp. xvii-xix, 445.

24 參閱余英時，〈費正清的中國研究〉，見傅偉勳、周陽山合編，《西方漢學家論中國》（台北：正中書局，民國八十二年一九九三），頁一一。

25 參閱周之鳴編，《出賣中國費正清集團》、《費正清集團在台灣大陰謀》（台北：正中書局，民國五十八年一九六九）。

原載費正清著、張理京譯、楊凡逸校，《美國與中國》，台北：左岸文化，二〇〇三年，頁 VII-XXVI。

第三章

耶穌會士與中俄尼布楚條約（一六八九）交涉

一

法國著名東方學者高第（Henri Cordier）常稱「耶穌會是為中國『天主』教會的真正創始者」，1就天主公教在中國的實際傳佈而言，這句話一點也不誇張。眾所周知，天主教會中的耶穌會係於一五四〇年由羅耀拉（Ignatius de Loyola, 1491-1556）所創建，其目的是要組成在獻身教皇、服務教會的基本精神之下「教會的騎兵」（Cavary of the Church），以「十字架的士兵」自命，並在歐洲及海外各地作深入社會的宣教工作。每一會士均需接受嚴格的生活紀律，接受長年在當時所謂「文藝復興」期間最高水準的文學、邏輯、神學及科學的訓練，並發誓「終身對會長（教皇）的絕對服從」。他們實為教會自歐洲派赴海外各地的第一批技術專家。第一位抵達中國傳教為西班牙籍會士聖沙勿略（St. Francis Xavier, 1506-1552）。他於一五四〇年即東來傳教，先建傳教中心於葡屬果阿（Goa, India），後轉赴錫蘭、麻六甲及摩鹿加各地，而於一五四三年附搭中國海盜船抵達日本九州薩摩藩境內傳教。在日本居停期間，由於沙勿略深感中國文化在日本的強烈影響，認為基督教如能在中國順利傳佈，當可減輕在東亞的其他各地傳教上的種種阻力，因此，他乃設法轉來中國，惟不幸於一五五二年病逝於廣東珠江口外的伶仃島。其他於同時期前後來中國的耶穌會士，則與當時的西方商人一樣，只能在中國的嚴密監視下，在澳門活動；如果他們擅自進入華南其他各港口或內陸，即常遭到驅逐出境的命運。[2]

耶穌會在中國傳教的成功，初奠基於法利那泥（Alexander Valignani，最早赴廣州傳教，一六〇六年死），而大成於利瑪竇（Matteo Ricci, 1552-1610）。利瑪竇的事蹟在中國歷史上膾炙人口：他雖是第九位來華傳教的耶穌會士，但卻是第一位獲准進入中國內陸省分的會士；先自廣東肇慶後移南昌，後又自南昌至南京，而於一六〇〇年定居於北京（先曾於一五九五～一五九八年短期居留北京），他也是第一位北京教區的監牧（superior）。利瑪竇開創了學習華文與中國經典哲學、適應與接納中國傳統的禮儀、與生活習慣於傳教工作的基本型態，並能充分應用他在西方修道期間，所學到的西方科技如數學、物理學、地理學（地圖）、機械學、水文力學、甚至音樂等，於推動在中國上層社會中之傳教工作。至一六一〇年利氏在北京去世時，全中國信奉天主教者已約有二千五百人。在利用西方科技於宣教工作方面，利瑪竇的繼承者們更發揚光大，如湯若望（Johannes Adam von Bell, 1591-1666）之運用當時西方最先進的伽利略式的天文學於中國曆法的改進；湯若望、南懷仁（Ferdinand Verbiest, 1623-1688）除接續掌管中國朝廷欽天監之要政外，還介紹及實際鑄造當時最新式的西方鑄砲術予中國；3而在同時期內，耶穌會士也大量從事於西書譯中文與中書譯西文的文化媒介工作。總計在此明末清初來華傳教約五百位耶穌會士，他們將西方書籍約三百五十種迻譯為中文，其中之絕大多部分雖係有關基督教教理者，但有關西方天文學者也有八十三種，數學者十五種，其他則包括地理學、醫學、藥學、倫理學、語言學、地震學、氣象學、機械學、解剖學、動物學、邏輯學及歐洲各國政府與教育等科目。至於中籍西譯工作，一六八二年只有耶穌會士考普勒特（Philipus Couplet）呈獻教皇之會士譯作即有約四百種。而耶穌會士也在北京建立擁有約七千冊書的西籍圖書館，以供應北京上流社會士大夫研讀及編譯為華文之用。4在中國與俄國早期的外交交涉中，耶穌會士張誠（Jean Francois Gerbillon, 1654-1707）與徐日昇（Thomas Pereyra, 1645-1708）則為康熙皇帝任命為中俄談判尼布楚條約（Treaty of Nerchinsk, 1689）的翻譯官，對於條約的簽訂起著相當重要的作用。

二

張誠生於一六五四年六月十一日，出生地是法國凡爾登（Verdun）。一六八五年，法王路易十四派遣六位耶穌會士去遠東傳教，其中一位去暹羅，另五位包括張誠在內，則至中國，而於一六八七年七月，抵達中國，建立起在法國保護權之下的北京法國教會，其監牧獨立於各省區副牧之外，第一位監牧為方他尼會士（Fontaney）。張誠於一六八八年二月，始到達北京，他學習滿語的進度很快，且甚有心得，曾著有*Elementa Linguae Tartaricae*（《韃靼語入門》）一書。5徐日昇一六四五年出生於葡萄牙的Martinho de Valo，他的名字常與同時期內在北京的兩位耶穌會士比利時人 P. Thomas Pereyra 與 P. Antoine Pereyra 的名字相混。在他傳教於北京期間，清廷與羅馬教廷有關敬孔祭祖的問題之爭，已漸趨激烈，徐日昇曾是教廷特使都農（Papal Legate de Tournon）之主要反對者，頗為康熙帝所激賞。徐氏曾繼南懷仁之後，於 P. Grimaldi 會士短期離職時擔任過欽天監監正，而有著強烈的葡萄牙國家意識。由於徐氏對葡萄牙王室有著很大的影響力量，他曾在澳門利用其影響力反對法國人。6

三

中俄在黑龍江流域的接觸與衝突，係俄人於十六、十七世紀在廣大的西伯利亞領域內東進的結果：一五七五年，俄哥薩克首領雅爾馬克（Yermak）始率八百四十人越烏拉山進入西伯利亞，此後俄人東向發展，在六十年內竟將面積廣達四百萬平方英里的西伯利亞，納入其版圖，較之歐洲俄羅斯大了一倍。一六三八年，俄人在太平洋濱鄂霍次克海（Okhotsk）建立鄂霍次克城。十七世紀前半葉，俄人也自東西伯利亞南向進入黑龍江流域，於一六五四年在黑龍江支流的石勒喀河畔建立尼布楚城（Nerchinsk），又於一六六五年在黑龍江北岸建立雅克薩城（Albazin）；與當時已囊括黑龍江全域與庫頁島於其勢力範圍的明帝國，和甫於遼東興起征服東北北部部落，並乘機進入山海關征服中國的新滿清皇朝，互相衝突——這基本上是兩個向外發展民族的衝突，我方是新興的滿清皇朝，俄方則是新興的羅曼諾夫（Romanov）王朝，可謂棋逢對手。滿清武功所達極北之點，即一六四〇年（崇德四年）將軍索海所征服四木城之一的雅克薩城，該地也是日後中俄相持的戰場中心。[7]

在俄國對黑龍江流域的侵佔與經營中，波雅哥夫（Vasili Poyarkof）、哈巴羅甫（Yarka Pavlov Khabarof）、斯德班樂甫（Onufria Stepanov）、柴尼郭夫斯齊（Nikifor Chernigovsky）等皆為著名的領袖，他們或為俄政府遣派的探險隊頭目，或為民間投機商人，或者原是土匪頭子，但都各自發揮了拓殖佔據的作用。他們在尼布楚、雅克薩等地建好城壘之後，即強迫土人交納貢品，且自行種植糧食，以為久居之計；其他有在黑龍江支流的額爾古納河流域築壘收貢者，也有在另一支流精其里河流域築壘收貢者，我國邊民亦有逃往尼布楚而投順於俄國者，其中最為著名者莫過於達呼爾部頭目根忒木爾（Cantmur）之投俄，清廷曾屢次要求引渡，俄人始終拒絕。因此，在康熙年間中俄關係更趨於緊張。康熙皇帝（一六六一～一七二二）原來並不想以武力解決「羅刹問題」，他屢次派人到雅克薩、尼布楚去送信。同時俄政府自一六五五～一六七七年間也屢次派遣使節到北京來交涉但因路途相隔遥遠，文書翻譯困難，當地殖民「羅刹」之不聽俄政府命令及中國在邦交上堅持上國地位，凡此種種因素均使外交的解決未能成功。等到三藩之亂（一六七三～一六八一）平定了，沒有了南顧之憂，康熙帝乃決定大舉北伐黑龍江北的地區。[8]

一六八二年（康熙二十一年）七月，康熙帝派遣一等公都統彭春與副都統郎坦率官兵前往達呼爾索倫，聲言捕鹿，藉以偵查羅刹之情形。是年十二月，又命户部尚書伊桑阿赴吉林寧吉塔督修戰船；算是偵探敵情的初步準備。次年（一六八三）則將準備加緊，築瑷琿城為後方大本營，修運船、戰船，通驛站，運糧食，調軍隊，聯絡喀爾喀的車臣汗，共費時三年。一六八五年陰曆五月二十二日，彭春始率兵抵達雅克薩城下；其所部自吉林、寧古塔調去者三千人，索倫兵約五百人，自北京、山東、福建等省調去者約一千多人，總計不過五千人，此外尚有夫役水手等。

俄人雖早已知中國的軍事行動，且竭力準備防務，但等到兵臨城下時，雅克薩的防守兵力連商人、屠夫、農民及哥薩克等在內不過四百五十人，不到中國兵力的十分之一。戰鬥開始後，根據清方的紀錄稱：「五月二十三日，分水路兵為兩路，列營夾攻，復裝置火器。二十五日黎明，急攻之，城驚，羅刹頭目額里克舍等勢迫，詣軍前稽顙乞降。於是彭春等復宣諭皇上好生之德，釋回羅刹人眾。其副頭目巴什里等四十人不願歸者，因留之，俄屬蒙古、索倫逃人及被擄者咸加蒐集。雅克薩城以復」。俄國方面的記載大致相同，惟稱第一日之戰鬥，俄方死百人。經數日後，教士率領居民向總頭目額里克舍托克布津（Alexis Tolbasin）要求停戰，額里克舍見大勢已去，遂允其請，並派代表赴中國軍營議商投降條件，所要求者即許俄人攜帶軍器輜重回國。我方接受，俄人並有二十五人甘願留居中國（我方紀錄稱有四十人）。雅克薩投降的俄人後被安置於北京城內之東北隅。9

俄人退去後，中國軍隊將雅克薩城壘及房屋全焚燬，但四鄉的田禾並未割去，就全軍返回璦琿。雅克薩不但不留防，且未設卡倫，甚至從璦琿起全黑龍江上游恢復戰前無主的狀況。清廷以為羅刹問題解決了，其實大謬不然，因為俄人的後退，全由於勢力的單薄，其實在雅克薩戰役期間，俄葉尼賽總管已派遣援軍六百人去支援，由普魯士人拜丁（Afanei Beiton）率領。額里克舍退出雅克薩未滿一日，即於途中遇到援軍的先鋒隊，帶著充足的軍器；額里克舍到尼布楚僅五天，拜丁的大援軍也到了；於是，葉尼賽總管派拜丁及額里克舍再整軍前往雅克薩。此次他們帶了六百七十一人，三尊鋼砲，均配足火藥，後面絡繹尚有接濟。他們到了雅克薩，一面收割四鄉的糧食，一面重新建設防禦工事。10

清廷至一六八六年二月始得俄人復回雅克薩的報告，乃命黑龍江將軍薩布素及朗坦率兵前往攻擊。此次戰事較久較烈。七月十八日，清軍二千餘人進抵雅克薩，要求俄軍投降，托克布津不答，於是清軍開始攻城，俄軍屢次衝出城外，企圖突圍，都被清軍逐回。繼而清軍更於城外掘長塹、立土壘以圍困之，斷絕城中水源，並用大砲向城中轟擊，九月，托克布津被清軍砲火擊中腿部斃命，拜丁（杯敦）繼任統領。不久，嚴冬來臨，俄軍困守孤城，飢寒交迫，加上壞血病流行，死者枕藉。至一六八六年十二月，在八百二十六名俄軍中，只剩一百五十人，此後相繼死亡，至一六八七年春天，又減至六十六人；仍不退不降。適俄國政府派代表到北京，聲言全權大使在途，要求停戰交涉，康熙帝遂下諭撤雅克薩之圍，將中俄問題由外交途徑解決。11

俄國於一六八六年一月所派遣的全權大使為果羅文（Theodore Alexievitch Golovin）、烏拉索夫與龍金（後由葉尼賽秘書官柯爾尼茨基代之）。果羅文出身大貴族，歷任御前侍衛等職，行前加授他布良斯克總督的頭銜。俄政府訓令中指出中俄邊界應以黑龍江為界，如不得已，可以牛滿河或精奇里河為界，如再不得已，則爭取以雅克薩為界，但俄人須能在黑龍江及其支流漁獵。此外，如中方不接受上述劃界方案，則俄國使臣應爭取締結臨時停戰協定，然後作好作戰準備，進行戰爭。同年十月上旬，果羅文又接受沙皇政府的第二批訓令，指出如中方不接受俄方的劃界條件，則可提議兩國均不在雅克薩設堡、移民和駐軍，俄軍撤出該城，但俄國人得在附近和牛滿河、精奇里河一帶漁獵。俄政府派兵一千五百人（後增至二千人）同行，以備萬一，且令其聯絡外蒙古以助聲勢。一六八四年（康熙二十六年）俄曆十月二十二日，果羅文一行抵達貝加爾湖外蒙古邊境城市色楞格河。12

康熙帝自喀爾喀土謝臣汗得到俄人抵境的報告後，即命令已佔有雅克薩的清軍南退至瑷琿。一六八八年初，派內大臣索額圖、都統公國舅佟國綱、尚書阿爾尼、左都御史馬齊及漢員張鵬翮、錢良擇、護軍統領馬喇帶八旗兵八百人前往色楞格與俄人交涉；代表團並帶著耶穌會士法人張誠與葡人徐日昇前往，以備翻譯。索額圖所擬、經康熙皇帝批准的談判方案如次：「羅剎（俄羅斯）侵我邊境，交戰於黑龍、松花、呼馬爾諸江，據我屬所居尼布潮（楚）、雅克薩地方，交納我逃人根忒木爾等；及我兵築城黑龍江，兩次進剿雅克薩，攻圍其城，此從事羅剎之原委也。其黑龍江之地，最為扼要，未可輕忽視之。黑龍江……環江左右均係我屬鄂倫春、奇勒爾、畢喇爾等人民及赫哲、飛牙喀所居之地，不盡取之，邊民終不獲安。朕以尼布潮、雅克薩、黑龍江上下及通此江之一河一溪，皆我所屬之地，不可少棄之於俄羅斯，我之逃人根忒木爾等三佐領，及續逃一、二人，悉應向彼索還。如俄羅斯遵諭而行，即歸彼逃人及我大兵所俘獲招撫者，與之劃定疆界，准其通使貿易，否則，爾等即還，不便更與彼議和矣」。這個方案的基本點，就是要求收回包括尼布楚在內的被俄國侵佔的中國領土，雙方在平等基礎上議定中俄邊界，並建立正常的外交和通商關係。[13]

我國使節於一六八八年五月一日自北京啟程，取道張家口、庫倫，以至色楞格，惟此時喀爾喀與厄魯特之路途受阻，索額圖等一行一面率團回京，一面派員赴色楞格通知果羅文阻道原委，要求改期改地會議，果羅文乃提議改以尼布楚為交涉地點。一六八九年四月二十六日，我使團再由北京出發，此次代表團中以黑龍江將軍薩布素、都統郎坦、都統班達爾善及理藩院侍郎漫達取代了阿爾尼與馬素，所帶的兵力大為增加，除北京八旗二千人、黑龍江兵一千五百人外，總計軍中夫役及衛兵僕從，共有總數約八千人左右。中國外交史上出使之盛沒有過於此次者。[14]

康熙帝增加使團的兵力，對於軍備主積極，但對於交涉則主退讓。使團出發之初，原提議交涉方案仍舊，但康熙帝卻不以為然，認為「今以尼布楚為界，則俄羅斯遣使貿易無棲托之所，勢難相通。爾等商議時仍當以尼布楚為界，彼使者懇求尼布楚，可即以額爾古納（河）為界，並調黑龍江兵一千五百人往會之」。康熙帝主動提出把尼布楚讓給俄國，這是一個重要的領土讓步，其主要原因之一就是希望迅速締結和約，以防止沙俄進一步煽動準噶爾的噶爾丹叛清投俄。15

一六八九年七月三十一日（康熙二十八年六月十五日），我代表團抵達尼布楚，在石勒喀河南岸紮營，與尼布楚城隔河相望。俄人見我方軍容之盛，不知我方實意在議和，抑在交戰；俄使果羅文則遲到了二十天，至八月十九日才來到尼布楚。因為雙方軍備均甚嚴整，一時空氣頗為緊張。八月二十日，雙方達成協議：會議定於八月二十二日（陰曆七月初八日）舉行，地點在尼布楚城與河岸之間臨時搭設的帳篷內。雙方還共同約定，兩國使臣「應在每一件事上平等」，「任何一方不凌駕於對方之上」。關於警衛問題，俄方提議每一方各帶三百名衛士到會，中方表示同意，衛士只帶配刀、斧鉞，不得攜帶任何火器（但俄人暗中違反約定，竟秘密地帶有殺傷力很大的手榴彈赴會）；此外，雙方還在會場外各置五百名衛隊，中方者列於河岸，俄方者列於城下，雙方從列隊地點到會場的距離應該相等。16

一六八九年八月二十二日初次會議。果羅文首先發言，認為中國首先挑起戰爭，中方應賠償俄國的損失；索額圖則嚴予駁斥：鄂嫩、尼布楚、雅克薩皆我國所屬部落居地，並歷數俄人蹂躪當地居民的罪行，又一六八五年雅克薩俄軍乞降時，「托克布津曾經允諾不再到雅克薩來，不再建堡，不再尋釁擾亂」；但隨後俄國人再食前言，又將雅克薩侵佔，以致清軍不得不第二次圍城，但當俄使魏牛高到北京後，清廷便立即撤雅克薩之圍，決定同俄國進行和談。索額圖以一連串的事實敘述駁斥俄使的無理要求。在此第一次會議中，果羅文旋提出建議，要求兩國應以黑龍江為界，江左（北）屬俄，江右（南）屬華。索額圖則為俄國應退至色楞格以西，該處以東的地方包括色楞格、尼布楚、雅克薩一帶地方皆應屬中國。因為這些地方是中國蒙古族的土地，歷年屬中國所有。雙方皆索價甚高，故相差甚遠。17

第二天（八月二十三日），中俄舉行第二次會議。俄方開始仍堅持原方案，硬要以黑龍江為界；索額圖堅決表示拒絕。雙方堅持不下，談判出現破裂的危機。果羅文見第一個方案不能實現，於是稍微降低要價，企圖以牛滿河或精奇里河為界；索額圖為了早日訂約，一方面明確表示不能同意俄方的第二方案，另一方面主動地作出讓步，表示可以將尼布楚等地讓給俄國，即在石勒喀河北岸，兩國以尼布楚作為國界，石勒喀河南岸以音果達河為界。果羅文付之一笑，並要中方再作讓步，索額圖則聲明「除尼布楚以外，再無別的邊界可以接受，他們已無話可說」。18

從八月二十四日起，會議中斷，一直到九月七日整整半個月中，雙方代表一直沒有會面，但雙方通過耶穌會士譯員繼續進行商談。八月二十五日，中國主動作出新讓步，建議以尼布楚與鄂嫩河為界；當天，中國又提議在石勒喀河北岸以綽爾納河為界，其東屬中國，其西屬俄國。但果羅文仍不滿足。八月二十六日，索額圖決定再作讓步，派耶穌會士傳話：中方願以流入石勒喀河的格爾必齊河為界；但這一建議仍遭俄方拒絕，俄方堅持以精奇里江為界。19二十七日，俄方派人提議兩國在黑龍江左岸以雅克薩地區一部分劃歸俄國，俄人得在精奇里江一帶漁獵，右岸以額爾古納河為界。索額圖則予拒絕，堅持「雅克薩地區歷來是中國地方」，必須歸還中國。八月三十日，俄方再提以雅克薩為界，兩國均不在該地駐軍，企圖把雅克薩變成不屬於任何一方的中立地帶，清方使臣則嚴詞拒絕，並再次聲明絕不同意將兩國邊界劃在雅克薩附近，也不許俄人進入這一帶漁獵。這種方案反應了中方最低限度的要求。[20]

九月一日，俄方繼續討價還價，提議在黑龍江北岸以鄂爾多昆河為界，南岸以額爾古納河直至呼倫池為界。中方對此斷然拒絕。九月二日，俄方又提出一項書面條約草案，其主要內容如下：

一、兩國以格爾必齊河至石山為界；

二、石勒喀河南岸，以額爾古納河為界，其東屬中國，其西屬俄國；俄人所建額爾古納堡遷至西岸；

三、拆毀雅克薩城。俄軍撤出雅克薩，但雙方均得在這一地區從事漁獵；

四、雙方均不在雅克薩地區直至格爾必齊河建立居民點和堡寨；

五、中方歸還第一次圍雅克薩時所獲之武器，並向俄方賠償損；

六、發展貿易關係。[21]

清朝使團收到這種草案後，當即逐條作出答覆；對於兩國以格爾必齊河和額爾古納河為界的建議，中方沒有提出異議；雅克薩城拆毀後，中方聲名將在該地設立卡倫，並要求俄人此後不得在雅克薩地區漁獵，以免引起糾紛。至於俄方第五條中的所索的「賠償」，中方則認為俄人在該地殘害和掠奪中國居民，罪惡累累，如果說到「賠償損失」，中國所蒙受的損失不勝枚舉。九月三日，中方更提出對案六條，其要點如下：

一、規定拆毀雅克薩城，該地俄人全部撤至尼布楚；

二、規定以格爾必齊河為界，至位於勒拿河與黑龍江之間的最高山，沿此山直至濱海的諾斯山，山南一切土地屬中國，山北屬俄國；

三、規定以額爾古納河為界，俄人在該河東岸所建的額爾古納堡遷至對岸；

四、規定俄國人不得至額爾古納河東岸漁獵，中國不得至該河西岸漁獵；
五、規定雙方均不收納對方的逃亡犯；
六、規定雙方對邊界肇事者嚴加懲處。22

九月五日，雙方就劃界問題繼續磋商。俄方堅決反對在外興安嶺東段以諾斯山為界，聲稱諾斯山以南的烏得河地區屬於俄國，不能劃歸中國。他們提出一個修正案，建議兩國以額爾必齊河為界，從該河河源沿山至大海，山北一帶土地及河流歸俄國，山南土地及流入黑龍江之河流歸中國，但烏第河地區之劃分，應俟以後再定，中方對上述分界主題基本同意。九月二日，俄方又重新提出兩國均可在雅克薩建造房舍，要求寫入條約，但經中方斷然拒絕，俄方於是不再堅持。23 自八月二十二日兩國全權使臣奉命首次會議以來，雙方往返交涉達十二天之久，至此終於在一切重大問題上全面達成協議。

一六八九年九月七日中俄尼布楚條約正式簽訂。雙方事前商訂各準備拉丁文一份，俄方準備俄文本一份，中方準備滿文本一份。俄使臣在自己準備的拉丁文本和俄文本上簽字用印，中國使臣在自己準備的拉丁文本及滿文本上簽字用印。條約簽署後隨即舉行莊嚴的宣誓儀式，俄方將自己準備的拉丁文本及俄文本交給中方，中方將自己準備的拉丁文本和滿文本，交給俄方。至此，尼布楚條約的簽字互換手續遂告完成。24

中俄尼布楚條約的序言中明確指出，兩國「約束兩國獵者越境縱獵、互殺、劫奪、滋生事端，明訂中俄兩國地界，以其永久和好」。該約共分為六款：

一、「以流入黑龍江之綽爾納河，即韃靼語所稱烏倫穆河附近之格爾必齊河為兩國之界，格爾必齊河發源處為石大興安嶺，此嶺直達于海，亦為兩國之界；凡嶺南一帶土地及流入黑龍江大小諸川，應歸中國管轄；其領北一帶土地及川流，應歸俄國管轄。惟界於興安嶺與烏第河之間諸川流及土地應如何劃分，今尚未決，此事須待兩國使臣各歸本國，詳細查明之後，或遣專使，或用文牘，始能定之。又流入黑龍江之額爾古納河亦為兩國之界：河以南諸地，盡屬中國，河以北諸地，盡屬俄國。凡在額爾古納河南岸之墨里勒克河口諸房舍，悉應遷移於北岸」。

二、「俄人在亞（雅）克薩所建城障，應即自行除毀。俄人之居此者，應悉帶其物用，全數遷入俄境」。「兩國獵户人家無論因何事故，不得擅越已定疆界。若有一二下賤之人，或因捕獵，或因盜竊，擅自越界者，立即械繫，遣送各該國境內官吏，審知案情，當即依法處罰。若十數人越境相聚，或持械捕獵，或殺人劫掠，並須報聞兩國皇帝，依罪處以死刑。既不以少數人民犯禁而備戰，更不以是而至流血」。

三、「此約訂定以前所有一切事情，永作罷論。自兩國永好已定之日起，嗣後有逃亡者，各不收納，並應械繫遣還」。

四、「現在俄民之在中國或華民之在俄國者，悉聽如舊」。

五、「自和約已定之日起，凡兩國民持有護照者，俱得越界來往，並許其貿易互市」。

六、「和好已定，兩國永敦睦誼，自來邊境一切爭執永予廢除，倘各嚴守約章，爭端無自而起」。

此外，尼布楚條約還載明：「此約將以華、俄、拉丁諸文刊之於石，而置於兩國邊界，以作永久界碑」。

四

耶穌會士張誠與徐日昇兩人，在中俄簽訂尼布楚條約中，究竟在擔任翻譯員之外，還扮演了如何的其他角色？有人說，他們只是作單純的翻譯服務；有人則認為他倆在中俄兩國政治性的事務中也扮演了執行者、溝通者和誘導者的角色；還有人說前述兩者都不完全對，他倆只作了中俄統治者意志與談判證據的蒐集者、校正者與轉告者。對於俄人而言，他們是最早兩位漢學家，對於無任何西方知識的中國人而言，他倆則是最早的西方學者。[26]其實這以上三種看法，都不完全正確。由於俄國在十九世紀中葉後在侵佔中國東北的大片土地方面非常成功，因此，近數十年來俄國史學者常認為一六八九年中俄尼布楚條約的談判，是俄國的一項外交失敗，全歸咎於張誠、徐日昇之袒華而反俄。如俄國史學者凱恩（Gaston Cahen）即說：根據張誠的個人記載，中方談判者原即意高氣昂而不願變通，故中俄談判很快就為之中斷，因而，他倆之從中折衝其間為談判得以恢復的原因。惟俄使團官方的記載則云，因兩位耶穌會士之偏袒中國，而使俄國的談判目標受阻，俄使因此要想用蒙古話直接與清使談判，但為張誠與徐日昇所反對，因為他倆認為他倆為官方譯員，只有他倆可為中俄談判者溝通的管道，用蒙古語交流是不妥當的。但俄人仍然用蒙古語與中方人員交談，而中方也承認耶穌會士已逾越了其權限，滿洲代表並用滿語命令他們兩位不得阻撓會談。[27]此外，俄使也想利用藉給予耶穌會士在俄境內的一些好處，以誘迫張、徐助俄，果羅文甚至曾經用卑劣的手段秘密想用昂貴的貂皮、狐狸皮和銀鼠皮賄賂張、徐兩人，要他倆在條約的拉丁文交換正本中增入「不在雅克薩建築任何房舍」字樣，並說不要讓中國使臣知道，因為誰也不知道條約中的拉丁文講些什麼；但為張誠與徐日昇所拒絕，以免陷於背叛中國大皇帝之嫌。他倆實有充分理由以支持中國的談判目標，另方面他倆也不願過分壓迫俄國致使談判破裂，而將談判能達到對中國有利的結果。[28]不過，俄使果羅文確實也曾向張誠、徐日昇表示感謝他倆在中俄談判過程中的服務，讚揚他倆並要對此為他倆向沙皇請恩。果羅文在簽訂尼布楚條約之後返俄，也受到俄政府的讚揚，除授以「包雅」（Boyar）爵銜外，還被任為西伯利亞總督之職，其後並擔任俄國與數歐洲國家外交談判的主要談判者。雖然俄沙皇彼得大帝，曾於一六八九年十月迫害俄境耶穌會士，將他們全部驅逐出境，並關閉其在莫斯科的教堂與住所，但此均發生於果羅文返回莫斯科之前，與尼布楚條約的談判無關。[29]所以，近數十年來，俄國史學者對耶穌會士的指摘是相當不公平的。

關於張誠與徐日昇在談判中扮演執行者、溝通者與誘導者的角色，這倒是真的；由於中俄雙方代表所奉到的政府訓令是可以互通的，不只在邊界的確定方面，在其他方面亦多可使他倆扮演溝通者角色之易於成功。所以，談判之初，雖然中俄雙方的觀點似乎難於妥協，但雙方基於平等的立場而談判，並未流於東方式談判的舊模式：首先雙方漫天叫價，但次日即立場大改，然後即用武力威脅對方；否則，即用之為談判破裂的藉口，並準備終止談判而離開談判桌。徐日昇與張誠所扮演的溝通者角色，則甚忠誠而有沖淡衝突的作用：他們常常渡河傳達一方新要求與新方案，常常需要在不滲雜進任何他倆之個人意見的前提下，沖淡中俄談判心理上的障礙。惟在作為談判雙方的翻譯角色而言，徐、張兩人似乎較之俄方所帶來的譯員畢包勞茨基（Ardrei Biebolotsky）為差些：因張誠在尼布楚談判時，才來到中國不久，他不可能非常精通漢語或滿洲語；徐日昇則不會滿洲語，而中國的談判代表則全為滿人，且尼布楚條約的原始稿本也是用滿文寫成的。[30]就現在所見的史料來看，張誠在尼布楚條約談判過程中所發生的作用，顯然是較其個人自述者為低；而且根據一九六一年始譯為英文的《徐日昇日記》所述（該日記原文為拉丁文），中俄談判之最後以和平協議收場，也不是完全平順而事先非常樂觀的事。[31]

問題是在談判過程中有四次，因雙方互不相讓而為之中斷，其中一次，雙方甚至已進入宣戰之局，徐日昇在此數次危機中，雖然不敢越俎為清廷代表亂出主意，但他總是牢記康熙帝的指示而提供一些建設性的意見；他勸告中國代表，俄人絶非野蠻人而是有文化之國，應根據西方國際法給予基本性的信賴才對。[32] 就尼布楚條約的草擬而論，不管談判中所用的語言為何，張誠、徐日昇在地理方面的知識對該條約的用詞上的影響較之俄方譯員畢包勞茨基是大多了。另外重要的一點是，中俄在談判與簽訂尼布楚條約時，已開始運用西方國際法中平等與互惠的基本原則，以及談判時外交人員應該信實無欺的基本態度；這是中國過去處理外邦問題時所缺乏的一些觀念。在談判與簽訂尼布楚條約過程中，雙方所舉行的各種方式的會議、簽約、誓約等儀禮，甚至兩國使臣之間彼此相互尊稱為「閣下」（Excellency），都是在中國外交史上首開其先例的事。[33]

注釋

1 Samuel Couling, ed. *The Encyclopaedia Sinica* (Shanghai: Kelly Walsh, 1917), p. 259, "Jesuits".

2 Ibid, p. 259; Immanuel C. Y. Hsu, *The Rise of Modern China* (N. Y.; Oxford University Press, 1990, 4th edition), p. 97; Couling, *op. cit*, p. 259.

3 Immanuel C. Y. Hsu, *op. cit*, pp. 97-100.

4 John K. Fairbank, et al, *Eacit, Asia: The Modern Transformation* (Boston: Houghton Mifflin, 1965), pp. 55-56; Hsu, *op. cit.*

pp. 103, 105，另參閱本人在新加坡國立大學"Modern China"課上之英文講稿（未刊）。

5 Couling, *op. cit*, p. 204.

6 *Ibid*., p. 430.

7 Hsu, *op. cit*, pp. 107-108.

8 蔣廷黻，《最近三百年東北外患史》（台北：中央日報社，民國四十二年），頁六～二二。

9 中國社會科學院近代史研究所編著，《沙俄侵華史》，第一卷（北京：北京人民出版社，一九七八），頁一六三～一六五。

10 同上書，頁一六六。

11 同上書，頁一六七。

12 同上書，頁一七〇～一七一，一七二，一七三。

13 同上書，頁一七五。

14 蔣廷黻，前書，頁二四。

15《清聖祖實錄》，第一四〇卷，頁三〇。

16《沙俄侵華史》，第一卷，頁一八〇～一八一。

17 同上書，頁一八三。

18 同上書，頁一八四～一八五，引〔俄〕齊赫文斯基主編，《中俄關係文件集》，第二卷，頁五一七、五一八。

19《沙俄侵華史》，第一卷，頁一八七～一八八。

20 同上書，頁一九〇。

21 同上書，頁一九一。

22 同上書，頁一九二。

23 同上書，頁一九二～一九三，一九四。

24 同上書，頁一九四～一九五。

25 同上書，頁一九七～一九九。

26 Joseph Sebes, S. J. *The Jesuits and the Sino-Russian Treaty of Nerchinsk (1689): The Diary of Thomas Pereira, S. J.* (Rome: Institutum Historicum, S. I., 1961), p. 103.

27 *Ibid*., p 103-104.

28 *Ibid*.,：《沙俄侵華史》，第一卷，頁一九三。

29 Sebes, *op. cit*, p. 105.

30 *Ibid*., pp. 106-107.

31 *Ibid*., p. 107.

32 *Ibid*., p. 108.

33 *Ibid*., pp. 109, 111.

原載輔仁大學編，《清代前期在華天主教國際學術研討會論文集》，台北：輔仁大學，一九九七。

第四章

論清季自強運動（一八六〇～一八九五）的失敗與清廷中樞領導層的關聯

清季自強運動（一八六一～一八九五）的失敗，對於中國是一次非常慘痛的歷史教訓；由於中國在此國際局勢比較平靜的三十五年的有利時期內不能奠定國家「自強」與「現代化」的堅實基礎，又在與日本明治維新「現代化」的長途競賽中明顯失敗了，從此中國「睡獅覺醒」的龐大帝國的虛弱面貌，已被戳穿，各列強都在新興、狠毒的日本帝國主義之後向中國發動了攘奪利權、劃定勢力範圍的全面競爭，人為刀俎，我為魚肉。此後國事日非，中間經過戊戌（一八九八）康、梁變法的失敗，而清廷竟不智至支持義和團的仇洋事變，事定之後，中國名義上的主權雖存，實際卻已淪為列強的「半殖民地」了。此後中國的有志之士在一九一二年推翻滿清之後，要再經過整整三十多年的艱苦努力，才能在第二次中日戰爭（一九三七～一九四五）中，配合著美、蘇、英等國的協助，才能將窮凶極惡、妄圖將中國征服與瓜分的日帝擊敗，重新將國家措之於獨立自主的地位。追源禍始，我們不能不說，清季的自強運動，實為中國在相對和平的國際大環境下努力自強的一次最後的機會，影響之於國運者實深且鉅。對於這樣關繫國運重大的一次失敗的教訓，我們不能不對之作一番深入徹底的檢討，以探明其各項成功與失敗的軌跡，以為現在與未來中國的現代化，提供一些鑑戒與教訓。[1]

一

過去學者探討自強運動失敗的基本因素，有的著重於社會的、文化的與經濟的，甚至地理上廣土眾民與列強著重侵略等等因素所造成的直接、間接的影響。就中國社會結構的因素而言，他們認為中國社會的基本結構實為一儒家思想、農業生產與官僚統治的「綜合體」，其最下層的組成單位為家族，其上則為政府，清廷中樞最高的主宰，自然是皇帝（或垂簾聽政的皇太后），而社會佔重要支配地位的，則是各級官吏與各地仕紳。清制，一般平民想要作官或取得當地仕紳的資格，其正規的途徑，需要通過各級科舉考試，方為清貴，而且此所謂正途的考試絕非世襲可得。因此，一般才智之士在未得科名之前，其精力畢生之所在多為揚名科場，俾藉此光宗耀祖，中科名之後，其努力所在，則是升官以服務君國。升官即可發財，發財後致仕返鄉，購置田宅，即在地方上居於縉紳之列。所以，中國社會上有志氣有才氣的讀書人，或者有志氣而環境較優越的工、商、農人，大多數走上科舉之途。否則，即使有卓越的才智，也只能算方技工藝之士，在正常的情況之下，是難於受到社會與官府的特殊重視。因此，整個社會流動的趨向，常形成一種「權位本位」（status-oriented）的風氣，其目標常常是多作官，在鄉則「維持名教」，維護傳統的風俗與習慣。[2]

此外，中國社會的結構，既以仕紳為中堅份子，並倚賴農業生產為社會中物質經濟的支柱，完全漠視商人在社會進步中所能發揮的作用，抑之為四民之末（雖然實際商人在社會上的地位並不低），非正式的勒索與稅徭特重。政府在實際的措施上，基本上雖然也不壓制商業，但對於新興的新式工業所實行的「官督商辦」制，其消極的意義常大於積極的鼓勵、獎勵的意義，壟斷權利者多，而獎商利商者少，而且絕無將現有的商業資本擴大為全盤性工業資本的長期計畫與措施。3這與歐美近代社會之商工業者的身分隨時互易，而又同為社會中堅的資本主義社會的結構相比較，實有基本的不同。4因此，傳統的中國社會，在適應西方企業競爭的近代嶄新情勢時，常常感到困難重重。5加之中國人效忠的對象，除去在政治上效忠皇帝之外，在倫理上則效忠家族，但有清一代的皇帝，既係異族的滿洲人，按照西方近代民族主義的原則，實應在排斥之列。清季自強運動之難於利用近代民族主義的一些強烈的意識與觀念於鼓舞官民奮發邁進，以直追西方人在科技建設上的成就，如日本明治維新主政者所能做到的一樣，此為一項原因。6

此外，從文化的背景來看，因中國文化對過去傳統的負擔甚重，難於承認中國文化在某些方面的缺失，因而難對西方的強力挑戰作出迅速而有效的全面性反應，這也不失為一項有力的線索，以闡釋自強運動失敗的事實。中國文化自成一完美的體系，幾千年來向為東亞文明惟一的中心，在東亞的國際關係中，一向被尊為惟一的「天朝」、「天可汗」、「大國」，其他周圍各國則為定期或不定期的朝貢國，自認為或被視之為蠻夷戎狄之類文化落後之國。由於歷史文化悠久的關係，中國所負對於過去歷史傳統的負擔，特別沈重，難於在較短的時期內，遽然改弦更張，很順利地適應近代歐洲式的各國文化融合而競爭圖存的新環境。而儒家思想（實際也融合了道、佛家的思想），久為中國文化內涵的正統，結構精嚴而意境完整，自內聖以致於外王，合融心物，從漢武帝之後二千多年，其作為歷代政府所尊的「官學」地位，實際上並無大改變。在歷史上，雖然中國也曾多次遭受到北方和西方蠻族的入侵，甚至中原的政治樞要地區也被其竊據多年，建立異族政權，統御中原華夏，但這些蠻族統治者的人數既少，在文化上也居於劣勢的地位，經過數代，往往完全被融合於中國文化的大海裡，不留什麼異民族異文化的痕跡了。東漢後佛教思想的輸入，盛極一時，其所發生的文化衝擊的力量，雖然深鉅，但此後中國亦能逐漸予以吸收融化，至宋後，已完全將其消納入固有思想的體系之內。所以，中國文化中主流的儒家思想，在其二千多年長期發展的過程中，已養成根深蒂固、自尊自大的優越感，不易於發現或警覺自己文化體系中的重大缺失，而主動地、謙虛地作出整體性的或基本性的重大改造。而且，幾千年來除上述佛教輸入的特例之外，中國一直居於文化輸出國的地位，實不易於承認近代西方文化在某些方面或整體上優越性的事實。7

另外，自價值系統的標準而言，傳統的儒家思想，自宋代理學之後，實有顯著的重道德而輕物質的傾向，重視直覺的人生而忽視商工的技術，重思考而不重體力的勞動，重家族而缺乏近代極端強烈的國家意識。而且，其復古的意識，非常顯著，理想的典型，常在遠古。8這與西方十九世紀後半期將達爾文的生物進化論用之於闡釋社會發展之事實的「社會進化主義」（social Darwinism）的競爭圖存與進取絕無止境的精神，互相比較，在基本上實大為不同。所以社會學家韋伯（Max Weber）認為中國政權的結構為「家長權威式」（paternalistic），無法發展為「理性」與「可估算的」（calculable）法律與行政的架構，使工商業者可在其間作大量的生產與消費的活動。中國傳統司法為實質性的而非正式的與明確的，是武斷性的而非有系統的；「私權」絕無保障，人民也無「自由民權」（civil rights）。而且，儒家倫理系統下的官紳階層，作為家長權威型的統治者，本身既不倡導發展工業資本，也不鼓勵與准許其他階層做此工作。9

近數年來，有人甚至進一步分析十九世紀下半期的儒家思想實缺乏自我更新的「內在機制」，不能以主動與權變來應付西方在文化、政治、經濟等方面的新挑戰，而「只能以傳統的自我中心的文化心理與陳舊的認識思維框架來被動地處理種種事態和危局」，因此形成一種「僵化的社會人格」。不只在「理性」的層次上，將「反外」合理化，而且進一步利用傳統儒家的固有觀念與價值系統來抗拒「西方思想與科技的新挑戰」，形成一種盲目的虛矯的排外心理與「國粹主義」。10

在這種情形下，即使那些在自強運動中主張學習西人「長技」的洋務派諸大臣，也只是基於一種「危機意識」，而作出一些被動式的「學人之長」的「避害反應」；而這種「避害反應」在內涵上卻是單純的與狹窄的（如丁日昌所說：「西學除船械一切必須效法西洋外，其餘人心、風俗、察吏、安民，仍當循我規模，加以實意」；李鴻章亦有類似的話；違論張之洞「中學為體，西學為用」的名言了11）；他們並未主動承認西方文化在某些方面的優越性，既未對西方文化作深刻的寬闊的瞭解與研究，也並無意比較西方社會提出追求更高遠的社會目標與更豐富的社會內涵。因此，即使參與自強運動的洋務派人士也很少主張「將西方文化當作人類文化發展中的智慧成果，在積極地予以肯定和認識」；12他們應付西力挑戰的最佳方案，只是在被動中作局部的調整，這就是所謂「西學源出中國」、「中學為體，西學為用」等說法之所以流行一時。「中體西用說」在本質上是消極的、被動的、流動性很大的；13其對西方文化的學習方略，是狹隘、瑣碎與急功近利的，它無法擺脫「自我中心」的文化意識，以進而作全體性文化、政治、社會與經濟的更張與更新，與日本明治維新諸臣的「全方位」學習的方針，不只學習西方的「外形」，也學習其無形的「文明精神」相比較，是有高下優劣的大區別的。[14]

洋務派的所謂通達之士，所見尚且如此，其他思想保守的正統儒者的官紳，則即使在經過許多次巨創深痛的大大小小教訓之後，仍然堅持用「傳統儒家文化的固有觀念與價值尺度來對抗西學」，而且堅持對付洋人挑戰的基本辦法應為「返聖人之本」。[15]在堅強的「文化惰性」與「社會閉塞」情形下，他們常常以「附會」來認知西洋新事物，又用基於儒家原則與標準的思維方式（即所謂「聖學投影」）來判斷西洋事物。所以，其結論常常是將西學簡單地歸納為「術數」、「技藝」或「機巧」，進一步將西方科技與物質文明的價值，予以貶低或否定，完全無法衝破中國固有文化的「文化心理」與網絡，不能正確判斷客觀的中外現實情況。[16]保守派人士眾口鑠金的一些似是而非的說法，甚至洋務派在沒有堅強的最高政治權威的支持之下，也無法或不敢予以反擊。[17]最後，中國終於作繭自縛，在文化上既無法擺脫困境，在政治上則自一八九八年變法失敗後竟演變成一九〇〇年庚子拳變的大悲劇。

除此之外，也有人自經濟的觀點立論，認為中國在鴉片戰爭前後，在基本的經濟結構上，一直是一個自給自足的大組合體，日常生活所需的資料，無須外求；而且在與西方通商時，中國有大量的茶葉、生絲等產品輸出國外，以抵消洋人輸入的鴉片與棉織品等。[18]但也正因為中國的幅員廣大、人口眾多且物產豐饒，故一直成為英國等西方國家著重侵略的對象：不只對中國發動過許多次正式戰爭，其「砲艦政策」的威脅與高壓手段，自一八六〇年後幾乎年年月月有之，使中國所面對的政治情勢非常險惡，國家政治常受英國等國的間接影響與控制；中國經濟也很快被吸收入帝國主義式的世界經濟體系之內，作為一附庸的原料供應國。[19]

此外，清廷在一八六一～一八九五年期間在政治穩定方面雖然尚稱良好，但清政府在商、工業的資本形成與新技術的引進方面，均未扮演何等積極、主動的角色，無新式銀行的設立，也未曾主動地將商業資本引導至工業化的投資上。在新技術的引進方面，雖然清政府也建立一些利用機器生產的廠局，但均為地方上少數熱心洋務的督撫所創辦，其生產不只易受官僚系統更易調動所影響，而各廠局所採行的「官督商辦」經營制度也問題重重，無法在生產上作持續的增長性發展，所以，常常在開辦多年之後，其產量反而是有減無增。此外，清廷也未曾認識到推廣教育在引起新科技方面的重要性，在這方面無任何致力的推動。有些最熱心於建立工業局廠的督撫，也並未得到適當的鼓勵與支持，他們常苦於財源枯竭，無法籌措到足夠的資本，因而影響到新工業生產的擴展與增長。[20]

二

上述從社會結構、文化傳統、經濟制度與政策等因素來闡釋自強運動的失敗，雖然各有其真實性，而言之成理。作者在民國五十六年（一九六七）在《思與言》，第五卷，第一期發表〈清季同光自強運動與日本明治維新運動的比較〉一文，已在逐項分析上述的這幾項重大因素之後，著重分析了清季政制結構與政治機運兩方面對於自強運動之失敗所造成的影響。[21]作者在本文中除了想重申前說外，還想更進一步申述由於自強運動期間清廷中樞領導素質的不良，最主要的是總攬最高統治政權的慈禧太后葉赫那拉氏的自私與無識，她對攬權、保權和擴權是機敏權變而無所不為的，但缺乏對國家朝廷的雄偉氣魄和高識遠見，對自強運動的目標與措施，也未作出全面、持續而無保留的支持，致使各新式局廠與軍力缺乏政治上支持的動力，無法很快從初步邁向中度與高度的成長階段，也無法奠定堅實的全國性規模的基礎。追本溯源，慈禧所應負擔的失敗責任最大，這是中國國運的不幸。其他接續總理主持軍機處的恭親王奕訢、醇親王奕譞，均為關鍵性貽誤事機的中樞人物，此外，實際握有軍機處實權十多年的孫毓汶與位居「半中央」二十五年（一八七〇～一八九五）的北洋大臣直隸總督李鴻章，也脫不了在整個運動所負擔的一部分失敗責任。這種著重從中樞領導層素質不良與其領導的失敗，來解釋自強運動的失敗，當然也不排除社會結構、文化背景與經濟政策等因素對運動失敗所造成的影響，但認為這些因素都是從一種長遠的觀點立論，來解釋和籠罩一項錯綜複雜而逐漸發展的事實，不僅常有牽就事實自圓其說的意味，甚至常有「倒果為因」和「命定論」的色彩。因為歷史發展的過程中，「事實」的可塑性常常很大。換言之，在某項程度的局限內，不同的「主政」者，在相同的政治結構、文化環境與相同的社會、經濟背景下，常可產生出不同的歷史（政績）。[22]特別在絕對專制、政權集中的清代，一位體格強健、樂觀進取而又意志堅強總攬大權的皇帝（如康熙或雍正），或握有實權而又能夠獲得皇帝信任的重臣（如肅順），常能在關鍵性的問題與時期內，轉變或加速歷史發展的方向。[23]所以，我們在檢討自強運動失敗的一些因素時，首先應該研討的便是與該運動的發動與發展最有關聯的一項因素——清廷中樞領導層是否稱職的問題。

從比較歷史的史實來看，所有後進國現代化的過程中，除去美國的情況比較特殊外，其政府領導層所起的作用，實為最大。不只十七、十八世紀沙俄與普魯士之有限度的政治、經濟、文化上的模仿西歐的運動，係完全在政治的主持與控制之下全面進行；[24]即十九世紀中期後沙俄的西化運動、日本的明治維新運動與統一的德意志俾斯麥所領導的各項政治、社會與經濟的改革運動，儘管各國彼此在文化、經濟、社會方面差異很大，各受其不同的歷史文化的影響甚大，但他們的變革無不為政府一手把持的學習西歐先進國的運動，政府一直扮演著非常關鍵性重要的角色。[25]十九世紀中葉後，沙俄政府自辦銀行、自辦工業，其主動解放的國有農地上的農奴竟佔全國農民總數的二分之一，所以，沙俄政府在推動俄國早期工業化所奠定的規模相當巨大，所發生的影響與作用，當然非常廣泛。俾斯麥主政下的德國，則在政府的統制下，主動建立起統一的政治制度，大力推動工業化，並給予國民多項基本政治與福利社會的權利。[26]而日本的明治維新運動，更實際為一革命性的運動，那些握有強大權力、出身下級武士的維新派官僚，主動吸收許多新社會的份子（如返國的留學生）於其政權之中，利用傳統的皇室象徵與名義上「王政復古」的口號為號召，實行其全盤性政治、行政、教育、法律、經濟、財政、思想、軍事等「全方位」的全面性改革，將「開化」的歐、美文化制度的原型，移殖於自己「半開化」的環境內，將日本傳統與西方式的制度、思想與文化置於一種拼湊、混合、互為適應的過程之中。[27]所以，政府在此類大規模的國家社會變革中，其政策、立法與財政所發生的作用實為最大。其主動所建立一些關鍵性的局廠（pilot industries），常為需要長期性大量投資的重工業廠礦（等到這些重工業大廠基礎確立後，則轉為民營）。在立法與政策方面，如消除國內外貿易的障礙、統一貨幣與度量衡、修築鐵路、發展航運、建設水利等公共工程，建立強迫性教育普及制度與徵兵制度，鼓勵工業工人的組織與建立勞工福利與救濟制度，輸入專利權與新科技等，都是一些基本性的重要措施。另外，在財政方面，則包括獎勵資本的累積、保護、擴展與新技術的推廣，控制貨幣供應以壓縮通貨膨脹等等，都是關係重大、影響工業化向縱深發展的要政。[28]

與德、俄、日等後進型現代化的國家相比較，中國在自強運動期間（一八六一～一八九五）清廷中樞諸當政者在傳統文化思想的籠罩下，根本不大瞭解也不想瞭解西方文化的本質與現實，在上述政府所應發揮的作用上，不只沒有做或做的不夠，清廷在這方面也未扮演有力的主導性角色，或提供高瞻遠矚而具體確定的目標以作為逐步推廣這些新政的努力。這不能不與清廷中樞領導層的素質有關。由於在自強運動的早期清廷已經敉平了太平軍、捻、回諸叛亂，國內秩序已能維持穩定，所以，清廷領導層在自強運動中期之後所表現的缺乏遠見與積極領導的事實，是非常顯著的。[29]它是自強運動失敗的最大、最直接的一項因素。

三

清季在一八六一～一八九五年的三十五年期間，清廷中樞大權，名義上雖然為同治皇帝（一八六一～一八七四）或光緒皇帝（一八七五～一九〇八）所統有，甚至在一八八一年（光緒七年）前，慈安皇太后也同時垂簾聽政，一八八九年後光緒皇帝也在名義上自己親政了，但實際政權卻一直是在慈禧太后之手。在當時政權極度集中中樞（皇帝兼有宰相權）的情況下，大權實際掌握在慈禧一人之手，特別在一八八一年之後。她的識見與決策，即具有最高的權威，任何軍政大計，無不須經過她的裁可與支持；她是對中國的命運最具法定性影響作用的一個人。

慈禧是個權力慾極為旺盛的一位婦女。自一八六一年辛酉政權後與慈安太后合作垂簾聽政之後，一直到一九〇八年死亡為止，她始終大權在握。她為人精明強幹，意志堅強，「權奇英斷，足以籠絡一世」，確具統御和籠絡群臣的絕大天才；[30]但她實際總以權力為重，為追求權力而詭計多端，為保權、擴權而無所不為；

這是她最基本的對待朝廷與國家的一種態度。她的性格，雖然因宮闈深幽，多年被籠罩上一層神秘而難為外人所盡悉的色彩，但現在配合史料與其實際政績的表現來判斷，她實在是一個愛慕虛榮、自私無知、重視享受和頑固刻薄的女人，其喜好奉承、賄賂（諸臣的貢奉）而好行小惠的行為一如尋常婦女。[31] 她的見聞知識範圍不廣，思想保守而趨向苟安，即使在當政多年之後，對於西方文化的所知，也不過籠統地知道西洋之擁有船堅砲利等長技，對於其他新事物的瞭解，她不僅無康熙皇帝在追求新知識方面的好奇心與學習的強大毅力，而且因為這與其掌握宮廷與擴張政權的大目的無何直接關係，她對之也無任何興趣。她在一八六一年掌握政權之初（當時尚無絕對的權力，而係與慈安皇太后共同垂簾聽政），尚能在議政王恭親王的全權輔政下，籠絡廷臣，以高爵厚祿酬庸削平太平軍的漢人督撫，拔擢人才，支持自強運動諸仿製洋槍、洋砲、輪船與其他措施，但在最高權力的運用上，她只知道運用倫理與文化以統御朝廷內外及地方督撫，並利用恭親王奕訢與醇親（郡）王奕譞兄弟間的權力平衡與互剋互制，以控制全局；[32] 對於在國家朝廷有大功勢的湘、淮諸將帥，則始終防範之心甚強，慣常利用言官彈劾的方法，予以懲罰或罷黜之。她不支持英使威妥瑪（Thomas F. Wade）在一八六六年所呈「新政略議」中較廣泛的各項「變法自強」的建議；[33] 而且，基於同樣權力平衡的理由，她常常放縱守舊者對自強措施的主持人（如李鴻章）的攻擊，而不給予洋務派諸臣的全力與毫無疑義的支持。[34] 所以，曾國藩於同治八年（一八六九）初自南京至北京覲見慈禧太后，即私下表示：「兩宮（慈禧與慈安）才地平常，見面無一要語」，[35] 李鴻章在同治朝後半期也曾屢次建議開辦煤鐵礦、修築電線鐵路、設立新式學校，甚至建議於科舉中另設一工藝專科，以使「成藝可精，而才自亦可集」；但清廷自恭親王以下，均無人敢於主持。[36] 郭嵩燾也常感嘆朝廷中無目光遠大之人；李鴻章也在光緒五年（一八七九）感慨於朝廷「議論不齊」[37]他們所感嘆的，即是慈禧對他們無明確的全力支持。所以，軍機大臣文祥在一八七六年五月臨終時即在遺摺中率直地奏陳慈禧應改進清廷在自強大事無人主持著著落後的危險情勢：表面上他雖然是追述一八六〇年英法聯軍重兵壓境時清廷所面臨的困境，「在內無深知洋務之大臣，在外無究心撫馭之疆臣，一切奏牘之陳，類多敷衍諱飾，敵人方桀驁，而稱為恭順，洋務雖怨毒，而號為歡忭，遂致激成事端，忽和忽戰，彼省之和局甫成，此省之戰事又起，賠款朝給，捷書暮陳；乘望風之船，號為勝仗，執逆使之首，以為擒渠。果至兩軍相交，仍復一敗不可收拾。於是夷情愈驕，約款愈肆，中外大局皆視辦理洋務為畏途，庚申（一八六〇）事起，幾至無可措手足」。實際文祥是要慈禧全力支持自強諸建設的，所以說：「萬不可再誤之機，誤則不可復更，不辦則不堪設想」。[38]可惜的是，言者諄諄，聽者藐藐，慈禧在個人私利上的爭權、保權、擴權上雖然擅長政治手段，但在國家大事的興替變革的大方向上，她是絕無武則天的雄偉魄力與剛銳英鷙之氣，或康熙皇帝的遠大沈毅的氣魄。[39]

這種情形，自光緒嗣位（一八七五），至一八八一年慈安太后死亡後她一人大權完全獨攬之後，其自私無知，自以為天下大定而重視個人的享受與虛榮的個性，更對於國家主權的繼續喪失，貽害更大。[40]所以，不只在中法戰爭正逢其五十壽辰之時（一八八四），她特汲汲於重修儲秀宮、麗景軒、體和殿、翊祥宮等，作為她接受群臣慶賀及日常起居之地，在法軍進攻台灣，軍情萬分緊急的情況下，她仍設宴演戲揮金如土。[41]戰後她更諭令醇親王挪用建設海軍的巨款修築頤和園，以為她個人宴樂的處所，所費不下二千多萬兩。[42]而尤其荒謬的，是當中日甲午戰爭已經爆發了，她慶賀其六旬壽辰的各項慶典，仍未停止；而當是年十月十日（西曆十一月七日）慈禧的六十壽辰時，也正是日軍攻佔金州大連灣之次日，正在集合兵力南攻北洋海軍的要塞旅順的緊要關頭，她卻仍在宮中升殿受賀，大宴群臣，賞宴三日。該慶典前後總計所費，據說不下一千多萬兩，相當於清政府歲入的六分之一，實為咄咄怪事。[43]所以，章太炎作對聯罵慈禧太后說：

「今日到南苑，明日到北海，何日再到古長安？嘆黎民膏血全枯，只為一人歌慶有；五十割琉球，六十割台灣，而今又割東三省；痛赤縣邦圻日蹙，每逢萬壽祝疆無」。[44]

美國人牟復禮教授（Frederick W. Mote）論清季中國的衰弱，歸源於「決策」與「惰性」，[45]羅茲曼（Gilbert Rozman）教授則認為清季在政治制度上非常中央集權化，但中央卻無人運用此權力引導國家於強有力的自強改革。[46]在這方面絕大部分的責任，實應歸罪於慈禧的領導風格。在她的籠罩主宰下的清廷，不只沒有逐步強化自強諸措施，也沒有提供一項強有力的國家積極目標；她既無有力的主權觀念，也未全力支持洋務諸臣的各項措施，其世界觀總是「自我中心」的意識牢不可破（所謂「中學為體，西學為用」的一些觀念，只是著重拘守傳統的層次），對外顯得遲疑被動，得過且過，只是被動地應付所面臨的一些危機，而未作出有創見、有長程目標的變革。因此，「國是」未定，清廷完全無意在知識、制度、技術等重大方面作大規模的文化輸入工作。[47]

四

第二位直接影響自強運動成敗的清廷中樞人物是恭親王奕訢。恭親王實際發動辛酉政變而使慈禧得以掌握權力，故同治初元，即以二十九歲左右的青年而膺有「議政王」的崇高地位，並主持軍機處而綜理朝政。實際領導發起自強運動的也是他。恭親王在當時清室諸王中，最稱明幹、機警洪達，在他輔政之早期，遇事獨斷負責，敢作敢為；[48]幫忙他的，前期主要是軍機大臣文祥（一八七六年卒）、沈桂芬，後期則為沈桂芬（一八八一初卒）與李鴻藻。自強運動之早期與中期的各項措施，無論是由清廷主辦的同文館，或由地方督撫曾國藩、李鴻章、左宗棠等所創辦的江南製造局、金陵機器局、福州船廠等，都得其全力支持。但也由於他能勇於負責，實心任事，又頗放言高論，漸忘敬畏，所以早在一八六五年（同治四年）四月即被慈禧給予雷霆式的大打擊，先令撤去一切職位差使，後經廷臣集體公懇，才允許他繼續供職，惟仍被撤去了「議政王」的名號。[49]

實際恭親王的各項自強政策與措施，並未得到慈禧的全力支持，她總是利用保守派反洋務的思想與阻撓，以牽制恭親王與主持洋務諸臣的權力。[50]曾國藩在一八六九年批評恭親王說：「貌非厚重，聰明則過人」；對當時的朝局，則認為「時局盡在軍機，恭邸、文（祥）、寶（鋆）數人權過人主。恭邸極聰明，而晃蕩不能立足；文柏川（祥）正派而規模狹隘，亦不知求人自輔；寶佩蘅（鋆）則不滿人口。朝中有特立之操者，惟倭艮峯（仁），而才薄識短；餘更碌碌，甚可憂耳」。[51]曾氏之幕府趙烈文則對恭親王有著相當嚴苛的批評：「聰明信有之，亦小智耳。見時局不得不仰仗於外，即曲為彌縫；昨與倭（仁）相爭執，無轉身之地，忽爾解釋，皆其聰明之證也。……身當姬旦之地，無卓然自立之心，位尊勢極，而慮不出戶庭，恐不能重複餗之虞！」[52]

事實上恭親王的一股銳氣，自經過慈禧多次大大小小的打擊之後，漸被銷磨殆盡，轉而成「巽順承旨，風節日卑」；加之他為自己府中的巨大開支，乃廣納賄賂，據說只在擔任軍機的前十年內，即集資至三百多萬兩。[53]光緒初元，清廷在內政上「重例案」，大權歸於部寺胥吏之手，而恭親王處事則「益模稜不任事」。一八七六年文祥死後，對於外交與自強諸政，多仰仗李鴻章的主持與合作，凡事必諮詢之，以李鴻章的意見是從[54]——最大的原則只在著重保持現有條約的權益為限度（但條約是不平等的），但求目前無事，敷衍塞責，而不計及將來。[55]一切大政方針，都是惟慈禧之命是從。[56]最後終於在一八八四年四月（光緒十年三月）被慈禧藉口桂軍在越南北圻的北寧、太原之戰中潰敗而將他所領導的軍機大臣全部撤職，退出政務。

所以，恭親王雖然在自強運動的早期擁有極大的威望，足可有更大的一番作為，推動自強至於更高的層次；但他在慈禧堅強性格的陰影下，加之他個人才力與見識的限制，對於具有前瞻性與發展性的一些重大變革的大政與方針，實際是無何作為。所以，不只李鴻章在同治年間所建議的變通科舉、廣設洋語學堂等擬議，無法由他主持定議實行，此後修築鐵路之議，倡導雖早，但卻滿庭聚議紛紜，在保守派的反對與阻撓下，即拖延遲誤多年，成效甚少。[57]在恭親王扶持下的文祥、李鴻藻等軍機大臣，更無總持與推動全局的可能。

繼恭親王而總理清廷為慈禧看守朝政的，是醇親王奕譞。醇親王為恭親王之弟，為光緒皇帝的親生父。他的個性是憨直而有些魯莽（所謂「果斷自負」），而且「柔闇易欺」，「剛而不愎」，[58]較之恭親王在才品與能力上更差一籌；早在同治之初，即被慈禧利用之，成為對付恭親王的一著棋子，曾以內大臣而兼典兵操，掌管宮廷防衛與京城內的兵權。[59]他又身為慈禧親妹之婿，一向奉慈禧之命惟謹。此後，因身為光緒帝之父，在慈禧的淫威下，更是小心謹慎，遇事退讓。[60]他更為討好慈禧、滿足慈禧宴遊享樂的慾望，更出面與李鴻章合作安排，以海軍建軍專款與海軍報效的名義，撥集巨款修築頤和園，不顧國家的命運，以固寵希榮。[61]在這方面，醇親王較之恭親王尚相差甚遠。後者在他當政的後期，雖然也是因循而乏遠略，但他至少還能在裁抑宦寺（太監）與諫阻慈禧興築園工兩事，有所表現，[62]醇親王則在慈禧的強力籠罩下，一切由她為所欲為了。

醇親王以皇帝親生父親的尊榮幕後所領導的軍機處之新任諸大臣，也品質低劣，無論在才識經驗、資望等方面均不能與舊任諸臣相提並論，貪鄙且尤過之，在風格上和認識時局的遠見上，都日趨下流。[63]名義上擔任軍機處領班的禮親王世鐸，每日奔走於醇親王府，大小事務悉遵命進止；其為人愚闇混瞶，一物不知，甚至與李蓮英互屈膝，以敵體相待。而惟利是圖，無論何人均可拜門贄見，獻二百兩銀者以門弟子畜之；甚至減至五十兩，亦可乞其薦牘，達諸督撫疆吏，刺刺不休，時有「非禮不動」之嘲。軍機大臣滿大學士額勒和布，謹飭無能，伴食而已。另一漢軍機大學士張之萬，以書畫音樂自娛；大權落在孫毓汶（工部侍郎，後升尚書）之手（另一軍機大臣許庚身雖頗執樞要，惟權力較小）。[64]孫毓汶就是醇親王與軍機處之間的消息傳遞者，也是奕譞用之以控制朝政的工具，像慈禧之利用奕譞控制朝局一樣。

孫毓汶出至倭仁門下，以南書房而兼軍機，故頗與太監相結納，能夠早探知一些慈禧的意旨。[65]在他的操縱之下，首先是作肅清工作。因新任諸軍機大臣中只有户部尚書閻敬銘略有風骨，遇事不肯隨聲附合，孫乃陰嗾其門人之任台諫者劾之，閻敬銘被放歸致仕。[66]對於耿介名流、敢於批評時事、彈劾當道的清流人士，孫毓汶則驅之於應付中法戰爭的實際事務，如通政使吳大澂則任之為會辦北洋事宜，內閣學士陳寶琛則為會辦南洋事宜，侍講張佩綸為會辦福建海疆事宜，陽示人以為國用人，實際則為將他們趕鴨子上架，「陰納諸罟擭陷阱之中，莫之辭」。[67]對於那些忠於職守、敢於彈評權貴的滿、漢御史中的佼佼者，則用陰險而卑劣的手段對付之：如趙爾巽為滿人中之翹楚，則外放之於貴州石阡府知府，為著名瘠苦之地，且趙爾巽過去曾參劾過之的州巡撫史繩祖，又適為其頭頂上司，為借刀殺人之計。滿人文碩，亦鐵中錚錚者，乃外授之駐藏辦事，因適值中英緬甸條約十年期滿，英人正力求印藏通商之事，由其獨力應付；最後乃藉其擅行密疏都察院之事，而予褫職的處分。[68]著名御史鄧承修則派往勘定桂越邊界事宜，艱苦而又不討好；編修梁鼎芬因彈劾李鴻章，名御史朱一新因上疏諫停園工，稱述慈禧的過失，語尤激切，皆被革職。侍郎黃體芳也因參劾李鴻章而被降級調用；王仁堪因奏摺中牽涉醇親王而被外放知府；屠仁守以時局孔殷密摺封奏，奉旨責其荒謬，罷御史職，下部議，原摺擲回，[69]都是一些箝制輿論、打擊善類的手段。醇親王、孫毓汶在李鴻章的合作下，乃大舉用海軍名義修築成頤和園，以迎合慈禧愛好享樂的私慾；而慈禧在入駐頤和園之後，雖然大權仍然牢牢握在手中，但聽政卻漸漸懈怠了。每次召見軍機大臣，所談常常只有兩刻鐘，即令退出；[70]而其總管太監李蓮英的權勢則大增，李甚至奉派在一八八六年隨同醇親王巡視海軍。[71]

在孫毓汶等的控制下，行政、吏治則以例案為準繩，胥吏大權在握，而京朝官則緘默廢惰，在任命督撫藩臬方面專講資格，故吏治日壞，所登用的人才更少。[72]清廷中樞每簡派海關道、織造等官職，據說均有價目，視缺額之優劣，為行賄之多少；皆由太監傳遞消息，而以京城內之木廠或綢緞古董商人居間過付，甚至慈禧本人據說也收納賄賂。[73]如曾任寧夏將軍的穆圖善被簡任福州將軍，據說即曾納賄七十萬兩，惟到差後三個月即病歿；另一滿人希賢繼任，賄費亦五十萬兩，甚至約明任期三年。各省每三年的鄉試簡派試差，也須納賄始可，朱善祥被簡四川學政，即用費二萬兩，係由恆裕金店經手。[74]登萊青道盛宣懷為李鴻章手下紅人，升授天津海關道，賂孫毓汶三萬兩為籌，且乞為門弟子。[75]

在這樣忠鯁者退、奸邪者進的情況下，從一八八四～一八九五年的十幾年期間，整個中國的吏治一天天敗壞下去，紀綱一天天廢弛下來，海陸軍一天天地腐化下去。在慈禧陰影的最高統治下，在醇親王的間接總制下，自強諸政在初期時所表現的一股銳進之氣，已大都消失，在精神與具體的業績上，都有退無進。加之清廷中直接主持洋務新政的總署，自一八八四年恭親王被黜後，即由非近支宗室而又毫無軍功的慶郡王奕劻擔任總管大臣，不只威望與能力均低，而又不兼任軍機大臣，總署在威望與權力上，均較以前降低甚多。76醇親王雖然於一八九〇年去世，但孫毓汶主政的局面和整個清廷的大勢並無何改變。77清廷在政權上雖然極度集權，全國也並無嚴重的變亂發生，但無人能高矚遠瞻、放眼世界，運用此一權力於自強運動的現實與長期的目標上。

五

在地方督撫中勉強可以算作「半中央」、為清廷中樞的一部分，當推一八七〇年後擔任北洋大臣直隸總督三十五年的李鴻章。78李氏自一八七二年曾國藩去世後，即為同光洋務要政最有力的主持人，手握他「私軍」性質的淮軍與其一手所建立的海軍，運用種種方法以控制一些主要的自強局廠，並代替總署辦理各項實質性的外交談判，綜理海防，控制朝鮮，以清廷的「看門狗」自命（李鴻章所任之協辦大學士，只為一名譽性之榮銜，一八九五年前他未入閣辦事）。李氏在同光間雖然也想將各項自強建設逐步擴大，但他並未獲得清中樞恭親王的強力支持，更遑論慈禧的全力支持——他無權在全國範圍內的自強建設上發揮作用，只能在清廷中樞的支持下，創辦與維持一些自強廠局與支配海軍而已。清廷對於李鴻章也頗引重，但實際是掣肘多而鼓勵少，自強諸新政，遂不免停滯難進。李鴻章的權力基礎，除去慈禧的信任與支持之外，也因他素得恭親王的信服，凡軍務與外交上的一切要事，常諮李之意見而後行。[79]恭親王被黜、醇親王繼之當政以後，李則轉而討好醇親王。中法戰爭期間他因為一意主和，常成為清流台諫攻擊的對象，益憂讒畏譏，遇事不敢有所主張。[80]又為保全權勢，不惜徇醇親王之請，雙方合作以海軍款而興造園囿以娛慈禧。李在一八八四～一八九四年的十多年期間對自強所採取的基本態度，是以保持個人權位與敷衍目前為主，所用的手段則是「柔術」，「得尺則尺，得寸則寸」。[81]他常罵張樹聲、吳長慶一八八四年之準備干涉朝鮮內政，「為多事；如闖出禍來，我李鴻章一人當災；主喫一碗安靜飯」。[82]梁啟超在論述李鴻章與清廷的關係與處境說：

「身處危疑，事罣責備，力分勢掣，財匱兵驕，局外清議，不切事理，致屢遭傾擠，而其最受攻擊之外交政策，則狡猾險狠之俄、日困之也」。[83]

李鴻章自己的描述，則認為他只是在內外牽涉之下無任何真正作為的勉力表現而已。他說：

「我辦了一輩子的事，練兵也，海軍也，都是紙糊的老虎，何嘗能實在放手辦理；不過勉強塗飾，虛有其表，不揭破猶可敷衍一時，如一間破屋，由裱糊匠東補西貼，居然成一淨室。雖明知為紙片糊裱，然究竟決不定裡面是何等材料。即有小小風雨打成幾個窟籠，隨是補葺，亦可支吾對付。乃必欲爽手扯破，又未預備何種修葺材料，何種改造方式，自然真相破露，不可收拾，但裱糊匠又何術能負其責」。[84]

李鴻章的最大錯失，是在他所處艱困的腐化的朝局中，他也是其中重要的一環；而且在他所全權主管統制的範疇內，無論是淮軍、海軍或各機器局廠的行政上，都呈現出精神敗壞，腐化不堪。早在光緒元年（一八七五）淮軍中上級層層剝削士兵、剋扣軍糧與吃空額的情形，即極嚴重；《趙烈文日記》中記云：

「〔光緒元年〕九月初，晤湯聘徵、鄧竇臣兩軍門，談及淮軍駐津者，皆令赴海濱屯田，兵勇雖來自民間，而逸樂已久，不甘勞苦，又統領營官，朘削日甚，食米、旗幟、號衣之外，下至包頭、裹腿，均製辦發給，而扣其應食之餉，每人月不得一金，士心嗟怨，逃者紛紛，每哨僅十餘人（正規每哨五十人，其缺額當在三分之二以上）。將弁利其虛伍，以為乾沒，聞者可為寒心。自軍務稍息，合肥公養尊處優，不為未然之計，而前後左右無一骨鯁之士，佞諛者進，勤樸者退。凡不急之務，如興造工土、捐創善堂及宦游幕客，或瞻家，或歸櫬，或引見，或刻書，均勒營中貲助。甚者嬉遊宴飲，挾妓娶妾，無不於焉取之。武人多獲穹爵，其巧捷者，知頭銜無用，而欲求補署，非聯絡要津不可，故悉力以奉承上心，顧坐營無掠奪之利，辦公薪水而僅足日用，不得不設法漁獵。將習巧宦，而士有離心。當此海疆多事，隱憂甫切，奈之何哉！」。85

此後這種軍營腐化惡習，可能更為嚴重。根據英人的報告，淮軍軍官由於吃空額，哨長名義上月薪十五兩，實際則加倍；參將（上校）則月入五百兩，總兵（將軍）月可至三千兩。86淮軍將領中許多都是面貌威武堂皇，平時大言炎炎，戰時則貪生怕死的人：如直隸提督葉志超，為人奸詐，在甲午戰爭之前率部二、三千人開赴朝鮮仁川之南的牙山，與日軍對峙，即作大言稱：「無論後路接應如何，自度戰即不足，守則有餘」，其實他全軍有槍無砲，每兵所帶子彈只有三百粒，何可狂言！[87]其後牙山戰敗，更諱敗為勝；又在奉旨嘉獎並奉命總統防守平壤各軍之後，不知感恩圖報，效命疆埸，竟在戰役開始之後不久，即率先逃走。另一淮軍大將慶軍提督衛汝貴，則無能而懦怯，軍紀敗壞，兵額即據其自報，每營兵夫亦只四百五十人，與定額的兵夫總數五百零四人不符。[88]旅順守將衛汝成（汝貴之弟），膽小而治軍無效率；總統旅順各軍營務處的龔照嶼，則在日軍尚未來攻之前，已先逃往山東煙台，為魯撫李秉衡逼回旅順。[89]為北洋主管財政的張佩綸，甚至貽誤海軍作戰的要需；在中日黃海大海戰之前，海軍「總查」（副提督）德將漢納根（C. Von Hannecken）本已獲李鴻章的批准，緊急購買定遠、鎮遠兩巨艦的十吋砲彈；但張因費用太貴，拒絕執行付款，致北洋艦隊參加黃海之戰時，每艦平均只有十四枚砲彈，其中甚至多有練習用的輕彈；而定遠、鎮遠等主力艦，只各有三枚重砲彈。[90]但李鴻章在交卸直隸總督時移交下任之淮軍「截曠」、「扣建」（即剋扣軍餉或節省之軍餉），卻達八百餘萬兩之巨。[91]盛宣懷負責北洋營務處（總補給），所購多朽壞而不能用的槍支及裝有沙包的槍彈與砲彈。[92]這些都是李鴻章的海陸軍在甲午戰爭的考驗中一敗塗地的一些因素。

但如果將自強運動（或甲午戰爭）失敗的責任，全部或大部分責之於李鴻章，也是很不公平的。他只是主管此一巨大而腐敗的機器之「外部」的一大部分，他的過失，只是令其主管的「一大部分」，腐朽不堪，毫無實濟而已。所以，張謇劾其「暮氣太深，鈍於機要，上孤君父，下蹙生靈」，「貪私無忌，悖謬張皇」及「徇私欺罔，驕蹇黠猾，兼而有之」，[93]固然是深知李氏內幕者之言，但將甲午戰爭全部戰敗的過失歸之於李鴻章一人，當然也是有欠公允的。甚至劉厚生認為李鴻章與慈禧應負中國甲午之役戰敗之百分之九十的責任，將李鴻章的名字列在慈禧之前；[94]英人濮蘭德（J. O. P. Bland）也認為李鴻章應負中國戰敗及中國在戰後苦難的大部分責任，[95]也都有意氣用事之嫌。我個人認為自強運動在甲午戰爭的考驗中一敗塗地，慈禧所應負的責任最大、最全面和最基本；大清帝國在她的統治下，吏治腐敗及政治和軍事都陷於麻痺和癱瘓的狀態之中。自強運動在一八八四～一八九四年間已失去當初恭親王、文祥、曾、左、李等內外配合，具有短程、中程與長程目標的銳氣了。李鴻章在此大環境中，為保持權位，措施行政，也是暮氣深重，所以，無法應付日本的挑釁。吳相湘教授論李鴻章在自強運動後期所扮演的角色說：「李鴻章為同光洋務主持人，只緣世界變化迅速，國人守舊力量大，他本人知識有限，加上賣弄權術及剛愎個性，致使重要計畫都不能實行，缺乏面對世界新情勢繼續求新求變的精神」；[96]實為公允的定評。

李鴻章之外，長期擔任地方督撫之左宗棠也曾兩度進入清廷中樞，擔任軍機大臣：一次在光緒七年正月二十八日（一八八一年一月二十六日）至同年九月四日（十月二十六日）；另一次是在光緒十年五月二十五日（一八八四年六月十八日）至同年七月十八日（一八八四年九月七日）；兩次合計，只約有十個月。左氏第一次入軍機時，醇親王對左甚為禮敬，頗有汲引左氏以取代李鴻章直隸總督地位的意思。[97]但左之年齡當時雖尚不足七十歲，但因在征剿西北回亂與新疆時，透支精力過多，精神已有不繼難於集中之勢。而且他擔任外省督撫日久，個性直切率真，不耐軍機處與清廷日常繁瑣的禮節與成例，動輒得咎，很受恭親王與寶鋆的排擠。[98]左宗棠在軍機處主張整刷綱紀，這是最重要的施政原則；[99]又曾專摺奏薦曾紀澤出任兩江總督，說「張之洞雖名重一時，若論兼通方略，似尚未能及曾紀澤」。[100]但前者受阻於恭親王，後者未被採納。[101]盛宣懷時以候選道管理電報局，更匿名電告軍機大臣戶部尚書翁同龢，為了防範日本併吞朝鮮及俄佔吉林，請翁氏出面建議派左氏出鎮吉林，以鞏固根本重地的防衛。[102]稍後，左宗棠即被外放兩江總督，離開中樞了。

他第二次入軍機的時期更短，根本無發揮其影響力的可能。

六

綜觀自強運動約略三十五年的期間，清廷主要係在慈禧太后的強力籠罩之下，特別在該運動後期的十多年，她的控制更是絕對的和惟一的。在中國權力集中中樞的政治制度與環境中，在許多次嚴重的大亂都經一一戡定，幾次嚴重的西方列強的挑釁，也經順利地應付過去之後，痛定思痛，她實在大有可為。可惜她缺乏武則天沈鷙剛銳的個性，自私而毫無遠見，又喜歡虛榮與享樂，所見者小，無高矚遠瞻的洞識與氣魄，因此而誤國、禍國。她是促致清廷領導層無法發揮中央集權的強大權力的第一項因素。

其他清廷中心領導系統中的樞要人士如恭親王奕訢、醇親王奕譞、軍機大臣工部（兵部）尚書孫毓汶與「半中央」的北洋大臣直隸總督李鴻章，也是應負自強失敗之部分責任的一些人。我們認為在檢討自強運動失敗的一些因素時，清廷中心領導層素質的問題，實應首先釐明清楚；其次再對政治制度、社會結構、經濟組織、文化背景諸因素，一一予以檢討，俾我們可以由此獲得更清楚的教訓，以為現在與未來的中國現代化提供一些鑒戒與指示。

注釋

1 有關檢討近代中國自強運動與近代化的中文論著，參閱蔣廷黻，《中國近代史大綱》（台北，民國四十八年）；蔣廷黻，〈中國近代化的問題〉《獨立評論》，第二二五號；金耀基，《從傳統到現代》，（台北，民國五十五年）；殷海光，《中國文化的展望》（台北：文星，民國五十五年）；李恩涵，〈清季同光自強運動與日本明治維新運動的比較〉，《思與言》，第五卷，第一期（民國五十六年），頁一三～二三。中國大陸出版的論著，主要者則見牟安世，《洋務運動》（上海：人民出版社，一九六一年再版）；黃逸峰、姜鐸，〈重評洋務運動〉，《歷史研究》，一九七九年，第二期；夏東元〈洋務運動發展論〉，《社會科學戰線》，一九八〇年，第三期；牟安世，「關於洋務運動的幾個問題」，《吉林大學社會科學學報》，一九八一年，第三期。西文中之專章討論此一問題的主要論著，則有 John K. Fairbank, et al. *East Asia: The Modern Transformation* (Boston, 1965), pp. 313-330, 349-358, 378-384; Immanuel C. Y. Hsu, *The Rise of Modern China* (Hong Kong: Oxford revised, 1975), pp. 325-360; Edwin O. Reischauer, "Modernization in Nineteenth Century China and Japan," *Japan Quarterly*, Vol. X, No. 3; William W. Lockwood, "Japan's Response to the West: The Contrast with China," *World Politics*, No. 9 (1956), pp. 37-54; Marion Levy, Jr., "Contracting Factors in the Modernization of China and Japan", in S. Kuznets, et al. eds. *Economic Growth: Brazil, India, Japan* (Durham: Duke Univ. 1955), pp. 496-536; S. N. Eisenstadt, "Tradition, Change and Modernity: Reflections on the Chinese Experience", in Ping-ti Ho and Tang Tsou, eds. *China in Crisis*, Vol. I, book I. (Chicago: Univ. of Chicago Press, 1968), pp. 753-754; Allan B. Cole, "Factors Explaining the Disparate Pace of Modernization in China and Japan", *Asian Studies* (Univ. of the Philippines), Vol. IV, No. 1, pp. 1-5; Gilbert Rozman, ed. *The Modernization of China* (N. Y., The Free Press, 1981), passim。

2 E. O. Reischauer, "Modernization in Nineteenth Century China and Japan"; Marion Levy, Jr., *op. cit.*; John K. Fairbank, et al., *East Asia: The Modern Transformation*, pp. 3-10; Immanuel C.

Y. Hsu, *The Rise of Modern China*, pp. 103-111.

3 Dwight H. Perkins, "Government as an Obstacle to Industrializaiton: The Case of Nineteenth Century China", *Journal of Economic History*, No. 27 (1967), pp. 478-480.

4 Ibid.

5 Marion Levy, Jr., *op. cit.; East Asia: The Modern Transformation*, pp. 9-10.

6 *East Asia: The Modern Transformation*, pp. 404-406.

7 E. O. Reischauer, *loc. cit.*; George Sansom, *The Western World and Japan* (N. Y.: Knopt, 1950), pp. 314-315.

8 拙文，〈清季同光自強運動與日本明治維新運動的比較〉引 Alan B. Cole, "Factors explaining the Disparate Pace of Modernization in China and Japan"; *East Asia: The Modern Transformation*, p. 405。

9 Francis V. Moulder, *Japan, China and Modern World Economy* (Cambridge: Cambridge Univ. Press, 1977), pp. 16-17.

10 蕭功秦，《儒家文化的困境——中國近代士大夫與西方挑戰》（成都：四川人民出版社，一九八六），頁四、五二、七八、八一。

11 同上註，頁一三四～一三五、一三九。

12 同上註，頁一四〇。

13 同上註，頁一四五，參閱 Hao Chang, "The intellectual context of reform," in Paul A. Cohen and John E. Schrecker, eds. *Reform in Nineteenth Century China* (Cambridge, Mass., Harvard Univ. Press, 1976), p. 147。

14 同上註，頁一五一。

15 蕭功秦，《儒家文化的困境——中國近代士大夫與西方挑戰》（成都：四川人民出版社，一九八六），頁五二～八五。

16 同上註，頁八五～八六、一二三～一二五、一六三。

17 同上註，頁一五四～一五五。

18 李恩涵，〈清季同光自強運動與日本明治維新運動的比較〉，引 Allan Cole, *op. cit.*, p. 5。

19 Francis V. Moulder, *op. cit.*, pp. 199-200.

20 Dwight H. Perkins, *op. cit.*, pp. 478, 492.

21 參閱李恩涵，前文。

22 李恩涵，〈清季同光自強運動與日本明治維新運動的比較〉，頁一五。

23 參閱 Lawrance D. Kessler, *K'ang-Hsi and the Consolidation of Ch'ing Rule, 1661-1684* (Chicago: Univ. of Chicago Press, 1976), pp. 167-169，書中對康熙帝之改變滿清治理漢人的政策方向、收羅滿漢人才、消除漢人之反滿情緒，建立北邊之軍事優越地位與接受西方的科技，言之綦詳，認為康熙一代已形成滿人控制之國家與漢人儒家價值系統之結合，對滿清皇朝的延續，至關重要。

24 S. N. Eisenstadt, *Modernization: Protest and Change* (Englewood Cliff: Prentice-Hall, 1966), p. 68.

25 *Ibid*., pp. 68, 70, 71; Marion Levy, Jr. *Modernization: Latecomers and Survivors* (N. Y., Basic Books, 1972), pp. 26-27.

26 S. N. Eisenstadt, *op. cit*., p. 68; Cyril E. Black, et al., *The Modernization of Japan and Russia: A Comparative Study* (N. Y., The Free Press, 1975), pp. 44-45, 342, 345.

27 S. N. Eisenstadt, *op. cit*., p. 76-77; Cyril E. Black, et al., *op. cit*., pp. 334, 345.

28 Ref. Ramon H. Myers, *The Chinese Economy; Past and Present* (Belmont: Wadsworth, 1980), pp. 46-50; Francis V. Moulder, *op. cit*., p. 97; Dwight H. Perkins, *loc. cit*., pp. 478, 486-487.

29 Immanuel C. Y. Hsu, *The Rise of Modern China*, p. 356.

30 沃丘仲子（費行簡），《慈禧傳信錄》（上海：崇文書局，民國七年），卷上，頁一。

31 參閱費行簡《慈禧傳信錄序》、卷上，頁一；俞炳坤等，《西太后》（北京：紫禁城出版社，一九八五年），頁四、三〇四、三一〇；郭廷以，《近代中國史綱》（香港：香港中文大學，一九七九年），頁一八七；吳相湘，《歷史與人物》（台北：東大圖書，民國六十七年），頁三九八。

32 費行簡《慈禧傳信錄》，卷上，頁一、三八～三九；參閱王爾敏，〈從政治局限看中國近代化的延誤〉（《中央研究院第二屆國際漢學會議論文》）（稿本），頁三五、八三。

33 Mary C. Wright, *The Last Stand of Chinese Conservatism: The T'ung-Chih Restoration* (Stanford: Stanford Univ. Press, 1957), p. 50.

34 Kwang-Ching Liu, "Politics, Intellectual Outlook and Reform: T'ung-wen Kwan Controversy of 1867," in Paul A. Cohen & John E. Schrecker, eds. *Reform in Nineteenth-Century China*. pp. 87-100.

35 吳相湘，〈慈禧早年史實〉引趙烈文，能靜居日記，《歷史與人物》，頁三九四～三九五。

36《同治朝籌辦夷務始末》，第二十五卷，頁九～一〇；《李文忠公全集》，〈朋僚函稿〉，第十七卷，頁一二～一三。

37 蕭功秦，《儒家文化的困境》，頁一一二，引郭嵩燾，《養知書屋文集》。

38 趙爾巽等，《清史稿・列傳》，第三八六卷。

39 費行簡《慈禧傳信錄》，卷上，頁一；王爾敏，〈從政治局限看中國近代化的延誤〉，頁五四～五五。

40 吳相湘，〈晚清宮廷權力鬭爭史事舉隅〉，《歷史與人物》，頁三九八。

41《西太后》，頁四。

42 郭天杰、趙梅卿，《中日甲午海戰與李鴻章》（台北：華欣文化，民國六十八年），頁二三六～二四七。

43《西太后》，頁二〇一。

44 同上，頁二九六。

45 Gilbert Rozman, ed. *The Modernization of China*, p. 65.另參閱張朋園，〈駱編《中國現代化》〉，《中央研究院近代史研究所集刊》，第十二冊，頁三九七～四一四。

46 Gilbert Rozman, ed. *op. cit*., p. 206.

47 Ibid., pp. 203, 206, 255.另參閱 Joseph R. Levenson, *Confucian China and Its Modern Fate: The Problem of Intellectual Continuity* (London: Routledge & Kegan, 1958), pp. 59-78; Hao Chang "The intellectual concept of reform", in Paul A. Cohen, et al., *op. cit*., p. 147.

48 費行簡，《慈禧傳信錄》，頁五四～五五、五九；K. C. Liu, "The Ch'ing Restoration", in *The Cambridge History of China*, Vol. 10, part 1, ed. John K. Fairbank (Cambridge: Cambridge Univ. press, 1978), pp. 422-425. Jason H. Parker, "The Rise and Decline of I-Hsin, Prince Kung, 1858-1885; A Study of the Interaction of Politics and Ideology in Late Imperial China," (Ph. D. thesis, 1979, Princeton University) p.410。

49 費行簡，《慈禧傳信錄》，頁五四～五五。另參閱丁名楠，〈十九世紀六〇至九〇年代清朝統治集團最高層內部鬪爭概述〉，《近代史研究》，一九八二年，第一期，頁一五四～一五六。

50 參閱 Kwang-Ching Liu, "Politics, Intellectual Outlook and Reform: The Tung-wen Kwan Controversy of 1867"。

51《西太后》，頁一〇三；吳相湘，《歷史與人物》，頁三九四～三九五。

52《西太后》，頁一〇三。

53 費行簡，《慈禧傳信錄》，卷上，頁二五；劉厚生，《張謇傳記》（香港：龍門書店繙印，一九六五），頁一二～一三；費行簡，《近代名人小傳》，頁七〇～七一。

54 費行簡，《近代名人小傳》，頁七一；劉厚生，《張謇傳記》，頁一二九。

55 費行簡，《慈禧傳信錄》，頁六一；劉厚生，《張謇傳記》，頁三〇～三一。

56 同上註。參閱秦翰才輯，《左宗棠逸事匯編》（長沙：岳麓書社，一九八六），頁一〇三，引《陳衍石遺室詩話》。

57 李國祁，〈中國早期的鐵路經營〉（台北：中研院近史所，民國五十年）；王樹槐，〈國人對興建鐵路的爭議，一八五九～一八八九〉，《中央研究院近代史研究所集刊》，第十五冊，頁三〇〇～三一七。

58 費行簡，《慈禧傳信錄》，卷中，頁一；費行簡，《近代名人小傳》，頁七五。

59 同上註，卷上，頁五九；郭廷以，《近代中國史綱》，頁二五三。

60 費行簡，《近代名人小傳》，頁七五；劉厚生，《張謇傳記》，頁四八～四九。

61 同上註。

62 費行簡，《近代名人小傳》，頁七五；劉厚生，《張謇傳記》，頁二七、四八～四九。

63 郭廷以，《近代中國史綱》，頁二五四。

64 顧廷龍，《吳愙齋（大澂）先生年譜》（台北：文海繙印，民國五十四年），頁一八二；郭廷以，《近代名人小傳》，頁七九～八〇。

65 費行簡，《慈禧傳信錄》，卷上，頁五〇、七五～七六。

66 同上註，卷中，頁七六；北京文史資料研究會編，《晚清宮廷生活見聞》（北京：文史資料出版社，一九八二年），頁六二～六三。

67 顧廷龍，前引書，頁一八二。

68 同上註，另參閱劉厚生，《張謇傳記》，頁四五。

69 費行簡，《慈禧傳信錄》，卷中，頁七六；顧廷龍，前引書，頁一八二。

70 費行簡，《慈禧傳信錄》，卷中，頁七五。

71 郭廷以，《近代中國史綱》，頁二五三～二五五，二五六；《近代中國史事日誌》（台北：台灣商務印書館，民國五十二年），頁七九八。

72 費行簡，《慈禧傳信錄》，卷中，頁七四～七五。

73 同上註，卷中，頁七六。

74 同上註，卷中，頁七七。

75 同上註，卷中，頁八五。

76 劉厚生，《張謇傳記》，頁五〇．Geddean Chen, *Tso Tsung-tang: Pioneer Promoter of the Modern Dockyard and the Woolen Mill in China* (New York: Paragon, reprinted 1961)。

77 《近代名人小傳》，頁七九～八〇。

78 劉廣京，〈晚清督撫權力問題商榷〉，《清華學報》，新第十卷，第二期（民國六十三年七月），頁一七六～一八七。

79 《近代名人小傳》，頁七一，參閱李國祁，〈同治年間李鴻章的應變圖強思想〉，見中央研究院「第二屆國際漢學會議論文」（稿本）。文中稱李鴻章非屬經世學派，因他既不尊德性，也不主通經致用，只想「匡世濟民」而已，頁一〇三。另參閱王爾敏〈從政治局限看中國近代化的延誤〉（稿本），頁四九～五〇，六三。

80 郭廷以，《近代中國史綱》，頁三〇一；劉厚生，《張謇傳記》，頁五八。

81 劉厚生，《張謇傳記》，頁一一五。

82 同上，頁三〇～三一；J. O. P. Bland, *Li Hung-Chang* (London; Constable & Co., 1917), pp. 110-111, 126-127, 131；劉聲木，《萇楚齋三筆》（台北：文海繙印），第三卷，頁八九載：李鴻章於一八八五年四月與日本在天津訂約，有兩國出師至朝鮮，互相知照之條文；周馥認為高麗本我屬國，我出兵何必知照日本，恐將來轉因此多事，李鴻章不聽。

83 高拜石，《南湖憶錄》（台北：達易出版社，民國五十四年），頁三七九，引梁啟超語。

84 吳永述、劉治襄筆記，《庚子西狩筆記》（台北：文海繙印），第四卷，頁一二九。

85 劉厚生，《張謇傳記》，頁五五。

86 Stanley Spector, *Li Hung-chang and the Huai Army: A Study in Nineteenth-Century Chinese Regionalism* (Seattle: Univ. of Washington Press, 1964), p. 212.

87 陳旭麓等編，《中日甲午戰爭：盛宣懷檔案資料選輯之三》（上海：上海人民出版社，一九八二年），下冊，頁四〇，五六。

88 J. O. P. Bland *op. cit.*, pp. 239-240；參閱王爾敏，《淮軍志》（台北：中央研究院，民國五十六年），頁七六。

89 *Ibid*., p. 239, 240；《中日甲午戰爭》，下冊，頁一九。

90 J. O. P. Bland, *op. cit*., pp. 231, 232.

91 劉厚生，前引書，頁五六。

92 J. O. P. Bland, *op. cit*., pp. 236-237; Robert K. Douglas, *Li Hung-Chang* (London: Bliss, Sander & Foster, 1895), pp. 224-225.

93 劉厚生，《張謇傳記》，頁六五～六六。

94 同上註，頁五一。

95 J. O. P. Bland, *op. cit*., p. 245.

96 吳相湘，《歷史與人物》，頁四一四。

97 秦翰才輯，前引書，頁一三八。

98 劉廣京，〈晚清督撫權力問題商榷〉，《清華學報》，新第十卷，第二期，頁一九九。

99 秦翰才輯，前書，頁一〇三，左宗棠擔任軍機大臣，時常因不慣京官的因循與泄蹋習慣與虛偽慣例，而常犯一些涉及同寅的小錯，如內閣典籍廳印，行文外省，廷寄申飭；又於廣庭大眾間，稱寧夏將軍金順為其部將；在軍機大臣寶鋆之弟寶森持其兄長名柬前來謁見時，厲聲斥其不合；甚至公開痛詆官文不識一丁，而終以得功名終，又說旗員大都類此。因此，成為滿蒙籍諸官痛恨的對象。在恭親王的意旨下，軍機大臣王文韶因攻左氏不諳體制；禮部尚書延煦甚至因左宗棠未往乾清宮行禮；後經交部議處，罰左宗棠薪俸一年。醇親王奕譞因此出面專摺奏劾延煦，「宗棠之贊綸扉，特恩沛自先朝，煦何人斯，敢譏其濫？且宗棠年衰，勞苦功高，入覲日，兩宮且許優容，引禮時偶有失儀，禮臣照例糾之可也，不應煦一人以危詞聳人聽」。慈禧太后也諭示斥延煦，敕交部議處。算是給左宗棠保留了很大的面子。惟左氏不久即外放兩江總督（見秦翰才

輯，《左宗棠逸事匯編》，頁七六、七七、七八、一〇三、一四九）。

100《左文襄公全集》，〈奏稿〉，第六十三卷，頁六～七。

101《左宗棠逸事匯編》，頁二〇四。

102同上註，頁七七。

原載中央研究院近代史研究所編，《清季自強運動研討會論文集》，台北：中央研究院近史所，一九八七，頁一～二五。

第五章 中法戰爭期間湘、淮軍間的合作與衝突

同治、光緒年間大約從一八七〇～一八八五年的十五年內，湘軍與淮軍兩大「私軍」在雙方合作削定內亂（太平軍（一八五〇～一八六〇～一八六四）、捻軍（一八六〇～一八六五～一八六八）、西北回軍（一八六二～一八六八））之後，兩軍系之間的明爭暗鬥，實質上表現為三個層次：第一，這是兩系間爭權奪利的派系之爭——一方面兩軍系的領袖人物，表現為彼此私人間的愛憎與對抗；一方面則對地域性的軍權與政權，在遵從清廷旨命的大前提下，互不相讓。第二，兩軍系之間的競爭，也牽涉到兩軍首魁或主要領袖在對內與對外政策上的不同主張；兩方面都在效忠國家（皇帝）的大原則下，各自認為自己或本軍系的所見為正確，各自堅持而互不相讓。第三，兩軍系在軍政兩方面的明爭暗鬥，也或明或暗地受到清廷自慈禧太后以下各主政軍機大臣的推轂與利用，或扶此而抑彼，或維持兩者間的平衡，以使任何一個軍系（政系）難於形成一支獨秀或獨霸一切的局面。湘、淮軍在上述三個層次的衝突中合作，在兩軍合作攻剿捻軍期間（一八六五

年五月至一八六八年八月），已經表現得相當明晰，如剿捻前期曾國藩與李鴻章的暗鬥，與後期李鴻章與左宗棠的齟齬與衝突皆是。[1]至剿捻軍事結束後，以至湘軍西進攻復新疆與對俄收復伊犁（一八七五～一八八〇）之後，緊接著就是中法有關越南的緊張交涉與戰爭期間（一八八一～一八八三～一八八五），兩軍之間的競爭與衝突，更是高潮迭起，有時雖在巧妙的藉口之下，有時則常表現為赤裸裸的意氣之爭，而且即使在某些政策性的爭執上，實亦明顯地含有不同軍系相鬥的意味。[2]

一

湘、淮軍系、政系之間的衝突，在光緒九年至十一年（一八八三～一八八五）中法戰爭期間，達到一個高潮——雙方在越南、廣西邊界和台灣等前線地區，發生明爭暗鬥，而在備戰狀態的前方地區如廣東，高階層的李鴻章（直隸總督兼北洋大臣）與左宗棠（先任兩江總督，後入軍機大臣，旋改任欽差大臣督辦福建軍務）之間，彼此衝突也甚激烈。所以在中法戰爭後期，實際幕後主持清廷政務的光緒皇帝的親生父醇親王，即曾大發牢騷說：「（台灣）湘淮分門別類，殊太悶人，此刻恪靖（左宗棠）援軍，有孫開華（湘人、霆軍出身）在彼，不患牴牾；將來璦（淮軍出身之龔照璦）到換璈（湘軍出身之劉璈），必亂一陣，斌（湘軍巨頭之一楊岳斌）到又必與銘（淮軍大將劉銘傳）齟齬一番；炳（程文炳）雖淮，而所部乃楚，將帥愈集，事權愈歧，功必互爭，過必互諉，是不可不預為區劃。」[3]可見雙方互不相讓的一般情況。

中法對於越南問題的衝突，係由於法國想藉直接與越南訂約的方式，排除中國對越南的宗主權，並實行兼併北圻（即越南北部），以建立併有整個越南為其殖民地的體制。中國對此的反應，初以駐英法大臣曾紀澤最為積極，主張從否認法越之間所簽的條約入手，先確立中國宗主國的地位；另並主張遣派華軍南下，據有北越的紅河流域，或幫助越南保持紅河流域的統治權。4 粵、桂、滇等沿邊督撫也多主張派軍入越，暗助天地會餘黨、後為越南招撫官任越南三宣提督之職的劉永福，為抗法之前鋒。光緒七年（一八八一）十一月，廣西提督淮軍出身的黃桂蘭，因此親率軍隊入越，駐紮於河內以北的北寧一帶。5 但法國則不理會中國的各項威脅，於光緒八年（一八八二）三月再度攻佔河內，以脅迫中國退讓。惟劉永福在入越桂軍、滇軍的精神與物質的支援下，奮勇進攻河內，竟於光緒九年（一八八三）四月的一次激戰中，一舉擊斃法軍統將李威利（Henri L. Riviere），再度恢復河內為越有。因此，法國為保持顏面計，不得不再派大軍前赴北越，表面上以驅除劉永福為名，實際上則著眼於消滅所有駐紮北越、暗助劉軍的中國軍隊桂軍與滇軍。6 因此，中法之間的直接衝突，除去一方退讓之外，已成為難以避免的事了。對於這樣的一次即將到來的國力考驗中，作為湘、淮兩軍系各自第一號當權人物的左宗棠與李鴻章，所見仍然是南轅北轍：前者主張強硬，後者則仍一貫主張和平，認為中國應該退出越南北部的漩渦，以免愈陷愈深。

兩江總督左宗棠認為中國應持對法強硬的態度，並極力援助劉永福抗法。他在一項函件中這樣說：

> 法虜驕橫，謂越南非我屬國，竟圖傾國從事，而不顧其後，劉永福以一健卒為越捍邊，力挫虐焰，似亦人所難能，但孤立無援，勢難持久，吾華將有唇亡齒寒之慮。南洋以兼籌邊防為責，豈能袖手旁觀！7

左氏並排除派系的觀念，願接濟赴越南對法作戰的淮軍的軍餉，說「兩江萬難，惟亦不能不勉」，8 並派遣自己的老部下前福建布政使王德榜回湘募軍八營，前往桂、越邊境屯紮，以為對法作戰的預備。[9]他並對在湖南退休家居的前駐英法大臣郭嵩燾屢次發表論議，指朝野人士囂然主張對法強硬為「南宋識議」，表示非常不滿，致函郭氏反駁說：

> 尊論謂南宋識議無足取，予以今日人才衡之，似較南宋尚勝一籌，以彼國勢日蹙，遑言長駕遠馭之規，茲則金甌無缺，策士勇將，又足供一時之需，乃甘心蠖屈，一任凌夷，如此之極，洵有令人難解者矣！[10]

不過左宗棠此時已經是高齡七十二、三歲的人了，身體又常多病，所志所事雖然意境高超，見事明確，但已經到了力不從心的暮年，對於清廷實際決策的影響力不大。[11]

李鴻章則自始即不主張中國陷入越南的泥沼過深，不願與法國為越南問題而兵戎相見。只要法國在中越宗屬的禮儀上，或實際的利權上，稍予中國以體面，他是很願意與法國談判放棄越南的。他基本的立場是對於劉永福缺乏信心，也缺乏對法國贏得戰爭勝利的信心，深恐一旦被法國打敗後，「後日之要盟彌甚，各國之窺伺愈多，其貽患更不可言。」[12]但這種「避戰求和」的政策並無實效，因為法國的真正意圖是要完全排除中國在北越的一切勢力，以兼併越南全境。所以，無論是李氏與法公使寶海（Frederic A. Bourée）在光緒八年十月所簽訂的「李寶協約」，或是此後李氏與法使脫爾古（Arthur Tricou）在上海與天津的談判，都只是法人用以欺騙李鴻章以掩護法國在北越作戰的外交騙局。李氏主和的擬議，除了答應中國全面退出北越與放棄對越宗主國的地位之外，實無任何真正的討價還價的可能性。[13]所以，至光緒九年（一八八三）七月，法人強迫越南簽訂一項法越順化條約之後，越南人已被迫承認變成法國的保護國，而將中越的宗屬關係一筆抹殺，清廷因此大為不滿，更傾向於備戰。光緒九年八月二十二日，乃旨命湘軍宿將彭玉麟前往廣東，會同淮軍宿將兩廣總督張樹聲辦理海防，左宗棠、李鴻章則分別以南、北洋大臣身分辦理南、北洋防務。[14]

張樹聲是淮軍人物中文韜武略最為出眾、最能獨立判斷而不囿於派系成見的有數的幾位大將之一，一向甚為曾國藩、左宗棠所稱許；[15]而在此次中法衝突期間，他自始即持對法強硬的態度，與李鴻章有所不同：首請派遣滇、桂軍入越，稍後，又建議「存越綏邊，經劃北圻」，一面命令現駐北越的桂軍進駐越南各城，代越防守，一面由駐越廣西提督黃桂蘭與劉永福聯絡，互為策應。[16]這些建議，都經一一實行。張氏並專函劉永福，鼓勵他堅決抗拒法人的進侵。[17]不過，張氏在廣州與湘軍宿將彭玉麟（欽差大臣兵部尚書會辦海防）也常多有意見扞格之處，而彭氏湘淮成見一向很深，又慣於傲岸自是，以老前輩自居，兩人相處，衝突不少。對於廣州省城的防守，張氏因兵力不敷分配，主張扼据要衝防守黃埔；彭氏則因禦敵以從遠布置為佳，主張扼守虎門附近的沙角、大角砲台。[18]張樹聲又以法軍有將攻佔海南島的傳說，奏請自己擔任廣州省城的防守，而以彭玉麟移師坐鎮瓊州（海南島北部重鎮）。[19]後因這樣對彭氏不無大才小用的顧忌，而廣州將軍又電留彭氏駐紮廣東，才改派道員王之春率湘軍二營前往瓊州防守。[20]不過，張、彭二人都是正派君子，衝突雖然常有，但相處既久，彼此卻能日趨融洽，私人關係也並未進一步惡化。

光緒十年（一八八四）二月，張樹聲一手推薦的淮軍將領廣西提督黃桂蘭部桂軍五十營（此數係合廣西道員趙沃部合計），在法軍的進攻下，在越南的北寧竟不戰而潰，軍火槍砲與糧餉銀三十多萬兩皆告喪失，為中法非正式戰爭以來華軍最大的一次挫敗。[21]張樹聲憤恨成疾，引咎辭兩廣總督之職，奏請仍留廣州專治軍事。清廷對張氏表示優容，僅予以革職留任的較輕處分，張氏旋即病卒。[22]此後廣西對越前線的軍事，即改由淮軍大將新任廣西巡撫潘鼎新負責。潘氏所部為真正的淮軍部隊蘇元春（廣西提督）部，其他所轄的軍隊，則以湘軍王德榜（一度被任為廣西提督，但王氏力辭不就，只以前福建布政使的名義率軍作戰）為主力。其後自廣東增援集中桂、越邊境一帶的華軍，則有粵軍（包括馮子材的「萃軍」與王孝祺的「勤軍」）、滇軍（楊玉科）、桂軍（陳嘉、方友升）、鄂軍（魏綱）等部。[23]

北寧之戰後，清廷軍機處全部改組，慈禧太后一度傾向於議和，李鴻章因得於光緒十年（一八八四）四月與法軍艦長福祿諾（Francois Fournier）訂立「李福簡約」，實際放棄了中國對越南的宗主權與實際的權利，以換取和平。但因駐越邊諒山華軍撤退的問題，雙方因發生爭執而衝突，法軍死傷近百人，法國因此要索賠款二億五千萬法郎。因雙方談判不協，光緒十年六月十五日，法軍艦乃砲轟基隆；七月三日，甚至突襲我在福州的艦隊，揚武等七艦被擊沈，馬尾船廠也被轟毀。[24]我國舉國憤慨，清廷甚至下詔向法宣戰。軍機大臣左宗棠奉旨以欽差大臣督辦福建軍務，主持福建方面對法全面的作戰事宜。淮軍宿將劉銘傳則被特旨宣召，以巡撫銜督辦台灣軍務，專負防守台灣之任。大致而言，在此中法戰爭的高潮期間，主要負責方面作戰的戰將，為湘、淮各半：在桂、越邊境地區是淮軍（潘鼎新）為帥、湘軍（王德榜）輔之；在廣東則淮、湘不分上下（粵督張樹聲，欽差大臣彭玉麟；張樹聲死後，則由原晉撫張之洞繼之）；在閩、台地區，則前者係左宗棠一手包辦，後者名義上是劉銘傳負責防務，但實際上劉氏兵力之所及，只是限於台北地區，其台中、台南地區，則為湘軍出身的台灣道劉璈所控制。而湘、淮軍系衝突最劇烈的地區，即在桂、越邊境與台灣兩前線地區。

二

就桂、越邊境地區而言，廣西巡撫潘鼎新一向是淮軍將領中派系意氣最盛的一人，早在其於光緒二、三年（一八七六～一八七七）間擔任雲南巡撫之時，即曾與湘軍宿將雲貴總督劉長佑齟齬互劾，為清廷罷職；[25] 王德榜也是一位性情剛愎、自負湘中老將、自視甚高而輕視淮軍的難處型人物。[26] 所以，兩人自相處之初，互相衝突之處即多，而彼此互不相讓。王德榜在致友人函中，曾大發牢騷，自稱「為人所惡，諸事掣肘，勢成孤立，侯相（左宗棠）前不便直言，恐成是非，有礙大局，隱忍從事，以至於今」。[27] 潘鼎新甚至對於滇軍老將曾在雲南剿回立有大功的楊玉科提督，也視之如裨將，僅令其統率桂軍數千人，而對於其嫡系淮軍部將在資格上最為後進的提督蘇元春，竟命其負責總統指揮各軍。[28]

光緒十年十二月，法軍大舉進攻諒山。當時中國防軍屯駐諒山附近的，達二萬五千人至三萬人之眾，包括淮軍蘇元春、湘軍王德榜、桂軍陳嘉、楊玉科、方友升等部。但戰鬥一開始，潘鼎新所部直轄的淮軍（鼎軍）總兵葉先祥即畏死領先潰退，潘氏自己也聞砲棄諒山北逃，先退至廣西境內的憑祥，後再退至龍州。其他各軍因此相率潰退，群集於邊境鎮南關一帶。[29] 當戰鬥緊急時，王德榜因潘氏處事不公，曾連次不理會潘氏的調令；而潘氏也明顯地偏袒自己的淮軍，甚至在諒山戰敗之時，仍揑稱蘇元春連日戰勝，有巴平之捷。因此，各軍統將不服，於蘇軍在諒山附近的谷松之役遭受挫敗時，皆坐視不救。[30] 潘鼎新因此奏劾王德榜以「催援不至」的罪名，王氏也藉其他的途徑揭發潘氏虛報戰績，偏袒自己的嫡系軍隊等事實，清廷因此將潘、王兩人皆予革職處分。[31]這也是對湘、淮軍不和的一次最嚴厲的處罰。

潘鼎新被黜後，在繼任桂撫李秉衡的主持下，桂、越前線各軍包括仍留駐前線的湘軍王德榜部在內，彼此合作的關係大為增強，加之兩廣總督張之洞所派遣的援軍馮子材（「萃軍」）、王孝祺（王氏為淮軍出身而統率粵軍，號稱「勤軍」）等趕抵戰場，邊防實力增加不少。光緒十一年（一八八五）正月，法軍北向進攻鎮南關，與屯紮於關外十五里的文淵的桂（滇）軍提督楊玉科交戰，楊氏奮勇中砲死。[32]當時的戰鬥序列是，萃軍九營紮駐鎮南關十里之地，勤軍八營則紮其後；王德榜的湘軍八營（實際二營為湘勇，其他六營為桂勇）為左路，署廣西提督蘇元春為右路。二月七日，戰事再度展開，法軍直攻鎮南關，並發射大量砲火，所用大、小炸砲據說不下千門之多，馮子材的萃軍與王孝祺的勤軍死戰不退，老將馮氏尤奮勇直前，往來於所築的壘牆之上，督軍奮戰。王孝祺也親自督戰，嚴令所部堅守不退。不久，蘇元春軍援至。次日，雙方再戰，馮、蘇軍在關內，王孝祺在右，桂軍陳嘉等部在左，王德榜軍則自關外掩攻法軍後路，我軍全部總兵力約二萬至二萬五千人，大戰持續三晝夜，法軍參加作戰的總兵力約為四千人，傷亡者包括真正的法國兵千餘人，殖民地軍數百，我軍大獲勝利。[33]二月十三日，我軍乘勝南進，將文淵州與諒山一舉克復，在馮子材、蘇元春的統率下，並籌議南下收復北寧，肅清所有河內以北的法軍，以恢復光緒十年四月北寧戰役之前的態勢。[34]此次對法作戰的勝利，粵、湘、淮、桂各軍的通力合作，實為一重要因素。

在台灣前線上，巡撫銜督辦台灣軍務（旋升任福建巡撫）的劉銘傳於光緒十年（一八八四）閏五月二十四日趕抵基隆，四天後，進駐台北。但其所帶來的淮軍舊部只有六百人左右，其原統百戰勁旅的銘軍，此時正分駐於京畿（劉盛休部十營）、江南（唐定奎部八營）與廣東（吳宏洛部五營）。他來台灣之前，只能自劉盛休軍中挑選統將與步隊、砲隊、水雷等教習一百多人，另外所攜來的軍火，包括毛瑟後門槍三千支及子彈，上海製造局撥給的前門砲十門，金陵機器局撥給的後門小砲二十門及水雷數十個等，集中基隆防守。[35] 孫原駐台灣北部的防軍，為署福建提督（原任漳州鎮總兵）孫開華部三營及曹志忠（福寧鎮總兵）部六營。孫氏為湘人而出身霆軍（鮑超）者，治軍嚴整而勇敢任戰；曹志忠亦霆軍宿將，惟所部多為當地招募的台灣軍「練勇」，不只人數不足，軍器窳劣，平時訓練也不嚴，士兵紀律亦差，甚至多有染煙癮者。而合計淮、湘、土軍總數最初尚不到四千人。其後因為兩江總督曾國荃派來的援軍劉朝祜部千人及軍火等抵達淡水，實力才稍稍增加。[36] 而湘軍系統為左宗棠多年舊部的台灣道劉璈，則坐鎮台南（台灣府），擁有防軍三十一營約一萬六千人；另並在台灣中、南部各縣組織團練，以為防軍的臂助。不過，台灣的南北兩部分，劉璈與劉銘傳名義上雖然是南屬於北，但實際則涇渭分明，因為二劉都是素尚意氣、派系觀念極重的人，而又各不肯屈己從人，所以自始兩人相處即極惡劣，而且兵力上又絕少互相支援。[37]

光緒十年六月十五日，法軍艦四艘砲轟基隆，擊毀了附近的砲台，附近的煤礦也為預防法軍的進佔，而由我軍自行破壞。稍後，法艦又數次砲擊基隆，但登陸的法軍則為劉銘傳親督淮軍章高元、曹志忠等部擊退。[38] 一直到八月十三日，由於法艦集中達十一艘，利用猛烈的砲火掩護使法軍四、五千人登陸，劉銘傳因我軍死傷甚重，始下令作有秩序的撤退，在破壞了基隆煤礦的機器，燒毀存煤一萬五千噸及將基隆砲台所裝置的兩門四十磅大砲埋藏於地下並將傷兵及所有能搬運的物資南運之後，基隆港始為法軍所佔據。[39] 此後，基隆方面的法軍數度南下進犯台北，並在開花砲、九節砲等新式武器的支援下作戰，但在淮軍及當地練勇林朝棟部等的猛烈抵抗下，法軍始終無法越過五堵、六堵一線，劉銘傳並親駐六堵督戰。[40]

同年八月二十日，法軍千餘人（一說八百人）在八艘軍艦掩護下，在滬尾（今淡水）登陸，遭提督孫開華及章高元、總兵劉朝祜等部猛力反攻，並以肉搏相拼殺，法兵被擊斃者據說有三百人，墜海溺死者有七、八十人（法方記載則稱法兵死者九人，傷者四十九人，被俘者八人），而我軍傷亡亦達百餘人，為基隆失守以來的一次大捷。[41]此後，法軍即未再進攻滬尾，只宣布以海軍封鎖台灣，並於光緒十一年（一八八五）二月佔據澎湖。[42]

左宗棠此時正以欽差大臣督辦福建軍務的身分，負責警備閩海、支援台灣的任務。他自中法衝突之始，即認為應堅持強硬的態度對法，主張延緩議和而大力備戰。於李鴻章與福祿諾的「李福簡約」簽訂之後，更親撰「時務說帖」，主張中、法在越南應該「劃疆分護」，「法人保護南圻」，又極力反對該簡約中第三條所稱「中國宜許以毗連越南北圻之邊界，所有法與內地貨物，聽憑購銷，商約稅則，務於格外和衷，期於法國商務極為有益」等語，認為對法「非決計議戰不可」。[43]此後因諒山衝突事件發生，法人要求大量賠款，左氏站在軍機大臣的地位更主張強硬對付，認為與其以賠款付法國，不如利用此款以與法人周旋到底。[44]

法軍艦在福州突擊我福建艦隊，破壞左氏本人艱難創辦的馬尾船廠，是最使他感到痛心疾首的恨事。所以，當奉命來福建之後，即急於與法軍一戰，以復此仇。但他究竟已是七十三歲高齡的人了，而又體衰多病，直到奉旨後的三個多月之後（光緒十年十月底），才遲遲抵達福州。與左宗棠在福州共事的主要官員，為湘軍宿將會辦軍務的楊岳斌、閩浙總督楊昌濬與福州將軍穆圖善等，他們或為過去左氏親密的同僚，或為他多年的部屬，指揮可以如意；而清廷對於左氏尤為優渥，曾專撥户部餉每月十萬兩，以濟其軍，此後各方面陸續調集福建沿海的兵力，總計也達一百多營約五萬多人。[45]

當時由於劉銘傳在台灣北部，人數過少，而法軍進攻甚猛，情勢非常緊急，清廷曾多次下令左宗棠接濟劉軍；左氏也全力注意於此，先僱英籍輪船「平安號」載運劉璈所募的湘勇七百餘人渡台，又將第二批載運原羈留澎湖的湘勇七百多人運至台灣本島，其後並擬陸續將其直隸的親軍「恪靖良營」[46]運台作戰。這批抵達台灣的生力軍，雖然武器窳劣，所用步槍尚多為前膛槍，但士氣旺盛，在道員王詩正、陳鳴志等的統率下，及時趕到了台北戰場，在五堵一線與法軍鏖戰，曾奪回重要據點月眉山。[47]湘軍老將楊岳斌並親率精兵一百人，乘坐「平安號」輪船渡過台灣海峽增援台南府城，湘軍一營亦於南台灣的布袋嘴登陸。[48]

此外，兩江總督曾國荃也派遣南洋水師總兵吳安康親率剛自德國購回的快船南琛、南瑞及其他南濟、澄慶、馭遠等五艦南下增援台灣；但在舟山附近為法艦所邀擊，澄慶、馭遠二艦為魚雷所中而沈没，南琛等艦則為躲避敵人，於鎮海港內不敢復出。[49]總而言之，福建援台軍在兵力上雖然不大，但對於劉銘傳軍的士氣的鼓舞，卻發生著很大的作用。

不過，台北劉銘傳與台南劉璈在公務與私人的關係上，早在左宗棠抵達福建之先，即已趨於極度惡化。劉銘傳曾於光緒十年（一八八四）十月，專摺奏劾劉璈。[50]惟劉璈為左宗棠多年最得意部屬之一，在左部湘軍諸後進將領中向以「將才」著名，在左宗棠抵達福州之後，對劉璈之諸多維護，當在意中；而劉璈在與左氏面對時，也必多次函訴劉銘傳的各項令其不滿的言行，也是意料中的事。加之左宗棠對於劉銘傳一向深惡痛絕，曾詛之為「五代藩鎮之流」。所以，在基隆失守與滬尾大捷之後，左宗棠即專摺奏劾劉銘傳軍駐紮滬尾的營務處知府李彤恩，說他在滬尾之戰時，臨陣張皇，連發三函請劉氏自基隆以南的防線撤兵增援，「不審敵情，虛詞搖惑，基隆之陷，厥惟罪魁」，請求將李「即行革職，遞解回籍，不准逗留台灣，以肅軍政」。[51]

清廷旨准辦理，惟需「聽候（楊岳斌）查辦」。52此時已受任為福建巡撫的劉銘傳則專摺上奏，為李彤恩辯護，不只否認李在滬尾之戰時曾經三函請援，並且說李曾經函告劉氏應該增兵防守台北；而我軍自基隆撤退，係為集中兵力起見，前後進行均為有秩序、有計畫的行動，而李彤恩對於台北的防守，實為有功。此一事件使湘、淮在台灣的衝突升高至高階層的層次。光緒十年（一八八四）十一月二十六日，清廷甚至命令閩浙總督楊昌濬（湘軍）與劉銘傳通力合作。53

光緒十一年（一八八五）四月二十七日，中法在天津簽訂和平條約，雙方的戰鬥行為迅告結束。十多天後，法軍撤出基隆。劉銘傳在法軍撤出基隆的三天之後（五月十三日），旋即發動對劉璈的報復，向清廷奏劾其犯有貪污、向法國洩密資敵及任用私人等多項罪名。54十三天後（五月二十六日），並再度專摺補述一些所蒐集到的有關劉璈劣績的見聞，以加強第一摺中攻擊劉璈的一些論據。55在此兩次奏摺中，劉銘傳列舉劉璈貪污的具體事項，包括吞沒每名傷病士兵每月應發的貼補銀二兩；任命其親戚主管台灣鹽釐，因此鹽釐的月入額遂自前道員主管時的十七萬兩減至十三萬兩；台煤售賣所得每年約有七萬餘兩，而劉璈呈報的數額則為年入一萬二千兩；劉璈曾勒令洋藥商（鴉片商）三人年付龍銀五萬兩，以為專賣的規費，但劉則將此款沒入私囊，並不呈報；而其子回湘募勇，所支運費每勇實支約為八、九兩，劉璈則虛報為每勇十三、四兩。劉銘傳又稱劉璈在對法戰爭期間曾親告英國駐台灣領事，透露法海軍對滬尾的封鎖鬆懈無效，顯係洩露軍事機密以資敵等等。56清廷因此嚴令將劉璈革職拿問，查抄家產，並旨派刑部尚書錫珍與江蘇巡撫衛榮光赴台灣查辦此事。57左宗棠則挺身而出為劉璈作側面的辯護，上奏痛攻劉銘傳在戰爭中失守基隆之罪，較之前桂撫徐延旭與前滇撫唐炯在北越失事之罪更大，這當然是明顯的派系傾軋。因此，慈禧太后覽奏後，即將左氏原摺擲還。[58]左宗棠此時已是風燭殘年，又體衰多病，已無法為其多年部屬設謀劃策以與淮軍相抗了。是年七月，他即病死於福州。

劉璈被劾之案，經過錫珍與衛榮光的查辦，證明劉璈確有納賄貪私的事實。[59]清廷因此旨命追還劉所侵吞的公款二萬六千兩，並將劉之家產充公，劉璈本人則發往黑龍江將軍處效力。[60]湘、淮軍在台灣的權利性與意氣性的衝突，淮軍大為得手，湘軍則全居下風了。

在中法戰爭期間，湘、淮軍系之間合作最好的一個例證，是兩江總督曾國荃（湘軍）與浙江巡撫劉秉璋（淮軍）之間的相處。劉秉璋為淮軍人物中氣度最佳的一位，曾為湘軍江西巡撫劉坤一譽為李鴻章麾下惟一的一位「國士」型人物。他在浙江與湘軍出身的浙江提督歐陽利見（駐英、法、俄公使曾紀澤的舅兄）相處亦佳，無任何爭執的事情發生。[61]劉氏的風範，確與其他湘、淮軍大員中負氣不肯相忍為國的人，有所不同。

注釋

1 參閱李恩涵，〈剿捻期間湘、淮軍間的合作與衝突〉，見《中央研究院近代史研究所集刊》，第八期，一九七九，頁九九～一三〇。

2 參閱李恩涵〈同治、光緒年間（一八七〇～一八八五）湘、淮軍間的衝突與合作〉，見同上《集刊》，第九期，一九八〇，頁三二一～三三五。

3 中國史學會編，《中法戰爭》（上海：中國史學會，一九五五），第五冊，頁四七。

4 參閱李恩涵，《曾紀澤的外交》（台北：中央研究院近代史研究所，一九六六），頁一六六～一六七、一七一～一七六，一七七～二〇〇。

5 邵循正，《中法越南關係始末》（北平：清華大學，一九三五），頁八五。

6 李恩涵，《曾紀澤的外交》，頁二〇八～二〇九、二一〇～二一三。

7 左宗棠，《左公襄公全集》（光緒十八年刻本），書牘，第二十六卷，頁四四。

8 同上，卷二六，頁二四。

9 郭廷以，《近代中國史事日誌》（台北：台灣商務印書館，一九六三），下冊，頁七二一。

10 左宗棠，《左文襄公全集》，〈書牘〉，第二十六卷，頁一二。

11 參閱李恩涵，〈左宗棠與清季政局〉，見《近代史研究所集刊》，第二十三期，一九九四，上冊，頁二〇五～二三六。

12 王彥成輯，《清季外交史料》（民國二十一年排印本）第三十三卷，頁三～七；故宮博物院編，《清光緒朝中法交涉史料》，第四卷（民國二十二年排印本），頁二三～二五。

13 李恩涵，《曾紀澤的外交》，頁二〇六，二一一～二一三。

14 同上書，頁二一一～二一二。

15 《左文襄公全集》，〈奏稿〉，第四卷，頁三五；〈書牘〉，第十卷，頁八。

16 中研院近史所（王爾敏、李恩涵、呂實強）編，《中法越南交涉檔》（台北：中央研究院近史所，民國五十一年一九六二），頁三一九～三二〇，三二四。

17 竇宗一，《李鴻章年日譜》（香港：友聯，一九六八），頁一五一。

18 中國史學會編，《中法戰爭》（上海：中國史學會，一九五五），第五冊，頁五九三。

19 徐一士，《一士談薈》，甲編，頁九三～九四。

20 李鴻章，《李文忠公全集》（光緒三十四年刻本），〈朋僚函稿〉，第二十四卷，頁一三。

21 參閱《中法越南交涉檔》附錄〈大事年表〉，頁二五、二六～二七。

22 見中國史學會編，《中法戰爭》，（上海：中國史學會，一九五五）第五冊，頁二九八～三〇〇。

23 同上書，第二冊，頁一一二，一三七；另參閱黃濬：《花隨人聖庵摭憶》（香港：龍門書店影印，一九六五），頁三二三。

24 李恩涵，《曾紀澤的外交》，頁二二七、二二九。

25 徐一士，《一士談薈》，甲編，頁三。

26 中國史學會編，《中法戰爭》，（上海：中國史學會，一九五五），第二冊，頁一七八。

27 同上書，第三冊，頁二八九～二九〇。

28 同上書，第二冊，頁一七七。

29 同上書，第三冊，頁七七。

30 同上書，第二冊，頁一七八。

31 郭廷以，《近代中國史事日誌》，下冊，頁七七五。

32 《中法戰爭》，第二冊，頁七七；第三冊，頁一一九～一二〇。

33 同上書，第三冊，頁七八～七九，九二～九三。

34 同上書，第三冊，頁八十。

35 劉銘傳，《劉壯肅公奏議》，第三卷（見《中法戰爭》，第三冊，頁一四二）；《清光緒朝中法交涉史料》，劉銘傳奏（見《中法戰爭》，第五冊，頁四〇九）。

36 《中法戰爭》，第五冊，頁五五五。

37 同上書，第三冊，頁一四二。

38 郭廷以，前書，下冊，頁七四八。

39 《左文襄公全集》，〈奏稿〉，第六十三卷，頁二〇；《劉壯肅公奏議》，第一卷，頁一三九～一四五。

40 《左文襄公全集》，〈奏稿〉，第六十四卷，頁二〇；《中法戰爭》，第三冊，頁一五二～一五三。

41 《中法戰爭》第五冊，頁五七七～五七八。

42 郭廷以，前書，下冊，頁七七六。

43 《左文襄公全集》，〈時務說帖〉。

44 竇宗一，《李鴻章年日譜》（香港：友聯，一九六八），頁一六四。

45 《左文襄公全集》，〈奏稿〉，第六十三卷，頁二六、三五。

46 同上書，〈奏稿〉，第六十四卷，頁四。

47 同上書，〈奏稿〉，第六十四卷，頁一七～一八；第六十五卷，頁二九。

48 《中法戰爭》，第三冊，頁三〇三。

49 竇宗一，前書，頁一七三。

50 郭廷以，前書，頁七六三。

51 《左文襄公全集》，〈奏稿〉，第六十三卷，頁三九～四〇；William M. Speidel, “Liu Ming. Chuan in Taiwan, 1884-1891”, Ph.D. dissertation, Yale University, 1967, p. 83。

52 《左文襄公全集》，〈奏稿〉，第六十三卷，頁四一。

53 《劉壯肅公奏議》，第一卷，頁一三九～一四五；郭廷以，前書，下冊，頁七六八。

54 《劉壯肅公奏議》，第三卷，頁三二八～三三一。

55 同上書，第三卷，頁四二三～四三一。

56 同上書，第三卷，三二八～三三一、四二三～四三一。

57 郭廷以，前書，下冊，頁七八三。

58 竇宗一，《李鴻章年譜》（香港：友聯，一九六八），頁一八二。

59 郭廷以，前書，下冊，頁七八五。

60 《光緒朝實錄》，第二一二卷，頁三~四；連橫，《台灣通史》（台北重印本，民國五十一年），第六卷，頁九二五。

61 劉坤一，《劉坤一遺集》（北京：中華書局，一九五九），第四冊，頁一九三三；《中法戰爭》，第三冊，頁三〇五。

原載於《海峽兩岸紀念劉銘傳逝世一百週年論文集》，合肥：黃山書社，一九九八，頁三二七~三四一。

第六章 左宗棠與清季政局

曾國藩（一八一一～一八七二）、左宗棠（一八一二～一八八五）、李鴻章（一八二三～一九〇一）都是在十九世紀六〇、七〇年代依靠他們所統率的「私軍」性質的湘軍與淮軍，挽救滿清皇朝於大廈之將傾的所謂「中興將帥」；他們在成功地消滅了太平天國、捻亂、西北回亂與收復新疆之後，都先後接受了清廷的封官賜爵（曾於一八六四年十月受封勇毅一等侯、李受封為一等肅毅伯爵；左先於一八六四年十月獲封為一等伯爵，後因平定西北回亂與收復新疆而晉封為二等侯爵），但基本上都是地方督撫的實力派人物；在清廷中樞，一般只居於榮譽性而無實際官權的大學士頭銜（曾於一八六七年六月授體仁閣大學士，後轉武英殿大學士；李於一八七二年七月授武英殿大學士，後轉文華殿大學士；左於一八七四年八月授東閣大學士）；[1] 三人中只有左宗棠在一八八一年二月（光緒七年正月）與一八八四年六月（光緒十年五月）曾兩度短期被任命為掌握相當權力的軍機大臣，但前者只有八個月（一八八一年二月二十七日至一八八一年九月七日），後者甚至更短，只有二個半月多一點（一八八四年六月十八日至同年九月七日），[2] 在政治上完全無法發揮其作用。我們從左宗棠晚年在清廷政治上之無所作為，可以看出清季中樞政局在慈禧太后的宮廷政治的籠罩下是無法注入一些像左宗棠一樣的任事廉幹、勤樸而踏實的「清新」因素。與左宗棠的情況相比較，李鴻章在同時期內則以直隸總督、北洋大臣的畿輔大員的地位，憑藉其所統率的淮軍與北洋海軍為後盾，則與「腐化」（所謂「腐化」，就是「大節」之處重「勢」不重「理」，甚至最後成為無「原則」可循）的清廷諸權貴配合得極好——左宗棠晚年之不得行其志與李鴻章在一八八五年中法戰爭後之十年內因與清廷權貴妥協而獨攬北洋軍權全局的尊榮地位，正為此後中國在甲午戰爭慘敗的悲劇，預作伏筆。中國在一八八五～一八九四年的十年內，政治上耽逸腐化、苟且因循，經濟建設上則議論多而實際作為少，淮軍與北洋海軍的風氣敗壞、士氣低落；與同時期內日本之積極地整軍經武、軍政教育制度之趨於堅實完備與基本上走上西方式的議會政治的君主立憲的道路，是大為不同的。3

一、入為軍機大臣（光緒七年九月～光緒十年正月）

左宗棠於光緒六年七月六日（一八八〇年八月十一日）奉詔自他遠役西北近十四年，已經光復了絕大部分的新疆的哈密指揮總部返回北京，主要是為配合曾紀澤的出使俄國，以重新談判崇厚所簽訂的收回伊犁條約之喪權辱國的部分，而向俄國所表示的一種緩和性的和平姿態，並在北京可被清廷在對俄軍事上的顧問諮詢，兼為在京畿北方對俄備戰之需。4這是他自同治七年（一八六八）七月與李鴻章合軍平定西捻之後短期入覲北京的第二次回返接觸清廷皇室與權貴。但當他率少數親軍於光緒七年正月抵達北京時，曾紀澤所談判的對我國相當有利的收回伊犁新約，已經大致談妥，中俄雙方旋即簽訂了聖彼得堡條約，了結此事。所以，左宗棠在軍事上的任務，已可卸除，光緒七年正月二十八日（一八八一年二月二十六日），他即奉旨以東閣大學士原職管理兵部，並擔任輔佐皇帝（皇太后）綜理軍政要務的軍機大臣之一，與管理外交事務的總理衙門大臣之一。5當時已經高齡七十歲的左氏，以戡平西北回亂、光復新疆、二等侯爵的英雄地位返京，聲望是很崇高的；兩位皇太后對他「賜紫禁城騎馬，使二內侍扶掖上殿，跪墊特令加高，皆異數」；慈安皇太后並贈左宗棠一件咸豐皇帝用過的鼻煙壺。6

不過，當時主持軍機處輔佐內外大政的是恭親王與李鴻藻（軍機大臣沈桂芬甫於光緒六年十二月去世）。恭親王的才智本來有限，而當政已經二十多年，過去的一股銳氣在歷經慈禧太后主動的大大小小打擊之後（此時慈禧尚無絕對專權的力量），已變成「巽順承旨，風節日卑」，一切大政都惟兩宮太后是從；加之他王府內外的巨大開支，無法應付，乃廣納賂賄，據說只在擔任軍機的前十年內，即集資至三百多萬兩。7而自一八七六年他的有力助手、軍機大臣文祥死後（左宗棠之進軍收復新疆，係為文祥所強力支持），對於外交與自強諸要政，多「模稜不任事」，而仰仗直隸總督李鴻章的主持與合作，凡事只求目前敷衍，不計及後來——8在外交上，其最基本的原則是著重保持現有條約的權益，而無何對於將來的遠大計謀。這可見之於一八七八～一八八一年總署與李鴻章之處理日併琉球問題，虎頭蛇尾，甚至最後連「抗議」都未發出。9這就是李鴻章號稱「重海防」但實際「外交消極」的最初典型。恭親王在自強運動的早期原擁有崇高的威望，足可有一番更大的作為，推動自強運動至更高、更堅實的層次，但他在慈禧的堅強性格的陰影下，加之他個人才識的局限，對於具有前瞻性與發展性的一些重大變革的大政，他實際是無何作為。所以，不只李鴻章在同治年間所建議的變通科舉、廣設洋語格致學堂等建議，未能由他主持決議實行，其他李之請開礦、修電線、修鐵路之議，則倡議雖早，卻滿廷聚議紛紜，在保守、頑固人士的反對與阻撓下，卻拖延多年，而決策則少。10軍機處內文祥之後頗具影響力的是李鴻藻（工部尚書），他為人清正而性識保守，雖有心向善、有意為無何作為的朝廷注入一股「清流」，隱為一班年輕敢言的侍御人士如張佩綸、張之洞、陳寶琛、寶廷等所謂「清流黨」的後盾，11但他們都為個人所受的訓練與環境所限，消極性的糾彈批評之議多，而積極前瞻性的建議作為則少。12這就是左宗棠在北京朝廷開始任事時的大環境。

左宗棠是劍及履及、坐言起行的實幹家，加之二十多年來他在浙、粵、閩與西北邊疆都居於手握軍政大權、一言九鼎的疆閫地位，處事爽朗明快，講求以原則與效率辦事。13這次返回北京入為軍機大臣，他當然還是想維持自己過去一向的風格辦事。所以，他任事之初的首要作為，就是要作改練旗兵（他奉旨管理兵部）、興修畿輔（北京與直隸）水利與增徵鴉片稅釐等三件事。在改練旗兵方面，他擬首先自神機營著手，將他過去為接濟新疆作戰自德國定購的利名登洋槍三千八百七十五桿及後膛七響馬槍八百桿，改運天津，除庫倫大臣喜昌請領洋槍八百桿與馬槍二百桿外，其餘洋槍三千零七十五桿以及附屬的彈藥、皮帶等則均交李鴻章主政的天津機器局存用；其他為新式利器的六百桿後膛馬槍每槍附子彈九百多發，則運交神機營應用。14在興修畿輔水利方面，左宗棠也很快採取行動，奏請援諸侯城成周例，率所部用命，先動員其西北攜來的親軍二千多人由前福建布政使王德榜率領，修築河堤，自京北順桑乾河以至盧溝橋。15又在涿州疏濬永濟橋一帶，取河中淤出新土培堤；又與直隸總督李鴻章協議，「上下並治」、「分道赴功」，出動淮軍三千人、湘軍二千人，將永定河下游截彎取直，自南六工尾至南八工上汛三號，計三十三里，又自南八工上汛三號，另開向北新河一道，至鳳河止，計五十里。16左宗棠並親自勘視永定河工形勢，並派遣王德榜率石匠二百多人勘查該河上游，伐石鑿渠，以為全盤整治的開始，嘗說：「南人一日之功，足敵北人五日而有餘」。[17]但李鴻章藉口款絀，反對大舉興修水利，認為直隸境內「永定、大清、滹沱、北運、南運五大河，又附麗五大河之六十餘支河，閘壩堤埝，無不大壞，減河、引河無一不塞，疏濬工程皆極繁巨，萬萬無此財力，主張「惟有次第酌辦」。[18]左氏對於李鴻章只知注意外交而忽視內政的水利問題，非常不滿，認為「李相因防海居天津，於西路昏墊情狀，難以兼顧，而廳汛以防守為務，但知於鳩工集料中覓生計，倖三汛平安，例得獎敘而已，它何所知」。[19]惟直隸巨紳、活躍朝野而名動公卿的司馬局司馬張之洞也認為水利大事，「總須通籌全局，計畫經營，分別輕重緩急，先後次第，再為發筆，豈有率爾操觚者」。[20]張氏的意見可能也代表著心態保守、向不主張大肆更張的直隸官紳巨頭軍機大臣李鴻藻的意思。加之恭親王也反對左宗棠以軍機大臣的身分離京視察河工，認為左氏須先奏准始可。[21]所以，左宗棠的擬議乃拖延下去。

在增徵進口鴉片稅釐方面，左宗棠認為鴉片流毒中國，完全禁止進口已不可能，只有將英人與其他外人進口的鴉片之稅釐額大為提高，從當時進口稅每箱百斤三十兩與各省釐金每箱百斤徵十五兩的低徵額，遽增至稅釐合計在進口時一次總徵每箱百斤一百五十兩的高徵額，才能寓禁於徵；「對於內地私種所造之煙，應即照洋藥稅則，加捐示罰」。[22]左氏並親自與李鴻章協商以共同與英使威妥瑪（Thomas F. Wade）談判此事。[23]惟李鴻章則建議稅釐併徵最好堅持以每箱一百二十兩為額（因過去駐英公使郭嵩燾即曾建議每箱稅釐合計九十兩，但未能談判成功），左宗棠則堅持每箱應稅釐合徵一百五十兩，而威妥瑪則只答允增至八十兩；[24]雙方的意見，距離甚遠。左宗棠因此力主中國獨行其是，於光緒七年五月五日（一八八一年六月一日）奏請進口鴉片除每箱稅銀三十兩仍由通商口岸徵收外，「其總口釐捐，由中國自辦，於總口附近，設立總局，遴委廉幹人員總司洋藥稅釐」，按照現行釐章，「每洋藥百斤稅釐合計徵實銀一百五十兩，土煙照洋藥推算徵收」。[25]八月二十七日（一八八一年十月十九日），左氏並再度奏請，重申此議，「無論一處總收，與各處分收，總以每百斤（進口鴉片）統徵稅銀一百五十兩為率，外不加徵，庶稅由洋辦，釐由華辦，眉目了然，可免轇轕」。[26]但李鴻章不表贊同，因為「各口未加釐之先，香港每年偷漏（進口），已兩萬餘箱之多，將來各口驟加，則香港及各處偷漏繞越，弊必更甚，誠恐得不償失，而鴉片來華，仍不能減」；因此，李氏主張應仍繼續與威妥瑪談判，將他原先擬議的稅釐每箱一百二十兩再為降低，而以每箱一百一十兩為初步目標，並以取得英國的同意與合作為要件。[27]清廷因之遲遲不決。

左宗棠出任軍機大臣的另一重要擬議，是想加強京外官員的綱紀，獎善懲惡，強化統治；[28]這當然是非常重要的措置。但這首先即與軍機處總領恭親王奕訢之公然納賄、門庭若市的行事作風，當然牴觸不合，也引起朝中其他大臣的疑忌；他們望風希旨，討好上意，即常藉事以與左氏為難。[29]加之左氏為人坦率爽直，性格外向，好自我吹噓，對朝臣之過分恭謹虛偽的「踧踖鞠躬者」，頗表輕視，而又不太熟習瞭解清廷官場的一套禮儀「體制」，對軍機處諸要政，所見常與同列各大臣不盡相同。而且因年力就衰，精神常多不濟，言行上的「小錯誤」乃成為同儕指摘攻訐的對象。[30]軍機處內資格最深的寶鋆（大學士、兵部尚書；恭親王雖為軍機處領班，但曾於同治四年緣事罷值，故寶鋆在處內資歷最深），對左宗棠表面上雖尚尊敬，但因其弟道員寶森曾於同治年間左率軍在直隸追剿捻軍時執其兄之名求道謁，為左氏所申斥，[31]而且寶鋆對左宗棠的各項擬議也常持反對態度，故常藉故排擠左氏。如慈安太后去世後的某一項祭典，左氏未能參與，寶鋆即罵左為「一團草茅」。[32]又左氏於慈安之喪傷痛至哀，即自動素冠布韡以誌悲痛，但為恭親王指為不合體制，

「非奉旨穿孝之喪儀大臣」，又非近支王公，何得如此。[33]另左宗棠對慈安之突然死亡，至表驚詫，曾脫口認為事不尋常；也為太監報告給慈禧太后知道。[34]又左氏於軍機處廷寄陝西巡撫譚鍾麟中，嘗攙入己意，為同任軍機大臣的户部左侍郎王文韶仰承恭親王之意，逕直指責他不諳體制。[35]

此外，左宗棠主張強化軍機處輔佐皇帝（皇太后）的中樞決策的功能，反對軍機處本身不作決策動輒「交部議」之推諉了事；[36]這與恭親王、李鴻藻等謹慎處世、避免被人指為跋扈的一向作風，大為不合。所以，在左氏初入軍機時，雖然他與李鴻藻尚互推重交好，左稱李「忠誠可格金石」，[37]但大約因兩人性格不同，左勇邁而李拘謹，此後，兩人議事即常不合。[38]在李鴻藻護庇下的侍講學士張之洞，即在致李氏函中攻擊左氏：「看來此公（按衡諸上下文及其所談內容，此處似指左宗棠，但本文作者亦難作百分之百的肯定此點）性情苦痛，無可救藥，一人力爭，亦必無益，徒多形迹，惟有聽其自然，……賴有合肥（指李鴻章）牽制，或不致大壞耳」。[39]

其他左宗棠在禮儀上與平日所作所為可為他人作為把柄指摘的微小不當之處，如以閣典籍廳印文行文各省，為廷寄中飭；[40]又稱烏魯木齊都統（前為伊犁將軍、幫辦大臣）金順為其部將（左氏雖當時為欽差大臣督辦新疆軍務，但在體制上金順的地位崇高，且為幫辦大臣，難於稱其為「部將」）；[41]又在廣眾中詆已故大學士官文為不識一丁（他們兩人曾有嚴重過節，時任湖廣總督的官文曾認定在湖南巡撫幕府內掌握實際大權而尚未正式出任官職的左宗棠為「劣幕把持」），竟得以功名終；因北京廷臣中之滿、蒙籍旗官之詩文程度大都類似官文，對左氏之詬罵實如身受，因此深恨左氏。[42]所以，左氏任官的軍機處、總理衙門和兵部的同官與下屬官或多或少的都拒斥左氏——這是典型的「眾人皆濁我獨清」的改革者一向的際遇。成例各部奏摺發行，急如星火，今日甫定稿，明日即拜摺發出，無暇更正，此屬官鉗制堂官之法；[43]此法即常為屬官對付左氏的一種手段。內閣侍讀學士文碩甚至奏劾左氏，說他多年前袒護已革道員，請「量予示懲」，但遭到上諭「著勿庸議」的責斥。[44]

當時醇親王奕譞對於左宗堂甚為器重，認為左氏在各方面的條件較之李鴻章為好，頗有意薦舉左宗棠代李鴻章為直隸總督，[45]而左氏在北京所積極推動的興修畿輔水利和與英公使談判增加進口鴉片稅釐之兩事，通常又都是李鴻章職權範圍之事；加之光緒七年四月又有劉錫鴻奏劾李鴻章之事，因此，一時頗有李鴻章將他調的傳言。[46]惟李鴻章是善結內援、精於宦術的人，醇親王雖貴為光緒皇帝的本生父，地位崇高，但其一向謹小慎微退讓和易，其實權實只限於掌握神機營事務，清廷中掌握大權的則仍是慈禧太后與其下的恭親王。李鴻章則刻意百般討好恭親王，經常有所餽賄，恭親王亦於軍務外交諸要政均倚靠李氏辦理。[47]所以，以軍機大臣李鴻藻為奧援的清流黨人士張之洞，即認定李鴻章「究是任事之人」。[48]李氏的地位，一時難於動搖，而左氏則在各種因素的湊合下，對於他所要推動的一些要政實是無能為力，反被從軍機處中排擠出去，而於光緒七年九月初六（一八八一年十月二十八日）被外放為兩江總督。

二、出為兩江總督（光緒七年九月～光緒十年正月）

左宗棠之被外任為兩江總督，是由於原任江督劉坤一被奏劾「嗜好過深、廣蓄姬妾及疏於防務」而為另一湘軍巨頭彭玉麟查辦屬實而罷職；[49]可見湘軍各巨頭間雖然同慷性強，但亦常和而不同，在「大關節」上不願曲意鄉愿了事的。劉坤一自光緒六年六月接任江督之後，即顯露出與直督李鴻章南北爭衡的氣勢，在許多重要政策上，即與李氏大唱反調，甚至常針鋒相對。[50]如李鴻章特著重購買鐵甲艦以建立新海軍（北洋艦隊），劉坤一則堅持不購鐵甲艦，又不主改長江水師為輪船；[51]他甚至主張江南製造局「應專造軍火槍砲，不必再造鐵甲船，致糜工費」。[52]光緒七年二月，劉坤一在奏覆祭酒王先謙（湘人）奏請整頓招商局的問題上，嚴詞奏劾李鴻章屬下的洋務要員盛宣懷於數年前招商局購買美商旗昌洋行之輪船時，「洋人酬勞之費，盛宣懷既不歸之於公，又不分之於眾，而悉入囊橐，是其所極力慫恿者，陰為一己肥私，即此一端，其他自可想見，其貪婪又如此」；[53]劉氏並嚴詞奏劾盛宣懷「於攬載供款，無不躬親，而又濫竽仕途，於招商局或隱或顯，若有若無，工於鑽營，巧於趨避，所謂狡兔三窟者；此等劣員，形同市儈，置於監司之列，實屬有玷班聯，將來假以事權，亦復何所不至」，「請旨將盛宣懷即予革職，並不准其干預招商局務，以肅紀綱而示明戒」。[54]光緒七年三月三日，劉氏更再專摺嚴劾盛宣懷「濫用濫支，一年之內至數十萬兩，豈不駭人聽聞，即將盛宣懷查抄，於法亦不為過，僅請予以革職，已屬格外從寬」；並稱其「一二劣跡，耳目昭彰」，「若復涉於姑息，則是法紀蕩然」。[55]但李鴻章則認為盛宣懷、唐廷樞並未侵帑害公，奏請免予置議。[56]此案最後變成劉、李之間政治性的鬭爭，但在清廷無意整頓綱紀、懲處貪污的大前提下，劉坤一竟被反噬，為陳寶琛奏劾「信用家丁、廣蓄姬妾、吸食鴉片、日旰始起、廢弛偷惰」等劣跡，而於光緒七年九月六日（一八八一年十月二十八日）被開缺回籍；[57]其政治生命竟突然中斷達九年之久。

左宗棠於光緒七年十二月（一八八二年二月）到兩江總督任所後，即迅速展開其劍及履及式的政治措施。首先他開始巡視轄境各地，由江寧先抵揚州，沿運河至清江浦，再順由陸路經順清河、張福口、運口，以瞭解江北水利全局。58他因此決定急治淮河與運河，調遣湘、淮軍三十營，先於淮河下游別開一河，自馬家橋經曬布場、至浦口康家圩以達於長江；另以親軍修治淮水，開支三十六萬兩的款項以開掘朱家山河，使淮河向東仍歸雲梯關入海。59又在江寧修治句容赤山湖、秦淮湖，以南京通濟門、水門為秦淮河附郭正流，金川門河道為汊港，入江河道，皆令擇要建石閘壩以收納諸支流，沿江之堤壩溝道應修者，皆予次第修築。60淮軍吳宏洛統率的武毅軍一千人，在朱家河工地因該軍原有的剋扣名目甚多，軍士勞苦，甚至發生鼓噪情事。61

左宗棠在蒞任兩江之初，也如他過去主持西北軍政一樣，極重視吏治清廉，獎拔賢牧令而嚴懲貪劣之員。62光緒七年十一月（當時他尚未抵達兩江任所），因有人奏劾湖北新關侯補道楊宗濂（李鴻章的親信）有田二百八十餘畝、市房二十餘間，並在楊濟通當舖搭股一萬五千串；63另有給事中參劾湖廣總督李瀚章（李鴻章之兄）「黷貨無厭，任用私人」；左氏抵任後，奉旨查辦，即先將楊宗濂褫職開缺。64這很引起李鴻章的不滿，認為這是左氏罷黜淮人而立威。65但這並非事實，因為左氏對於淮軍將領中之真正人才如張樹聲、劉秉璋等，是一向極為推崇的，其湘軍成見雖有，但用人向能保持大公，至少較李氏在派系是非上的觀念為好。66光緒八年十二月五日（一八八三年一月十三日），左宗棠並奏保淮軍大將廣東水師提督吳長慶「秉性忠亮，才識超群，實極一時之選」，又說吳氏「意度閎遠，迥異儕偶」，「在右職中為特出之才，公忠體國亦罕其匹」，稱其「堪備南洋統帥之選」。67

光緒八年春，中法之間因法軍之進侵越南北圻（北越），已漸趨於緊張：一方面駐英法公使曾紀澤在巴黎與法國外交部的交涉，已形成僵局——曾氏照會法國，反對法國根據一八七四年的法越同盟條約進據北圻；法國則堅持己見而不理中國的抗議。另一方面廣西巡撫裕慶則派遣廣西提督黃桂蘭以防匪為名，進入北越，以支援在北越抗法的劉永福軍。左宗棠為未雨轇轕，頗注意於整頓加強兩江的防務，不只控制住轄境留防的湘軍，即留駐江防原由李鴻章自直隸遙控的淮軍也改歸左宗棠之節制；[68]李鴻章原曾牢牢把持不放的金陵機器局和運河水師的指揮權，也為左氏所奪。[69]左氏並不惜花費一百數十萬兩巨款，自德國增購南琛、南瑞兩新式快船，另並在江陰設立水雷局，僱聘精通水雷的英海軍軍官夏威、富勒都列教練學生十六人、以備攻防之用。[70]左氏又親自巡視沿江防務，檢查沿江各砲台，嚴明賞罰，並立誓要親臨行間，身先士卒，與陣地共存亡。[71]他也在沿江組織漁團二萬多人，於光緒九年九月十九日（一八八三年十月十九日）自江岸乘輪船東下檢閱，以為將來作戰時防守的助力。[72]在視察上海時，左氏並率親軍全副武裝進入租界拜訪法、英、美等國領事，頗壯華人之氣。[73]另外，左宗棠也整頓南洋僅有的六艘兵輪，其最大者登瀛洲號與澄慶號原皆調駐北洋，現則將後者調回上海；其他噸位較小的測海輪、威遠輪、威靖輪、靖遠輪等四艘，則予整頓備戰。[74]為增加財政上的收入、支援各項開支，左氏增復鹽斤專賣額十六萬「鹽引」，[75]在他兩年多之後交卸兩江總督時，庫存移交下任之款竟達四百餘萬兩。[76]

對於法侵越南北圻的態度，左宗棠是強烈地主張強硬對付，並主張以援助在北越境內的劉永福（越南僱傭軍）與增援入越的桂、滇軍的實力兩方面入手。他在一項函件中這樣說：

「法虜驕橫，謂越南非我屬國，竟思傾國從事，而不顧其後，劉永福以一健卒，為越捍邊，力挫虐燄，似亦人所難能；但孤立無援，勢難持久，吾華將有唇亡齒寒之慮。南洋以兼籌邊防之責，豈能袖手旁觀」。[77]

左氏排除派系的觀念，答應奉旨前赴廣東談判越南問題的李鴻章，可隨意抽調他現駐江南的一萬數千人的淮軍舊部中的任何部分，為其支援之用，並答應供應餉需。[78]左宗棠又派遣其老部下前福建布政使王德榜回湖南募軍八營（十營），逕赴桂、越邊境駐紮，以為支援劉永福對法作戰的預備。[79]他也撥發大批軍火包括步槍五千六百多支、水雷二十多枚、火箭一百多枚給駐紮桂、越邊境的軍隊使用。[80]

不過，至光緒八年（一八八二）前後，左宗棠已經是一位高年七十或七十一歲的老人了，身體又常多病，至是年底，其左眼已經失明，右眼也不行了，乃獲准休假三個月。[81]他的所志所事，雖然有其見解高超之處，但記憶已大不如前，「所辦各事，多非出其本意」，[82]已經到了力不從心的暮年。他對清廷有關法侵越南之政策的實際影響，已不是很大了。到了光緒十年正月十二日（一八八四年二月八日），清廷並將他開缺，改命曾國荃繼任兩江總督。[83]

三、胡光墉案與左宗棠

光緒九年十一月（一八八三年十二月），曾長期在左宗棠麾下總持採辦轉運局的候補道胡光墉所經營的龐大企業，突然宣告倒閉。最早是在是年十月六日（一八八三年十一月五日），胡氏所有的杭州泰來錢莊突然倒閉，幸得浙江布政使的協助，彌縫無事；但至十一月，也屬胡氏所有的上海阜康錢莊為客户擠提存款，一時無法應付，竟於十一月二日宣告倒閉。[84]據説北京達官貴人富户等存資於該錢莊者甚多，恭親王與協辦大學士文煜皆有百餘萬兩存儲其中而被倒掉。[85]胡光墉為出身小販賤豎的江浙著名富户，亦商亦官，自左宗棠於咸豐十一年十二月二十四日（一八六二年一月二十三日）受任浙江巡撫後，即為左氏辦理軍需補給；其後左氏率軍由浙入閩入粵，消滅太平軍餘黨於嘉應州一帶，其軍需補給一直仍由胡氏擔任，甚稱得力。[86]同治五年八月十七日（一八六六年九月二十五日），左氏奉命調任陝甘總督剿辦西北回亂，為保障其大軍的後勤供應，左氏更奏派胡氏充任「上海採辦轉運局委員」，其後受命為左氏大借洋款達一千二百五十萬兩之巨，源源接濟，不虞匱乏。[87]從咸豐、同治以至光緒年間，左宗棠對胡光墉的信任始終不衰，即使後來左氏入為軍機大臣又轉任兩江總督，一直如此；胡氏也由一介商販逐步上升，官至候補道，銜至布政使，階至頭品頂帶，服至黃馬褂，累賞御書；但胡氏仍擔任採辦轉運局的差使，與左賓主往來密切。[88]胡氏在東南各地開設胡慶餘堂藥店及當舖，又開設泰來錢莊（總號設於杭州）與阜康錢莊（總號設於上海），置分號遍布南、北各地，聲勢浩大。[89]此次營業失敗之後，清廷除嚴命兩江總督左宗棠「飭提該員嚴行追究，即行從重治罪；並聞胡光墉有典當二十餘處，分設各省，買絲若干包，值銀數百萬兩，存置浙省，著該督咨行各該省督撫查明辦理」。[90]到左宗棠交卸兩江總督之後的光緒十年四月，清廷更另下一道諭旨，飭令浙江巡撫「將胡光墉侵取西征借款行用補水等十萬六千七百八十四兩，於該革員備抵產業內，迅速變價，照數措齊，限本年閏（五）月以前，解交甘肅糧台應用」，[91]顯然這是將左宗棠多年前已經報銷過的借洋款舊案之帳，再予翻案，而有間接對左氏「清算」的意味。

左宗棠明白清廷意在向各省立威，「殺雞儆猴」，曾向清廷覆奏，為胡之此一方面辯護，請免其追交；[92]在致陝甘總督譚鍾麟函中，也為追交胡氏借洋款的「行用補水」而不滿，認為「就籌餉而言，弟不能得之於各省，僅得之於雪巖（胡光墉之字）；平心而論，設無此君，前敵諸公亦將何所措手！」[93]繼左氏擔任兩江總督的另一湘軍巨頭曾國荃則出面為左氏大抱不平，於向清廷戶部查覆此案的咨文中說了許多非常強硬，其他人不敢說的話，等於罵户部之故意為難。其咨文中云：

「在戶部度支總掌，苟有礙於成例，即不准於核銷，本大臣爵部堂何敢置喙。惟查貸借高銀，事不常有，前以收還伊犂，俄人多方狡展，和戰未定，而關外防營須款孔殷，前督辦大臣左宗棠奉旨陛見，其時局勢一更，協借迫不及待，未暇與之細校；其光緒三、四兩年所借之五百萬及三百五十萬，恰當山右、陝、豫各省同時旱災，西餉頓行減色，幾難為繼，前督辦大臣左宗棠深恐因餉譁噪，一面慰諭各軍，一面貸銀接濟，情形迫切，雖其所費較多，然其所全甚大；此三次息借商款開支外費之所由來也。竊計每次借項，多至數百萬兩，決非市商所能遽集，尤非一手一員所能為功。商人與官交涉，兌出現銀，每多顧慮，在官以為相息相還，綜核極為受累；在商則謂挾資求利，到處務欲取盈，計較錙銖，必思渥沾利益。又懼官事恆有遷變，非素信之人從中關說，未易破其疑團，所謂行用補水，乃事之所必然。至若保險水脚二者，皆輪船之定章，特數目多寡之間，有不可一概而論耳。以胡光墉素業商賈，不足深責，公議早已洞矚無遺；而為公屢借巨款，咄嗟立應，是其當日聲名可以動眾，究之從中點綴，所費當亦不貲。動支雖累巨萬，入已亦可想見。譬之人家遇有急需，不惜厚利稱貸，而事難湊措，竟莫能解其困厄；於此時代酬之款，彼受借者縱令格外吃虧，亦所甚願；而現款斷非易致，在代借者聲氣廣布，百計圖成，雖或優得使用，及至前後牽算，仍歸浪擲，斯亦人情之常。胡光墉所借之銀，三次共一千二百五十萬兩，數稱極鉅，僅委員之虛名，其平時交接酬酢，絲絲入扣，一旦緩急相依，即竭力以圖，骨節向不靈通，所假無幾。奉公非不謹飭，而揆之事機，即猶投一滴於巨壑也。胡光墉之揮霍，好沽名譽，人所共聞。此番倒閉，中外騷然，豈彼始願所及料哉！亦由貪多務得，不細計密縷，遂至一蹶不振！統觀今昔，其藉以屢救隴塞之困難者在此，因而身家破敗公私交怨者亦在此！現在清查數目，就胡光墉三次所支之數，合之誠多，如陝甘督部堂之駁斥，戶部之核追，不究既往，正為嚴儆將來，自是慎重餉需之道。只以前兩項支項，前經胡光墉具報，有案可稽，七年支項，係屬援案開報，今以濫支，從中追繳，於理誠當，於情轉若可矜；蓋此費用，前督辦大臣左宗棠知其僅能以公了公，故未核駁。迄今事隔數年，忽令追賠，不獨胡光墉已窮途無措，即其備抵諸物，驟易實銀，徒作紙上空談，追繳亦屬具文。且彼恃其早經報銷，將不咎已之浮開，必先怨官之失信！在胡光墉一市儈耳，曾何足惜，而紀綱所在，或不得不慎重出之」。94

曾國荃在咨文中並義正辭嚴地指摘戶部於事後挑剔左宗棠的報銷手續，為有失公道。咨文中說：

「夫統籌出入，嚴杜違例浮支，司農之成憲也；宏濟艱難，亦須原心略跡，天下之公道也。軍興以來，所有盪平劇寇，類皆開單報銷，實事求是，核與則例轉難吻合，為戶部所稔知。前督部大臣左宗棠進規西域，所以迅奏膚功者，仰賴廟謨堅定，無復掣肘之虞；而迭當各省歉荒，強鄰偪處，亦本借款之可恃，庸有私於胡光墉乎！似亦可以共諒矣。總之，借用商銀，事不常有，從前軍務倥偬，往往有例之所得而勢之所必須者，並須當機立應，否則稍縱即逝。一切用款難以預計，多未奏咨立案，實心實力，第求協於事機，不能計較一時一事之盈絀也。戶部經權互用，近因海宇肅清，定以條奏之限，從苛繩舊案，務在謹守新章，所有甘肅新疆歷次開支經費，久已彙單奏銷，若胡光墉之罔市累人，固須懲以示戒，而此番案屬因公支用，非等侵吞，以視戶部現辦章程係在舊案准銷之列，應請戶部鑒核，轉予斡旋；嗣後不得援以為例，以昭大信」。95

曾國荃的咨文，處處為胡光墉的高利息借款與收取高額「行用補水」而辯護，也為左宗棠當年的權宜措置而辯解，但由於牽連他案，最後仍未能挽救胡光墉被抄家賣籍的結局。雖然左宗棠在光緒十年五月二十五日（一八八四年六月十八日）又被旨命為軍機大臣，96當年他之處理胡氏借洋款之案也未被追究責任，但二十多年來一直為他辦理後勤補給大事的胡光墉慘被抄家充籍，雖是咎由自取，對晚年的左氏卻是無何光彩的。

四、左宗棠與中法戰爭期間湘、淮軍的衝突

光緒十年（一八八四）春，中法之間有關越南的爭執，已明顯地進入了直接軍事衝突的軌道，雖然李鴻章與法使德理固的談判，仍在時斷時續之中——法國根據一八八三年八月二十五日與越南所簽訂的順化條約，已使越南自承其為法國的保護國，以在法理上排除中國干涉其所要侵佔的北圻（越）。另方面在軍事上法軍擊敗了名義上為越軍的劉永福部，正準備大舉進攻已駐紮在北越境內的桂軍和滇軍。97中國則除去直接支援劉永福繼續抗法外，駐紮北越的桂、滇軍甚至直接參加了戰鬪。此外，淮軍巨頭兩廣總督張樹聲和湘軍巨頭彭玉麟（兵部尚書專辦長江水師）在廣東與兩江總督曾國荃均在轄境內加強防務，以迎擊法軍自海上的可能進攻。98當時入越桂軍黃桂蘭部（黃原為淮軍中銘軍的部將，因粵督張樹聲之薦而轉任廣西提督，惟所部偏裨士兵均為當地桂人），雖然號稱五十營二萬五千多人至三萬人（此數係合廣西道員趙沃部十營合計），99實際其戰鬪力與士氣均極低劣，不只黃、趙兩統將不合，全軍亦毫無紀律，自分統、營哨官、勇兵、長夫以下強佔民房及民間婦女為室者十佔八九，吸食洋煙者十有六七，而全軍皆住民房，不紮營寨，軍民混雜，紀

律敗壞而營務廢弛，對於作戰全無布置；而營兵員額不足，每營定額五百人常常實際只有二百餘人，每勇月給口糧二兩四錢，但分統、營官、哨官層層剝扣，以致兵勇衣食不周，毫無鬭志。[100]所以，當一八八四年三月八日（光緒十年二月十一日）法軍開始大舉進攻時，桂軍之攜婦女者爭先逃走，軍火、槍砲及餉銀二十餘萬兩皆失，只所拋棄的大砲即達一百尊，內有數尊為德國克虜伯廠所造的精銳品，其他槍械及軍需品損失亦多。[101]法軍在無傷亡的情況下，即佔領七座砲台和二十多個村莊，在全部戰役中，法軍只死五人、傷二十五人而已。[102]數日內，桂軍即全面潰退，原兵力集中所在的重鎮北寧於三月十二日即告淪陷；滇軍所據的另一戰略要地太原，旋亦輕易失守。劉永福軍則北退興化。[103]

桂、滇軍的大敗績引起了清廷強烈的震動：清廷一方面嚴厲處分負責此事的桂撫徐延旭與滇撫唐炯，並將一些敗軍之將軍前正法，黃桂蘭則羞憤自殺。[104]慈禧太后甚至一怒之下藉機將所有軍機大臣自恭親王以下全部撤職，而改以禮親王世鐸、户部尚書額勒和布、閻敬銘、刑部尚書張之萬、工部左侍郎孫毓汶等繼之，而以醇親王奕譞於幕後總持一切，但和戰大計，仍是慈禧決策。[105]另外，新領導層對於法侵北越的態度明顯地轉趨於強硬；「須認越為我屬，不互市、不賠費，維護劉永福、倘傷國體，必嚴懲」；[106]但此強硬政策的目標則仍是很含混而矛盾，因為慈禧也同時密諭李鴻章保持與法國的和平談判，「通盤籌備，酌定辦理，不可遷延觀望，致失事機」。[107]另為阻止主戰者的喧囂，新領導層很快任命了主戰的通政使吳大澂會辦北洋事宜、內閣學士陳寶琛會辦南洋事宜、侍講學士張佩綸會辦福建海疆事宜；交卸兩江總督在南京「靜養目疾」的強硬派左宗棠則奉命入京，以備對法問題的諮詢。[108]左宗棠這時已是七十三歲的老人了，但仍慷慨而起，於四月二十一日（一八八四年五月十五日）啟程北上，而於約一個月之後的五月二十日（六月十三日）即抵達北京。[109]五天後的五月二十五日，奉旨再為軍機大臣，並管理神機營，但因「體恤」他年逾七旬，「毋庸常川入值，遇有緊要事件預備傳問」。惟左宗棠自己則認為個人體力尚可支持，奏請仍每日入值辦事。[110]而他再入軍機處所辦的第一件大事，則為於是年閏五月十八日（七月十日）專摺奏薦時任英、法、俄三國公使曾紀澤為兩江總督之事，說曾氏「博通經史，體用兼賅，於泰西各國情形，瞭如指掌，奉命出使，於外交事件隨事執中，寬而有制，內則成乃父未伸之志，孝不違親，外仍慎與國邦交之義，志殷補袞。當其隨（父）任時，久與文武豪傑相結納，鑒別詳審，均有以得其心，若畀以疆圻重任，必能肅海防而戢群族囂凌之氣。現在兩江督篆需人正殷，張之洞雖名重一時，若論兼通方略，似尚未能及曾紀澤也」。[111]但慈禧太后對他的薦舉，並未採納，仍於是年七月十八日（一八八四年九月七日）正式任命曾紀澤的叔父曾國荃為兩江總督，大概也與左氏之此奏有關。[112]

左宗棠第二次入值軍機處之後，仍然常犯禮儀上的「小錯」，常為反對者執為口實。如於乾清宮某次行禮竟告缺席，即遭到禮部尚書延煦的奏劾，稱其以乙科入閣，已賞優於功，乃既膺爰立，竟日驕肆，乞嚴儆。[113]這種伸引吹求不顧大局的批評，很引起醇親王的憤怒，特專摺奏劾延煦，稱「宗棠之贊綸扉，特恩沛自先朝，煦何人斯，敢議其濫！且宗棠年衰，勞苦功高，入覲日，兩宮且許優容，引禮時偶有失儀，禮臣照例糾之可已，不應煦一人以危詞聳人聽」。[114]惟此事失禮，左宗棠確是錯了，故吏議上聞，左氏仍被「罰俸一年」的處分。[115]

在中法有關越南爭執的大問題方面，李鴻章前奉密諭與法海軍艦長福祿諾（Francois Fournier）的談判，在中國願意放棄對越南的宗主權與撤退入越華軍以交換法國保持中國體面的交換條件下，很快達成協議，在左宗棠自南京抵達北京之前夕的光緒十年四月十七日（一八八四年五月十一日）簽訂了「李福簡約」。但旋因駐紮諒山的華軍撤退問題雙方軍隊發生武裝衝突，法軍死傷近百人、華軍死傷則達三百餘人，法國因此要索賠償二億五千萬法郎。因雙方談判不協，光緒十年六月十五日（一八八四年八月五日）法艦乃砲轟基隆；七月三日（八月二十三日）甚至在無預先警告的情況下，進泊福州內河的法艦竟突擊我國泊於附近河面的艦隊，揚武等七艦被擊沈，馬尾船廠也被轟毀。[116]我國舉國憤慨，清廷甚至下詔向法國宣戰。左宗棠一向主張強硬對法，主張延緩議和而大力備戰。早在「李福簡約」簽訂之後而福州事件未發生之前，即親撰「時務說帖」，極力反對該簡約第三條所稱「中國宜許以毗連越南北圻之邊界，所有法越與內地貨物，聽憑購銷，商約稅則，務於格外和衷，期於法國商務極為有益」等語，認為應堅持曾紀澤過去「劃疆分護」、「法人保護南圻，吾華保護北圻」的主張，否則，「非決計議戰不可」。[117]此後因諒山事件發生，法人要求大量賠款，左氏站在軍機大臣的地位，更堅決主張強硬拒絕，認為如其將賠款付法國，不如利用此款以與法國周旋到底。他並於七月十五（九月四日）面見醇親王，要求統兵出征；三天後，左即被任命為欽差大臣督辦福建軍務；[118]八天後的七月二十六日（九月十五日），他即啟程南下赴閩，而於約略三個月之後的十月二十七日（十二月十四日），抵達福州。[119]上海出版的《申報》讚揚左氏，「以閩防吃緊，慷慨請行，所謂一息尚存，此志不容銷懈，方之古名臣，曾不多讓」。[120]

在對抗法國進侵的全國戰鬥中，淮湘軍在各主要戰場上自然是主力，大致是戰將各佔一半，士卒則常不限於全為淮人或湘人，有時當地土人實佔絕對多數。在最重要的桂越戰線上，是淮軍為帥（桂撫潘鼎新）而湘軍（前閩藩王德榜）輔之；在閩、台戰線上，則湘軍魁首左宗棠以欽差大臣督辦軍務的官銜總持一切（幫辦軍務的福州將軍穆圖善與閩督楊昌濬均為其多年老部將，惟左氏之命是從），在台灣孤島上則名義上是淮軍（閩撫劉銘傳為「督辦台灣軍務」）負責，實際劉氏指揮軍力之所及，只限於台北地區（軍力大部分仍為湘軍），其以台南府城為中心的中南地區，則為湘軍（台灣道劉璈）所控制。在廣東戰線上，則先為淮（粵督張樹聲）、湘（欽差大臣彭玉麟）各半，後為粵（張樹聲中道病故，張之洞繼任粵督，募粵軍馮子材等作戰）、湘各半；在江、浙戰線上，則湘（江督曾國荃）為江防主帥、淮（浙撫劉秉璋）為浙防主帥，其麾下則各有淮、湘軍效命。[121]

左宗棠對於法軍艦在福州突擊我艦隊，又破壞了他早年艱難創建的馬尾船廠，最感痛心疾首，所以，在奉命來福建之後，即急於與法軍一戰，以復此仇。但左氏究竟是七十三歲高齡的老人了，而又體衰多病，直到奉旨後的三個多月之後（光緒十年十月底），才遲遲抵達福州；[122]而各方陸續調集福建沿海的兵力，總計也達一百餘營約五萬多人。[123]惟在左氏兼轄的台灣防務上，防守台灣北部的閩撫劉銘傳（淮軍）與防守台灣南中部的台灣道劉璈（湘軍），則因軍系傾軋、個性衝突與公務上的所見歧異等因素，關係奇劣而互為水火，互不相讓，為中法戰爭期間湘、淮軍衝突最為嚴重的地區之一。[124]劉銘傳為淮軍中慓悍善戰、性情剛猛、意氣極盛而又很能瞭解洋務與時俱進的一位文武兼資的大將，但其成見也最深而報復心理最強。[125]劉璈則為左宗棠多年最得意的部屬之一，曾任甘肅蘭州道道員，在左系湘軍諸後進將領中以「將才」與「允文允武」著名；左氏自西北奉旨晉京出任軍機大臣時曾追隨左氏率所部在直隸治理水利的少數親信部將之一。[126]而劉璈也是一位素尚意氣、對淮軍成見最深而絕不肯屈己從人的人。[127]他以台灣道的身分，坐鎮台灣府城（台南），雖然在行政上隸屬於坐鎮台北的福建巡撫劉銘傳，實際兩人是南北對立、涇渭分明的。二劉的關係，自始即極惡劣；劉璈對台北的協餉，雖有萬兩之多，但對兵力則絕少支助。[128]而早在左宗棠抵達福州前線前後，二劉之爭已經公開化，劉銘傳已於光緒十年十月二十二日（一八八四年十二月九日）奏劾劉璈；而在左宗棠抵任所之後，劉璈也必定在左氏之面前用不同方式表達劉銘傳之各項令其不滿的事項，也在意料之中。加之左宗棠本人對於淮軍悍將劉銘傳，一向是深惡痛絕的，曾詆之為「五代藩鎮」，攻其軍紀敗壞，「桀黠者多」、「冗雜殊甚，其驕佚習氣，實冠諸軍」，並詛之為「捻餘」（捻軍之餘黨）。[129]在此二劉之爭中，以左氏素尚意氣而又高年頑強有著牢不可破的派系成見的人而言，其左劉璈而右劉銘傳，當是很自然的事。不過，他現在是督辦福建海疆軍務，以他多年公事公辦、全力求勝的一向作風，對於援台工作，他是絕對認真，「惟力是視，絕無湘淮畛域」而全力著重於此的：[130]先僱英輪「平安號」載運劉所募的湘勇七百餘人渡台在卑南（屏東）一帶登陸；又再第二批載運原羈留澎湖的湘勇七百多人至台灣本島；其後並陸續將其直轄的親軍「恪靖良營」運台在笨港、偏港（今屏東）登陸。[131]這批援台生力軍抵達後，即迅速北上，取道彰化，進紮基隆台北之間的五堵一線與法軍鏖戰。他們雖然武器窳劣，所用步槍尚多為前膛槍，但士氣旺盛，在左氏部下的驍將王詩正（已革道員）、陳鳴志的統率下，曾奪回重要據點的月眉山。[132]湘軍巨頭老將楊岳斌（前陝甘總督、幫辦閩海軍務）則親率精兵二百人乘坐「平安號」偷渡台灣海峽，在卑南、清吉登陸，北去台灣（台南）府城；湘軍一營亦於南台灣的布袋嘴登陸。[133]兩江總督曾國荃則派遣南洋水師總兵吳安康親率新自德國購到的快船南琛、南瑞二艦（這是左宗棠在江督任上所訂購的）與南濟、澄慶、馭遠等共五艦南下援台，但在舟山附近為法艦所截擊，澄慶、馭遠二艦為魚雷所中而沈沒，南琛等艦則躲避敵人於寧波港與鎮海港內不敢復出。[134]左宗棠並奏准借洋債四百萬兩，擬募運一百五十營兵援濟台灣。李鴻章也奏准向旗昌洋行借一百萬鎊援台。[135]所以，劉銘傳在台北地區最初雖只有所帶淮軍幹部官六百人，加上當地湘、土軍總共不到四千人；但其後援軍陸續到達（包括他自己的嫡系淮軍劉朝祐部一千人及軍火，也由江督曾國荃僱商輪衝破法艦的封鎖而運抵淡水），總數也有一萬多人的兵力。[136]加之劉璈在台灣南、中部的防軍三十一營約一萬六千人左右，防守台灣的軍力，頗有相當可恃的態勢。

惟左宗棠顯然在軍系的意氣下，對於劉銘傳於光緒十年八月十三日（一八八四年十月一日）之失守基隆（其實當時劉氏的兵力嚴重不足，而法艦法軍在武器上居絕對優勢，且劉氏之放棄基隆係在破壞了基隆煤礦及燒毀存煤一萬五千噸與將基隆砲台的兩門四十鎊大砲埋藏於地下，並將傷兵與所能撤運的物資南運之後所作的有秩序之撤退），極表不滿，於抵達福州前線的當天（十月二十七日），即專摺奏劾劉銘傳之失守基隆，係為劉軍營務處知府李彤恩所誤，說李「不審敵情，虛詞搖惑，基隆之陷，厥惟罪魁」，請求將李「即行革職，遞解回籍，不准逗留台灣，以肅軍政」。[137]清廷因旨准辦理，惟須「聽候（楊岳斌）查辦」。[138]已就任福建巡撫的劉銘傳則專摺上奏不只否認左宗棠之指摘李彤恩在滬尾之戰時曾經三函請援，並且說李曾經函告劉氏應該增兵防守台北；而我軍之自基隆撤退，係為集中兵力起見，前後進行均係有秩序、有計畫的行動，而李彤恩對於台北的防守，實為有功。[139]此一事件的爭執，使湘、淮軍在台灣的衝突，升高至更高階層的層次；淮軍集團甚至找人奏劾左宗棠說他對於淮軍將士有心裁抑。[140]光緒十年十一月二十六日（一八八五年一月十一日），清廷甚至旨命閩浙總督楊昌濬（湘軍）與劉銘傳通力合作，不可各存意見。[141]光緒十一年一月六日（一八八五年二月二十日）慈禧太后更專諭左宗棠、曾國荃（江督）、劉秉璋（浙撫），不可存湘淮之見，「援台軍已渡若干，惟左宗棠是問」。[142]

光緒十一年四月二十七日（一八八五年六月九日）中法有關越南的條約，在天津由李鴻章簽訂，雙方的戰鬪行為，迅告結束；十多天之後，法軍撤出基隆。劉銘傳在法軍撤出基隆的四天之後（五月十三日），即不顧左宗棠對劉璈的大力支持而迅速發動對劉璈的強烈報復，專摺奏劾劉璈的所謂十八項罪狀，包括不聽節制、截留協餉、侵吞款項、向法國洩密資敵及任用私人等。[143]十三天之後的五月二十六日（七月八日），劉銘傳又再度專摺補述他新近蒐集到的一些有關劉璈劣績的見聞，以加強第一摺內攻擊劉璈的一些論據。[144]其積恨劉璈的強烈意識，似必欲置之死地而後快。[145]在此兩次奏摺中，劉銘傳除列舉劉璈之廢弛軍務、虛糜巨款、各軍未購精利槍砲、空額日多及列舉其貪污事項，包括吞沒每名傷患士兵每月應發的補貼銀二兩；任命其親戚主管台灣鹽釐，因使鹽釐的月入自前任道員的十七萬兩減至十三萬兩；台煤售賣所得每年約有七萬餘兩，而劉璈之呈報則為每年一萬二千兩；又劉璈曾令洋藥商三人年付龍銀五萬兩，以為專辦規費，但劉璈則將此款歸入私囊，並未呈報；而其子回湘募勇，所支運費每勇實支約八、九兩，劉璈則虛報為每勇十三、四兩。劉銘傳又指控劉璈在戰爭期間曾親告英國駐台領事，透露法軍對滬尾的封鎖，鬆懈無效，顯係洩露軍事機密以資敵等等。[146]清廷因此嚴令將劉璈革職拏問，查抄家產，並旨派刑部尚書錫珍與江蘇巡撫衛榮光赴台灣查辦此事。[147]

左宗棠則挺身出而為劉璈作側面性的辯護，上奏痛攻劉銘傳在戰爭中失守基隆之罪，較之桂撫徐延旭與滇撫唐炯在北寧失事之罪更大。這當然是明顯的派系傾軋；因此，慈禧太后於覽奏後，即將左氏原摺擲還，[148]並旨命左宗棠前往北京；表面上雖說體卹他「隨時奏聞，用備採擇」，實際則命令一位年高體衰、老病侵尋的左宗棠第三度舟車往來於南北的長途顛簸之中，當然是一項清廷對他的懲罰吧！[149]左宗棠此時已屆風燭殘年的歲月了，加之清廷似乎決心要在戰爭結束之後的時候，對湘、淮軍的「功臣」立威，殺雞儆猴；[150]所以，他不只無法庇護為他多年負責後勤財務支援的胡光墉之「削職抄家」，也無能力為多年追隨他左右的湘軍老部屬設謀與淮軍集團相抗頡。光緒十一年七月二十七日（一八八五年九月五日），他即病死於福州，得年七十四歲（中國算法）。[151]

惟左宗棠在去世之前，他仍痛切地大聲疾呼專上一摺檢討中法戰爭期間中國所獲得的一些教訓，申論中國自強的緊急性，認為中國上下不可畏難苟安（這正是慈禧與李鴻章在一八八五年之後所犯的大病）；他說：「攘夷之策，斷宜先戰後和，修戰之備，不可因陋就簡，彼挾所長以凌我，我必謀所以制之」，「補牢顧犬，已覺其遲，若更畏難惜費，不思振作，何以謀自強而息外患耶！」他認為「開鐵礦，製船砲」二事，為「事雖重大，實係刻不容緩」，「請求利用徐州鐵礦在吳、楚交界處設立船政砲廠」，「目前講求武備，自以趕造鐵甲，鑄鍊巨砲為急務」。[152]可惜他言之醇醇而聽者藐藐，晚清中國在慈禧太后的強力、獨斷、苟安、腐化的陰影下（雖然一八八九年三月光緒帝已名義上親政），無論是清廷軍機處內諸重臣或者李鴻章都無法扮演一個坐言起行、堅決行動的領導者的角色。[153]另外，左宗棠又為清廷設計了一套海防藍圖，奏請設立「海防大臣」（或名「海部大臣」），提出加強海防建設的七項建議：以海防全政大臣「駐紮長江、南控閩越，北衛畿輔」，「另擇副臣，居則贊襄庶務，出則留守督工，權有專屬，責無旁貸」；於南、北洋兵輪，各自成軍，共設十大軍，「歸海防大臣統轄。每軍設統領一員，秩比提督」；海防全政大臣還可以節制船、砲、礦、廠、軍火，以統一事權，[154]左氏並強力推薦曾紀澤「堪勝海防大臣」。[155]他另也奏陳台灣地位重要，「孤注大洋，為七省門户，關繫全局」，請將福建巡撫移駐台灣。[156]但清廷並未採納他這兩項經過深思熟慮的具體建議：對於「海防全政大臣」，清廷雖然於光緒十一年九月五日（一八八五年十月十二日）在北京設立了海軍事務衙門，以實際總管軍機處的醇親王奕譞總理海軍事務，節制調遣所有沿海的水師，以北洋大臣直隸總督李鴻章與慶郡王奕劻為會辦，而以甫自歐洲奉使歸來的曾紀澤與漢軍都統善慶為幫辦，[157]可說完全失去左宗棠原議建置海軍軍令、軍政統一的「海防大臣」的基本精神。與此同時（光緒十年九月五日），清廷也改置台灣為行省，以原任福建巡撫劉銘傳為首任台灣巡撫。[158]這時已是左宗棠死後的第三十七天了。

五、左宗棠死後的晚清政局（一八八五～一八九四）

台灣道劉璈被福建（台灣）巡撫劉銘傳三次奏劾之案，經過刑部尚書錫珍與江蘇巡撫衛榮光的查辦，證明劉璈被劾的十八款罪狀中只有兩款即第七款的「包營」（每營有公費空額與夫價空額）和第十四款的浮報船價、口糧，確有納賄貪私的事實，可以成立，但衛榮光對劉璈之案的公正判詞，清廷並未接受。[159]因此，劉璈被判斬監候，須償還公款二萬六千兩，將家產充公，尚不足賠償額。後因浙江台州府紳民（劉璈曾任台州府知府，有政聲）為他交清應償公款，始罪減一等，發往黑龍江將軍處效力。[160]湘、淮軍在台灣的權力性與意氣性的衝突，淮軍大為得手，湘軍則屈居下風了。

中法戰爭後之淮勝於湘，與淮軍魁首李鴻章以北洋大臣、直隸總督的地位與權勢之大為增加有關。李鴻章表面上雖然憂讒畏譏，不多作主張，實際上他在幕後運用種種納賄徇私的手段，藉把持外交權而操持政局；他不只長期獨自一手把持著淮軍武力以為自己尊榮爵位的基本憑藉，又由於一八八八年後中國開始建立海軍，他一手經理的新購自英、德的鐵甲艦（定遠、鎮遠）、新式巡洋艦（致遠、靖遠、經遠、來遠、濟遠）和魚雷艇等都陸續駛回中國，實力大增而擴展其控制力於新海軍；至一八八八年九月，北洋艦隊乃正式成軍，擁有包括鐵甲艦等大小艦艇四十一艘的雄厚實力。[161]新海軍名義上雖為海軍衙門總理大臣醇親王奕譞所統轄，實際則為李鴻章以會辦大臣的名義而總攬一切軍令、軍政之大權。而在迅速擴充的新海軍中，李氏自始即完全排斥過去湘軍水師系統的人員，而重用新學堂出身的「學生」。[162]同時期內，李氏總管下的洋務事業，則大為擴充（當然從中、日現代化事業比較發展的觀點而言，其「擴充」實在是非常明顯的緩慢而不足），除原即直接、間接為李氏所控制的天津機器局、江南製造局、金陵機器局等軍火業與輪船招商局、電報局、織布局、開平煤礦、唐（山）胥（各莊）鐵路等之外，他又在積極籌築（天）津（大）沽鐵路與開平至山海關的關內鐵路與津通（州）鐵路及開辦其他礦廠等。[163]而在同時期內，湘軍在魁首左宗棠死後卻呈萎縮狀況，缺乏在氣魄與能力上有與李鴻章之機謀權變、果敢、精明相頡頏的人物。兩江總督曾國荃在中法戰後之初，雖然也曾奏請以安徽、江西、湖南、湖北、四川五省每年各出一百萬兩，以五年為期，大擴海軍，先購鐵甲艦兩艘、快船五艘、魚雷船十艘，[164]但其後海軍衙門成立後對於曾氏的建議，似乎並無積極反應；而曾氏在擔任兩江總督的後期，對於新式海軍似乎也無真正的興趣，他反對在長江內河水師中改用輪船，認為「內河航行舢板優於輪船」；[165]且因患足病，多臥閣無為，行政不尚苛細而「兼用黃老，務清靜化民」，「晚尤純乎仁愛」。[166]另一湘軍巨頭彭玉麟則任官兵部尚書，但屢奏請休，拒往北京就職，只擔任巡閱長江如故，類似半退休。[167]另一湘軍巨頭前陝甘總督楊岳斌則在中法戰爭之後自台灣防地直接返回湖南家居，不問國事。[168]湘軍名宿閩浙總督楊昌濬生性與人和洽，故與劉銘傳閩、台相處尚好。[169]湘軍集團只是消極地保守住兩江總督（左、曾國荃）與陝甘總督（楊昌濬／譚鍾麟／楊昌濬）兩塊地盤而已。即使是這樣，仍然引起李鴻章的不滿，發牢騷說：「左宗棠、曾國荃兩政十載（兩江總督），湘楚舊部視為家鄉，而隨宗棠者尤多且眾」。[170] 光緒十六年閏二月至十月（一八九〇年四月～一八九〇年十一月），曾紀澤、彭玉麟、楊岳斌、曾國荃相繼去世，前兩江總督湘軍碩果僅存的第四流「姜維型」領袖劉坤一雖得復起再任兩江總督，算是維持了淮、湘集團的平衡，但他原有的湘、淮意氣，已大部消磨淨盡，改而採取與李鴻章及湖廣總督張之洞密切合作的態度，失去了互相牽制的作用。[171] 劉坤一甚至於光緒二十年正月，專奏薦舉李鴻章之子江蘇候補道李經楚，「器宇清華，志趣遠大」，「歷試以事，著有成效，洵為有用之才」。[172]

李鴻章在一八八五～一八九四年的十年期間，為了上結慈禧的歡心，保守官位，不惜採用種種手段納賄固寵，甚至結內援，向太監李蓮英納賄。[173] 由於慈禧在中法戰爭簽訂和約的十二天之後（五月九日，即西曆一八八五年六月二十一日），即迫不及待地旨命勘修三海（中、北、南）工程以為個人安享頤樂之所；同日，卻又冠冕堂皇地旨命李鴻章、左宗棠、彭玉麟、曾國荃等籌議大治水師，增擴機器局廠；而此後建立的北洋新海軍雖名義上由海軍衙門醇親王奕譞所總理，但實際上則由李鴻章以會辦大臣的身分一手所控制。醇親王為了討好慈禧，乃與李鴻章相勾結，以海軍用款支付三海園工之費：如光緒十二年五月二十四日（一八八六年六月二十五日），李鴻章即致函海署，明確同意自船款內暫解三十萬兩交內廷承修三海工程；[174] 同年，慈禧命醇親王著粵海關監督海緒向上海匯豐銀行借款一百萬兩；[175] 另同年十一月十八日，醇親王為預籌南海工程之費，擬用創辦京師水師學堂的名義，商借七十萬兩或八十萬兩；李鴻章則覆函請試商借洋款，以北洋需款為名，並答應於明春開河後必可籌妥。這大約就是稍後向德國銀行所借貸的五百萬馬克（合中國銀九十六萬餘兩）。[176]等此款用完，慈禧又命醇親王以光緒大婚名義籌款四百萬兩，其實光緒帝根本尚未立后。[177]光緒十四年十一月十四日（一八八八年十二月十六日），李鴻章致函醇親王說：萬壽山之工費，南方各省可集足二百萬兩；實際至是年十二月十八日（一八八九年一月十九日），只李鴻章（直督）、曾國荃（江督）、張之洞（湖廣總督）所籌撥的頤和園工程銀即達二百八十萬兩。[178]此類大浪費，使最愛惜羽毛、為國憂傷的大學士、前軍機大臣，前户部尚書閻敬銘於會晤户部尚書翁同龢談及此事時，為之涕淚橫流。[179]海軍預算款之不足，慈禧與醇親王又轉而撥用預定修鐵路的專款；所以，光緒十五年十月八日（一八八九年十月三十一日），因興築太和殿、祈年殿之工需巨款，一方面決定延期修築蘆漢路，一方面卻答允海軍衙門的奏請，旨命户部歲撥二百萬兩開辦鐵路[180]——其實此每年二百萬兩之修鐵路款，即可能係用於園工。到底頤和園工程挪用了多少海軍款（一般學者尚未提到鐵路款的挪用）池仲祐撰《海軍大事記》估計為二千萬兩；蕭一山則稱數在二千萬兩或三千萬兩。海軍衙門雖然在光緒十四年十一月十五日（一八八八年十二月十七日）促成了北洋艦隊的編組完成，但北洋艦隊此後卻未多增一船一砲，[181]甚至鐵甲艦所需的砲彈，都無力付款購買。[182]

清廷中樞在慈禧的自私享受、愛慕虛榮與無知任性的性格籠罩下，在一八八四年四月後又有醇親王為她代理看守朝政，整個中國的政治、經濟與社會的情況，都呈現無何真正振作的景況。醇親王係恭親王之弟，為光緒皇帝的親生父，個性憨直而有些魯莽（所謂「果斷自負」），而「柔闇易欺」，「剛而不愎」，較之恭親王在才品與能力上更差一籌。[183]他又身為慈禧的親妹之婿，一向奉慈禧之命惟謹；加之他身為光緒皇帝之父，在慈禧的淫威下，更是小心謹慎，遇事退讓。[184]他為討好慈禧，滿足慈禧宴遊享樂的慾望，乃出面邀請李鴻章合作安排，以海軍建軍專款與海軍報效及籌修鐵路等名義，撥集巨款修築頤和園，以固寵希榮而不顧國家的命運。[185]醇親王所幕後領導的軍機處諸大臣，也品質低劣，無論在才識、經驗、資望等方面，均不能與恭親王總管時期諸大臣相比，貪鄙則尤過之，在風格與認識時局的遠見上，都日趨下流。[186]如名義上擔任軍機處領班的禮親王世鐸、軍機大臣額勒和布（大學士）、張之萬等均為謹飭無能混瞶伴食之輩，軍機大臣閻敬銘（户部尚書）任職不久，即被放歸，軍機中樞大權乃落於孫毓汶（工部侍郎，後升尚書）之手（另一軍機大臣許庚身雖頗執樞要，惟權力較小）。[187]孫毓汶就是醇親王與軍機處之間的消息傳遞者，也是醇親王用以控制朝政的工具，像慈禧之利用醇親王控制朝政一樣。

孫毓汶出倭仁門下，山東濟寧人，為咸豐六年榜眼，初任福建、安徽學政，皆負清望，惟後以南書房而兼軍機，則作風大異，而頗與太監相結納，能夠早探知一些慈禧的意旨。[188]孫毓汶雖然權奇多智饒於謀略，但生性陰沈深阻，挨岸難測，善以一、二語含沙射人。[189]在他的操縱下，首先作肅清異己的工作。因新任軍機大臣中只有户部尚書閻敬銘略有風骨，遇事不肯隨聲附和，孫乃嗾其門人之任台諫者劾之，閻被放歸致仕。對於耿介名流、雅負時望、敢於批評時事、彈劾當道的清流人士，孫毓汶則驅之於應付中法戰爭的實際事務，如通政使吳大澂則任之為會辦北洋事宜、內閣學士陳寶琛為會辦南洋事宜、侍講張佩綸為會辦福建海疆事宜，陽示人以為國用人，實際則將他們趕鴨子上架，「陰納諸罟擭陷阱之中，莫之辭」。[191]對於那些忠於職守、敢於彈劾權貴的滿、漢御史中的佼佼者，孫毓汶則用陰險而卑劣的手段對付之，如趙爾巽為滿人中之翹楚，則外放之於貴州石阡府知府，該地為著名瘠苦之地，且趙過去曾參劾過之貴州巡撫史繩祖，又適為其頂頭上司，為借刀殺人之計。滿人文碩，亦鐵中錚錚者，乃外授之駐藏辦事；因適值中英緬甸條約十年期滿，英人正力求印藏通商事，由其獨力應付。最後乃藉其擅行密疏都察院之事，而予褫職處分。[192]著名御史鄧承修則派往勘定桂越邊界事宜，艱苦而又不討好；編修梁鼎芬因彈劾李鴻章，名御史朱一新因上疏諫停園工，稱述慈禧的過失，語尤激切，皆被革職。兵部侍郎黃體芳也因參劾李鴻章而降級調用；王仁堪因奏摺中牽涉醇親王而被外放知府；屠仁守以時局孔殷，密摺封奏，奉旨責其荒謬，罷御史職，下部議，原摺擲回。[193]都是一些箝制輿論、打擊善類的手段。在這樣的一番「肅清」、「消音」、粉飾太平之後，慈禧入駐了花費巨款築成的頤和園，她雖然大權仍然牢牢握在手中，但聽政卻漸漸懈怠了。每次召見軍機大臣，所談常常只有兩刻鐘，即令退出。[194]而總管太監李蓮英的權勢則大增，李甚至奉派於一八八六年隨同醇親王巡視海軍[195]——這絕對是不合清室祖制的「亂政」之舉。

在孫毓汶等的控制下，行政吏治則以例案為準繩，胥吏大權在握，而京朝官則緘默廢惰。在任命督撫臬等方面大員時專講資格，故吏治日壞，所登用的人才更少。[196]清廷中樞每簡派海關道、織造等官職，據說均有價目，視缺額之優劣，為納賄之多少；皆由太監傳遞消息，而由北京城內之木廠或某數綢緞古董商人居間過付，甚至據說慈禧本人也收納賄賂。[197]如登萊青道盛宣懷為李鴻章手下的紅人，升授天津海關道，即餽賂孫毓汶三萬兩為籌，且乞為門弟子。[198]曾任寧夏將軍的穆圖善被簡任為福州將軍，據說即曾納賄七十萬兩；另一滿人希元繼任，賄費亦五十萬兩，甚至約明任期三年。各省每三年的鄉試簡派試差，也須納賄始可，朱善祥被簡四川學政，據說即用費二萬兩，係由恆裕金店經手。[199]

在這樣忠鯁者退、奸邪者進的情況下，一八八五～一八九四年的十年期間，整個中國的吏治一天天敗壞下去，紀綱一天天廢弛下來，海陸軍一天天腐化下去，國家上下絕無若何總目標的奮鬥努力，而在慈禧陰影的最高統治與醇親王的間接總制之下，各自強建設事業在初期所表現的一股銳進之氣，已大部消失，已成之諸自強礦廠則在精神與具體的業績上，甚至都有退無進。[200]雖然也有一些要興築鐵路與開辦新式礦場的呼聲，但大都是擬議者多而實際付之於實行者少。[201]一八九〇年醇親王雖然去世，但孫毓汶主政的局面和整個清廷腐化顢頇的大勢，並無何改變。清廷在政治權力上雖然極度集權，全國也並無嚴重的變亂發生，但在朝掌權者並無人能高矚遠瞻、放眼世界、運用此一權力於自強運動的賡續努力與長期發展的國家富強的目標上。在野者如何啟、胡禮垣、鄭觀應、王韜等雖然也想倡導商戰競爭，也想輸入一些憲政民主的思想觀念，[202]但他們的這些擬議是難於受到執政者的重視。

在地方督撫階層中，直隸總督李鴻章自然是同儕中的魁首，特別在舉辦諸自強新事業上為然。湖廣總督張之洞雖然也想在這方面多做些事業，如自一八八九年（光緒十五年）之後在湖北之大規模勘查礦產，次年十月後之修築大冶運礦鐵道，一八九三年（光緒十九年）大冶鐵礦開始生產鐵砂與石灰；一八九〇年籌設漢陽鐵廠，陸續建成了槍砲廠（一八九一）、鐵軌廠（一八九三）、機器廠（一八九三）與鑄鐵、打鐵、鉤釘等廠（一八九三），但張氏極力主張的修築盧漢鐵路，在甲午戰爭之前，卻是擬議多而全無真正的實績。[203]李鴻章在一八八五～一八九四年期間對自強建設事業的基本態度，是以保持個人權位與敷衍目前為主，所用的手段則是「柔術」，「得尺則尺，得寸則寸」。[204]梁啟超在論述李鴻章與清廷的關係與處境說：

> 「身處危疑，事叢責備，力分勢掣，財匱兵驕，局外清議，不切事理，致屢遭傾擠，而其最受攻擊之外交政策，則狡猾險狠之俄、日困之也」。[205]

李鴻章最大的錯失，是在他所處艱困腐化的朝局中，他也是其中重要的一環。而在他自己全權主管統制的範疇內，無論是淮軍、海軍或各機器局廠的統御與行政上，都顯露出精神敗壞、腐化不堪（軍營中吃空名、貽誤要需、任用非人等情況，所在多有）；206這些都是李鴻章所統轄的海陸軍在一八九四～一八九五年中日甲午戰爭中一敗塗地的一些因素（當然中國在甲午戰爭中戰敗的原因，還有其他更廣泛的內外因素）。207這種京朝內外疲憊鬆懈的情況，可惜舉朝內外已無像左宗棠這樣勳名卓著、忠鯁直爽、足智多謀而又勇於任事的重臣人物了。否則，以左氏一向治軍為政的強悍作風，必定會在這方面有所建言或提供一些改進性的作為的。

注釋

1 羅正鈞，《左宗棠年譜》（長沙：岳麓書社重印，一九八三），頁八四〇；雷祿慶，《李鴻章年譜》（台北：台灣商務印書館，民國六十六年一九七七），頁一二九、一三九；魏秀梅編，《清季職官表附人物錄》（台北：中央研究院近代史研究所史料叢刊五，民國六十六年一九七七），上册，頁三～九。

2 魏秀梅編，前書，上册，頁五〇～五一。

3 參閱拙文，〈論清季自強運動的失敗與清廷中心領導層的關聯〉，見中央研究院近代史研究所編，《清季自強運動研討會論文集》，（台北：中央研究院近代史研究所，民國七十七年一九八八），下册，頁八四五～八六九；John K. Fairbank, Edwin O. Reischauer, Albert M. Craig, *East Asia: The Modern Transformation* (Boston: Houghton, Mifflin Co., 1965), pp. 255-266；藤原彰，《日本軍事史》（東京：日本評論社，一九八七），上卷，頁六八～八五。

4 盧鳳閣，《左文襄公征西史略》（台北：文海出版社翻印），頁一八六～一八七。

5 朱孔彰，《中興將帥別傳》（台北：文海出版社重印，重印年未詳），第五卷，頁四、一〇。

6 秦翰才輯，《左宗棠逸事匯編》（長沙：岳麓書社，一九八六），頁二四三；沃丘仲子（費行簡），《慈禧傳信錄》（上海：崇文書局，民國七年一九一八），卷中，頁五一。武英殿大學士軍機大臣寶鋆於左宗棠初抵北京時贈左氏詩云：「七十年華熊豹姿，侯封定遠漢官儀，盈胄灝氣吞雲夢，蓋代盛名鎮月氏，司馬卧龍應合傳，湘江衡兵共爭奇，紫薇花省欣映袂，領取英謀絕妙姿。」（見劉鳳翰、李宗侗，《李鴻藻先生年譜》（台北：中國學術著作獎助委員會，民國五十九年一九七〇年），頁三二六。

7 參閱費行簡，《慈禧傳信錄》，卷上，頁二五；劉厚生，《張謇傳記》（香港：龍門書店翻印，一九六五），頁一二～一三；費行簡，《近代名人小傳》（台北：文海出版社翻印），頁七〇～七一。

8 劉厚生，《張謇傳記》，頁一二九；費行簡，《近代名人小傳》，頁七一；另參閱拙文，〈論清季自強運動的失敗與清廷中心領導層的關聯〉，頁八六〇。

9 梁伯華，《中國外交的巨變——外交制度與中外關係變化的研究》（香港：商務印書館，一九九〇），頁八五～八九；Edwin Pak-wah Leung, "The Quasi-war in East Asia: Japanese Expeditions to Taiwan and the Ryukyu Controversy," in *Modern Asian Studies*, 17: 2 (1983), pp. 279-280。

10 參閱拙文，頁八六〇～八六一；李國祁，《中國早期的鐵路經營》（台北：中央研究院近代史研究所，民國五十年一九六一），頁三七～八一。光緒三年（一八七七）六月一日李鴻章復郭嵩燾函云：「自同治十三年海防議起，鴻章即瀝陳煤鐵礦必須開挖，電線、鐵路必須仿設，各海口應添洋學格致書館，以造就人才。其時文相（祥）目笑存之，廷臣會議不置可否，王孝鳳（太常寺卿王家璧）、于蓮舫（通政使于凌辰）獨痛詆之，認為用夷變夏，有禍國之虞，且斥習洋學者為無恥。曾記是年冬底叩謁梓宮，謁晤恭邸，極陳鐵路利益，請先試造清江至京，以便南北轉輸；邸意亦以為然，謂無人敢主持。復請其乘間為兩宮言之，渠謂兩宮亦不能定此大計。從此遂絕口不談矣」。《李文忠公全集》，金陵刻本翻印，光緒三十一年，〈朋僚函稿〉，第十七卷，頁一二～一五。

11 劉鳳翰、李宗侗，《李鴻藻先生年譜》，頁三一〇。

12 Lloyd E. Eastman, "Political Reformism in China before the Sino-Japanese War", in *Journal of Asian Studies*, 27: 4 (Aug. 1968), pp. 695-710。另參閱《李鴻藻先生年譜》，頁三五六～三六六、三六九、四一六。

13 李恩涵，〈同治年間陝甘回民事變中的主要戰役〉，見《中央研究院近代史研究所集刊》，第七期（民國六十七年六月一九七八），頁一〇五～一〇六、一一三～一二四；〈左宗棠的經世思想〉，見同《集刊》，第十二期（民國七十二年六月，一九八三），頁一～二，六～八。

14 左宗棠，《左文襄公全集》（光緒十六年刻本，此後簡稱《左全集》），〈奏稿〉，第五十八卷，頁三九。

15 同上書，〈奏稿〉，第五十八卷，頁一一～一三。

16 同上書，〈奏稿〉，第五十八卷，頁二六；〈書牘〉，第二十五卷，頁四一。

17 同上書，〈奏稿〉，第五十八卷，頁二〇；〈書牘〉，第二十五卷，頁二七；雷祿慶，《李鴻章年譜》，頁二九三。

18 翁同龢，《翁文恭公日記》，（台北：國風出版社影印，民國五十三年一九六四），光緒六年五月二十三日條；許同莘，《張文襄公年譜》，第一卷（見秦翰才輯，《左宗棠逸事匯編》，長沙：岳麓書社，一九八六，頁一七三）。

19 《左全集》，〈書牘〉，第二十五卷，頁三七。

20 許同莘，《張文襄公年譜》（上海：商務印書館，民國三十六年一九四七），第一卷。

21 劉聲木，《異辭錄》，第二卷（見秦翰才輯，《左宗棠逸事匯編》，頁一三八）。

22 羅正鈞，《左宗棠年譜》，頁三八九～三九〇。

23 同上書，頁三九〇。

24 《左集》，〈奏稿〉，第五十八卷，頁一五；王彥威、王亮輯，《清季外交史料》（民國二十一年排印），第三十一卷，頁一～二；《李文忠公全集》，〈譯署函稿〉，第十二卷，頁三三。

25 《左全集》，〈奏稿〉，第五十八卷，頁一五。

26 同書，〈奏稿〉，第五十八卷，頁三二。

27 《李文忠公全集》，〈譯署函稿〉，第十二卷，頁二三～二四；曾紀澤，《曾惠敏公遺集》（上海：掃葉山房石印本，民國二十一年一九三二），〈奏疏〉，第五卷，頁八～一一。此後鴉片稅釐併徵問題，由李鴻章與威妥瑪在天津繼續談判：李堅持一百一十兩之數，威則先主九十兩，後則想將問題擴大化，要求將進口的各種洋貨一律加稅免釐，才答應將進口鴉片稅釐併繳，每箱繳一百兩。問題乃一直拖延下去，無法解決。一直到一八八四年冬，在駐英公使曾紀澤的交涉下，英外部才答應稅釐併繳每箱一百零五兩。但曾氏仍不滿意，乃再接再勵與英廷直接交涉，至一八八五年二月，英才允許增至一百一十兩，與中國的預計額相符。這也是曾紀澤在外交上的一項小成就（見李恩涵，《曾紀澤的外交》，台北：中央研究院近代史研究所，民國五十五年一九六六，頁二五二～二五五）。

28 柴小梵，《梵天廬叢錄》，第五卷（見秦翰才輯，《左宗棠逸事匯編》，頁二〇四）。

29 同上註；另參閱費行簡，《慈禧傳信錄》，卷上，頁二五、三八～三九。

30 參閱費行簡，《慈禧傳信錄》，卷中，頁五一；柴萼（小梵），《梵天廬叢錄㈠》（見朱傳譽輯（柏克萊加州大學東亞圖書館藏），《左宗棠傳記資料》，台北：朱氏自印，第四冊，頁一六二～一六三）。

31《左宗棠逸事匯編》，頁七五，引《國聞周報》，第九卷，第三十一期。

32同上書，頁七四引《翁文恭公日記》，光緒七年三月十九日條。寶鋆字鋭卿，號佩蘅，滿洲鑲白旗人，道光十八年進士。咸豐十一年十月，入值軍機處兼總署大臣；同治元年二月，為戶部尚書；十三年三月，為協辦大學士，是年十月，為體仁閣大學士；光緒三年二月，為武英殿大學士。人尚縝密，而頗收賄賂（參閱魏秀梅，《清季職官表附人物錄》，〈附人物錄〉，頁一一；劉鳳翰、李宗侗，《李鴻藻先生年譜》，頁九七；沃丘仲子（費行簡），《慈禧傳信錄》，卷中，頁三五～三六）。

33《左宗棠傳記資料》，第五冊，頁一一，引《梵天廬叢錄》。

34 W. L. Bales, *Tso Tsung-tang: Soldier and Statesman of Old China* (Shanghai: Kelly & Walsh, 1937), pp. 394-395.；另參閱濮蘭德、白克好司著，陳冷汰、陳貽先譯，《清室外記》（台北：文海出版社翻印），頁一六八。夏敬觀《窈窕釋迦室隨筆》（見秦翰才輯，《左宗棠逸事匯編》，頁二四三）。

35朱傳譽輯，《左宗棠傳記資料》，第四冊，頁一六二～一六三引費行簡，《慈禧傳信錄》。

36參閱費行簡，《近代名人小傳》，頁七一。

37《李鴻藻先生年譜》，頁三五。

38郭嵩燾，〈郭嵩燾日記〉（見秦翰才輯，《左宗棠逸事匯編》，頁三三三，三三四）；陳衍，《石遺室詩話》中有「冢婦篇」之詩，即係影射左宗棠之作。陳氏認左氏「以一書生躋位卿相，處疑忌之地，故有門祚寒素，什伯親疏各云云，疏逖涕流，小姑諸婦各云云；恐志不伸，故終被排擠，不能久安其位」（見《左宗棠逸事匯編》，頁一三〇）。

39《李鴻藻先生年譜》，頁三五九。

40《左宗棠逸事匯編》，頁七七。

41徐凌霄，〈凌霄漢閣筆記〉，《國聞周報》，第九卷，第三十四期（引見《左宗棠逸事匯編》，頁七八）。

42同上註。

43震鈞，《天咫偶聞》，第一卷（引見《左宗棠逸聞匯編》，頁一〇六～一〇七）。

44《翁文恭公日記》，光緒七年六月十三日條；李慈銘撰、吳語亭編註，《越縵堂國事日記》（台北：文海出版社，出版年不詳），頁二五〇九。

45劉廣京，〈晚清督撫權力問題商榷〉，見《清華學報》（台北），新第十卷，第二期（民國六十三年七月），頁一九九；另參閱劉聲木，《異辭錄》，第二卷（引見《左宗棠逸聞匯編》，頁一三八）。

46 參閱劉廣京，前文，頁一九九。

47 參閱《慈禧傳信錄》，卷中，頁一；費行簡，《近代名人小傳》，頁七一；中國政協文史資料研究委員會編，《晚清宮廷生活見聞》（北京：文史資料出版社，一九八二），頁二〇八；另參閱劉厚生，《張謇傳記》（香港：龍門書店翻印，一九六五），頁五。李鴻章好以賄賂分餽清廷內外各權貴，早在同治七年（一八六八）平西捻後，李於是年八月入覲，在北京逗留約一個月，與各權貴往還，即有分送友好十萬兩之說（見雷祿慶編，《李鴻章年譜》，台北：台灣商務印書館，民國六十六年一九七七，頁一八一）。此後更經常以牛莊等海關羨餘，餽贈在廷諸要人，恭親王奕訢獨取巨萬，而醇親王則不染指（見《慈禧傳信錄》卷中，頁一）。

48 羅正鈞《左宗棠年譜》，頁三九二。

49 王玉棠，《劉坤一評傳》（廣州：暨南大學，一九九〇），頁五八。

50 同書，頁八二。

51 同上註。

52 同上註。

53 劉坤一，《劉坤一遺集》（北京：中華書局，一九五八），頁六〇六。

54 同上註。

55 同上書，頁六二二，六二三，六二四。

56 雷祿慶，《李鴻章年譜》，頁二八七。

57 《越縵堂國事日記》，頁二五〇八；王玉棠，《劉坤一評傳》，頁八五～八六。

58 《左文襄公全集》，〈書牘〉，第二十五卷，頁六〇。

59 羅正鈞，《左宗棠年譜》，頁三九四；《左文襄公全集》，〈說帖〉，頁六～七。

60 《左宗棠年譜》，頁三九四。

61 《左全集》，〈書牘〉，第二十六卷，頁三一；《李文忠公全集》（此後簡稱《李全書》），〈朋僚函稿〉，第二十四卷，頁三。

62 《左全集》，〈書牘〉，第二十五卷，頁六〇。

63 《左全集》，〈奏稿〉，第五十九卷，頁八六～八七；《越縵堂國事日記》，頁二五二五。

64 同上註。

65 《李全集》，〈朋僚函稿〉，第二十三卷，頁二〇。

66 參閱李恩涵，〈同治、光緒年間（一八七〇～一八八五）湘、淮軍間的衝突與合作〉，見《中央研究院近代史研究所集刊》，第九期（民國六十九年，一九八〇年七月），頁三三七、三四五。

67《左全集》，〈奏稿〉，第五十九卷，頁八一。

68同前書，〈奏稿〉，第六十卷，頁三〇。

69 Stanley Spector, *Li Hung-Chang and the Hui Army* (Seattle: University of Washington Press, 1964), pp. 166, 182, 210.

70《左全集》，〈奏稿〉，第六十四卷，頁二七；〈文集〉，〈時務說帖〉，頁六～七；曾國荃，《曾忠襄公奏議》（台北：文海出版社翻印），第二十五卷，頁二五。

71楊東梁，《左宗棠評傳》（長沙：湖南人民出版社，一九八五），頁三〇一，三〇二。

72同上書，頁三〇二。

73《申報》，光緒八年四月二十四日，〈侯相赴淞〉（引見《左宗棠逸事匯編》，頁二六六～二六七）；楊公道，《左宗棠軼事》，〈外人之畏服〉（見《左宗棠逸事匯編》，頁一七七～一七八）。

74《左全集》，〈奏稿〉，第六十卷，頁三七～三八。

75《左全集》，〈文集〉，〈時務說帖〉，頁六～七；《曾忠襄公奏議》，第二十一卷，頁四二。

76同上註。

77《左書牘》，第二十六卷，頁四四。

78同上書，第二十六卷，頁三二，三四。

79楊東梁，前書，頁三〇六，三〇七。

80同上書，頁三〇七。

81 W. L. Bales, *Tso Tsung-tang: Soldier and Statesman*, Chapt. 14.；《曾忠襄公奏議》，第二十二卷，頁一。

82《曾忠襄公奏議》，第二十二卷，頁四。

83參閱李恩涵，〈同治、光緒年間（一八七〇～一八八五）湘淮軍間的衝突與合作〉，頁三三七；魏秀梅編，《清季職官表附人物錄》，上冊，頁五三三。

84《左宗棠傳記資料》，第二冊，錄阮文達，〈左宗棠與財神胡光墉〉，見《春秋》，第一卷，第四期，頁二二。

85《越縵堂國事日記》，頁三〇五二～三〇五三。

86郭廷以，《近代中國史綱》（香港：香港中文大學，一九七九）頁一八一。

87 John Stanley, *Late Ch'ing Finance: Hu Kuang-ying as an Innovator* (Cambridge, Mass.: East Asia Research Center, Harvard University, 1961), pp. 63-64.

88阮文達，前文，頁二二～二三；John Stanley, *Late Ch'ing Finance*, p. 37；《越縵堂國事日記》，頁三〇五二～三〇五三。

89阮文達，前文（見《左宗棠傳記資料》，第二冊，頁一八六）；*Late Ch'ing Finance*, pp. 40-43。

90同上註。

91易大軍，〈左宗棠與胡雪巖〉，見《春秋》，第十一卷，第四期（見《左宗棠傳記資料》，第四冊，頁一八六）。

92 阮文達，前文（見《左宗棠傳記資料》，第二冊，頁二四）。惟左宗棠為胡光墉辯護的奏稿，《左氏全集》中並未採入，不知阮氏何所引據。

93 引文見阮文達，前文（見《左宗棠傳記資料》，第二冊，頁二四），惟《左氏全集》中之〈書牘〉部分，亦未採入此函，不知阮氏何所引據。

94 見阮文達，前文（見《左宗棠傳記資料》，第二冊，頁一九〇）；此咨文亦未收入《曾忠襄公書牘》之中，不知阮氏何所引據。

95 同上註。

96 魏秀梅編，前書，上冊，頁五一。

97 參閱邵循正，《中法越南關係始末》（北平：清華大學，民國二十四年一九三五），頁一〇五～一一三；Lloyd E. Eastman, *Throne and Mandarins: China's Search for a Policy during the Sino-French Controversy, 1880-1885* (Cambridge, Mass.: Harvard Univ. Press, 1967), pp. 96-102。另參閱陳三井，《近代中法關係史論》（台北：三民書局，民國八十三年一九九四），頁五一～六三。

98 參閱李恩涵，〈同治光緒年間（一八七〇～一八八五）湘、淮軍間的衝突與合作〉，頁三三七。

99 李岳瑞，《春冰室野集》（見邵循正等編，《中法戰爭》，第三冊，上海：中國史學會，一九五五，頁三三八）。

100 劉名譽輯，《越事備集》，王德榜致左相書（見《中法戰爭》，第三冊，頁一〇八）。

101 參閱《中法戰爭》，第三冊，頁一一〇、三一五、三三五。

102 同書，第三冊，頁三七一。

103 郭廷以，《近代中國史事日誌》（台北：台灣商務印書館，民國五十二年一九六三），第一冊，頁七二九～七三〇。

104 《中法戰爭》，第五冊，頁三七〇；郭廷以，前書，頁七三一。

105 郭廷以，前書，頁七三一。

106 竇宗一，《李鴻章年譜》（香港：友聯出版社，一九六八），頁五六。

107 郭廷以，前書，頁七三二，引上諭語；楊東梁，《左宗棠評傳》，頁三一五，稱慈禧支持李鴻章謀和。

108 《曾忠襄公奏議》，第二十二卷，頁一。

109 同書，第二十二卷，頁一三；楊東梁，前書，頁三一〇；《越縵堂國事日記》，第六冊，頁三一四七。

110 《越縵堂國事日記》，第六冊，頁三一四七；《翁文恭公日記》，光緒十年閏五月十三日條（見《左宗棠逸事匯編》，頁七七）。

111《左全集》，〈奏稿〉，第六十三卷，頁六～七。

112參閱魏秀梅編，《清季職官表附人物錄》，頁五三三。

113《左宗棠逸事匯編》，頁七八。

114同上註。

115同上書，頁七七，錄《翁文恭公日記》，光緒十年七月十一日條。

116參閱李恩涵，〈同治、光緒年間（一八七〇～一八八五）湘、淮軍間的衝突與合作〉，頁三三九。

117《左全集》，〈文集〉，〈時務說帖〉。

118楊東梁，《左宗棠評傳》，頁三一〇，三一一；李恩涵，前文，頁三四二。當時任天津海關道的盛宣懷甚至電請他素所巴結的同鄉翁同龢，請設法派遣左宗棠去吉林，以防備俄人之進侵朝鮮與吉林，其匪夷所思式、陷害左氏的用心，與清廷軍機處令高年的左氏往返南北陸路長途跋涉兩次的用心之險惡，同樣可惡——這也是當時軍機處（孫毓汶實際主政）對付異己者「請君入甕」政策的一部分（《翁文恭公日記》，光緒十年七月二十日條，見《左宗棠逸事匯編》，頁七七）。

119楊東梁，前書，頁三一一，三一二。

120同上書，頁三一一。

121李恩涵，前文，頁三三九，三四五。

122同上文，頁三四二。

123歐陽利見，《金雞談薈》，〈王允卿來函〉（見《中法戰爭》，第三冊，頁二四二）。

124李恩涵，前文，頁三四一～三四四。另一湘、淮軍衝突嚴重的地區，為在桂越邊境的前線。當時負作戰總責的，為淮軍大將廣西巡撫潘鼎新，而協同輔助作戰的則為湘軍老將、前福建布政使王德榜。潘一向是淮軍意氣最盛、敵視湘軍份子最明顯的一人，而王也是性情剛愎、自負湘中老將（隨左宗棠征戰浙、閩、粵及西北各省）、自視甚高而鄙視淮軍的難處型人物。所以，自兩人同處之初，互相衝突之處即多，而各不相讓，互為改訐。光緒十年十二月，法軍大舉進攻諒山。當時中國防軍在諒山附近者，有淮軍、湘軍、桂軍、滇軍等達二萬五千人至三萬人之眾。但戰鬭一開始，潘鼎新直轄的淮軍，即先潰退，潘氏本人也聞砲棄諒山北逃，先退至憑祥，後更北退至龍州。當戰鬭緊急時，王德榜因潘鼎新處事不公，曾數次不理潘氏的調令，而潘氏也明顯地偏袒自己的淮軍，各軍統將不服，對淮軍蘇元春部在諒山附近的谷松之役遭受挫敗時，皆坐視不救。潘鼎新因奏劾王德榜「催援不至」的罪名；王氏也藉其他有效途徑揭發潘氏虛報戰績，偏袒自己的嫡系軍隊等事實。清廷因將潘、王兩人皆予革職處分（見李恩涵，〈同治、光緒年間（一八七〇～一八八五）湘、淮軍間的衝突與合作〉，頁三三九～三四〇）

125 王爾敏《淮軍志》（台北：中央研究院近代史研究所，民國五十六年一九六七），頁一八四、二一七、二三七；William M. Speidel, "The administrative and fiscal reforms of Liu Ming-chuan, 1884-1891: Foundation for Self-strengthening", *Journal for Asian Studies*, vol 35, no. 3 (May 1976), p. 447；許雪姬，〈二劉之爭與晚清台灣政局〉，見《中央研究院近代史研究所集刊》，第十四期（民國七十四年一九八五），頁一四七、一六〇。

126 李恩涵，前文，頁三四一、三四三；許雪姬，前文，頁一五一～一五二。有關劉璈與左宗棠親密的僚屬關係，參閱羅正鈞，《左宗棠年譜》，頁三八八～三八九。

127 同上註。

128 李恩涵，前文，頁三四一。

129 聶崇岐編，《捻軍資料別集》（北京：人民出版社，一九五八），頁二二三～二二四；《左全集》，〈家書〉，下卷，頁九；〈書牘〉，第十八卷，頁一二，一三。

130 王爾敏、李恩涵、呂實強編，《中法越南交涉檔》（台北：中央研究院近代史研究所，民國五十一年一九六二），頁二六九八。

131 《左全集》，〈奏稿〉，第六十四卷，頁四。

132 同上書，第六十四卷，頁一七～一八；第六十五卷，頁二九。

133 同上書，第六十四卷，頁二〇～二一；《金雞談薈》，〈彭宮保來函〉（見《中去戰爭》，第三冊，頁三〇三）。

134 同上書，第六十四卷，頁三；另參閱竇宗一，《李鴻章年譜》，頁一七三。

135 竇宗一，前書，頁一七三，一七四。

136 《左全集》，〈奏稿〉，第六十三卷，頁三九；《中法戰爭》，第五冊，頁五五五。

137 同上書，第六十三卷，頁三九。

138 同上書，第六卷，頁四一。

139 劉銘傳，《劉壯肅公奏議》（台北：文海出版社翻印），第一卷，頁一三九～一四五。

140 俞樾編，《彭剛直公奏稿》（台北：文海出版社翻印），第二卷，頁一九。

141 郭廷以，《近代中國史事日誌》，上冊，頁七六八。

142 竇宗一，前書，頁一七四。

143 劉銘傳，《劉壯肅公奏議》，第三卷，頁三二八～三三一。

144 同書，第三卷，頁四二三～四三二。

145 許雪姬，〈二劉之爭與晚清台灣政局〉，頁一六〇。

146 劉銘傳，《劉壯肅公奏議》，第三卷，頁三二八～三三一、四二三～四三二；許雪姬，前文，頁一三六～一四〇。

147 郭廷以，前書，頁七八三。

148 竇宗一，前書，頁一八二。

149 參閱羅正鈞，《左宗棠年譜》，頁四〇三。W. L. Bales, *Tso Tsung-tang: Soldier and Statesman*, chapter 14（引見《左宗棠傳記資料》，第五冊，頁四〇〇）。總管軍機處的醇親王奕譞在中法戰爭後期對於湘、淮軍在台灣的互相傾軋，就曾經大發牢騷說：「（台灣）湘、淮分門別類，殊太悶人；此刻恪靖（左宗棠）援軍，有孫開華（湘人，霆軍出身）在彼，不患抵牾；將來瑗（淮軍出身之龔照瑗）到換璈（湘軍出身之劉璈），必亂一陣；斌（湘軍大將前陝甘總督楊岳斌）到必與銘（淮軍大將福建巡撫劉銘傳）齟齬一番，炳（程文炳）雖淮而所部乃楚，將帥愈集，事權愈岐，功過必互諉，是不可不預為區劃」（見〈醇親王致軍機處尺牘〉，見《中法戰爭》，第五冊，頁四七）。

150 阮文達，〈左宗棠與財神胡光墉〉（引見《左宗棠傳記資料》，第二冊，頁二三）。

151 羅正鈞，前書，頁四〇三。

152 《左全集》，〈奏稿〉，第六十四卷，頁七～八、一〇～一一。

153 拙撰，〈論清季自強運動的失敗與清廷中心領導層的關聯〉，頁八五六～八六九。

154 楊東梁，《左宗棠評傳》，頁三一五。

155 《左全集》，〈國史本傳〉，頁二一。

156 同上註。

157 郭廷以，《近代中國史事日誌》，頁七八七。

158 同上註。

159 李恩涵，〈同治、光緒年間（一八七〇～一八八五）湘、淮軍間的衝突與合作〉，頁三四四～三四五；許雪姬，〈二劉之爭與晚清台灣政局〉，頁一三七、一四一、一四八。

160 許雪姬，前文，頁一四一～一四二。

161 戚其章，《北洋艦隊》（濟南：山東人民出版社，一九八一），頁二五～二七；王家儉，《中國近代海軍史論集》（台北：文史哲出版社，民國七十三年一九八四），頁二二三～二二四。

162 閱拙文〈論清季自強運動的失敗與清廷中心領導層的關聯〉，頁三四五。

163 牟安世，《洋務運動》（上海：上海人民出版社，一九六二），頁一三一～一五八；李國祁，《中國早期的鐵路經營》（台北：中央研究院近代史研究所，民國五十年一九六一），頁二一〇～二一一；J. O. P. Bland, *Li Hung-chang* (London: Constable & Co., 1917), pp. 116-117, 121。另參閱竇宗一，《李鴻章年譜》，頁一八三～一八四；李守孔，《李鴻章傳》（台北：學生書店，民國六十七年一九七八），頁一四八～一四九、一五九～一六四。

164 《曾忠襄公奏議》，第四卷，頁一五。

165 實宗一，前書，頁一八四。

166 朱孔彰，《中興將帥別傳》（台北：文海出版社翻印本），第十卷上，頁四，〈曾忠襄公別傳〉。

167 同書，第七卷下，頁四，〈彭剛直公別傳〉。

168 同書，第七卷上，頁四，〈楊端愨公別傳〉。

169 許雪姬，〈二劉之爭與晚清台灣政局〉，頁一五六，註193。

170 范文瀾，《中國近代史》，上冊（北京：人民出版社，一九四七年一版，一九六二年第十七次印刷），頁二〇六引文

171 王玉棠，《劉坤一評傳》，頁一〇七：劉坤一自光緒元年（一八七五）任兩廣總督後，說好些是老成持重而保守，實際則為一典型的官僚人物；他對自強新政的建設，純為一套應付與浮滑的手法，見李國祁，〈由劉坤一初任總督的表現看晚清的政治風尚〉，見《歷史學報》（台北：國立台灣師範大學），第三期（民國六十四年一九七五），頁一五九～一八六。

172 《劉坤一遺集》，（北京：中華書局，一九五九），頁七九一。

173 沃丘仲子（費行簡），《近代名人小傳》，頁七二～七三；黃濬，《花隨人聖盦摭憶》，頁一三八；J. O. P. Bland, *Li Hung-chang*, pp. 12, 22-23。

174 雷祿慶，《李鴻章年譜》，頁三四六～三四七。

175 參閱王家儉，《中國近代海軍史論集》，頁二三七，註84。

176 同前書，頁二三七、三五一。

177 同前書，頁三六〇。

178 同前書，頁三七七。

179 同上註。

180 同前書，頁三九七。

181 蕭一山，《清代通史》，第三冊（台北：台灣商務印書館，民國六十九年台五版），頁九三六～九三七；另參閱王家儉，前書，頁二二三～二二四、二三六，註83。

182 參閱拙文，〈論清季自強運動的失敗與清廷中心領導層的關聯〉，頁八六六。

183 前文，頁八五六、八六一。

184 沃丘仲子（費行簡），《近代名人小傳》，頁七五；劉厚生，《張謇傳記》，頁四八～四九。

185 同上註。

186 參閱郭廷以，《近代中國史綱》，頁二五四。

187 參閱顧廷龍，《吳愙齋（大澂）先生年譜》（北平：哈佛燕京學社，民國二十四年一九三五），頁一八二；趙爾巽

等撰，《清史稿》（香港：香港文學研究社銅版），第二二六卷，〈額勒和布傳〉；黃濬，《花隨人聖盦摭憶》，頁二五〇，《近代名人小傳》，頁七六、七九～八〇。

188《慈禧傳信錄》，卷上，頁五〇、七五～七六。

189參閱顧廷龍，前書，頁一八五～一八六；張謇，《嗇翁自訂年譜》（民國十四年一九二五），第六卷，頁二四；蕭一山，《清代全史》，卷下，頁九四九。

190《慈禧傳信錄》，卷中，頁七六；另參閱北京文史資料研究會編，《晚清宮廷生活見聞》（北京：文史資料出版社，一九八二），頁六二～六三。

191顧廷龍，前書，頁一八二。

192同上註；另參閱劉厚生，《張謇傳記》，頁四五。

193顧廷龍，前書，頁一八二；《慈禧傳信錄》，卷中，頁七六。

194《慈禧傳信錄》，卷中，頁七五。

195郭廷以，《近代中國史綱》，頁二五三～二五五，二五六。

196《慈禧傳信錄》，卷中，頁七四～七五。

197同書，卷中，頁七六。

198同書，卷中，頁八五。

199同書，卷中，頁七七，惟文中將福州將軍希元誤記為希賢。

200參閱拙文〈論清季自強運動的失敗與清廷中心領導層的關聯〉，頁八五七、八六〇～八六一。

201參閱李國祁，《中國早期的鐵路經營》，頁四五～七〇，七四～一〇七。

202同註200；參閱 Ssu-yu Teng, et al. eds., *China's Response to the West: A Documentary Survey, 1839-1923* (Cambridge, Mass.: Harvard University Press, 1961), pp. 113, 137-139; Paul A. Cohen, *Between Tradition and Modernity: Wang T'ao and Rcform in Late Ch'ing Ch'ina* (Cambridge, Mass.: Harvard University Press, 1974), pp. 153-235, 246-247；王爾敏，〈中國近代之自強與求富〉，見《中央研究院近代史研究所集刊》，第九期（民國六十九年一九八〇），頁一三～二四。

203蘇雲峰，《中國現代化區域研究：湖北省，一八六〇～一九一六》（台北：中央研究院近代史研究所，民國七十年一九八一），頁三四二、三四七、三五四；李國祁，《中國早期的鐵路經營》，頁八一～八五。

204劉厚生，《張謇傳記》，頁一一五。

205高拜石，《南湖憶錄》（台北：達易出版社，民國五十四年一九六五），頁三七九，引梁啟超語。

206參閱劉厚生，《張謇傳記》，頁五五．J. O. P. Bland, *Li Hung-chang*, pp. 231, 232, 236-237, 239-240; Stanley Spetor, *Li Hung-Chang and the Huai Army*, p. 212; Robert K. Douglas,

Li Hung-chang (London: Bliss, Sander & Foster, 1895), pp. 224-225。有關對李鴻章一生事業的評價，參閱 Samuel C. Chu, "Li Hung-chang: An Assessment"，見中央研究院近史所編，《近代中國史研究通訊》，第六期（民國七十七年九月一九八八），頁一〇〇～一三五，但朱昌峻教授對李氏的評價，為綜括性的，著重他之全盤性的正面性成就；本文則自李氏成就的「有限性」與「失敗性」立言，專就他在一八八五～一八九四年間在「保住官位」與「行為『腐化』（『腐化』的定義見本文前言）的部分」兩點，與同時期的左宗棠相比較，從而對李氏之成敗評價提供一項堅實的例證。

207 參閱 J. O. P. Bland, *Li Hung-chang*, pp. 22, 92。

原載《中央研究院近代史研究所集刊》，第二十三期，上冊（民國八十三年一九九四年六月），頁二〇七～二三六。

第七章

一八九五年後列強對中國鐵路、礦務利權的攫奪

中國與日本在地理上同居東北亞地區，實在是天生的競爭者，所以，中國在政治、經濟、軍事、文化、社會的發展上，均應首先著眼於此一競爭的事實，而力求超勝日本——這就是一八九四～一八九五年中日甲午戰爭所給予我們的最重大的教訓。中國如不能在未來的此一競爭中超勝日本，中國人在許多重大問題上，勢將面對難以逆料的後果，影響深巨。[1]即使在當前核子戰略的新世界中，此一基本情勢也是無任何基本的改變的。

緊接著甲午戰爭中中國戰敗、簽訂了屈辱的馬關和約（此役日本對於中國的凶狠，既割要地，又索巨款，其對中國之鉅創深痛，實為中華民族之深仇大恨事，應當累世不忘，引為民族性之鑑戒。）之後，歐美帝國主義列強就在中國全國性的範圍內，發動起非常猛烈的利權攫奪的競爭，其所涉及的範圍，非常廣泛，從政治性的利權以至經濟性的利權，從爭奪對清廷政權的控制到對工商企業的控制；從強租港灣、劃分勢力範圍

以至爭修鐵路與開辦礦務、掌握金融、海關及航務，都包含在內。2 此一歷史事實的殷鑑和啟示，當可刺激起所有中華民族在各方面奮發向上的決心。

一

就一八九五～一九〇〇年間各國競奪中國的鐵路利權而言，法國首先藉口三國干涉還遼中有德於中國，要求談判中國與法屬越南之間的界務與商務問題，而與中國訂立中法「續議界務專條」，允許越南鐵路展築到中國境內；中國在廣東、廣西與雲南三省修築鐵路時，可借用法國資本及法國技師。3 另外，中法所訂「商務專條附章」第五條內，也明訂「中國將來在雲南、廣西、廣東間開礦時，可先向法國廠商及礦師人員商承，其開礦事宜仍遵中國本土礦政章程辦理」。4 一八九六年六月五日，中法並訂立龍州鐵路合同，允法公司Five-Lille Company自諒山築鐵路至龍州，再自龍州延修至百色與南寧。5

其時俄國在東北、外蒙古與新疆地區之圖謀路礦利權的活動，和在南方的法國，恰成遙相呼應之勢，且來勢更為猛烈。一八九六年六月三日中俄簽訂同盟密約，中國允准俄國建築橫越中國東北的北部以達海參崴的東省鐵路。同年九月二日，中俄更簽訂合辦東省鐵路公司章程，規定由華俄道勝銀行築造此鐵路，該章程合同第六款內規定，在築路地帶內發現「礦苗」，中俄應「另議辦法」。6 一八九七年，東省鐵路公司得清廷允准，開採沿路木植和煤礦；一八九八年三月二十七日，總理衙門大臣李鴻章、張蔭桓與俄署駐華公使巴布羅福（Palvltov）所簽訂的旅順、大連租借條約中，更允許俄國修築自東省鐵路上之一點南達旅順、大連的鐵路支線，及自此支線上之一點以至營口的臨時鐵路。7 一八九八年七月六日，中俄簽訂的「續訂東省鐵路公司合同章程」第四款中，又准許俄人在將築的南滿支路沿線「開採建造經理鐵路需用之煤礦，計斤納價」。8 一八九九年七月一日，俄國更自總理衙門勒索到一項措辭甚為含混而意義甚為廣泛的書面允諾（promise），「如未來將修築自北京向北或向東北以至俄國邊界的鐵路，……如此項鐵路線之建築擬由他國修築，應先由俄國政府商議或先議由俄公司修築」，9 使俄國預定修築鐵路的範圍竟擴大到東北、蒙古、長城內外，甚至包括新疆在內的廣大地區。法俄同盟甚至合作經由一家名義上屬小國比利時所有而實際其資本的五分之四係來自法國巴黎的比國鐵路公司（The Belgian Campagnie des Chemins de Fer Chinois），於一八九七年六月簽訂了一項修築盧漢鐵路（盧溝橋至漢口）草合同，並於一八九八年六月二十五日簽訂了正式的中比盧漢鐵路借款合同，以借款一萬一千二百五十萬法郎修築此路。10 一八九八年九月二十二日，法軍強佔廣州灣，在其租借廣州灣條約中，清廷被迫允准法人修築自廣東北海至西江的鐵路。四月，並允准法人自中越邊境修築直達雲南昆明的滇越鐵路。11

德國圖謀修築的鐵路，初頗著眼於滬寧鐵路（上海到南京），但由於英國在長江流域的雄厚勢力，難於達到目的。12 一八九七年十一月，德國強佔膠州灣（青島），脅迫中國除允其租借膠州灣九十九年外，並允其修築膠濟北路（青島至濟南）至山東省界與膠州至沂水、至濟南的兩條鐵路，而鐵路兩旁三十里內所發現的礦產也歸其開辦。13 稍後，德國與英美財團在競爭修築津鎮鐵路（天津至鎮江）時，又爭取到開築該路北段自天津至山東南界的權利。14

英國在華工商投資最巨，自然不甘心於法俄同盟在中國政治經濟上搶奪其優勢，而與之展開激烈的競爭。

在鐵路利權方面，它特著重於攫奪關內外（天津至牛莊）、滬寧、盧漢與粵漢等路線。但各國競爭的態勢，非常激烈，至一八九八年五月止，它只能成功地與中國簽訂了關內外鐵路與滬寧鐵路的借款合同。[15]稍後，由於英國在盧漢鐵路的競奪中為法俄集團支持下的比利時公司所擊敗，英國老羞成怒，乃由其駐華公使竇納樂（Claude M. MacDonald）以最強硬的所謂「補償性」（compensatory）的方式，要索中國允其開築五條鐵路線：即津鎮鐵路、浦口／河南鐵路（自浦口至河南、山西邊界之某處）、浦信鐵路（浦口至預定盧漢鐵路上之信陽）、廣九鐵路（廣州至九龍）和蘇杭甬鐵路。總理衙門無力抗拒此一強硬的壓力，除去在津鎮鐵路方面由英、德利益互相妥協瓜分之外，其他都如英國之所願。[16]

英財團為確保此一最大份的路權，不惜在犧牲中國權益的情形下，與德國財團於一八九八年九月二日訂立英德財團協定（The Anglo-German Bankers' Agreement），規定英國的鐵路利權範圍包括長江流域及自鎮江至山東省境各線相接、長江以南各省、山西省及自正定以與京漢路相聯，又可有支路跨越黃河流域以至長江流域；德國的鐵路利權範圍包括山東省境內，並在黃河流域以與天津、正定或京漢路上之另一點相連，另並南下連接長江岸邊的鎮江或南京。[17]一八九九年四月二十八日，英、俄也劃定各自鐵路利權的範圍，籠統地規定長城以北為俄國的利權範圍，長江流域則為英國的利權範圍。[18]

在各國競奪中國鐵路利權的大競賽中，美國也不甘落後：它首先著力於爭辦京（盧）漢鐵路與津鎮鐵路，惟兩者均為他國捷足先得。當時列強對中國鐵路權、礦權的競奪白熱化，加之各國在政治、軍事上之強佔、強租沿海港灣，又各自劃定其在華的勢力範圍，瓜分之說，甚囂塵上。直隸總督王文韶、湖廣總督張之洞乃主動建議，將湘、鄂、粵三省紳商承辦的粵漢鐵路（廣州至漢口），交由美款興築，而堅拒其他各國承辦；[19]

駐美公使伍廷芳因此奉令與美國合興公司（The American China Development Co.）代表坎理（Clarence Cary）談判具體條款，至一八九八年三月，兩人簽訂了一項開築粵漢路草約，其主要內容為：借美款四百萬英鎊，九扣實付，利息五釐，美國人包辦路工，代建代管，事權與洋稅務司相同；另外，美公司並支佣金百分之五，四十年內鐵路所得餘利，美公司可得五分之一；如無意外事變發生，修路工程應在三年內完成。借債期限四十年，若十年後還債，每百鎊加付五鎊。[20]稍後，該粵漢路草約又稍為修改，經總理衙門奏請批准後，電令伍廷芳於一八九八年四月十四日與合興公司在華盛頓簽訂正式合同。[21]此正約的內容較之草約更對美人有利：明訂合興公司可將該路「延築至海口或其他認可之地點」；中國並另以文件保證，如比利時所承辦的盧（京）漢路合同作廢，合興公司可依照粵漢路的同樣條件，加借至少五百萬英鎊，兼辦盧漢路。[22]

二

綜計一八九五～一九一一年各國競奪中國鐵路利權期間，以英國所攫得的路權最多，約計達二千八百英里；俄國次之，約計達一千五百三十英里；德國又次之，約達七百二十英里；比利時（法國）再次之，約達六百五十英里；美國之所得，則為約三百英里。英國答允之築路貸款額達一千八百六十六萬英鎊；德國為九百五十萬英鎊；法國為約五百萬英鎊；比利時為六百萬英鎊；日本為約二百萬英鎊。[23]據徐義生先生的統計，在一九一一年前，中國的鐵路外債共計為三億三千零五十八萬七千一百六十點二四兩（庫平），佔中國全部外債的百分之二十七．四七；惟在此期間，鐵路外債之中國實收額為二億九千四百二十一萬八千五百五十七點四九兩，佔全部外債實收額的百分之四四・五四。[24]

分析列強所攫得的鐵路利權的性質，很明顯地，有些路權是具有濃厚的政治性質的，如俄國之在東北、德國之在山東、法國之在雲南、廣西；這些省份實際已成為俄、德、法在中國獨佔性的「國中之國」。[25]以俄國為例，控制東三省鐵路權的東省鐵路公司名義上雖為中俄合辦（中俄名義上合資的華俄道勝銀行出資），實際則為俄政府所一手把持，而其權利廣泛，不只可以徵佔建築、管理、保護鐵路所需的廣大面積的土地，又可從事發展工業、礦業與商業等資源，只需得到中國政府例行性的批准。甚至一八九六年九月，中俄所簽訂的合辦東清鐵路公司合同章程的法文本內（此後曾為中國予以部分否認），甚至答允該公司「在鐵路地段具有絕對的與排他性的行政權，包括管轄所有外僑的司法權與組建警察之權」。[26]

商辦性質較濃厚的外資鐵路，包括英人所攫辦的各路線、比利時（法國）所辦的盧漢路和汴洛路（開封到洛陽）、法人所辦的正太路和美人所辦的粵漢路等等；其經由中國鐵路總公司督辦大臣盛宣懷經手簽訂借款的鐵路外債，即達銀元三億元（折合），總長度達四千二百三十二公里，佔一八九五～一九一一年間外人修築鐵路款項總額的百分之五十七・三。[27]這些所謂外人「商辦」鐵路的借款築路合同的內容，彼此是大同小異的；其主要的特點如下：

⑴各外籍債權公司不只本身是債權者，也是債務執行者。它們除以債權者的身分擁有各線路修築權之外，也同時控制著該路的行車管理權、行政權與全路抵押權。另外，它們也常擁有該路線的延長權、修築支路權與此後優先借款權。

⑵在經濟利益方面，其條件均為借款築路額以九扣實付，年息五釐，經理費用五釐及出售債票費百分

之〇・二五，於若干年內提前還債，加本多付百分之〇・二五，借款期限則通常為五十年、四十五年、四十年或三十年不等。甚至鐵路經營的餘利，也須分給外籍債權公司百分之二十。

(3)最嚴重的，借款築路合同的內容，常牽涉到中國的主權，限制中國在一定範圍內實行其主權：如在一定區域內中國不得修築他路，或不得修築現有路線的支路或延長線，甚至禁止修建平行線，而所謂「平行線」的定義也無界定。甚至某些合同的中西文內容不符，如按照中俄原訂的東清鐵路合同具有權威性的法文本，中國竟已將該路沿線地段內的行政權，拱手讓人。[28]

三

就各國在同時期內在華所攫奪的開礦利權而言，甲午戰爭後，首先運用政治手段取得礦權的也是法國，而以毗鄰其所屬越南的桂、滇、粵三省為目標。一八九六年，里昂商務考察團在領事彌樂石（Emile Rocher）率領下，前往雲南、四川二省，其團員中即包括礦業和絲業專家。[29]一八九七年，法外交部再派鐵路工程師圭立瑪都（Guillemato）和礦師賴克瑞等多人，前往雲南勘察該省的地質和籌備修築鐵路。他們的考察報告中，即極力贊成修築滇越鐵路和開發雲南的礦藏。[30]當時法駐越總督杜梅（M. Doumer）為一積極侵華的殖民主義者，於一八九七年抵任後，即積極進行修築鐵路，並親自進入雲南境內考察當地的實際情況。配合其鐵路政略的，則圖謀積極開辦礦務，並派遣其轄下主管越南礦務的官員郎悌諾（M. Lantenois）前往雲南復勘計畫要開採的滇越鐵路沿線各礦區。[31]惟郎氏在此後之勘礦報告中，認為滇礦的開採價值並不太高，滇南的煤礦品質甚劣，而運費甚高，不合經濟價值。32

四川礦產富饒，也是法人注意的目標。一八九五年六月，旅居漢口的法人雷達利與四川南溪監生鍾毓靈私訂合辦巴縣煤油礦合同，33一八九六年三月，雷偕法礦師蒲武抵重慶勘礦，曾歷經嘉定、自流井等地。惟中法合辦煤油礦之事，很引起四川官民的反對，鍾毓靈並為官府拿捕法辦，四川總督鹿傳霖也堅決反對法人辦礦。34雷達利不服，乃轉請法駐重慶領事哈士出面干涉。35

哈士本人對於四川礦權也懷有不小的野心；於抵任之初，就曾經請求四川川東道准許法礦師俞德樂在川東勘礦，又應允貸款中法合辦所勘得的各礦；惟被川省拒絕。此次雷達利案發生後，他更堅持法人的權利，請求法駐華公使施阿蘭（M. Gerard）在北京力爭，惟為川督鹿傳霖所拒絕。36法人攬辦四川礦務的企圖，遂暫受挫折。但法國在貴州方面的活動，卻頗有收穫，法商華利公司戴瑪德與青谿鐵礦局總辦曾彥銓訂立借款合同，將該礦歸由中法合辦。戴氏並曾查勘銅仁汞礦，準備改用西法採冶。37

一八九八年，四川大足縣發生教案，法司鐸華士被捕。法駐華公使畢盛（M. Pichon）乘機舊事重提，要求將教案與雷達利開礦案一併解決；而法商更進一步想攬辦酉陽和秀山各礦，並慫恿川紳出面呈請北京礦務鐵路總局擬向法商戴瑪德借款開辦富順煤油礦，揑稱戴為奧商，聲明「商借商還，與官無涉」，企圖蒙混批准。38富順是四川鹽產的重要中心，關係全省財政至鉅；酉陽與秀山則地處川黔邊境，一向是四川反教仇外糾紛迭起的地區，因此，對於法人的要求，川省當局和清廷當局都不敢貿然決定。39直到一八九八年八月，礦路總局因川省京官之聯名薦舉，才奏派補用道韓銑和記名道李徵庸督辦四川礦務。不久，李徵庸又奉旨以三品卿銜專任四川礦務大臣。40在李氏的主持下，川礦改採招集外資合作辦礦的政策，由四川自籌華資華股設立保富公司，專管購置礦地，以礦地為股份以與外資合作開礦。[41]一八九九年七月十一日，保富公司與法商福安公司俞德樂簽訂合同，合辦灌縣、犍為、威遠、綦江、合州、重慶等六處煤鐵礦，不久，法商福成公司也得到開辦天全、懋功五金各礦的權利。[42]法人攬辦四川各礦的意圖，終於達到了目的。另外，總署並於一八九九年十二月十四日照會法國公使，准許法商遵照中國礦務章程，與華商合辦廣東高州、廉州、雷州各府屬的礦務。[43]

俄國在滿蒙和新疆圖謀路礦利權的活動，和在南方的法國，恰成遥相呼應之勢，且來勢更為猛烈。早在一八九六年九月二日華俄道勝銀行總辦羅啟泰與駐俄公使許景澄所簽訂的合辦東省鐵路公司合同章程第六款中，即規定在築路地段內如發現「礦苗」，中俄應「另議辦法」。[44]一八九七年，東省鐵路復得清廷允准，開採沿路木植和煤礦，並在一八九八年七月六日中俄簽訂的「續訂東省鐵路公司合同章程」第四款內，准許俄人在將築的南達大連、旅順的南滿鐵路沿線「開採建造經理鐵路需用之煤礦，計斤納價」。[45]其時，俄國在黑龍江、吉林、奉天等三省查勘路礦的活動，至為積極，一八九八年春，俄商紀豐泰、陸賓諾夫與華商田吉臣、李文卿等私訂合同，合辦璦琿煤礦。惟因合同只有俄文而無華文，大權盡歸俄商，且合辦各礦系指黑龍江全省而言，事經總理衙門及黑龍江將軍恩澤查核，才於一八九九年一月將原定的合同妥加修改，議定中俄合組黑龍江城煤礦公司，承辦赫爾沁和阿林溝煤礦二處。[46]不過，根據恩澤奏准的合辦合同，俄商實際所獲開採煤礦的權利，至為廣泛，黑省全境均在其「推廣開辦」的範圍之內。[47]

在吉林境內，俄人亦到處勘覓煤礦，以配合其中東鐵路的興築；惟吉林將軍延茂事先已加籌防，在琿春、寧古塔和吉林府三處，各組礦務公司，官督商辦，俄人一時亦未提出何等的要求。[48]一八九八年，東省鐵路公司監工吉利時滿，向盛京將軍增祺請辦遼陽狼洞溝煤礦，並賄通華商先將礦地收買，一八九九年，吉氏復與總理衙門派辦東省鐵路委員周蘭亭等議定辦礦章程，其中對俄人開辦煤礦的區域，並無明確的限制。49此後，俄礦師斯科葛雷斯基曾在四平街和瓦房店試開煤礦，惟成效均不甚佳，得不償失。50另外，俄國家地理學會也曾計畫派員赴奉、吉、黑三省勘查煤礦。51

除煤礦外，俄人對開採金礦，興趣亦濃。一八九五年，創設俄國採金公司，資本額達五百萬盧布，不少俄國著名的企業家參加投資，並招有法國資本，其採金範圍自烏拉山直達太平洋岸。52華俄道勝銀行又與俄國採金公司合組中國礦產公司，擬自勘礦入手，以攫取勘得的各礦。53一八九九年九月，俄著名金礦企業家阿思達攝福來北京，俄駐華公使格爾思（M. N. de Giers）即致函總署，薦其承辦黑龍江金礦。不久，阿思達前往黑省遊歷，就近議商此事，惟無何具體的結果。54同年，華俄道勝銀行兼東省鐵路公司副代辦寶至德亦向總署請辦錦州府屬金礦，但遭拒絕。55在庚子義和團事變發生之前，俄人對於中國金礦的覬覦，實際只在蒙古和新疆地區，頗為得手。一八九九年五月，曾任天津海關稅司的俄人柯樂德（von Grot）向烏里雅蘇台將軍連順具結承辦庫倫鄂爾河等處金礦，以二十五年為期。56新疆巡撫饒應祺也招致俄商墨斯克溫合辦塔爾巴哈台所屬四處金礦，惟資本短絀，第一年中俄各出資僅三萬兩；次年因頗收成效，始再增資為各出十．八萬兩。57

英國對於攬辦中國礦務，起意最早，遠可上溯至道光晚期的十九世紀五〇年代。甲午戰後中國的情勢大變，自亦不甘落後。英教士李提摩太（Timothy Richard）和江海關稅務司穆和德均曾活動頻繁，數次與署兩江總督張之洞談判請准英商開礦築路、設立製造工廠等事。58英商陶秘深、柯第仁、賀士當等並請中英合辦湖北鐵廠，增加資本，開採爛鐵所需的煤礦。[59]惟英國既拒絕在日本割取台灣問題上幫助中國，故一切均無所成。一八九六年，英著名礦商摩賡（Pritchard Morgan）抵華，先在上海與盛宣懷商談路礦問題，不久，即北去直隸，受李鴻章之命，勘察熱河及山東金礦，並派遣同來的美籍礦師紹克萊（Shockley）至奉天勘礦，曾遍及盛京、遼陽、鳳凰城、通化間的廣大地區。[60]英國所注意的礦權，正如同時期它所爭奪的鐵路權一樣，範圍廣及中國全國，北自奉天、直隸，中經長江流域各省，以至雲南、廣東各礦均為目標。所採手段，則是如其攫奪鐵路權一樣的所謂「補償政策」，即在競爭中如其對手方面有所收穫，它必運用必要的壓力，以在中國他處獲取同樣或更多的「補償」礦權。[61]

同時期內，英國福公司（Peking Syndicate）駐華總董羅沙第（C. A. Luzatti）在北京和山東也積極圖謀承辦礦務。[62]一八九八年五月，福公司因而獲得山西盂縣、平定州、潞安、澤州及平陽府屬煤、鐵、煤油及其他各礦的開採權；同年六月，又得到開辦河南懷慶府左右黃河以北各礦的權利；其辦礦合同均經總署正式批准。[63]另一著名英國礦商墨林（C. A. Moreing）對開平煤礦也起意覬覦，曾經由天津海關稅務司德璀琳（G. Detring）之介，與該礦督辦張翼晤商借款等事宜。[64]

長江流域各省是英國的勢力範圍，上海英商對於法人攬辦四川煤油礦的活動，一直密切注意，並多方破壞其事。[65]摩賡初抵北京時，即曾向總署提出一套辦礦的龐大計畫，為總署駁拒後，乃專謀開辦四川礦務，組織會同公司（又稱摩賡公司或開東公司，Eastern Pioneer Co.），初集資本三十萬英鎊。[66]摩氏先與督辦四川礦務商務大臣李徵庸議定中英合辦川礦的原則，一八九八年十一月二十五日，即與四川礦務局設立的華益公司簽訂「華洋合辦四川礦務草合同」，一八九九年一月二十八日，又正式簽訂「四川礦務華洋合辦章程」，獲得很廣泛的開礦權利；其開礦範圍雖以敷用挖井、蓋廠為限，但對於在川境開礦地區，並無限制，開辦何礦，亦無明確規定，只在章程中列明煤鐵煤油及金礦等的納稅比率。[67]英商立德樂（Archibald Little）亦對開辦四川江北廳煤礦，甚有興趣，惟一時並未獲得四川省的批准。英商惠工公司復藉義商沙鏢納出名，與浙人候選道高爾伊議商借款開辦浙江衢州、嚴州、溫州、處州各府屬煤鐵及煤油各礦，名義上由高氏創設浙東公司，中外合辦，實際則並無華資。[68]但迄至一九〇〇年，英國在浙江覬覦礦權的活動，均未有何具體的收穫。[69]

為對抗法國的野心，英國對雲南亦採積極的覬覦態度，一八九四年三月一日中英簽訂續議滇緬條約，其中第十二條內載有英國「欲使雲南礦務興旺」字樣，其覬覦滇礦的野心，已極明顯。[70]惟為避免與法國的衝突，一八九六年一月十五日，英法兩國成立協定，均沾在中國雲南四川二省境內所獲貿易諸利益。[71]此後英國一面進行承修滇緬鐵路的計畫，一面與法國合組隆興公司（Sydicate de Yunnan），以攬辦雲南各礦。[72]

德國攫奪中國礦權的活動，限於山東一隅，但手法惡劣，甚至直接運用武力。根據一八九八年三月六日中德簽訂的租借膠澳條約，德國得到了在山東擬修的膠濟北路和膠沂濟南路沿路三十里內的礦務。[73]一八九九年三月，復由德商瑞記洋行（Armhold, Karberg & Co.）出面，稟呈北京路礦總局請辦山東五處礦務；此五處礦區面積廣大，包括(1)沂水東北至海，南西至江蘇界；(2)沂水城外一百二十里界內；(3)諸城；(4)濰縣西南濰河北塔地方；(5)煙台周圍二百五十里界內；[74]實際已包括魯南和魯東礦藏最豐富的地區。德使克林德（von Ketteler）復一再催逼中國，施以外交的壓力，總署只得應允德商逐處勘礦，並答應續商詳細的辦礦章程。[75]

此外，美商先慫由候補道容閎於一八九六年條陳總署請招美股開辦津鎮鐵路，並開辦沿路的煤鐵各礦，惟被拒駁。[76]一八九八年四月十四日，華美合興公司得到借款修築粵漢鐵路的權利，沿路礦權，也在其推廣承辦之列；[77]美國的圖謀，始得到初步的成功。

四

一九○○年義和團事變擴大，侵略中國的八國聯軍入據北京，辛丑和約（一九○一）簽訂後，各國競奪中國礦權的活動，也愈為激烈。俄國藉口攻剿義和團，侵攻黑龍江、吉林、奉天三省，華商著名的幾處廠礦，如三姓、漠河、奇乾山、觀音山、都魯河等金礦，皆被強佔。進一步俄人復一面積極修築鐵路，一面籌謀廣佔其他的礦區。一九○一年三月十五日吉林將軍長順與俄員劉巴議定礦務草約十四條，准俄人在吉林全省開辦各礦，並規定集股以中俄兩國為限，不准他國人入股。[78]劉巴又向黑龍江將軍薩保索辦五金各礦，又特索辦金礦，要求商定詳細開辦的章程。[79]俄外部官科洛特科夫並脅迫薩保訂立黑省採辦金煤鐵各礦草約，黑省各礦遂被一網打盡。[80]在奉天方面，俄國武官也脅迫盛京將軍增祺仿照吉林礦務草約的辦法，開辦奉省各礦。[81]一九○一年七月十五日，俄人控制的東省鐵路公司又與長順簽訂開辦煤礦合同，規定該公司有權「開挖吉林省於該路便益之煤礦」，「其鐵路兩旁各三十里外，如遇煤礦，鐵路（公司）欲行開挖，應先知會吉林將軍，或鐵路公司獨辦或中俄合辦」，「如煤在鐵路兩旁各三十里內，……無鐵路（公司）允行，均不准行」。[82]不久，該東省鐵路公司在奉天與黑龍江兩省亦獲同樣廣泛的權利，[83]東三省的礦權，實際全落入俄國的掌握。一九○二年，日本方面傳聞俄人覬覦西藏礦權，中俄業經訂立開辦西藏礦山密約。[84]

英人亦乘義和團事件的機會，作趁火打劫的行徑，除用欺騙的手法，佔據了華商開辦多年經營良好的直隸開平煤礦之外，並積極擴大其在各省已獲得的礦權。[85]英商凱約翰（John L. Kaye）組成倫華公司（London and China Co.）於一九〇二年五月十一日與安徽商務總局訂立合同，勘辦歙縣、銅陵、大通、寧國、廣德、潛山等六州縣各礦。[86]一九〇三年四月十四日，英商伊德也與皖省簽訂勘察懷寧、宿松、太湖、東流、繁昌、婺源、涇縣七處礦產草約。[87]這兩件草合同，後者經北京外務部駁拒，不准立案；前者亦將所獲礦權，大加削刪，但凱約翰終於得到開採銅陵縣銅官山礦務的權利。[88]一九〇三年初，外務部更奏准華商寶昌公司借款義國惠工公司開辦浙江衢州、嚴州、溫州、處州四府煤、鐵各礦。實際惠工公司係一英籍的企業，義人不過受英商所僱用，出面攬辦而已。[89]

同時期內英商圖謀四川各礦的活動，也加緊進行。一九〇一年十一月二十三日立德樂（Archibald Little）所組織的普濟公司（Anglo-China Szechuan Co.）與四川保富公司簽訂開辦煤油煤炭銻砂各礦草約，獲准開辦六州廳縣之煤油、六縣之煤炭、二縣之銻砂；英商會同公司與另一英商蜀江公司，又再與川人私訂合辦寧遠、雅州兩府礦務章程。其後，會同公司與蜀江公司合組會蜀公司，於一九〇三年二月十一日與保富公司簽訂合辦寧遠等五廳州縣金類礦產草約。[90]不過，當時在四川活動的英商公司，大都是徒有其名，甚至立德樂以一身而兼任會同、會蜀、蜀江、普濟四公司的代辦，又自組設江北廳煤鐵礦務公司，其目的無非要達到廣佔礦地的目的而已。上述的四件合同，兩件係私約性質，為四川當局所否認，其他兩件雖係由四川主管中外合辦礦務事宜的保富公司所簽訂，但英商的慾望過高，所索的礦區過大，所以均未能獲得外務部的正式批准。[91]惟有立德樂與四川礦務局所締結的合辦江北廳煤鐵礦務合同，經外務部遵照商部奏定的礦務暫行章程，酌情修改後，正式奏准，但僅以開採該廳境內的煤鐵礦為限。[92]

法國在一九〇〇年後之競奪中國礦權，仍著重在雲南、廣東、廣西、四川等省。在雲南的隆興公司，名義上雖為英法所合組，實際係以法人為主，而由身任法國總領事曾數度探勘雲南路礦的彌樂石（Emile Rocher）出任總董。93 一九〇一年四月，彌氏抵達昆明，與雲貴總督魏光燾、雲南巡撫李經羲、督辦雲南礦務大臣唐炯等議商辦礦事宜，所用手段是軟硬兼施，至同年冬，中法乃訂立辦理滇礦草約，載明准隆興公司尋採「公家現在荒廢之銅礦，並嗣後公司尋出之銅礦」、「曾經開採現在荒廢之金銀鐵煤礦」及「嗣後（該）公司尋出之金銀鐵煤礦及火油寶石朱砂礦」，「嗣後別國公司概不准來滇辦礦」。94 因此，法國的目標，完全達成。其後外務部在審議該草約時，雖在正式合同中列明昆明府、澂江府、開化府、楚雄府、元江直隸州、永北府等七處，作為隆興公司的初勘地區，期將隆興公司的礦權範圍，稍加縮小，但其專辦雲南全省和在必要時開辦各礦的性質，並無若何改變。95

法國對於擴張其在四川的礦權，也非常看重，而與英國展開激烈的競爭。一九〇一年法礦師古爾燮抵達重慶勘礦，於一九〇二年二月行抵成都。因聽說英商普濟公司獲准在十四府州縣分辦各礦，內心大感著急，乃會同前任駐重慶領事現任駐成都總領事的哈士向四川總督奎俊要求承辦麻哈金礦及其他五金礦數處，以均利益。96 奎俊無法完全拒絕，乃由四川保富公司與法商華利公司簽訂辦礦草約，由中法合組的和成公司開辦巴、萬兩縣的煤油礦；一九〇二年九月十五日，並經外務部正式奏准。97 同時期內，法商攬辦福建礦權的活動，亦有良好的收穫。一九〇二年十月二十二日，中法合辦福建建寧、邵武、汀州三府礦務合同得到外務部的奏准。98

一九〇〇年後德國競奪中國礦權的活動，仍著重於山東，但也開始向他省覬覦。一九〇〇年三月二十一日，德商山東礦務公司（Schantung Bergbau Gesellschaft）總辦米海里與司米德根據膠澳條約與山東巡撫袁世凱、記名都統蔭昌簽訂章程，擬開辦鐵路沿線三十里內的各礦。[99] 一九〇一年三月，當北京和議尚在積極進行的階段，德國公使穆默即專訪李鴻章，重提過去議商山東五處礦務的舊事，要求轉知山東當局與德駐煙台領事連梓諮商詳細合同。稍後，連梓抵達濟南，即與護理山東巡撫胡廷幹開始談判。胡氏認為五處礦務係屬商務性質，應遵照中國路礦總局所定的稅則納稅，並應加派華總辦，以均利權。連梓則態度強橫，不願遵辦，並堅持應先准德商開辦沂水東至黃海邊、南至江蘇界及沂水、煙台周圍的三處礦區。[100] 此後，張人駿接任魯撫，雙方爭執仍以應否遵守中國奏定的礦章為重心。在連梓及德使穆默的蠻橫壓力下，一九〇二年一月三十一日張人駿乃與連梓簽訂開辦山東五處礦務章程草約，但雙方對於礦稅應納的比率，爭執甚烈，因此決定將納稅的條款留在北京繼續商議。[101] 其後該章程中納稅報效的條款，中德在北京和山東均曾繼續磋商，但一直未能取得協議，正式章程因亦拖延未能簽訂。[102]

此外，德商禮和洋行（Carlowitz & Co.）並與華民私訂合同合辦湖北興國州龍角山等礦，受到湖廣總督張之洞的拒駁，另擅與湘人私訂的專辦衡、永、彬、桂五金各礦合同，也不為湘撫所允認。[103]

五

綜括來看，自甲午戰爭之後英、法、俄、德、美各國攫奪中國礦權的競爭，非常激烈，並各有所獲。如果我們就這些帝國主義國家此時所佔中國礦權的性質和權限，予以分析，可以發現它們實有下列的多項特徵：

外資礦權的首要性質，係以中外間當時存在多年的不平等條約的關係，為其存在的基礎。因此，外資礦業除去本身所獲的礦務利權之外，又享受著廣泛的他項特權，其中最重要的，就是「治外法權」。實際上「治外法權」是所有在華外資企業所依據的最重要制度。治外法權可以適用於公司和民事訴訟方面，甚至各國可在中國設立法庭，制定在華營業的公司組織法，而外國人則可不受中國法權的管轄。[104]因此，外資礦業常在中國的法律體系中，造成混亂，在其投資的經濟意義之外，又具有濃厚的政治色彩，對中國主權的完整，產生破壞作用。

外資礦權的次一性質，係與各國爭奪在華的勢力範圍密切相關，如法國之於雲南、廣西、廣東的礦權，幾欲一手壟斷，其著眼點即在於此。德國之於山東，俄國之於奉、吉、黑三省，甚至更進一步，各與清廷簽締條約，以排除他國在其壟斷的區域內辦礦。英國在四川、安徽、浙江、江蘇省境亟亟攬佔礦權，其考慮所在，也是鞏固其既得的勢力範圍。[105]

外資礦權的第三項性質，係其辦礦的權限，常以中外間原先簽訂的辦礦合同，為惟一的根據，對於中國現行的或此後中國頒訂的全國性礦業法規，常也不予遵守。試以英商福公司在山西、河南所獲的礦權為例，其正式合同係簽訂於一八九八年十一月鐵路礦務總局奏定「礦路公共章程」之前，所以，該公司辦礦的權限，可較該全國性公共章程所允准的範圍，超逾甚巨。甚至福公司對所獲山西各礦的利權，可在合同簽訂後拖延七年之久，並不購地開礦，也無損於它既得的權利。[106]此種情形，至一九〇〇年之後由於各國競奪礦權的活動，更為積極，事態也更變嚴重。各省華洋私訂的各項開礦合同，內容之含混、喪權之廣泛，形同盜賣，姑不具論；即以各省當局與洋商所簽訂的許多件「合辦章程」而論，雖然在其中條款內也曾載明遵守奏定的全國性礦務章程，但究其實際，其中的許多要項大都與礦章相悖。[107]

外資礦權的第四項性質，在於各礦開辦的方式，雖然名義上為中外合辦，實際上純係外人直接投資的性質，所謂「合辦」、「合股」中的華股，大都虛而不實，真正取得辦礦利權的，實係洋商。[108]

進一步如果我們再就外資各礦所獲的權利，予以分析，可以發現這些礦權所包含的利權，非常廣泛，對於中國國內經濟的正常發展，影響深刻，至為不利：

第一，外資各礦根據原訂的辦礦合同，均具有相當完整的管理礦務的權利，包括開辦工程權、礦廠行政權及礦廠財務權等。此三項大權既握於外商之手，再加以「治外法權」的特別保護，事實上，此等外資礦業即可形成在各省內地無數個「獨立王國」，少受中國國內政局的影響。[109]

第二，外資各礦根據其原先簽訂的辦礦章程，所獲辦礦的期限甚長，或為五十年，或為六十年，甚至無辦礦期限的限制；礦區的面積甚廣，有的廣達二點一萬多平方英里，有的廣達四萬餘平方英里，或十二萬平方里；甚至勘礦範圍可以廣達四川或雲南全省。而且在辦礦的品類方面，常無確切的限制，常只籠統地勘辦煤鐵煤油及金礦金砂等礦，或混稱「金銀各礦」或「金銀煤各新礦苗」，涵義廣泛，實際可解釋為將開辦各礦之權，一網打盡。[110]

第三，外資各礦在納稅方面亦獲特殊的利益。依據一八九八年礦路總局奏定礦務鐵路公共章程的規定，各礦應納稅項，應分出井稅與出口稅兩種，並徵「盈餘歸公之款」十成之二五，但外資各礦的辦礦合同內所訂明的應交稅率，並不遵照上述規定列舉：有的只載明各礦按值百抽五納稅，有的辦礦章程內未將稅目書寫清楚，甚至可以不必交納出井稅。[111]

此外，外資各礦常並附帶獲得浚河、築港、轉運礦產的權利，其流弊所及，影響至為深巨。[112]

綜括起來看，各帝國主義列強在一八九五～一九一一年在中國所獲修築鐵路權和開辦礦務權的性質，牽涉非常廣泛，對於中國固有的主權、行政權和中國自辦鐵路和自辦礦業的正常運作與發展，都發生非常不利的影響作用。

注釋

1 參閱李恩涵，〈清季同光自強運動與日本明治維新運動的比較〉，見《思與言》，第五卷，第一期（台北，一九六七），頁一三～二三；Edwin O. Reischauer, "Modernization in Nineteenth Century China and Japan", *Japan Quarterly*, vol. 10, No. 3; Alan B. Cole, "Factors Explaining the Disparate pace of Modernization in China and Japan", *Asian Studies* (University of the Philippines), vol. 9, No. 1, pp. 1-5。

2 李恩涵，《晚清的收回礦權運動》（台北：中央研究院近代史研究所，一九六三），頁一～二；En-Han Lee, "China's Response to Foreign Investment in Her Mining Industry (1902-1911)", *The Journal of Asian Studies*, vol. 28, No. 1 (November 1968), p. 55。

3 W. W. Willoughby, *Foreign Rights and Interests in China* (Baltimore: Johns Hopkins University Press, 1927), vol. I, p. 139; P. H. Kent, *Railway Enterprises in China* (London: Edward Arnold, 1907), pp. 158-161; G. V. A. MacMurray, *Treaties and Agreements with and Concerning China* (Washington, D. C., 1929), vol. I, pp. 74-77.

4 陸鳳石編，《新纂約章大全》，上海：南洋書局印，宣統元年，第八卷；另參閱 MacMurray, *op. cit.*, vol. I, p. 29。

5 Willoughby, *Foreign Rights*, vol. I, p. 134; Kent, *Railway Enterprises*, pp. 98, 102-103.

6 王彥威，《清季外交史料》，第一二一卷，中俄合辦東省鐵路公司合同章程。

7 Kent *Railway Enterprises*, pp. 158-161; MacMurray, *Treaties and Agreements*, vol. I, pp. 74-77, 84-88.

8 陸鳳石編，《新纂約章大全》，第二卷，中俄續訂東省鐵路公司合同章程。

9 MacMurray; *op. cit*., vol. I, pp. 207-208.

10 Kent, *op. cit*. pp. 98, 102-103; E-tu Zen Sun, *Chinese Railways and British Interests, 1898-1911* (N. Y.: Columbia University Press, 1954), pp. 6-7；李國祁，《中國早期的鐵路經營》（台北：中央研究院近代史研究所，一九六一），頁一七二～一七四；丁名楠、張振鵾等，《帝國主義侵華史》，第二卷（北京：人民出版社），頁七五～七六。

11 E-tu Zen Sun *op. cit*., pp. 93-95, 143-146, 160-162; En-Han Lee, "China's Response to the Foreign Scramble for Railway Concessions, 1895-1911", *Journal of Oriental Studies* (Hong Kong University), vol. 14, No.1 (1976), p. 2.

12 En-Han Lee, *loc. cit*,; p. 2.

13《帝國主義侵華史》，第二卷，頁九〇；MacMurray, *op. cit*. vol. 1, pp. 112-116。

14 胡濱，《十九世紀末葉帝國主義爭奪中國權益史》（北京：三聯書店，一九五七年版），頁一六七；H. B. Morse, The International *Relations of the Chinese Empire*, vol. 3 (London: Longmans Green, 1918, reprinted Taipei), p. 89。

15 En-Han, Lee "China's Response to Foreign Scramble for Railway Concessions", p. 3.

16 Philipp Joseph, *Foreign Diplomacy in China: A Study in Political and Economic Relations with China* (London: 1928), pp. 331, 341, 357-358; Kent, *Railway Enterprise*, pp. 93, 100-101。另參閱 Mary H. Wilgus. Sir Claude *MacDonald: The Open Door and Birtish Informal Empire in China, 1895-1900* (N.Y.: Garland, 1987)。

17 MacMurray, *op. cit*.; vol. 1, pp. 266-267；《帝國主義侵華史》，第二卷，頁七九～八〇；宓汝成編，《中國近代鐵路史資料（一八六三～一九一一）》（北京：中華書局，一九六三年第一版，一九八四年第二次印刷），頁四二一～四九三。

18《帝國主義侵華史》，第二卷，頁八〇～八一。

19 李恩涵，〈中美收回粵漢路權交涉〉，見同作者《近代中國史事研究論集》，第一冊（台北：台灣商務印書館，一九八二版），頁三一九～三二〇、三二〇～三二一、三二一。

20 同上註。

21 同上註。

22 同上註；《帝國主義侵華史》，第二卷，頁八二。

23 徐義生，《中國近代外債史統計資料》（北京：中華書局，一九六二版），頁二二；A. J. Sargent, *Anglo-Chinese Commerce and Diplomacy* (Oxford, 1907), p. 243。

24 徐義生，前書，頁二六；吳紀先，〈盛宣懷與辛亥革命〉，見湖北省哲學社會科學聯合會編，《辛亥革命五十週年論文集》（北京：中華書局，一九六二版），頁四二八。

25 En-Han Lee "China's Response to the Foreign Scramble for Railway concessions", pp. 6-7.

26 王景春，《中國鐵路借款合同全集》（北京：鐵路協會，一九一六），頁六。

27 曾鯤化，《中國鐵路史》（新化自宅印，一九二四），頁七五～七六；凌鴻勛，《七十五年來鐵路大事之回憶與述評》（台北，一九五六），頁六；吳紀先，《盛宣懷與辛亥革命》，頁四二八～四二九；李國祁，前書，頁一四七。

28 李恩涵，〈中國近代之收回鐵路利權運動（一九〇四～一九一一）〉，見同著者，《近代中國史事研究論集》，第一冊，頁五四四～五四五；En-Han Lee, "China's Response to the Foreign Scramble for Railway Concessions", pp. 7-8。

29 G. C. Allen and A. G. Donnithorne, *Western Enterprise in Far Eastern Economic Development. China and Japan* (N. Y. Macmillan, 1954), p. 39.

30 William F. Collins, *Mineral Enterprise in China* (Tientsin, 1922), p. 50.

31 李恩涵，《晚清的收回礦權運動》，頁二四～二五。

32 同上註。

33 中央研究院近代史研究所編（王璽、李恩涵），《礦務檔》（台北：中央研究院近代史研究所，一九六〇），頁二六六七（第一五一〇號文）；頁二六七五（第一五一五號文目錄）、頁二六七六（第一五一六號文）；頁二六五六（第一五〇五號文）、頁二五六二（第一四五九號文）；附錄《礦務大事年表》；頁四三〇三～四三〇五（第二五四一號文）；頁三九四九～三九五〇（第二三七五號文）。

34 同註31。

35 同註31。

36 同註33。

37 于寶軒輯，《皇朝蓄艾文編》，第二十三卷，陳明遠書往勘銅仁萬山廠汞礦事。

38 同註33。

39 李恩涵，《晚清的收回礦權運動》，頁二七。

40 同上註。

41 同上註。

42 同上註。

43 同註33。

44 王彥威，《清季外交史料》，第一二三卷，中俄合辦東省鐵路公司合同章程。

45 《新纂約章大全》，第二卷，中俄續訂東省鐵路公司合同章程。

46 同註33。

47 《清季外交史料》，第一三九卷，恩澤奏附合同。

48 同註33。

49 《礦務檔》，頁三四三八、三四四三、三四四四、三四四七（第二〇五二號文及附件）；李公綽譯，《中國經濟全書》，第十輯（上海：東亞同文書院調查），頁六一一～六二二（見陳真、姚洛、逄先知合編，《中國近代工業史資料》，第二輯）。

50 《礦務檔》，頁三四三八、三四四三、三四四四、三四四七（第二〇五二號文及附件）。

51 金楷理、姚棻等編譯：《西國近事匯編》，戊戌年，第二卷，頁三二。

52 羅曼諾夫著，民耿譯，《帝俄侵略滿洲史》（台北：學生書店翻印，一九七三版），頁四二二。

53 同上註。

54 《礦務檔》，頁四一七四（第二四九六號文），頁三四三七（第二〇五〇號文），頁四九四三～四九四五（第二八〇六號文及附件），頁四八六五（第二七七三號文及附件）。

55 同上註。

56 同上註。

57 同上註。

58 張之洞，《張文襄公全集》，第四十四卷（台北：文海出版社翻印），鐵廠招商承辦議定章程折。

59 同上註。

60 William F. Collins, *Mineral Enterprise in China*, p. 57.

61 En-Han Lee, "China's Response to Foreign Investment in Her Mining Industry (1902-1911)" p. 56.

62 《晚清的收回礦權運動》，頁三二、二〇二～二〇三、二〇六～二一四、三三、三六、三七、三九、三九～四〇。

63 同上註。

64 《清季外交史料》，第一四〇卷，路礦大臣張翼奏。

65 參閱于寶軒輯，《皇朝蓄艾文編》，第十八卷，〈論中國度支〉、〈中國度支考跋〉；《礦務檔》，頁二六七六（第一五一六號文）。

66 同註62。

67 《礦務檔》，頁二五八四～二五九〇（第一四六六號文件）。

68 同上書，頁二〇一一（第一一四八號文及附件）；Willam F. Collins, *Mineial Enterpirse in China*, p.54。

69 同註62。

70 Collins, *op. cit*; pp. 48-49；《礦務檔》，頁二六八四（第一五二三號文）。

71 Ibid; pp. 49, 60.

72 同上註。

73 《礦務檔》，頁九二四～九三四（第五二二號文及附件）。

74 同上註。

75 同上註。

76 邵之棠輯，《皇朝經世文統編》（上海：寶善齋，光緒二十七年）第九十卷，容閎鐵路條陳。

77 En-Han Lee, "China's Response to Foreign Investment in Her Mining Industry," p. 57.

78 《礦務檔》，頁三九八〇（第二三九五號文及附件）；頁三四五〇（第二〇五四號文）；頁三四五四～三四五七（第二〇五六號文附件）；頁二〇一一～二〇一四（第一一四八號文及附件）。

79 同上書，頁四三二一～四三二六（第二五四五號文及附件）。

80 同上註。

81 同註78。

82 同註78。

83 同註62。

84 梁啟超主編，《新民叢報》，第二卷，第二十八號，叢報門，〈中俄西藏礦山條約〉。

85 Ellsworth C. Carlson, *The Kaiping Mines (1877-1912)* (Cambridge, Mass.: Harvard University Press, 1958), pp. 53-62；王璽，《中英開平礦權交涉》（台北：中央研究院近代史研究所，一九六二年），頁四四～五四。

86 同註62。

87 同註62。

88 《清季外交史料》，第一八二卷，外部奏英商請辦安徽銅官山礦務改定合同摺。

89 同註78。

90 參閱 Collins, *Mineral Enterprise in China*, p. 58；《礦務檔》，頁二九三三～二九三八（第一七二三號文）。

91 《礦務檔》，頁二八二〇～二八二一（第一六二七號文），頁二八七二（第一六七〇號文）。

92 《東方雜誌》，第二年，第九期，外務部奏改定華英公司合辦江北廳煤鐵礦合同。

93 同註62。

94 陸鳳石編，《新纂約章大全》，第六十二卷，雲南隆興公司承辦七屬礦務章程。
95 同註62。
96《礦務檔》，頁二七〇九（第一五四五號文），頁二七二一（第一五五六號文），頁二九九一（第一七五一號文），頁一〇〇〇（第五五一號文），頁一〇八一（第五九三號文），頁一〇八一（第五九三號文），附錄《礦務大事年表》。
97 同上註。
98 同上註。
99《東方雜誌》，第七年，第九期，〈山東礦務之一斑〉。
100 同註96。
101 同註96。
102 同註96。

原載戚其章、王如繪主編，《甲午戰爭與近代中國和世界：甲午戰爭一百週年國際學術討論會論文集》，北京：人民出版社，一九九五，頁九三三～九五三。

103 同註96。
104 雷麥（C. F. Remer）著，蔣學楷、趙康節譯，《外人在華投資論》（上海：商務印務館，一九三七年版），頁三六～三七。
105 丁文江：《外資礦業史資料》，翁文灝序，頁一。
106 李恩涵，《晚清的收回礦權運動》，頁五三～五五、五五、五六、五九、六一～六三、六四～六五、六五。
107 同上註。
108 同上註。
109 同上註。
110 同上註。
111 同上註。
112 同上註。

第八章

德國對山東礦權的侵奪與山東收回五礦利權運動（一八九七～一九〇八）

一八九七年十一月十四日德國藉口曹州府鉅野教案，以軍艦武力侵入膠州灣（膠澳），奪佔青島砲台，並於十二月四日、五日進佔膠州、即墨二城，除在教案問題上無理要求中國懲官、賠償外，並要求租借膠澳（青島）及在山東開築鐵路與開採礦產的權利。1這是中日甲午戰爭之後，帝國主義列強在華競逐政治、經濟利權的外交行動中的一件「弱者必被侵略」的最明顯的例證。一八九八年三月六日，李鴻章、翁同龢與德駐華公使海靖（Edmund Freiherr von Heyking）簽訂膠澳租借條約，除允准德國租借膠澳九十九年，並允准德國在山東建造鐵路自膠澳經濰縣、青州、博山、淄川、鄒平至濟南及山東界，及由膠澳經沂州、萊蕪至濟南及由濟南至山東界，「其由濟南府往山東界之一道，應俟鐵路造至濟南府後，始可開造」（第二條），及允准德國於各鐵路附近相距三十里「開挖煤觔等項及須辦工程等事」（該條約於同年三月七日經清廷批准，七月十七日互換）；2這是列強以武力強租中國港灣的第一項條約，也是列強以武力強索鐵路建築權與開礦利權的第一件案例。就前者而言，此後俄之強租旅順、大連，法之強佔廣州灣，英之強租威海衛、擴租九龍，無不循此模式而行，開列強在華劃分勢力範圍的先河。又為擴展與鞏固各該國的勢力範圍，各該國便首先在其範圍內儘量佔奪鐵路建築權，以作線的延伸；另在鐵路沿線或線外特定地區則攫佔開礦權，以強化線的功能與作重點式的擴展，進而擴大面的控制。3此時期內德國在山東的所作所為，正是這樣的強權政治的一項典型模式。

專就各國所競逐的開礦權而言，中日甲午戰爭以後，首先以政治手段取得中國鐵路建築權與開礦權的，是法國，而以毗近越南的桂、滇、粵三省為目標；另外，四川、貴州等省的礦權，也是法人攫奪的目標。俄國則以滿（東北三省）、蒙和新疆的廣大地區為其著重所在，在黑龍江、吉林、奉天（遼寧）境內各地到處於勘測建築鐵路線與其支線之餘，勘查礦產；雖然首重煤礦的挖採，另對開採黑龍江、外蒙古、新疆各處的金礦，也甚著意。英國在華所建立的政治、經濟勢力，為時最久，範圍最廣，在一八九五～一八九九年間各國競爭奪取中國的鐵路、礦權的大競賽中，它不只獲得了鐵路建築權二千八百英里，具各國之首（俄國獲得一千五百三十英里，德國獲得七百二十英里，比利時（內有法國資本）獲得六百五十英里，法國獲得四百二十英里，美國獲得三百英里），在礦權的競逐中，英國也在外蒙古、奉天、直隸（河北），中經長江中下游的江蘇、浙江、安徽等省，以至四川、雲南、廣東各省，均大肆活動，絕不鬆手；而其最大且最具實利性的收穫，尤在於一八九八年五月英商福公司（Peking Syndicate，表面與義大利合股）所獲得的山西盂縣、平定州、潞安、澤州及平陽府屬境內煤、鐵、煤油及其他各礦的開採權，又於同年六月所得到的開辦河南懷慶府左右黃河以北各礦的權利；在四川所獲得的廣泛的開礦權利（對開礦實際地區與所採何礦，竟然並無明確的限制，只列出煤、鐵、煤油及金礦等字樣），在浙江所獲得的開辦衢州、嚴州、溫州、處州各府屬煤、鐵及煤油各礦等。一九〇〇年後，英國甚至利用北方拳變的機會，趁火打劫，利用欺騙的手段，佔奪了中國官商開辦多年已具良好成效的直隸開平煤礦。稍後，它又得到在皖南勘辦歙縣、銅陵、大通、寧國、廣德、潛山等六州縣與皖中、皖南的懷寧、宿松、太湖、東流、繁昌、婺源、涇縣等七州縣礦產開採（草約）的權利。4

德國在此路礦利權大競奪中，亦不甘落人之後。事實上，早在一八六八～一八七二年間普魯士（德國）地理學家李奇荷芬（Freiherr Ferdinand von Richthofen）在上海西人商會的財務支持下，即曾在中國內陸進行七次遍及十三個省區的礦產勘查之行，曾於一八六九年與一八七一年兩次上書德國首相俾斯麥，建議派遣軍力佔據浙江舟山群島，以為德國在中國勢力的根據地。在他於一八八二年出版的《橫越中國之旅》（*Trips through China*）一書的第二巨册中，李奇荷芬縷述他在中國各地詳細勘查煤礦的情形，認為歐美人之開採中國礦藏，實為發展中國交通與工商業的基礎關鍵所在，而特著重於山東礦產的開發。李奇荷芬認為山東人口密集，約達三千萬人，而其極為豐富的礦藏，特別是煤礦，卻從未開採，而該省的許多種農產品也甚富饒；但該省與他省相較，則甚為貧窮落後，其主要原因是由於水陸交通的不便。陸路交通工具非常原始，而與其他沿海省份不同的是，山東也無自沿海通向內陸地區可通航運的大河，因而使大型的貿易商業無法有效進行。煙台雖於一八五八年即開口對外通商，但因僻處山東半島的東北角，又為山嶺與內陸的富饒地區相隔離。李奇荷芬描述山東煤礦的富饒地區有博山、章丘、濰縣、沂州府等地，但此數地如欲建築鐵路以與煙台相聯繫，則甚為困難，他因此建議應該闢建在整個華北各省中最大和最好的膠州灣新港口，以為運輸這些煤礦區所生產的大量煤斤之需。他認為膠州灣不只港闊水深，適於航運，自其地建築鐵路以通山東省會的濟南也甚容易；

此港口與這樣的一條鐵路即可為整個山東省開發富源和繁榮的基礎。此外，他也認為在長江之北，只有膠州灣可以作為一處更廣大、更有系統的華北鐵路網的適當中心地點，而連接濟南之路只是此大系統的鐵路網的開端而已。5

李奇荷芬的構想與建議，在十九世紀八〇年代雖未實行，但德國在強佔膠州灣之後所簽訂的租借條約中，則想迅速予以實現。在該約第二部分所列德國在山東所得的經濟利權中，德國獲得了建築自膠澳經濰縣、博山至濟南、自膠澳至沂州府及自濟南經萊蕪至沂州府等三條預定鐵路的建築權，又可自濟南延築鐵路至山東界；而在沿鐵路線之三十里之內則可開採礦產。惟該約也規定所有德人建築鐵路與開辦礦務的公司均應中德合辦，中德商人均可自由投資，在任用管理總辦人員上同享機會，公司也與在華其他華洋公司享有同等的權益與優遇。中德政府也同意在管制這類中德公司企業方面，雙方將於稍後另訂更詳細的協定。6事實上，德國在膠澳條約實際簽訂之前，即實行起它專辦山東鐵路開築權的權利，成功地阻止了容閎於一八九七年十一月即著手攬辦、而於一八九八年二月十一日簽訂的建築津鎮鐵路（天津經山東至江蘇鎮江）草合同，迫使清廷撤消其事。7而且，中德租借膠澳條約中，明明說只是「租借」膠澳，為期九十九年，但德國自始至終卻視膠澳為其殖民地，準備長期的佔有，並想以此為根據地，以經營整個山東省為其勢力範圍。8

德國在正式獲得膠澳租借地之後，很快即開始了建築鐵路的工作，此即連接青島至濟南的膠濟鐵路，同時也開始了初步勘礦開礦的作業。一八九八年春，德商禮和洋行（Carlowig & Co.）派員前往濰縣進行初步的勘礦，以為日後大規模開礦的準備。9一八九九年六月一日，德首相荷根洛赫（Hohenlohe）簽署授權書予德華銀行（Deutsch-Asiatisch Bank）、瑞記洋行（Arnhold, Karberg & Co.）等企業合組而成的德國公司，以專辦建築和經營膠濟鐵路的權利。同年六月十四日，該德國公司集資五千四百萬馬克，成立山東鐵路公司（Schantung Eisenbahn Gesellschaft），中國則出資銀十萬兩，但所有公司的管理事宜，均由德人擔任，中國無權過問；預計於三年內自青島建築鐵路至濰縣，五年內抵達濟南，完成全線。山東鐵路公司在一八九九年夏，即與德工業各部門洽購各項築路工具與材料，至一九〇〇年已支用二千萬馬克購料八萬五千噸，由漢堡・美洲郵運公司（Hamberg Amerika）與北德洛依得（Norddentscher Lloyd）船運公司運往青島。一八九九年十二月，第一批四千二百噸的鐵路材料包括路軌、鐵釘、魚尾板等已運抵青島，以為建築膠濟鐵路最先一段的十五英里之所需。10

德國為了儘速獨佔山東的開礦權利，也於一八九九年二月由德商瑞記洋行出面，稟呈北京清廷的鐵路礦務總局，要求開採山東五處礦務，但對該五處礦區的真正確切區域，卻又措辭含混，只在字面上顯得面積異常廣大而無限制，對於開採何礦也無明確說明：⑴沂水東北至海，南西至江蘇界；⑵沂水城外一百二十里界內；⑶諸城；⑷濰縣西南濰河白塔地方；⑸煙台周圍二百五十里界內。11實際此五處礦區幾已囊括魯中、魯南礦儲最富的地區。德駐華公使克林德（von Kettler）復一再催逼中國批准，施以外交的壓力；總理衙門只得應允德商逐處勘礦，並允續商詳細的辦礦章程。12

一八九九年十月十日，上述獲德政府授權開築膠濟鐵路的德國公司財團，又合資組成山東開礦公司（Schangtung Bergbau Gesellschaft），登記資本一千二百萬馬克，設總部於柏林，在青島則設分部辦事處，而以有經驗的礦師米海理（Hermann Michaelis）為總董（field director）。初期該公司的開礦工作係集中於濰縣附近，因為該處礦區的位置最靠近青島，也是鐵路最先通達之區。至一九〇〇年初，品質良好的煤礦的確切位置已經具體查明，雖然其在數量上是否值得大量開採，尚難肯定，但德礦師也在其他地點積極勘查。惟山東開礦公司的股份依照原訂租借膠澳條約的規定，應公請華人參與，但德人自初即無意實際執行。[13]

膠濟鐵路開築後，即面臨購地築路與工程安全等兩大問題，其實際工程係由中國包商承辦，僱用中國工人兩萬至兩萬五千人在鐵路工地工作；惟一九〇〇年一月至二月發生高密（在膠州之西）士民聚眾阻撓德人築路、拆毀枕木、甚至砲擊德人之事件。[14]當時袁世凱已經於一八九九年十二月六日受命署任山東巡撫，頗致力於彈壓崛起於山東各地的拳民，但袁所實行的是八面玲瓏、不開罪任何一方的「驅拳民出魯」、「以鄰為壑」的策略，對於排外性質的高密事件，他不只謹慎處理，而且很想引導山東人民族主義的情緒於正面的建設性方向，以防患於未然。一九〇〇年三月二十一日，袁世凱與記名都統負責在山東與德人辦理交涉的蔭昌（曾留學德國、擅長德國語文）與山東開礦公司總辦米海理、司米德（Karl Schmidt）兩人簽訂山東礦務公司章程二十條，規定上述德公司改稱今名，而規定為中德合辦，以開採鐵路三十里內的礦產。[15]其主要內容如下：

第一款：按照曹州教案條約第二端第四款，在鐵路附近三十里內指定各地段允准德商開挖煤觔等項，及須辦工程等事，亦可華商、德商合股開辦一節，應設立山東德華煤礦公司，並照公司章程，招集中國官商股份，先由德人暫時經理，所收華人股份按季呈報本省交涉局，俟招股在十萬兩銀以外時，再由本省選派委員入公司，訂立章程，稽查華股應得一切利益。

第三款：該公司應辦勘查開採，以及試辦各事，應由本省派定委員會同商辦，或並約紳衿幫同辦理。該公司倘在一處先欲試辦，所用地段，不欲購買，則應先商明發給租價，至所傷禾稼等項，應照該處情形，給價作賠，以免百姓吃虧。再每次試辦開採，應在半個月以前，通知該處地方官，以便轉達百姓，俾杜生疑。

第四款：開挖煤礦應用地段，如建築礦井、修蓋機器等廠，以致工人住房與貨棧等項，須會同官紳彼此商辦，以期無損於百姓。所為平安順手起見，是以山東巡撫特派幹員幫同買地及料理一切。惟凡講礦學與採擇地勢各節，應歸礦師作主；而購租地段，須會同特派之員妥商辦理，或租或買，不得強抑勒索。每次查定地段後，應繪一作二萬五千比例之布置形勢圖，送呈山東巡撫，以備稽查。呈圖後，始准買地，俟地買妥，方准修蓋所需各處。至地下所作一切，除第七款所云不計外，不與上面人相關，故不得攔阻，亦不得爭討，以昭公允。再買地一事，應秉公迅速辦妥，以免耽延開採礦產；地價應照該處情形，核實付給。所購地段，只准購得將來修蓋礦井，與各項房屋、煤棧、裝車、運煤處所等項，足敷應用為止。

第五款：凡廟宇房屋樹木及眾多整齊之墳塋等項，均應顧惜謹慎躲避，不使因辦礦務，令其受傷。萬不得已，必須遷移以上所指各物，則請地方官在兩個月以前，通知該主人，以便妥商賠償。總使該主人在他處能照原議另行置辦，並於錢財上不致喫虧。

第六款：辦理礦務須蓋各房及開挖礦井等項，地位均須合宜，總使於本省城壘公基及防守各要害，無所妨損。

第七款：朝廷所屬各祠廟行宮園廠等項之下，概不准辦礦務。

第八款：該公司因開礦買地，無論何處應用官弓尺，丈量地畝，每弓五尺，每尺合三百三十八米里密達；每地一畝，按三百六十弓計算，合九千方尺。至所購地段應納國課一節，須照他國人在中國他處開礦章程辦理，以昭公允。

第九款：該公司倘請地方官派人前來幫同做事，則應給辛工銀兩，另行開發，不准與地價稍有牽涉，以清眉目。所發地價，應妥交地方官代收，以便轉給各該地主。一面由地方官發給公司買地執照，發照後始准動工。

第十款：或在勘查礦苗時，或在開採礦產修蓋礦廠時，在百里界外，儻須稟請山東巡撫派兵前往保護一切，屆時查度情形，見稟隨即照准，並派敷用之兵數，以應所需。至該公司應給此項衛兵若干津貼，應另行商議；惟不准請用外國兵隊。

第十一款：該公司購買物件，應照本地市價交易，不准強買，亦不准故意貴賣，以昭公允。或請地方官代購亦可。

第十二款：在開礦處附近一帶，倘欲租賃住房，或辦公處所，應請地方官代租，並代立租房合同。

第十三款：該公司辦理礦務，應攙用本處土人，使之工作，所需物料，凡本處所有之物，亦應在本處購買，並須公平給價。儻公司所用之人，與本處百姓滋事，應由地方官拏辦。再公司所用各工人，無論如何不准擅入百姓住家，如敢違禁，定必從嚴究辦。

第十四款：該公司開採礦產時，萬一遇意外不測之事，致傷人命或物件，理應撫卹賠償。除此之外，尚有應定詳細章程，凡因辦理礦務被傷各物，均照詳細章程賠償。至在試辦時，儻因公司之過，致傷人命或物件，亦應撫恤賠償。

第十五款：辦理礦物，准保不傷民田、房屋、水井等項，若因公司大意粗心，以致傷以上所指各物，定當按照該處情形認賠。至礦內若有泉水，應謹慎行出，以不傷民田等項為率；否則，議價賠償。

第十六款：各礦務所用各洋人，均須請領中國地方官與礦務公司會印憑單，以便隨時稽查。如不領會印憑單，中國官不負保護之責。此項洋人若欲他往遊歷，均應請領中國官與德國官會印護照，以便飭屬加意保護；儻無此項護照，中國官亦不認保護之責。該公司在勘查礦苗時，應由地方官派差跟隨，藉資保護，該公司應酌給此項差人酬勞津貼。儻遇假冒公司之人，並無憑單作證，則應由地方官拏辦，以杜含混滋事。

第十七款：在鐵路附近三十里外，無論誰何，未經山東巡撫允准，不准私自開礦。在三十里內，除華人外，只准德人開採礦產。凡經華人已開之礦，應准其辦理，惟不得使下面之德人礦務，定有危險；儻該公司深恐冒險，則可請地方官查明，向華礦主人公平議價，或將礦賣與公司。儻華人在某處已開大礦，該公司意欲購買，在商定價值後，聽礦主自便，或將購價折作股份，領取股票亦可。如華礦主人不願將所開之礦賣出，則應作罷論，不得攙擾其事。

第十八款：儻該公司所辦礦務實係日有起色，所得礦產，實係茂盛，則附近居民日用所需煤觔，應准以較廉之價購買，惟不得轉賣，致於公司生意有礙。

第十九款：凡德租界外各處，其地主大權，仍操之於山東巡撫，公司所用華人，應歸中國地方官稽察。儻有違犯華例等事，亦歸地方官究辦。至所用各洋人，儻有不合之處，應照條約秉公辦理。

第二十款：此項礦局，將來中國國家可以如何購回，與於何時可以購回，應將來另議。16

雖然，華德山東礦務公司名為中德合辦，實際卻由德人操縱一切，但本章程詳細規定了該公司的一些義務事項，消極地既防止了該公司因辦礦與當地百姓之間的可能衝突，積極地則可作為此後鐵路三十里內真正中德合辦開礦企業的一些法律依據。

山東礦務公司所開採的礦產，主要係煤、鐵二種；煤礦方面的主要礦區，計有⑴濰縣坊子煤礦，開採始於一九〇一年。一九一〇年僱有礦工三千人，分晝夜二班，有德人持槍督工。一九一二年產量為十九萬九千噸；⑵淄川縣張店附近之紅山（岔山）煤礦，一九〇一年始開採，一九一三年僱有歐人二十七名，華工三千七百餘人，一九〇九年的煤產量為三十二萬噸。紅山煤礦的生產成本較坊子煤礦少一元，但因距青島較遠，運費則較貴；⑶博山煤礦：本不在膠濟鐵路沿線三十里之內，德人另修張（店）博（山）支線以聯絡之。煤質極佳，含炭量百分之八十五以上，一九〇九年的產量約四十萬至五十萬噸，全運至青島，作為軍艦及商船之用；⑷新城縣四寶山煤礦，礦苗品質頗佳，因在鐵路三十里內，一九〇六年德人要求開採；⑸嶧縣中興煤礦，初辦時，原擬中德合股，華股佔十分之六，德股佔十分之四，嗣以德股並未招齊，由該公司股東議決，將德股購回。17

上述各煤礦據一九〇九年的資料，濰縣、博山、嶧縣三處礦師及工頭由德人擔任，共約一百人左右；苦力工人由華人充當，共約七千七百餘人。售與軍艦及輪船之無煙煤，利潤最厚，一般而言，採掘費每噸約三元，至青島之運費每噸約四・二元，成本每噸七・二元，可售至十至十三元。18

鐵礦方面，華德礦務公司最初先在金嶺鎮停車場附近採驗，據一九〇五年的報導，有德礦師五人參加工作，已驗得含鐵量為百分之七十五。金嶺鎮鐵礦距青島八十二英里，一九一一年七月正式開採，但業務並不理想。19

華德山東礦務公司的業務，自始即受到山東本土礦業的競爭，自然該公司的開採各礦也限制了山東本土礦業的活動。一九〇四年十二月十六日，德使穆默要求外務部將山東礦務公司章程續增四款：

⑴鐵路三十里內只准德商以機器開採；
⑵鐵路三十里內，華礦禁用機器；
⑶鐵路三十里內德商開辦之新礦，周圍十五里內不得再開華礦，已開華礦於二年內一律停辦；
⑷鐵路三十里內德商機器辦礦之法，中國無權辯駁。20

中國外務部初步雖予駁拒之，但因德人之要求係根據一九〇〇年山東地方當局（袁世凱與蔭昌）與山東礦務公司所簽訂的礦務章程，依據該章程，華人在鐵路三十里內已開之礦，僅准照向來辦法續辦，不得對山東礦務公司所開之礦區造成危險；故中國最後讓步。此一讓步，對山東本土礦務是一大打擊，於是華商勢難與德商抗衡，相率停閉，而德人遂得壟斷山東內地賣煤之權。21

至於華德山東礦務製造公司（後改名山東採礦貿易公司）自瑞記洋行所接手的勘辦山東五處礦務問題，該公司先於一九〇二年二月，經由德駐濟南委員（原駐煙台領事）連梓照會山東巡撫，要求請辦沂州、沂水、寧海三處礦務；魯撫允其先行勘礦，再議。22 一九〇二年四月，該礦務公司又請開辦諸城礦務。一九〇七年四月二十一日山東巡撫楊士驤與德商採礦貿易公司總辦貝哈格簽訂開辦山東五處礦務草約，另於同年八月二十二日簽定正合同，規定：

⑴該公司招集華德股本，即係華德公共商務，該公司應辦之事，僅限於開礦一端，不得推及另項商務；

⑵勘辦五處礦產，只應按照尋常商務辦法，與膠濟鐵路附近三十里內之礦務載在膠澳條約者迥不相同；

⑶勘礦期限自合同簽押之日起延長二年，逾期由中國收回自辦；

⑷所指地段內凡華商已經勘辦及暫時停工尚未全行廢棄之礦，仍歸華商辦理。[23]

嗣德商山東採礦貿易公司在沂州、沂水、諸城、濰縣四處之查勘因無利可圖而停工，僅在煙台界內寧海州屬茅山一帶查勘金礦。[24] 一九〇八年，山東紳民為保全津浦鐵路沿線的礦權，倡設保礦會，散布傳單，開會演說。不久，即涉及到山東採礦貿易公司所獲得五處礦權問題。魯紳陳翰、周樹標等首倡發遞公呈山東巡撫，認為「五處礦務，係屬商務性質，宜用國際私法，不當用國際公法，簽押宜用商人名，不當用山東礦政局總辦名；勘礦年限不應限制兩年，指定礦地不應每塊三十方里。種種悖理違法，非議廢（原章程）不可」；又宣言：「訂合同時，東省人民全未預聞，斷不承認」，「如不能廢，當限制開礦，抵制德貨，以為後盾。若置之不理，則嫌疑叢生，難保無釀成不穩舉動」。但因山東巡撫袁樹勛認為一九〇七年八月二十二日甫經山東礦政局與德商簽定的「勘辦五處礦務合同」，挽回利權不少，此時釀成交涉，頗與中國不利，多方遏抑，因此魯紳和學堂學生所發動的爭礦運動，並未擴大。[25]

依照中德原訂五礦合同的規定，德商探礦限期以二年為限，至宣統元年（一九〇九）七月即可屆滿；但德商因勘辦五礦耗資甚巨，而所探獲的礦藏情形，殊不理想，因於滿限四個月前，自動循外交途徑由德駐濟南領事貝斯向袁樹勛建議，願將五礦中已經勘辦的寧海州茅山金礦，價售中國。袁樹勛雖然明知德商「經營

（五礦）礦業，已逾十年，一旦放棄必其礦質不佳，意將頻年折閱之費，取償於我，且合同採礦期限，本年（一九〇九）七月即滿，與其以重價而獲石田，不若俟其逾限不開，全行收回之為愈」，但因顧慮到礦權係中國固有的主權，若此時德人自請議贖，不與議商，將來枝節橫生，設有他變，實為不智；且想藉此將所有山東五礦的礦權，一律收回，斷絕未來無窮的糾葛。省內官紳集議亦以主張議贖收回的居多，中德間的談判，因而正式開始。26

一九〇九年（宣統元年）舊曆五月，袁樹勛調任兩廣總督，新任署山東巡撫孫寶琦繼續議商，迭次派員與貝斯及華德山東採礦貿易公司總辦石謐德會談。德人初索贖價德金二百五十萬馬克，合華銀八十萬兩；迭經磋議，減讓至三十四萬兩。一九〇九年八月二十九日，德商原訂合同所載探礦的期限，已告屆滿，山東紳商乃群起反對繼續進行贖礦的談判。山東議員楊毓泗、紳民石金聲等致電外務部，以德商五礦礦權已經逾限作廢，請「力據該合同指駁，否則，東人決不承認」。魯省旅京官商亦認為五礦礦權既已逾限，即應將原訂合同作為廢紙，並停止與德商續議贖礦的問題。翰林院編修范之杰聯絡內閣學士王埒、柯劭忞、田智枚、王寶田等連次集議應付的辦法，並決議成立路礦研究所，擬與各省路礦協會、上海路礦聯合共濟會、山東諮議局及各府州縣議事會、商會等互相聯絡，期使一致實行抵制的策略。旅京山東同鄉並發布公啟，籲請外務部借紳力以與外人作強硬的交涉，迫其退讓。27

但山東巡撫孫寶琦認為該項礦案所牽涉的糾葛，甚為複雜，五礦合同雖經逾限作廢，但德商曾在探礦限內呈請開辦茅山金礦，此後「前往開辦，且將另索四處礦界，以後商購，彼更居奇」；而且，原訂合同內，「既有准其轉售明文，彼（德商）豈肯無端作廢，與其由彼轉售，另生枝節，自不如早日由我收回，早消隱患」，較於中國有利。因此，在孫寶琦的主持下，一九〇九年（宣統元年）十二月三十一日由山東勸業道蕭應椿、山東洋務局候補道劉崇惠遂與華德山東採礦公司總辦石謐德訂立贖回五礦合同，由山東省付出贖款三十四萬兩。孫寶琦又進而策劃與德商劃清膠濟、津浦、膠沂濟各鐵路沿路的礦權，以免彼此競爭，徒傷兩國的睦誼。一九一一年七月二十四日，蕭應椿與華德山東礦務公司代表畢聚賢、斯美德簽訂的「劃清山東各路礦權合同」，即係本此原則而議定。德商除保留膠濟路三十里內淄川、昌樂、坊子、濰縣境內部分的礦權以外，所有已成的膠濟鐵路、未成的津浦鐵路，甫勘之膠沂濟路，凡曹州教案條約所許與德商的沿路三十里內的礦權，均由中國收回。山東省所付出的代價，則係償款二十一萬元。

注釋

1 郭廷以，《近代中國史事日誌》（台北：台灣商務印書館，一九六三），第二冊，頁九七四～九七五。日本對中國傳統上與簽訂中日馬關條約時之凶狠，見已故中日外交史權威史家梁嘉彬博士撰，〈李鴻章與中日甲午戰爭〉，見《大陸雜誌》，第五十卷，第四期（台北，民國六十四年（一九七五）十月、十一月十五日）。

2 參閱王璽、李恩涵合編，《礦務檔》（台北：中央研究院近代史研究所，一九六〇），頁一一一三～一一一四。

3 李恩涵，《晚清的收回礦權運動》（台北：中央研究院近代史研究所專刊之八，一九六三），頁三～四、一～二。

4 同上書，頁二三～三七。

5 John E. Sohrecker, *Imperialism and Chinese Nationalism: Germany in Shantung* (Cambridge, Mass.: Harvard University Press, 1971), pp. 5-6, 16-17.

6 *Ibid.*, pp. 40-41.

7 *Ibid.*, p. 41.

8 *Ibid.*, p. 59.
9 *Ibid.*, p. 87.
10 *Ibid.*, pp. 104-105.
11 李恩涵，前書，頁三四～三五。
12 同書，頁三五，三一二。
13 John E. Schrecker, *op. cit.*, pp. 124-125.
14 *Ibid.*, p. 106；郭廷以，前書，頁一○六一，一○六四。
15 李恩涵，前書，頁三一六。
16 王璽、李恩涵合編，《礦務檔》，頁一○○五～一○一一。
17 參閱張玉法，《中國現代化的區域研究：山東省，一八六○～一九一六》（台北：中央研究院近代史研究所，一九八一），頁二一二～二一三。
18 同上書，頁二一三。
19 同上書，頁二一三。
20 同上書，頁二一三～二一四；李恩涵，前書，頁三四六～三四七。
21 張玉法，前書，頁二一四。
22 李恩涵，前書，頁三三三，三三七～三三八。
23 張玉法，前書，頁二一四～二一五。
24 同書，頁二一五。
25 李恩涵，前書，頁一七六～一七七。
26 同書，頁一七七～一七八。
27 同書，頁一七八～一七九。

《德佔膠澳一百週年學術研討會》論文，山東青島市，一九九八年八月，初稿二一頁。

第九章

南方軍政府時期（一九一一～一九二五）的外交

一、前言

清宣統三年八月十九日（西元一九一一年十月十日），湖北革命黨所組織的文學社、共進會的革命黨人運動湖北新軍所發動的反滿、反清廷的武裝起義，為約略四個月之後滿清皇朝的覆亡，奠其初基，史稱「武昌起義」或「武昌革命」。而武昌起義發動的一項直接因素，實與清廷應付外人攫建中國鐵路問題的失敗最有關聯。所以，要瞭解武昌起義的源由，除應對中國革命同盟會文裔的日知會、文學社、共進會等在湖北的秘密活動予以瞭解外，尚應對清廷籌建粵漢鐵路與湖廣（川漢）鐵路在外交與內政上的種種失敗，予以探索，才可得其全貌。

武昌為清季籌謀修築的粵漢鐵路（廣州到武昌）的終點，原於光緒二十四年三月二十四日（一八九八年四月十四日）由駐美公使伍廷芳（實際由鐵路總公司督辦大臣盛宣懷主謀）與美國合興公司（The American China Development Company）簽訂正式建築合約，其後並於光緒二十六年六月十七日（一九〇〇年七月十三日）另又簽訂了一項續約，由該美公司負責修築，並擁有極廣泛的借款、路工承包權、行車管理權、沿路警衛權以及其他經濟、金融上的權利。惟因合興公司內部的美人股權在一八九九年之後逐漸為比利時人的股份所取代，竟佔有全股份的三分之二多數，而於一九〇〇年十二月改組的董事會中，比籍董事也佔有多數，甚至在一九〇四年春董事會總董也改由代表比利時利益者所出任，至此原為美籍企業的合興公司實際已全為比人所控制；這全與中美所簽訂的粵漢鐵路建築續約第十七條的明文與精神完全不符。因此，引起該鐵路所擬經過地區的湘、鄂、粵三省地方大吏與紳商百姓的嚴重不安與反對。在湖廣總督張之洞的主持下以三省紳商的名義，後來即於光緒三十一年七月二十九日（一九〇五年八月二十九日）以六百七十五萬美元的代價，由後者贖回路權，而改由三省官紳自辦。惟三省官紳實際是無法籌集出此巨額的贖路款項的，它還是由張之洞出面向英商匯豐銀行（Hong Kong and Shanghai Banking Corporation）與香港政府情商共同出資而得。1

對於粵漢鐵路的自修自辦，湘、粵、鄂三省官紳實無力在資本、技術、人才等各方面順利進行。其時四川官紳也在籌劃修建川漢鐵路（重慶至漢口），利用加收地租以籌款，惟所籌得巨款的大部分竟為主持鐵路公司的紳商所貪污浪費而消耗殆盡，但在鐵路的修築方面卻未真正有所進展。最後，仍然只好在張之洞（原任湖廣總督調任軍機大臣）的主持下，於宣統元年四月十九日（一九〇九年六月六日）與英、法、德三國財團簽訂湖廣鐵路（粵漢鐵路加上川漢鐵路湖北省境之一段）借款造路草約，仍由洋款洋修洋辦。稍後，湖廣鐵路的借款築路事宜，並歸由清廷的郵傳部直接籌商，於宣統三年四月二十二日（一九一一年五月二十日）與英、法、德、美四國簽訂了借款築路的正約。在郵傳部大臣盛宣懷的主持下，此一新的借債築路政策很引起湘、鄂、粵、川四省紳商的強力反對。惟清廷並不瞭解其政權本身的弱點，竟進而宣布更強力的幹路國有政策，擬將所有粵漢鐵路與川漢鐵路全段均收歸國有，全由借洋款、洋修、洋辦，四省反對（「保路」自辦）的風潮，因而愈鬧愈烈。四川紳商為保路竟不惜採取抗糧抗捐的激烈反抗行動，甚至組織「同志軍」作大規模的武裝反抗。[2]屯駐武昌的湖北新軍奉命入川增援彈壓，因此，使留守武昌的部分新軍得有機會於宣統三年八月十九日（一九一一年十月十日）發動革命起義的行動。次日，攻佔湖廣總督衙門，湖廣總督瑞澂逃往停泊於長江中的兵艦，正規軍第六鎮統制則逃漢口，武昌全城光復，起義新軍則擁立其二十一混成協旅協統黎元洪為湖北軍政府都督。陽曆十月十一日，光復漢陽，十二日並光復漢口。[3]

二、湖北軍政府時期的外交

一九一一年十月十二日光復漢口之日，湖北軍政府布告安民，黎元洪並以鄂軍軍政府都督的身分，照會駐漢口各國領事團，宣布外交政策七條：

㈠所有清國前此與各國締結條約，皆繼續有效；
㈡賠償外債照舊擔任，仍由各省按期如數攤還；
㈢居留軍政府佔領地域內之各國人民、財產均一律保護；

(四)所有各國既得權利亦一體保護；

(五)清政府與各國所定契約，所許之權利，所供之國債，其事件成立於此次之照會後者，軍政府概不承認；

(六)各國如有助清政府以防礙軍政府者，概以敵人視之；

(七)各國如有接濟清政府，已可為戰時之物品搜獲，一概沒收。

稍後，軍政府又另貼出告示：嚴禁傷害外人及侵擾外人的商務，也禁止攻擊外人所組成的義勇軍，違者以死刑論處。[4]

十月十四日，軍政府又遣派李國鏞及方言館俄文教習夏維松往晤漢口領事團領袖俄領事敖康夫，請其轉告清軍離開租界三十里作戰，並承認民軍為交戰團體。[5]同日，又再度照各國領事團聲明，清政府向各國所借之債款，其成立於此事件之後者，概不承認。十月十七日，鄂軍都督府並任命胡瑛（留日）、王正廷（留美）為正、副外交部長。[6]十一月十四日，代表江蘇革命政府（蘇州）的交涉部長伍廷芳並宣布各省民軍的目的，在於推翻清室，建立中華民國。[7]十一月二十日（陰曆九月三十日），起義各省議定以湖北為中央政府所在地，推舉鄂省都督黎元洪為民國中央政府代表，黎則以軍政府名義委任伍廷芳、温宗堯為臨時外交代表，辦理民國外交事宜。[8]

在清軍方面，湖廣總督瑞澂在武昌起義之前，即鑒於當地的情勢日趨緊張，曾與英國總領事葛福（Herbert Goffe）相約，請其調兵艦至武漢，倘有革命黨起事，則開砲轟擊。及武昌變起，瑞澂聞砲立逃漢口，請葛福如約開砲轟擊，並防止革命軍渡江攻擊漢口。清方夏口道也請求各國兵船巡行至武漢江面，阻止革命軍攻擊漢口。[9]英駐北京公使朱爾典（John Jordan）則訓令葛福協助瑞澂阻止革命軍渡江，以免雙方的戰火波及漢口英租界（當時清方海軍提督薩鎮冰正率艦砲轟武漢的革命軍），朱爾典並另建議英駐中國海軍司令溫斯洛（Admiral Winsloe）向薩鎮冰提供必要的諮詢。[10]十月十三日，在心態上比較傾向清廷的朱爾典更嚴令葛福，除非在維護英人生命財產的情況下，不得與革命軍有任何聯繫，也不對革命軍的文書有任何回應。[11]

對於革命軍與清方在武漢三鎮的鏖戰，各國皆鑒於一九〇一年辛丑和約的前例，一國不便自由行動，乃召開各國駐漢口領事團會議。會中法領事羅氏（Ulysee-Raphael Reau）與孫中山原為舊識，深悉革命的原委，曾力陳中國革命的目的乃在改良政治，決非無意識之暴舉，不能以義和團之例看待，而予以干涉。時駐漢領袖領事為俄國領事，也已經鄂軍政府外交部長胡瑛的疏通，決定與法領事取一致的態度，均力主不加干涉，領事團乃決定拒絕某（似為日本）領事請予干涉之議，而宣告中立。[12]所以，十月十七日，英領事葛福即代表各國領事與黎元洪會晤，承認革命軍為交戰團體。[13]次日，英、俄、法、德、日等國領事更以正式照會答覆湖北軍政府，聲明嚴守中立，並照租界規則，不准攜帶軍械之武裝人員在租界出現及在租界內儲匿軍械及炸藥等物。[14]其他各地的領事團相率效尤，也採取相同的立場。同年十二月十五日，駐北京的英、法、俄、日、德、美六國公使鑒於中國的內亂延長，勢將危及各國的利益及外僑的生命財產，更決議以相同的覺書（備忘錄），送致南北雙方在上海的議和代表伍廷芳與唐紹儀，勸告他倆速完成和議，免再使戰事延長。[15]

惟武昌起義革命軍初步得手之後，清廷即遣派陸軍大臣廕昌南下督師先攻漢口，戰鬥已於十月十六日重起。十月十九日（陰曆八月二十八日），清廷復起用罷黜已久的袁世凱為湖廣總督，節制長江一帶水陸各軍，袁未應命；十一月一日，清廷任袁為內閣總理大臣，始允出山，指揮舊部馮國璋的第一軍與段祺瑞的第二軍會攻武漢；一時開抵漢口的清軍達一萬五千人，而革命軍之守軍則不到六千人。十一月一日清軍已收復漢口，革軍傷亡達六、七千人。清軍再集中三萬人攻漢陽，革命守軍只二萬人，戰至十一月二十七日，守軍傷亡三千多人，不支潰退，漢陽乃陷清軍；但革命首義的武昌，仍能屹立不搖。[16]惟袁世凱在有力的打擊了革命軍之後，已不想再強力進攻武昌，而主張南北和議，以脅制清廷與南方的革命黨，形成以袁自己為中心而指揮全體變局的總形勢。[17]故十一月二十四日，革命各省的代表竟能在清軍已經攻復的漢口的英租界內，開會議定「中華民國臨時政府組織大綱」，設臨時大總統、參議院、行政設九部（包括外交部），共計二十一款。[18]

一九一一年十一月二十七日，英領事葛福甚至代表民國中央政府都督向袁世凱提出雙方停戰的三項條件：

㈠停戰十五日，雙方保持所自佔據領土的現狀；

㈡由革命黨所佔據的省份選出一全權代表，與袁世凱的代表談判；

㈢如果必要的話，十五天的停戰期限，應予延長。[19]

十二月一日，袁世凱則透過英駐華公使朱爾典，反建議五項和議條件：

㈠雙方保有各自佔有之地，並不得秘密偵察各自佔領之地的情報；

㈡停火以三天為限；

㈢雙方的戰艦在停火期間不得進行對於自己位置有利的移防；

㈣雙方在停戰期間不得增援、構築工事或者增加自己的軍事力量；

㈤為了預防雙方對上述條款的違反，英國領事將在停火協議簽字，以為見證。

所以，南北雙方的停戰協議，乃很快即予簽字。[20]朱爾典為爭取時間，在未經英國外務部事先批准的情況下，更權易性的訓令英駐漢口總領事葛福簽字見證。[21]

十二月十八日，南北和議的雙方代表伍廷芳與唐紹儀在上海的談判，乃告正式開始。

三、南京中華民國臨時政府的外交

當武昌起義爆發時，曾經直接與間接領導和組織過革命武裝起義九次之多的中華革命同盟會總理孫中山，正在美國哥羅拉多州興華城（Denver, Colorado）的籌款旅行的途中（他是於一九一一年二月一日自巴黎赴比利時，而於二月十七日搭郵輪橫越大西洋而抵達紐約）。[22]他於十月十二日自美報報導中獲知了武昌起義之後，很快即決定不逕直自舊金山橫渡太平洋返國，參與革命軍的實際戰鬥，反而迅即啟程轉返美國東部，以自紐約趕赴歐洲英、法兩國為革命軍作最必要的外交聯繫，尤特重於籌款建國之要務。孫中山事後記述說：

時予（在哥羅拉多州興華城）本可由太平洋潛回，則二十餘日可到上海，親與革命之戰，以快生平。乃以此時當盡力於革命事業者，不在疆場之上，而在樽俎之間，所得效力為更大也。故決意先從外交方面致力，俟此問題解決而後回國。[23]

一九一一年十一月中旬，孫氏抵達倫敦後，即向英政府提出要求三項：⑴止絕清廷一切借款；⑵制止日本援助清廷；⑶取消英屬各殖民地對他的驅逐禁令，以便他之取道返國。孫氏自己記述其談判的整個歷程說：

到英國時，由美人同志威馬里代約（英、法、德、美）四國銀行團主任會談，磋商停止清廷借款之事。

> 先清廷與四國銀行團結約，訂有川漢鐵路借款（即指一九一一年五月二十日簽訂之粵漢川漢鐵路借款合同而言）一萬萬元（此數似誤，實只借款英金六百萬鎊，合中國幣六千萬元），又幣制借款一萬萬元（一千萬英鎊，合華幣一萬萬元）。此兩宗借款，一則已發行債票，收款存備待付者，一則已簽約而未發行債票者。予之意則欲銀行團於已備之款停止交付，於未備之款停止發行債票。乃銀行主幹答以對於中國借款之進止，悉由外務大臣主持，此事本主幹當惟外務大臣之命是聽，不能自由作主也云云。予於是乃委託維加砲廠總理為予代表，往與外務大臣磋商，向英政府要求三事：一、止絕清廷一切借款；二、制止日本援清廷；三、取消各處英屬政府之放逐令，以便予取道回國。三事皆得英政府允許。予乃與銀行團主任問商革命政府借款之事。該主幹曰：我政府既允君之請，而停止吾人借款清廷，則此後銀行團借款予中國，只有與新政府交涉耳。然必君回中國成立正式政府之後，乃能開議也。本團擬派某行長與君同行歸國，如正式政府成立之後，就近與之磋商可也。時以予個人所能盡之義務，已盡於此矣，乃取道法國而東歸。過巴黎，曾往見其朝野之士，皆極表同情於我，而尤以現任（指孫氏寫此文之時）首相格利門梳（即克里孟梭Clemenceau）為最懇摯。[24]

孫中山在巴黎時，並與法外長畢盛（Pichon）會晤，畢盛曾任法駐華公使，對中國情勢素有深入的瞭解。[25]

一九一一年十一月下旬，孫中山搭乘地灣那郵輪東歸，而於十一月二十五日抵達上海。當時代表南方革命軍的伍廷芳與代表北方清廷勢力的唐紹儀的和平談判，正在上海進行，已舉行了兩次會談。革命軍方面的各省留滬代表先舉黃興為大元帥、黎元洪為副元帥，惟因黃興力辭，數日後又舉黎元洪為大元帥、黃興為副元帥。[26]及孫中山返抵上海，黃興、陳其美等即商定推孫出而領導全局，十七省代表（直、魯、豫、晉、陝、蘇、皖、浙、閩、贛、湘、鄂、川、滇、粵、桂、奉）乃於十二月二十九日集會於南京，選舉孫中山為中華民國臨時大總統，稍後則選黎元洪為副總統（仍兼鄂軍都督）。民國元年（一九一二）一月一日，在南京原江蘇諮議局局址就職。[27]中華民國至此乃正式成立。惟大部分北方各省仍在效忠清廷而由袁世凱總持全局的情況下所統治。

各國對於中國南北的對立，表面上雖持中立態度，實際則同床異夢，多想乘機漁利，藉袁世凱的力量以安定中國，甚至支持袁以取代清廷，視之為中國惟一強有力的人物。[28]日本更心懷叵測，表面上雖也與各國合作，採行一致的行動，實際早在武昌起義之後，日本全國輿論界即在全面動員，主對華採強硬的干涉行動；其軍人且主張乘此時機一舉佔領中國的東三省。日本政府則對華實行最陰鷙的兩面或三面外交：日本的官方政策雖然是採取折衷與謹慎的態度，贊成列強一致的不干涉政策，但它對清廷與革命黨均提供援助，以謀在混亂中取得最大的利益。[29]表面上，日本內閣於一九一一年十月二十四日通過〈關於對清政策〉的決議四條：

㈠延長滿洲租界地的租期，並解決鐵路問題，確立日本在滿洲的地位；

㈡暫時維持滿洲現狀，並利用良機，漸次增加權利；

㈢支持和籠絡清政府的感情；

㈣必須與俄、英、法、美等國保持協調關係。[30]

而在實際行動中，日政府一方面與清廷秘商，請以東三省為日助清室的酬勞，另方面則暗助清室王公與革命軍領袖以反袁；[31]此外，則由駐華公使伊集院彥吉出面，於十一月十八日面見袁世凱，答應日本可助袁維持清廷統治，惟袁只能接受日本的協助。[32]同時期內，日本更與南方的革命軍領袖談判，願助其建立一共和國，並置之於日本的保護之下，惟需給予日本若干路礦利權。革命軍領袖對日本的提議，嚴予拒絕，而日本與清廷的交涉則因英國的干預，致歸失敗。日本與革命軍之間借款的談判，也因英國的抗議而未能成功。33但日本仍不死心，其陸軍參謀本部仍密謀出兵東北，並策劃滿蒙獨立運動。其間雖因西園寺內閣的壓制而暫告中輟，但參謀本部内武斷派軍人對滿蒙的野心，並未稍戢，反而更加秣馬厲兵，謀圖伺機捲土重來。34日人犬養毅、頭山滿等孫中山於流亡日本時期結識的友人則於孫中山就任中華民國臨時大總統之後，專程赴南京訪晤孫中山，挑撥孫、袁關係，勸孫聯合岑春煊、康有為以反袁，但為孫中山所拒。民國元年一月八日，日輪船則密運步槍一萬二千支、子彈二千萬發、機關槍六挺、山砲六門抵南京以助革命軍。35這就是孫中山就任臨時大總統前後中國所面臨外交上的基本情勢。

孫中山於民國元年一月一日就任臨時大總統之後，首先即致力於民國的建構與基本立法工作，在外交上則謀求各國對民國的承認。他很快於一月三日頒布了「中華民國臨時政府中央行政各部及其權限」的行政法規，任命內務、財政、司法、外交、教育、實業、陸軍、海軍等部總長與次長，以王寵惠為外交總長、魏宸組為次長。同日，孫中山發表告國民書，列舉民族統一、領土統一、軍政統一、財政統一為政務方針，洗去滿清時代辱國舉措、排外心理，與各友邦益增睦誼。36孫氏另發表對外宣言，闡述中華民國的精神與民國新政府對外的立場，以八款與各友邦相約。其中說：

㈠凡革命以前，所有滿政府與各國締結之條約，民國均認為有效。至於各約期滿而止。其締結於革命起事以後者，則否；

㈡革命以前，滿政府所借之外債及所承認之賠款，民國亦承認償還之，不變更其條件；其在革命軍興以後者則否；其前經訂借、事後過付者，亦否認之；

㈢凡革命以前滿政府所讓與各國國家或各國個人種種之權利，民國政府亦照舊尊重之；其在革命軍興以後者，則否；

㈣凡各國人民之生命財產在共和政權法權所及之域內，民國當一律尊重而保護之；

㈤吾人當竭盡心力，定為一定不易之宗旨，期建吾國家於堅定永久基礎之上，務求適合於國力之發展；

㈥吾人必求所以增長國民之程度，當立法之際，一以國民多數幸福為標準；

㈦凡滿人安居樂業於民國法權之內者，民國當一視同仁，予以保護；

㈧吾人當更張法律，改訂民刑商法及採礦規則，改良財政，蠲除工商各業種種之限制，並許國人以信教之自由。

「抑吾人更有進者，民國與世界各國政府人民之交際，此後當益求輯睦。深望各國既表同情於先，更篤友誼於後，提攜相愛，視前有加。……吾中華民國全國今布此和平善意之宣言書於世界，更深望吾國得列入公法所認國家團體之內，不徒享有種種之利益與物權，亦且與各國交相提挈，勉進世界文明於無窮。蓋當世最高大之任務，實無過於此也」。[37]

一月十一日，南京臨時政府外交總長王寵惠致電英外相葛雷（Edward Grey）要求英國承認南京政府。稍後於同月十七日與十九日，又一再電請，但英國均未置答。王氏另也三度電請美政府承認，美政府同樣也未答覆；[38]另王氏也電請法國給予承認。[39]民國元年二月，南京參議院決議，遣派該院法制局局長宋教仁前往日本，要求日本承認中華民國，並敦促日本向各國展開「承認中華民國」的游說活動（宋後來未能成行）。[40]

副總統黎元洪也特派專人往訪日本駐漢口總領事松村貞雄，希望日本能率先承認中華民國。41

當時南京臨時政府的財政竭蹶，困難萬狀，孫中山在不得已的情況下，曾擬將漢冶萍公司改組，集股三千萬元，由中日合辦，各佔一半股份，而由該公司轉借五百萬元與政府，以應一時之急需。實業總長張謇在上海聞知，以日人居心叵測，籌謀已久，合辦適投其所好，勢將影響國家的利權，乃竭力反對，並請辭實業總長職，避居上海租界，以示堅決。臨時大總統孫中山與張氏往返函電數次，允設法改善，張氏始終堅持，願歸鄉里。稍後，南京臨時政府以日人股份交款遲緩，遂中止了合辦漢冶萍公司的計畫。42

同時期內，英國對於中國革命的態度，在英駐華公使朱爾典的主持下，如前所述，係以支持清廷第一強人袁世凱為重點所在，一方面積極地促成與調停南北和議，以求取清方（袁世凱）與南方革命黨勢力的平衡；一方面則在苦心慎防其他列強（特別是日本）之干預中國革命，以免和議遭到破壞；朱爾典甚至希望袁世凱出而綜合南北，以為取代清室統治之計。對於孫中山的南京中華民國臨時政府，並不予以對等性的重視。43其他列強則美國一向反對各國介入中國事務，本就主張中立而不介入中國的革命局勢。法國與德國當時正因北非洲的摩洛哥危機而處於高度緊張狀態，他們都不願牽扯進中國內部之爭；俄國則因它在蒙古、新疆與滿洲的利益，尚不致因革命受到影響，所以，它也不支持列強對中國革命作進一步的干預行動。44只有日本朝野自中國革命形成了南北對峙的局面之後，即多方面蠢蠢欲動，想在中國的大混亂中取得最大的利益。

惟日本朝野的謀議雖多，但它鑒於清光緒二十一年（一八九五）「三國干涉還遼」時在外交上全陷於孤立的慘痛經驗，即使是陸軍參謀本部中的急進派軍人也不敢冒然以武力在中國作單獨之行動。日本政府最後則採取根據英日同盟與英國合作以維持清廷（袁世凱）的政策。一九一二年十二月，日政府訓令駐英代辦山座圓次郎向英外相葛雷提出A、B兩份文件，A文件只用於加強其建議的重要性，B文件中則建議日英合作向革命黨警告共和之不可行，並建議英日雙方能對以清廷為主權象徵下的君主立憲達成協議。[45]朱爾典則對日本所提議強烈反對，認為在北京的各國外交代表雖然大多同意中國應施行以清室為主權象徵的君主立憲，但他認為現階段各國最好不要介入此事，否則列強不但會遭到中國人的怨恨，更須承擔強迫南方革命黨接受君主立憲的責任。再說，如果依照日本提議的話，列強必須依靠日本與俄國的軍力來維持清廷的君主立憲，如此將會給日本與俄國對清廷有莫大的影響力。朱爾典認為，除非革、清雙方在和議中無法達到協議，否則，列強根本沒有理由介入中國人自行決定自己國體的問題。葛雷也完全同意朱爾典的構想。[46]

惟袁世凱自南京中華民國臨時政府成立後，即停止了唐紹儀和議代表的職權而由其直接議商，實際則轉而著重於迫使清室遜位。民國元年一月十二日，袁遣派其親信梁士詒往訪朱爾典，表示清室遜位為目前解決困難的惟一辦法，梁氏並說清室已願退位，並授權袁世凱組成一臨時政府。朱爾典則稱袁是列強所信任之人。稍後，袁也受到法國與美國公使的鼓勵。[47]孫中山鑒於情勢已變，清帝即將遜位，也願自臨時大總統的職位退讓以和平解決建立中華民國的問題。惟為保證野心畢露的袁世凱之效忠中華民國，孫先請伍廷芳轉電袁世凱提出要求四項，答允「孫總統須俟列國承認臨時政府，始行解職」。[48]一月二十二日，孫中山又提出袁世凱可任臨時大總統的「最後協議條件」五項，其五項條件的內容如次：

㈠清帝宣布退位，袁即知照駐京各國公使，請轉達民國政府，或由駐滬各領事轉達亦可；

㈡袁須宣布政見，絕對贊同共和主義；

㈢俟接到外交團或領事團通知清帝退位後，孫中山即行辭職；

㈣由參議院舉袁為臨時大總統；

㈤袁被舉為臨時大總統，須誓守參議院所定之憲法（即「臨時約法」），乃能授受事權。49

所有這些協議條件均為袁世凱所接受。

所以，在袁世凱的脅迫下，清帝被迫於民國元年二月十二日遜位；而在此之前的二月上旬，南京參議院已開始起草「臨時約法」，二月十四日，該院推舉袁世凱為第二任臨時大總統，至三月八日，該院並三讀通過「中華民國臨時約法」七章五十六條，採責任內閣制，「主權屬全體國民」。50孫中山解職前三日的三月二十九日，孫中山並將「國務院官制」咨送參議院議決通過。此官制為內閣制結構，凡臨時大總統公布法律及發布一般行政命令，均需國務總理及有關部總長的副署，臨時大總統非得國務員之承諾，無法獨立行使職權，此為內閣制根本精神之所在。另對國務會議之議決法律案、國際條約及重要外交事項、官制及官規等，所規定的權限也至為廣泛。該「官制」也於三月二十九日予以公布，以確立民國的政治體制，並對繼任臨時大總統的袁世凱予以適度的制衡。51

同時期內，孫中山則於二月十三日向南京參議院辭職。四月一日，孫中山始正式解除臨時大總統之職。52

四、南方護法政府時期的外交

但袁世凱在北京就任中華民國臨時大總統之後，就很快表露出其專權自恣的野心，不只連續違犯「臨時約法」與「國務院官制」的明文規定，並於民國二年（一九一三）三月主使暗殺了國民黨領袖宋教仁，致引起曾首創中華民國的國民黨的義憤與聲討而發動起反袁的武裝的「二次革命」。袁則藉機以優勢軍力戡平了南方諸國民黨控制的皖、贛、粵等省，並通緝孫中山等革命黨人，使孫中山再度流亡日本，重新組織了新的革命團體中國革命黨，以賡續反袁的革命活動。民國三年（一九一四）一月，袁甚至進而解散國會，另設政治會議而制定正式「約法」，先將其總統一職改為終身職，其後竟然想帝制自為建立其洪憲皇朝。惟民國四年（一九一五）十二月在雲南護國軍與稍後黔、桂、粵、陝、川、湘等省的起義反對下，袁世凱即虎頭蛇尾地結束了帝制之議，返任總統，稍後則氣狙發病而死。袁死後，北京政府先有黎元洪、段祺瑞之爭，其後甚至有張勳復辟之變，稍後雖然恢復了中華民國的名號，但全國則陷於各省督軍（軍閥）毀法亂政、各自憑藉武功稱雄之局，北京中央政府只是徒擁虛名，國會也陷於無法運作的困境。53

民國六年（一九一七）七月，孫中山乃南下號召護法（維護「中華民國臨時約法」），參、眾兩院議員追隨響應者一百三十多人，於同年八月二十九日在廣州召開國會非常會議，制定「中華民國軍政府組織大綱」；九月一日，選舉孫中山為大元帥、雲南督軍唐繼堯、廣西督軍陸榮廷為元帥。孫中山隨即任命軍政府各部首長，以伍廷芳為外交總長、伍朝樞（廷芳之子）為次長。惟廣州軍政府因南下各議員分屬政學會、益友社、民友社、廣西議員俱樂部、雲南議員俱樂部等小團體，各派系均各有盤算，利益常互相衝突。在軍事上則由桂系陸榮廷操縱之，而陸與雲南的唐繼堯均不肯就元帥職，海軍總長程璧光、財政總長唐紹儀、參謀總長李烈鈞等也均托辭不願就職，陸榮廷甚至公開主張由黎元洪繼任總統，而反對在廣州另組政府。54伍廷芳、伍朝樞父子為籌謀孫中山與桂系勢力的平衡，乃推動組織「西南各省聯合會」，著手將廣州軍政府改組為聯合政府式的七總裁合議制，以孫中山、唐紹儀、伍廷芳、唐繼堯、林葆懌、陸榮廷、岑春煊等為總裁，而由岑擔任主席總裁，伍廷芳兼任外交總長，並於民國七年（一九一八）五月十八日獲非常國會通過。[55]惟孫中山堅決反對此一改組案，並於五月十日解大元帥職，黯然離粵赴滬。[56]

廣州軍政府確立後，其最重要的外交課題，即為爭取各國的承認。以美國為例：美國早在民國六年（一九一七）六月上旬，即在致北京政府外交部的一項照會中，指出美國不願看到中國分裂，期望中國應恢復與繼續其政治的統一，「重建一個統一的政府」，「使之在世界列強中取得名符其實的地位」。[57]其後北方政局在段祺瑞戡平張勳復辟之亂後，孫中山又在廣州建立起護法政府，美國則對廣州政局的評價愈來愈低；一方面因為美駐廣州領事赫茲萊曼（P. S. Heintzleman）個人對於孫中山領導之不信任，以及美駐華公使芮恩施（Paul S. Reinsch）之希望中國穩定；另方面也因為美國務卿蘭辛（Robert Lansing）認為中國維持形式上的統一實乃第一要務，根本不管毀法、護法問題。這也是使美國乃至其他列強不願支持孫中山的廣州軍政府的重要因素。[58]

民國九年（一九二〇）三月中旬，廣州軍政府總裁兼外交、財政總長伍廷芳因桂系與政學系在該政府內專橫跋扈，令他非常反感，乃與次長伍朝樞秘密離開廣州，前往上海，正式與桂系把持的軍政府脫離關係。同年十一月，粵軍陳炯明驅逐了盤踞廣州、控制軍政府的桂軍，才使孫中山與伍廷芳等得以重回廣州，繼續護法事業。民國十年（一九二一）四月七日，廣州非常國會通過決議，改軍政府為「中華民國政府」，由孫中山擔任非常大總統，伍廷芳、伍朝樞仍任外交部正、副總長。[59]此廣州中華民國政府成立後，仍極力爭取美國的承認與支持；惟當時的美國政府，上自總統哈定（Warren G. Harding），下至國務卿許士（Charles E. Hughes）及駐華公使柯蘭（Charles R. Crane）皆以現實主義為對外關係的基準，而承認北京政府為中華民國的正統政府。對於廣州中華民國政府的法理地位，完全不予理會，甚至視之為一「叛離政權」。[60]

民國十年（一九二一）七月，美國有意召開一華盛頓會議以討論太平洋及遠東地區的國際局勢，並邀請北京政府派員參加。廣州政府外交部乃積極向美方交涉，除了由伍廷芳外長發表聲明欲參與會議外，並向美駐廣州總領事館遞交一份照會，強調「廣東政府所代表的是民主與進步，並逐漸受到全中國人民的信賴」，求美政府予以邀請。[61]惟美國政府表示只能接受一名廣州政府代表，而且需由北京政府領銜參加。[62]另一方面，南北政府在籌劃華盛頓會議的提案過程中，雙方的意見，也不盡相同：北京政府擬謀「確立一項足以解決將來在遠東可能發展之每個問題之一般性適用原則」，而廣州伍廷芳外長則駁斥此一見解為空洞無用，並宣示廣東政府參與會議的目的在於解決山東問題與中日二十一條問題。[63]北京政府雖然得不到廣州政府的合作，但為了挽救南北意見的分歧，並表示對外一致起見，仍邀請伍朝樞以「廣東政府外交次長」的身分，參與中國出席華會代表團，其他代表尚包括施肇基、顧維鈞與王寵惠。惟伍朝樞雖被任命，但始終辭職未就，不願屈居於北京政府之列，因此，中國出席華會的代表，實際上只有三人。[64]

民國十一年（一九二二），孫中山與廣東省長陳炯明的關係已降至冰點，陳因不支持孫中山的北伐計畫而為孫所解職，陳乃於六月十六日發動叛變圍攻總統府，砲轟孫中山與家人居住的觀音山，迫使孫中山倉皇離開廣州而前往上海。以一身兼為廣東省長與外交總長的伍廷芳旋於六月二十三日因「護法事業功敗垂成」，憤慨而病歿。[65]外交次長伍朝樞一面為其父喪盡禮，一面陪侍孫中山自粵至滬。[66]在上海，孫中山深感要繼續成功地進行中國的革命，雖然應以他個人所著的《三民主義》、《五權憲法》、《建國方略》、《建國大綱》等作為思想與行動的基礎，另外也有藉助於蘇俄革命成功的組織型態與思想意識的必要。所以，他在民國十二年（一九二三）一月二十六日與蘇俄（遠東共和國）專派來華特使越飛（Adolf Joffe）發表共同宣言，強調中國民族主義思想的重要性，並表達他強烈反對帝國主義的意識風格。[67]民國十二年（一九二三）二月，適值在廣州的滇軍楊希閔、桂軍劉震寰及桂系沈桂英等武力聯合一致，陳炯明軍被擊敗而退往東江一帶，孫中山乃得於二月二十一日間返回到廣州復職。當時北方的黎元洪已再度復任北京政府大總統，孫中山也頗準備與北方謀和平統一，因此，他即不再自稱總統，而於三月二日設立「陸海軍大元帥大本營」，以大元帥的名義發號施令，伍朝樞則被任命為外交部長。[68]

五、廣州革命（軍）政府時期的外交（一九二三～一九二五）

伍朝樞繼其父擔任廣州軍政府（大本營）外交部長後的首要工作，仍是積極爭取國際的承認與支持，而且頗得初步進展：例如民國十三年（一九二四）時，法國駐廣州領事致伍氏函的用語，已改稱「大本營」為「貴國政府」，頗有暗示承認之意。[69]但美國對於廣州軍政府則仍不改其一貫的冷淡態度，尤其具體表現對廣州軍政府爭取「關餘」一事的反應方面。所謂「關餘」係指關稅收入在支付了某些對外賠款和對外保證的借款的本息之後所贏餘的款項。孫中山於民國十二年（一九二三）二月三度自上海回到廣州之後，即為了解決廣州軍政府所面臨緊迫的財政問題，再度向列強與北京政府爭取廣州應得的「關餘」款項，透過美國友人雷喬治（George Benson Rea）建議將廣州軍政府的「關餘」，暫由海關總稅務司保管，以待南北合組中央政府之後再為移交。但此意見，並未受到重視。[70]這是孫中山南下護法主持廣州軍政府之後的第三度致力爭取

「關餘」。因為早在民國八年（一九一九）一月時廣州護法政府就在政務總裁兼外長、財長的伍廷芳的努力下，商得海關總稅務司的同意與廣州領事團及北京公使團的支持，將「關餘」由中國南、北政府和平協議分配，按照雙方轄境內海關稅收入的比例，廣州護法政府可分得關餘總數的百分之十三・六九三八六，計自一九一九年七月起至一九二〇年三月止，該政府共收到六批關餘款，共計港幣三百九十六萬九千三百五十九點六一元。惟廣州護法政府並不穩定，孫中山早已於民國七年（一九一八）五月二十一日離粵赴滬；一九二〇年三月二十九日，伍廷芳也因不滿桂系與政學系之專橫跋扈，乃攜帶了外交、財政兩部的印信、文件和關餘款一百八十餘萬元，秘密離開廣州經香港前赴上海（該關餘款即以伍廷芳作為廣州軍政府的財長及個人人格聲譽保證的私人身分而存儲於港、滬英人所辦的匯豐銀行）。所以，外交團與海關總稅務司即自一九二〇年四月起，停止支付廣州軍政府應得的關餘。此後由於粵軍陳炯明於民國九年（一九二〇）返粵，驅逐桂軍與桂系出境，孫中山乃得於同年十一月返回廣州，重組軍政府。一九二一年一月，廣州軍政府乃正式致函各國外交團，要求依照前例撥發廣州政府應得的「關餘」。[71]這是孫中山之第二度致力索討「關餘」。但為外交團所嚴詞拒絕。因此，軍政府外交部長伍廷芳乃發布命令：「凡在軍政府所屬海關，須於二月一日起服從（廣州）軍政府之命令，聽其管轄；但各省關稅仍照前儘先攤還外債，絕不欲稍有妨害債權人之利益」。一月二十日，伍廷芳並致函廣州稅務司，告知廣州政府對「關餘」之用途，在「發展地方自治及實行治河之急需」，指出「斯款倘仍不予撥付，西南政府惟有執前議，派員接管海關。」[72]

在雙方硬碰硬的情況下，廣州領事團雖然奉令保護海關，香港政府並派兵二百人前往廣州西堤，進行「護關」，但其本意仍是願意妥協解決的。[73]是年二月十日，北京外交團會議，決定尊重廣州領事團的意見，「以不使用於政費為條件，將南方應得之關餘，交付軍政府」。但此一決定在會議之後卻為美駐華公使柯蘭（Charles Crane）所推翻；因為他認為廣州軍政府只是地方性政府，「關餘」的分配，除非獲得北京政府的同意，是礙難交付的。而北京政府則很快決定對廣州政府應得「關餘」二百五十三萬六千多元的處理辦法為：除只撥給廣東治河經費四十二萬元，且係逕撥粵海關稅務局支用外，其餘款項則用之於駐在各國使館經費的，為七十萬元；東三省防疫經費的二十萬元；維持公債信用基金的一百二十萬元。北京公使團對此支配處理辦法也予以同意。民國十一年（一九二二）夏，海關總稅務司安格聯（Sir Francis Aglen）提出「整理內債基金說帖」，獲得北京政府的同意，廣州軍政府在一九二二年應得的「關餘」，乃全部被移充為內債整理基金，廣東海關稅務局甚至連一文錢也拿不到了。74

北京外交團之支持北京政府與海關總稅務司的決定，剝奪了廣州軍政府應得的一份「關餘」，很引起孫中山與伍廷芳的憤怒，伍廷芳因此便以廣州軍政府外長的身分，於民國十年（一九二一）三月，向美國駐廣州領事提出一項備忘錄，表示不能接受此無前例的安排，並否認北京政府有過問南方政府應得關餘的權利。75孫中山並於是年五月改組廣州軍政府為正式的中華民國政府，自任為大總統。惟稍後粵桂戰爭大起，民國十一年六月，陳炯明又大舉公開叛變，砲擊孫中山的大總統府，伍廷芳也適於此時病故，一直到民國十二年（一九二三）二月孫中山藉滇、桂軍之力驅逐陳炯明軍於廣州之外，他才能再返廣州，重建大本營制的政府體制。軍務漸定，乃開始了第三度向北京外交團要求廣州政府應得的一份「關餘」的問題。

民國十二年（一九二三）九月六日，孫中山命令大本營外交部部長伍朝樞，透過英駐廣州領事真密孫（James Jamieson）照會北京外交團，要求分享「關餘」。十月二十三日，伍朝樞又再照會北京外交團，否認北京政府有挪用「關餘」的權力，主張關餘分配問題，應由各方面全盤核定。[76]

孫中山對於爭取「關餘」的態度，日益趨於強硬，曾表示為爭取「關餘」當不惜與外人一戰。民國十二年十二月五日，他以個人名義致電北京公使團，稱「本政府欲令（廣州）稅務司交出粵省關餘之全部，以後不得將此款交與北京，應截留為本地之用」。他在答覆英文《字林西報》（*North China Daily News*）記者格林（C. N. Green）的訪問時，也表示了截留關稅的決心，聲稱如稅務司不遵從命令，他將另易他人。外交部長伍朝樞在香港《德臣西報》（*Hong Kong Telegraph*）的記者訪問時，並警告英、美各國，「幸勿以老大帝國國民之畏懼外艦及洋槍者視我，任何意外，列強當負其咎」。[77]

北京公使團初則延宕其事，不作答覆，後來則以領袖公使荷使歐登科（Oudendijk）的名義，致電英駐廣州領事，對孫中山之有意接管廣州海關，提出警告，另並透過廣州領事團，答覆廣州軍政府，表示對「關餘」分配問題，他們「無權決定」。[78]英公使麻克類（Ronald Macleay）則私下函告伍朝樞，除表示北京公使團無權決定關餘分配之事外，也暗示公使團當不允許孫中山干預海關的作業。[79]美使舒爾曼（Jacob Gould Schurman）甚至建議美政府應採取僅次於戰爭的手段，以阻止廣州政府之強力接受廣州海關；此一建議並得到國務卿許士（Charles E. Hughes）與美總統柯力治（Calvin Coolidge）的批准。[80]所以，至民國十二年（一九二三）十二月初，外艦即開始集結於廣州省河示威，有英、美、法、日、葡等國的砲艇與驅逐艦十艘。至十二月二十七日集結的外國軍艦竟達二十艘，其中尤以美艦最多。[81]雙方都擺出一副強硬的姿態。

孫中山、伍朝樞又改以海關總稅務司為交涉的對象。先由廣東交涉特派員傅秉常為外艦集中示威事，致函英領事提出質問。民國十二年十二月二十一日，孫中山又命令大本營財政部長葉恭綽與伍朝樞通告總務司安格聯：「關餘」之事，外人無權干預，應將其妥為保管，每月結算一次，聽本政府之命令支付；至於民國九年（一九二〇）三月以後所有積存之本政府應得的「關餘」，著由海關稅收項下如數補還，由部轉行總稅務司遵照辦理。廣州政府更發表「關於海關問題之宣言」，宣示要收回海關自主權與海關行政權。伍朝樞也命令粵海關稅務司易紈士（A. H. Edwards）解交本年度的「關餘」，否則撤職。但北京總務稅司安格聯則命令易紈士，拒絕孫中山、伍朝樞截留關稅的要求。惟孫中山的態度強硬，一面致電英國在野的工黨領袖麥克唐納（Ramsay MacDonald，他此後曾出任內閣總理），指砲艦外交有損於貿易關係的推進；一面則發表「致美國國民書」，直接訴之於美國輿論，抗議美國在廣州之使用砲艦外交。孫中山並遣派陳友仁前往香港，洽請香港總督史塔士（Sir Edward Stubbs）為之斡旋，希望英國不再以舊式外交的砲艦政策對付廣州政府。82

在這樣緊張的情勢下，關餘問題雖然由孫中山親自出面處理，但在其外長伍朝樞的籌劃與控制下，整個情勢並未進一步惡化，而係漸趨於和緩，而使雙方都能保住面子。首先是由港督史塔士、英總領事真密孫、美駐廣州總領事金克恩（Douglas Jenkins）與領事韓米頓（Marxell M. Hamilton）等出面協商解決危機的辦法，並先由金克恩下令美驅逐艦離開廣州。其次，則安排美駐華公館舒爾曼之南來廣州調解（名義上是赴雲南視察，順道經港、粵巡視），以避免雙方的正面衝突。孫中山也因為正在籌劃改組國民黨，想召開該黨的第一次全國代表大會，實行聯俄、容共、扶植農工的新政策，也不願意樹敵太多。所以，當民國十三年（一九二四）一月三日，舒爾曼自雲南抵達香港，次日，即召集美海軍官員討論廣州海關問題，認為以砲艦威脅孫中山，並非良策。一月五日，舒爾曼前往廣州，與外交部長伍朝樞會談四個小時，主要是提議將廣東應得的「關餘」，撥作治河經費，俾使各方面都能保住面子。伍氏基本上表示贊同。一月六日，舒爾曼與孫中山會談二個小時，孫氏對舒之「關餘」分撥方式，也大體同意。舒爾曼北返後，即建議北京政府撥部分「關餘」充廣東疏濬西江經費之用，但總稅務司安格聯依然以提支「關餘」將動搖債信為言。無論如何，至民國十三年（一九二四）六月，粵海關「關餘」已開始撥充西江疏濬之用，孫中山乃派林森為廣東水利督辦，主持其事。[83]

但「關餘」問題並未完全解決。民國十三年（一九二四）十月「關餘」爭執又起，廣州革命政府與外人控制的海關的關係，再告緊張，孫中山並派使陳友仁、宋子文、羅桂芳三人為「收回關餘全權委員」，傅秉常為粵海關監督，準備接收海關。各國見事態嚴重，乃再度聚集軍艦於廣州外海，並派兵登陸支援；後經日本領事天羽英二的調解，才暫時和緩下去。[84]而此時孫中山已成功地改組了中國國民黨，其外交注意力已轉移至更大範圍的廢棄不平等條約運動去了。

同時期內，民國十三年八月發生英帝國主義支持的廣州商團運輸槍械軍火擬發動叛亂，並與盤踞在東江流域的陳炯明相勾結的事件（商團團長陳廉伯為英匯豐銀行買辦，其所輸入的一批軍火原本是一宗合法的軍火交易，不但獲得許可執照，且已正式辦妥報關手續；惟當時各方消息傳出陳廉伯在英國的策劃與支持下，欲藉商團之力顛覆廣州革命政府，取消獨立，投附北京政府），孫中山獲悉此事之後，一方面將該批進口軍械予以扣押，解送黃埔軍校，一方面則於九月一日向英國表達嚴重抗議，指其公然袒護商團，欲摧毀國民黨政府。[85]

另一方面，廣州商團在得知孫中山的措施之後，大為不滿，除於八月二十五日起在廣州市區開始罷市外，並要求發還被扣的軍火。當時孫中山急欲北伐，策應北方反直系的戰爭，因此不願多生事端，初時多方遷就，希望尋求各方同意的解決辦法，革命政府中央政治委員會委員（只六人，為最高權力者）、軍事委員會委員、中央執行委員兼外交部長的伍朝樞並與商團馮星垣、杜琯英等會商，並警告他們不要受外人挑撥，應立即復市。[86]伍氏並提出四項解決辦法：

(一)由商團發通電，謂近百人假藉商團名義，有命令罷市、反抗政府、發布傳單、挑撥政府及商民惡感之舉動，實非大多數團友之意，由商團力任自行切實查究；

(二)商團即日推定副團長二人及分團長總十人，出頭任事，不得任從無責任之人，再假商團名義；

(三)關於商團改組，須承認廣東省政府所頒布之商團管理條例；

(四)商團須速即另行選舉職員。

不過，商民仍採觀望態度，不願復市。伍朝樞在無可奈何的情況下，只好宣布上述四項辦法作罷，並指責商團沒有誠意解決問題。[87]

儘管如此，伍朝樞仍不放棄與商團間的談判與協調，數度陪同商團代表前往大本營與孫中山大元帥、胡漢民總參議等會面商談。此一局面一直僵持至十月中旬，商團竟趁孫中山北上韶關指揮北伐軍事時，發動全面武裝叛亂。[88]孫中山在廣州情勢最危急之時，電令組織緊急性的革命委員會，以許崇智、汪精衛、蔣中正、陳友仁等為委員，而同為國民黨軍事委員會委員的伍朝樞卻被排除在決策核心之外；另因國民黨高級顧問鮑羅廷（Michael M. Borodin）的反對，廣東省長胡漢民也未得列名其中。十月十四日，孫中山下令廣州市公安局長吳鐵城鎮壓商團，另在許崇智的粵軍、李福林的福軍與黃埔軍校學生軍的支援下，一舉敉平商團事變。[89]外交部長伍朝樞所可發揮的外交性作用（因該事變與英人密切相關），已漸為當時孫中山的英文秘書、政治立場左傾、力主以激烈手段爭取國家利益的陳友仁所取代。這主要因為孫中山認為伍朝樞在處理商團事變及對抗港英政府的各種措置中，太過軟弱了。

民國十三年（一九二四）十一月中旬，孫中山為與北方的段祺瑞政府會商召開國民會議統一南北等大計，離開廣州，經上海、日本而於同年十二月三十一日抵達北京。惟孫中山時已重病在身，延至三月十二日逝世。[90]當孫中山病篤時，代理廣州革命政府大元帥職務的胡漢民即與中央政治委員伍朝樞、廖仲愷等共商大計，胡氏希望能將大元帥大本營根本改組為政府，採用委員會制，「使全黨同志能有共同負責的機會」。此一建議頗得伍、廖等人的贊同。及孫中山逝世，廣州革命政府在代大元帥胡漢民的主持下，諸要員楊希閔、譚延闓、許崇智、伍朝樞等宣言當繼續秉承孫中山的主義及遺囑，繼續努力，以完成國民革命的目標。[91]民國十四年（一九二五）五月三十日，上海發生震驚中外的「五卅慘案」，死學生六人、重傷二十餘人。此後英國軍警槍殺各地示威學生、工人的事件頻頻發生，而同年六月二十三日發生的廣州沙基慘案，參加遊行示威的廣州中學、大學及黃埔軍校的學生，行經沙面租界對面的沙基地方，竟為英、法兵以排槍及機槍掃射，停泊於附近白鵝潭的英兵艦，也開射大砲，因此，造成死平民四十四人、學生二十三人、傷五百多人較之「五卅慘案」更為嚴重的大慘案。[92]慘案發生的當天，代大元帥兼廣東省長胡漢民即向英、法領事提出嚴重抗議。次日（六月二十四日），伍朝樞並以外交部長的身分，致電北京外交團領袖蘇俄大使加拉罕（Leo Karakhan），抗議沙基慘案，並照會美駐廣州總領事金克恩，請組織國際調查團，以查明此案真相。[93]

沙基慘案實有英、法帝國主義者向廣州革命政府警告與挑釁的意味，在列強強大的軍事威脅下，廣州革命政府在侷處一隅的情勢下，很明顯地如果採取狂熱的群眾運動式的革命外交，實難有何等迴旋的餘地。所以，在蘇俄顧問鮑羅廷的勸告下，黨軍並未採取報復性的激烈行動，只以發動專為對付英國的和平性省、港罷工和口頭上的反英宣傳運動為止。外交部長伍朝樞也力主對英、法帝國主義國家維持溫和性外交的立場，而不作硬碰硬式的對抗。所以，國民黨中央執行委員會通過決議，將矛頭轉向對內的軍閥，只確定「英、法為此案之行凶者，英、日為上海、漢口等處慘案之原動者」，而革命政府並未採取狹隘的報復手段，也不排斥一切外人。[94]但因伍朝樞力持溫和性的外交立場，已深為黨內激烈派人士所不滿，所以，在民國十四年（一九二五）七月一日廣州革命政府改組為國民政府時，其外交部長的職位，即由不嫻熟外交事務，並在國民政府主席選舉中為左派分子排擠的胡漢民所接任，而國府首任主席則由從未擔任過行政要職的汪精衛所擔任（因獲鮑羅廷及加拉罕的支持），另伍朝樞則繼孫科之後改任廣州市政委員會委員長（市長）（另伍氏也擔任十六位委員組成的國民政府委員之一、八位委員組成的軍事委員會之一及兼任司法委員會主席）。[95]

國民黨政府成立初期，專為對付英帝國主義者的省、港大罷工正雷厲執行，持續達十六個月之久（一九二五年六月至一九二六年十月）；前外交部長伍朝樞雖專力規劃廣州市政，頗能綱舉目張；對於省、港大罷工的堅持進行，伍氏也支持罷工委員會，認為「國民政府已和英國處於交戰狀態」，鼓勵委員會要以「經濟力量來作戰，因為這是可以戰勝帝國主義敵人的惟一武器」。[96]所以，當民國十四年九月胡漢民因涉嫌牽涉到廖仲愷被刺案而被迫去職而遊俄之時，伍朝樞（胡、伍二人在政治上思想、立場接近）即得繼續被任為外交部長，接繼胡氏之職。民國十五年（一九二六）三月二十二日，伍朝樞受命與宋子文、陳公博等三人就省、港大罷工問題與英方香港總督代表欽南（J. H. Kenan）和英駐廣州總領事白利南（John Brenan）等進行談判，英方態度逐漸軟化，曾提議以貸款予廣州國府修築黃埔港以取代國府所要求的「賠償」以緩和國府反英的行動，伍朝樞也頗願意妥協解決。[97]當時適值「中山艦事件」（三月二十日）發生之後，國民政府主席兼國民黨政治委員會、軍事委員會主席汪精衛為蔣中正所發動的武力行動所驅而藏匿，而約略半年之前被迫離開廣州的胡漢民，則由俄返回廣州，一時很受歡迎，蔣、胡頗有合作共創新局的可能。惟胡氏返粵後，即與古應芬、孫科、伍朝樞等密切聯絡，而反對俄顧問鮑羅廷及國民黨內跨黨的中共份子，據說胡氏並主張監視鮑羅廷，故為蔣中正所不喜。[98]而蔣在「中山艦事變」（三月二十日）之後，其政治立場雖已自左轉到右，但為了表示他並未真正投入右派陣營，他必須與鮑羅廷妥協，無法在反英立場上軟化，因而反對伍朝樞所提倡之英國貸款以緩和省、港罷工的妥協辦法。所以，蔣氏很快迫使胡漢民再度離開廣州，另應鮑羅廷之請，突然將第十七師師長（前廣州公安局長）吳鐵城逮捕。伍朝樞聞訊後前往營救，但為蔣氏所拒，因此憤而辭職離粵，伍氏所負責的省、港大罷工與英國人的談判，也因此改由代理外交部長陳友仁所主持。[99]第二階段的中英有關省港大罷工的談判，始於民國十五年（一九二六）七月十九日，最後在同年十月十日，雙方達成協議，持續一年四個月之久的省港大罷工才告停止。[100]此時廣州革命政府的北伐軍事已經在全面進行，並已順利地佔領了武漢三鎮。中英之間結束省港大罷工的談判，實際的過程非常複雜，其間夾雜著廣州國民黨內左右派的激烈鬥爭，但這已屬於廣州國民政府外交的範圍之內了，本文只是以極簡括的方式略予敘述而已。

注釋

1 李恩涵，〈中美收回粵漢路權交涉〉，《中央研究院近代史研究所集刊》，第一期，（民國五十八年），頁一四九～二一五。

2 李恩涵，〈中國近代之收回鐵路利權運動（一九〇四～一九一一）〉，《中國現代史專題研究報告》，第二輯（民國六十一年），頁二九～三一；En-Han Lee, *China's Quest for Railway Autonomy, 1904-1911: A Study of Chinese Railway-Rights Recovery Movement* (Singapore: Singapore University Press, 1977), pp. 257-260。

3 郭廷以，《近代中國史事日誌》（台北：台灣商務印書館，民國五十二年），下册，頁一四〇五。

4 李雲漢，《中國國民黨史述：第一編，黨的建立與發展》（台北：中國國民黨黨史會，民國八十三年），頁七五二～七五四；《申報》，辛亥年八月二十二日，第一張第三版。

5 郭廷以，前書，頁一四一〇。

6 同上註（按胡瑛於一九一一年陽曆十二月二十四日後赴山東煙台，出任革命獨立軍都督）。

7 張忠紱，《中華民國外交史》，第一册（台北：正中書局，民國五十年），頁四〇。

8 同上書，頁二五。

9 同上書，頁二六。

10 Great Britain, Foreign Office, Confidential Print, F. O. 405/205, No. 128, Sir John Jordan to Sir Edward Grey, Oct. 14, 1911.

11 F. O. 405/205, No. 127, Sir John Jordan to Sir Edward Grey, Oct. 13, 1911.

12 張忠紱，前書，頁二五～二六。

13 郭廷以，前書，頁一四〇八。

14 張忠紱，前書，頁二六。

15 U. S. Department of State, *Foreign Relations of the U. S.* 1912, p. 55.

16 張玉法，《中華民國史稿》（台北：聯經出版公司，民國八十七年），頁二七。

17 吳天任，《民國梁任公先生啟超年譜》，第二册（台北：台灣商務印書館，民國七十七年）。

18 國史館編，《國父年譜初稿》，（台北：國史館，民國四十七年），上冊，頁二八一。

19 F. O. 405/205, No. 387, Sir John Jordan to Sir Edward Grey, Nov. 28, 1911.

20 F. O. 405/205, No. 404, Sir John Jordan to Sir Edward Grey, Dec. 1, 1911.

21 Chan Lau Kit-ching, *Anglo-Chinese Diplomacy in the Careers of Sir John Jordan and Yuan Shih-k'ai, 1906-1920* (Hong Kong: Hong Kong University Press, 1978), p. 35.

22 國史館編，《國父年譜初稿》，上冊，頁二三五。

23 孫文，〈中國革命之經過〉，見左舜生，《中國近百年史資料》，下冊，頁六二三～六二四。

24 同上書，頁六四六～六四七。

25 國史館編，《國父年譜初稿》，上冊，頁二七六。

26 參閱蕭良章，〈中華民國憲政運動史述〉，《國史館館刊》，復刊第十期（民國八十年六月），頁七六；郭廷以，《近代中國史事日誌》，下冊，頁一四四四、一四四八～一四五〇。

27 蕭良章，前文，頁七六。

28 張忠紱，前書，頁三九。

29 參閱黃章仁，〈朱爾典（Sir John Newell Jordan）與民初袁世凱政權的鞏固，一九一一～一九一三〉，國立政治大學外交研究所碩士論文（民國八十六年六月），頁五五。

30 引文見大因篤四郎撰，吳文星譯，〈辛亥革命與日本之因應〉，《近代中國》，第三十六期（民國七十二年八月），頁二七。

31 張忠紱，《中華民國外交史》，第一冊，頁四一。

32 Peter Lowe, *Great Britain and Japan, 1911-1915* (London: Mac Millan & Co. 1969), pp. 70-71.

33 張忠紱，前書，頁四一。

34 參閱朱文原，〈日本外交承認中華民國探討〉，《國史館館刊》，復刊第十八期（民國八十四年六月），頁八〇。

35 國史館編，《革命開國文獻》（台北：國史館，民國八十七年），第三輯，頁一三八。

36 郭廷以，《中華民國史事日誌》（台北：中央研究院近代史研究所，民國六十八年），第一冊，頁四。

37 張忠紱，前書，頁二八～二九。

38 同上書，頁四二；朱文原，前文，頁八四～八五。

39 郭廷以，前書，第一冊，頁一〇。

40 朱文原，前文，頁七九。

41 同上註。

42 國史館編，《國父年譜初稿》，上冊，頁三〇一～三〇二。

43 黃章仁，〈朱爾典（Sir John Newell Jordan）與民初袁世凱政權的鞏固，一九一一～一九一三〉，頁五六～六〇。

44 John Gilbert Reid著，孔瑞芹、陳澤憲譯，《清帝遜位與列強，一九〇八～一九一二》（北京：中華書局，一九八二），頁二七三～二七四。

45 F. O. 405/205, No. 408, Sir Edward Grey to Sir C. MacDonald, Dec. 1, 1911; F. O. 405/209, No. 16, Sir. C. MacDonald to Sir Edward Grey, Dec. 8, 1911.

46 F. O. 405/205, No. 419, Sir John Jordan to Sir Edward Grey; Dec. 3, 1911; No. 445, Memorandum to the Japanese Charge d'Affairnes, Dec. 5, 1911.

47 F. O. 405/208, No. 83, Sir John Jordan to Sir Edward Grey, Jan. 12, 1912；另參閱孔瑞芹、陳澤憲譯，前書，頁三〇五。

48 張忠紱，前書，頁三一。

49 國史館編，《國父年譜初稿》，上冊，頁三〇三。

50 郭鳳明，〈南京臨時政府之立法工作〉，《國史館館刊》，復刊第二十五期（民國八十七年十二月），頁五七；另參閱《國父年譜初稿》，上冊，頁三〇七。

51 郭鳳明，前文，頁五九～六〇。

52 國史館編，《國父年譜初稿》，上冊，頁三〇六、三二七～三二八。

53 張玉法，《中華民國史稿》，頁六二～六七、七一～七八、一〇二～一〇七。

54 莫世祥，《護法運動史》（台北：稻禾出版社，民國八十年），頁八四～九〇；另參閱劉紹唐主編，《民國大事日誌》（台北：傳記文學出版社，民國六十二年），第一冊，頁九五。

55 羅家倫、黃季陸主編，《國父年譜》（台北：中國國民黨黨史會，民國八十三年），下冊，頁九九七～九九九。

56 同上註。

57 *Foreign Relatons of the U. S.,* 1917, The Acting Secretary of State to Reinsch, June 4, 1917, p. 49.

58 吳翊君，《美國與中國政治，一九一七～一九二八》（台北：東大出版社，民國八十四年），頁三九。

59 劉紹唐主編，前書，第一冊，頁九一。

60 李雲漢，〈中山先生護法時期的對美外交（一九一七～一九二三）〉，見張玉法編，《中國現代史論集》，第七輯（台北：聯經出版社，民國七十一年），頁二一五。

61 *Foreign Relations of the U. S.,* 1921. vol II. p. 40; Consul-general at Canton to the Secretary of State, July 22, 1921.

62 *The Weekly Review of the Far East,* Oct. 22, 1921, p. 350.

63 *Ibid*. Sept. 3, 1921, pp. 40-42.

64 林孝庭，〈外交家伍朝樞與近代中國〉，國立政治大學外交研究所碩士論文（民國八十六年四月），頁二八。

65 孫中山，〈伍廷芳墓表〉，見黃季陸主編，《革命人物誌》，第一集（台北：中國國民黨黨史會，民國五十八年），頁三八九～三九〇。

66 中國第二檔案館編，《中華民國史檔案資料匯編》（南京：江蘇古籍出版社，一九八六年），第四輯（下），頁二〇四；另參閱李恩涵：〈伍朝樞的外交事業〉，見《近代中國歷史人物論文集》（台北：中央研究院近代史研究所編，民國八十二年），頁三五七。

67 李恩涵，〈陳友仁與北伐前期（一九二六～一九二七）的「革命外交」〉，見《中華軍史學會會刊》，第二期（民國八十六年五月），頁五九二；另參閱王聿均，《中蘇外交的序幕》（台北：中央研究院近代史研究所專刊之十，民國五十二年），頁四五三～四五五。

68 羅家倫、黃季陸主編，《國父年譜》，下冊，頁九五九。

69 《陸海軍大元帥大本營公報》，民國十三年五月二十四日，公文，第十五號。

70 參閱呂芳上，〈廣東革命政府的關餘交涉（一九一八～一九二四）〉，見《中華民國歷史與文化討論集》（台北：國史館，民國七十三年），頁二五七～二五九。

71 李恩涵，〈伍朝樞的外交事業〉，頁三五七～三五八。

72 呂芳上，前文，頁二五七～二五九。

73 同上註。

74 同上文，頁二五九～二六一。

75 同上文，頁二五九～二六〇、二六二。

76 同上註。

77 同上文，頁二六二～二六五。

78 同上註。

79 同上註。

80 同上註。

81 同上註。

82 同上文，頁二六四～二六七；郭廷以，《中華民國史事日誌》，第一冊，頁七七〇；李雲漢，〈中山先生護法時期的對美外交（一九一七～一九二三）〉，頁二三九～二四一。

83 李雲漢，前文，頁二四二～二四六；呂芳上，前文，頁二六六～二六九。

84 呂芳上，前文，頁二六九。

85 中央研究院近代史研究所，《傅秉常先生訪問紀錄》（台北：中研院近史所，民國八十二年），頁五五。

86 《民國日報》（廣州），民國十三年八月二十七日。

87 同上，民國十三年八月二十六日；《國聞周報》，民國十三年八月二十七日，頁二三。

88 李恩涵，〈伍朝樞的外交事業〉，頁三六二。

89 參閱李劍農，《中國近百年政治史》（台北：台灣商務印書館，民國六十四年），頁六四五；李恩涵，前文，頁三六二。

90《國父年譜》，下冊，頁一五六〇～一六一四。

91 李恩涵，前文，頁三六三。

92 中國國民黨黨史會編，《革命文獻》，第十八輯，頁三三三〇～三七五八。

93 同上註；另參閱洪鈞培，《國民政府外交史》（台北：文海出版社翻印，民國二十八年），頁二八；《傅秉常先生訪問紀錄》，頁五八。

94《革命文獻》，第十八輯，頁八三～八四。

95《民國日報》（廣州），民國十三年十一月十八日；另參閱蔣永敬，《胡漢民先生年譜》（台北：國民黨黨史會，民國六十八年），頁三二三；郭廷以，《近代中國史綱》（香港：中文大學出版社，一九八六年），頁五四〇～五四一。

96《民國日報》（廣州），民國十四年八月十七日。

97 李恩涵，〈伍朝樞的外交事業〉，頁三六四。

98 同上文，頁三六四～三六五。

99 同上註；另參閱 Edmund S. K. Fung, *The Diplomacy of Imperial Retreat: Britain's South China Policy*, 1924-1931 (Hong Kong: Oxford University Press, 1991), pp. 86-89。

100《申報》，民國十五年六月九日；郭廷以，《中華民國史事日誌》，第二冊，頁三〇、三六、五二；Edmund S. K. Fung, *op. cit.*, p. 89。

原載國史館編，《中華民國外交志（初稿）》，台北：國史館，民國九十一年二〇〇二，頁五三～八四。

第十章

南方軍政府的外交行政機構（一九一一～一九二五）

一

清宣統三年八月十九日（一九一一年十月十日），湖北新軍一部起義反抗清廷政府，清湖廣總督瑞澂聞訊立逃漢口，旋逃匿於停泊長江中的兵艦上；起義軍於次日（十月十一日）佔領武昌，依據中華革命同盟會的「革命方略」所示，成立中華民國湖北軍政府（亦稱「湖北軍政府」或「鄂軍都督府」），以起義軍的二十一混成協（旅）協統黎元洪為都督。軍政府成立後，即宣布脫離清政府，通電各省起義響應，並照會各國駐漢口領事，請求承認，稱中華民國。軍政府之下，設軍務、參謀、民政、外交四部，各部正、副部長分由革命黨人、起義軍官或立憲黨人擔任。外交部正部長為胡瑛，副部長為王正廷（時王氏尚在上海，由胡瑛派遣梁炳農赴滬專邀）。[1]胡瑛為湖北早期革命團體科學補習所的主要成員之一，後留學日本，成為由革命同盟會湖北分會人員為運動湖北新軍起義而組織的文學社之人員。[2]王正廷為浙江奉化人；早年就學於上海中英學校、天津英華書院。在北洋大學畢業後，留學日本、美國，先肄業於密西根大學，後畢業於耶魯大學法學院，並榮獲金鑰匙獎等榮譽。學成返國後，先任職為上海基督教青年會總幹事，後始在上海復旦公學校長李登輝的推薦下，轉任湖北軍政府外交部副部長，輔佐胡瑛，與各國駐漢口之領事辦理交涉事宜。[3]

一九一一年十月十七日，黎元洪正式就任鄂軍都督，為控制軍政府，掌握實際的權力，乃再度改組軍政府，實行軍政合一制度，設政事部長，以立憲黨人湯化龍為部長（惟湯氏迄未就職）總持政務，其下則分設軍政、內務、外交、理財、交通、教育、實業、參謀、編制、軍令等十一個局（部），各局（部）也直屬於都督；胡瑛仍任局（部）長，楊霆垣副之。[4]軍政府還另設置了秘書員、顧問員、稽查員等官職，負責文件、印鑑的保管、辦理各種文書及稽查各機關與軍務等事宜，均由都督選任。湖北軍政府還一度設置總監督處，作為該政府的最高監察機關。[5]

十一月十五日（舊曆九月二十五日），響應湖北起義而獨立的各省代表在上海召開第一次會議。十一月十三日，滬軍都督陳其美分電獨立各省，請公認伍廷芳為起義各省的外交總代表，並以伍氏為南北和議的南方總代表[6]（時伍氏在蘇州，已為江蘇都督、原江蘇巡撫程德全任命為交涉部長）。[7]十一月二十九日，駐滬各省代表因公舉伍廷芳為未來中華民國外交總長、温宗堯為次長。[8]按伍廷芳（一八四二～一九二二）字文爵，號秩庸，廣東新會人，早年畢業於香港聖保羅書院，後留學英國獲法學學位（Lincoln Inn）。一八七七年回國後，出任北洋大臣、直隸總督李鴻章的幕僚，參與外交談判事宜。一八九六年起，旨命任駐美國、西班牙、秘魯等國公使，為我國著名的外交與法律專家。9

一九一一年十二月三日，各省駐滬代表議定「中華民國臨時政府大綱」四章二十一條，規定臨時政府應設外交、內務、財務、軍務、交通五部，每部設總長一人，以為之首。10 十二月二十九日，獨立的十七省代表在南京集會，選舉孫中山為中華民國臨時大總統（在此之前，各省代表原於十二月四日即陰曆十月十四日選舉黃興為大元帥、黎元洪為副元帥；因黃興力辭，又於十二月十六日改選黎元洪為大元帥、黃興副元帥。一九一二年一月一日，孫中山在南京宣誓就職；是為民國元年。一月三日，各省代表又選舉黎元洪為副總統。11

民國元年（一九一二）一月三日，孫中山以臨時大總統的身分，頒布「中華民國臨時政府中央行政各部及其權限」的行政法規，規定中央政府設置陸軍、海軍、外交、司法、財政、內務、教育、實業等九部，並改稱部長（尚書）為總長（第一條）。12 該「權限」第四條規定，外交部長負責管理外國交涉及關於外人事務，並管理在外僑民事務，保護在外商業，監督外交官及領事官。13 又設置外政司，由司長主持，掌領土、禁令、裁判、引渡等交涉、國際公法與組織、保護在外華僑、處理國籍事務等（民國三年，改稱為政務司）。14 稍後，孫中山任命王寵惠為外交總長、魏宸組為次長。15 按王寵惠（一八八一～一九五八）字亮疇，廣東東莞人，天津北洋大學堂畢業後，留學日本、歐、美等國，獲美國耶魯大學法學博士。一九〇四年曾於紐約協助孫中山撰寫對外宣言，並游說各國放棄支持滿清的政策。16 魏宸組（一八八五～？），字注東，湖北江夏（武昌）人。早年留學法國，一九〇五年加入同盟會。17 其他中華民國南京臨時政府第一屆外交部內的重要官員，則有顧問關應麟、參事王景春、秘書關霽、外政司長馬良、商務司長馮自由、編譯司長徐田、庶務司長梁鉅屏等。18 外交部的直轄機構，則有上海通商交涉使和捕獲裁判所等。19

外交部係於民國元年一月十一日正式成立，初暫設於總統府內辦公，後遷往鼓樓前獅子橋。[20]

整個中央政府行政組織的結構，則於民國元年三月八日由南京臨時參議院通過了（三月十一日正式公布）「中華民國臨時約法」，予以確定，計共七章五十六條，為中華民國第一部憲法性的文件。該「臨時約法」採責任內閣制，主權屬於全體國民；[21]其第五章規定，國務總理和各部總長均為國務員，輔佐大總統負其責任，於臨時大總統提出之法律案及發布命令時，須副署之。[22]在此之前的二月六日，孫中山則頒布「各部官制通則」，每一個部都有着具體的組織法；以「外交部官制」為例，其內容包括官制、承政廳及各司機關的設置及其職責、生效日期等。[23]至於國家大政所寄的國務院，孫中山則於三月二十九日將「國務院官制」十七條，咨送參議院決之。因此，臨時大總統非得國務員（各該部總長）之承諾，無法獨立行使職權。[24]此乃內閣制根本精神之所在，可以對總統大權予以適度的制衡。

民國元年二月十二日，清帝遜位；次日，清內閣總理袁世凱宣布擁護共和。二月十四日，孫中山乃依照南北議和的條件，向南京臨時參議院，提出辭職，推薦袁世凱繼任臨時大總統。二月十五日，南京臨時參議院選舉袁世凱為第二任中華民國臨時大總統。惟此後袁世凱並未依照參議院原先議決的規定，南下至南京就臨時大總統職，反而將南京臨時參議院在情勢所迫的情況下於四月二日遷往北京運作；南京的臨時政府也合併於北京政府之中。[25]綜括而言，南京臨時政府實為同盟會骨幹會員掌握實權的內閣，雖然在九個部當中，由同盟會會員擔任總長的，只有三個部，其他六個部的總長均由立憲派或舊官僚出任，但立憲派和舊官僚出身的總長均不長駐南京，同盟會則確定了「總長取名、次長取實」的原則，各部次長絕大部分由革命黨人出任，實際主持各部政務；而孫中山所任命的九名次長中，除湯薌銘一人外，均為同盟會的骨幹份子。[26]

二

惟袁世凱於民國二年（一九一三）十月六日當選為中華民國正式總統之後，很快修改了使他無法實現其大權獨攬意圖的「中華民國臨時約法」，而於民國三年（一九一四）五月一日制定了總統可集權獨裁的「中華民國約法」（即所謂「袁氏約法」），甚至迅速邁上了帝制自為之途，改民國五年為洪憲元年。民國五年（一九一六）五月八日，南方反袁的雲南、貴州、廣西、廣東四省所組織的護國政府，在廣東肇慶正式組成；其行政中樞稱南方護國軍務院，以雲南唐繼堯為撫軍長、廣西岑春煊為副撫軍長（代行撫軍長職權），梁啟超為政務委員長，蔡鍔、李烈鈞、龍濟光等為撫軍，負責各省軍事，擁護黎元洪任總統，與袁世凱的「洪憲帝制」政權相對峙。六月六日，袁在舉國上下聲討其重新自「皇帝」退位為「總統」的醜顏行動聲中去世。次日，黎元洪繼位為大總統。七月十四日，廣東肇慶的南方護國軍務院才宣布撤消。27

民國六年（一九一七）七月，孫中山為了反對北洋政府皖系軍閥段祺瑞之解散國會、廢棄「中華民國臨時約法」的非法行動，乃提出擁護「臨時約法」（護法）、恢復國會的主張，率駐滬海軍與部分國會議員一百三十多人前赴廣州，聯合西南各省的地方實力派，進行「護法」。同年八月三十一日，護法國會（非常國會）非常會議通過「中華民國軍政府組織大綱」十三條，其第一條規定：軍政府設外交部、內政部、財政部、陸軍部、海軍部、交通部等六個部，在「臨時約法」恢復運作之前，由大元帥行施政權。28次日，並選舉孫中山為軍政府海陸軍大元帥，陸榮廷（廣西）、唐繼堯（雲南）為元帥。九月十日，孫中山正式就任大元帥，29

在孫氏所任命的各部總長中，外交總長為伍廷芳，在伍氏未到任時，則由外交次長王正廷暫代（至十月五日，則任命伍朝樞代王正廷為外交部次長）。[30]

廣州護法軍政府成立之後，陸榮廷、唐繼堯兩人均不肯來穗就元帥職，而且他們先即與北方的直系軍閥相勾結，復更轉而為難軍政府，排擠孫中山，並於民國七年（一九一八）一月組成「西南自主各省護法聯合會」，以與孫中山的廣州護法軍政府分庭抗禮。[31]同年五月，陸、唐又操縱廣州護法（非常）國會內的政學系，內外狼狽為奸，逼迫孫中山辭大元帥職，修改軍政府組織法，改元帥一長制為總裁合議制。七月軍政府的大元帥制乃被修改為七總裁制，非常國會並選舉孫中山、伍廷芳、唐紹儀、陸榮廷、林葆懌、唐繼堯、岑春煊等七人為總裁，而以岑春煊為政務總裁（後改稱「主席總裁」），伍廷芳則以總裁兼任外交總長。[32]七總裁時期的廣州護法軍政府的組織系統，大致如下表：[33]

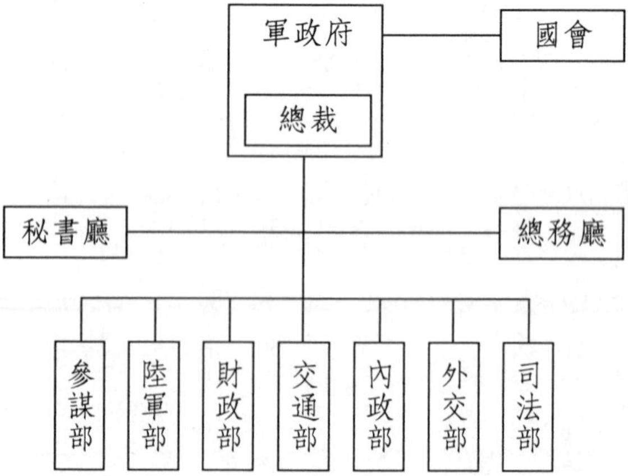

於是，廣州軍政府成為桂系軍閥（陸榮廷等）的工具，孫中山則被迫於民國七年（一九一八）五月二十一日離開廣州，前往上海。[34]

民國九年（一九二〇），孫中山發現桂系岑春煊與陸榮廷竟私自與北洋政府議和，犧牲原護法的主張，乃與唐紹儀、伍廷芳、唐繼堯共同宣言，聲明和議之無效。民國九年（一九二〇）七月北方的直皖戰爭開始，廣東督軍莫榮新乃借攻閩之名，擬乘機剷除依附孫中山的陳炯明部的粵軍，陳炯明則由閩南漳州誓師，武力驅逐了佔據廣州的桂系軍隊。民國九年（一九二〇）十一月，孫中山乃偕同伍廷芳、唐紹儀兩總裁仍回廣州，恢復原護法軍政府；[35]由孫中山自兼內政部部長（總長改稱部長），伍廷芳兼外交部部長，唐紹儀任財政部部長（未就任，由外交部長伍廷芳兼任），陳炯明任陸軍部部長，唐繼堯任交通部部長（未到任），徐謙任司法部部長，李烈鈞任參謀部部長（總長）。此外，謝持任內政部次長，伍朝樞任財政部次長（後轉任外交部次長，其財政部次長改由廖仲愷繼任），程潛任陸軍部次長。[36]孫中山並任命李錦綸為外交部廣東特派員；傅秉常為瓊海關監督兼北海海關事宜、兼瓊州、北海交涉員；黃強為粵海關監督；陳其尤為潮（州）海關監督。[37]

惟至民國九年（一九二〇）十一月下旬，廣州軍政府雖已恢復了運作，然仍為總裁制，各總裁既不能同在政府中辦事，窒礙已多，北京與廣州外交團復擬將所收關餘款交予舊軍政府，而不交與新軍政府收用；加之北洋政府總統徐世昌事事均以中華民國總統的名義行使職權及對外借款，更使廣州軍政府很有改組為正式政府的必要。於是，廣州護法國會非常會議乃於民國十年（一九二一）四月七日，召開參、眾兩院聯合會議，改組軍政府為中華民國政府。稍後，並選舉孫中山為非常總統，代表中華民國總攬政務、發布命令、統率陸海軍、任免文武官員等。[38]此廣州中華民國政府的組織系統，略如下頁表：[39]

非常總統孫中山所任命的各部部長人選，外交部長為伍廷芳，兼財政部長；陸軍部長為陳炯明，兼內政部長（又兼廣東省長）；海軍部長為湯廷光；參謀部長為李烈鈞；司法部長為徐謙（大理院未設院長，由司

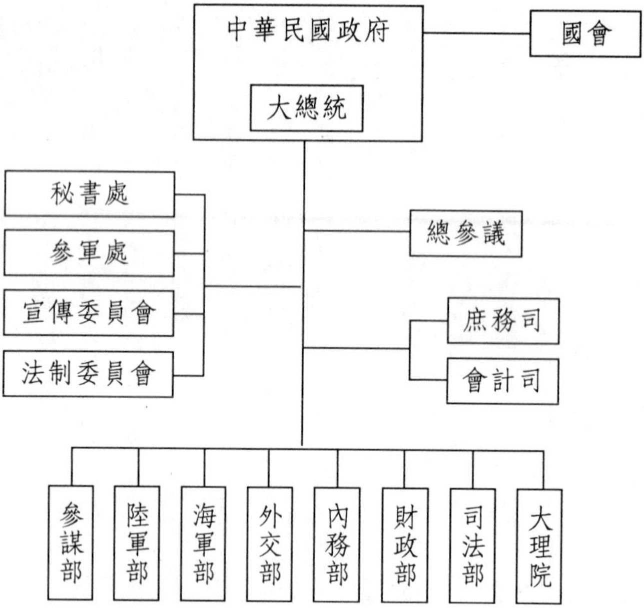

法部長兼任）；總統府秘書長為馬君武、總參議為胡漢民。40

惟孫中山旋因出兵北伐問題，為陳炯明所強力反對，雙方發生衝突，民國十一年（一九二二）六月十六日，陳竟悍然發動叛變，圍攻廣州總統府，砲轟孫氏所居住的觀音山，孫氏被迫倉皇離開廣州，中華民國政府也隨之解散。一直到民國十二年（一九二三）初，陳炯明部為滇、桂軍所攻，戰敗下野，被驅逐出廣州，孫中山才得於同年二月二十一日重返廣州，惟決定不再復任總統之職，只因對於佔據廣州的滇、桂軍不能無適當的名義統率之，乃重設海陸軍大本營，以大本營大元帥的名義統轄之。孫中山又致電段祺瑞、張作霖、盧永祥、黎元洪、張紹曾等，發布裁兵宣言；又以和平救國為不可緩，派胡漢民、孫洪伊、汪兆銘、徐謙駐上海，為辦理和平統一事宜之全權代表。41民國十二年三月一日，孫氏任命譚延闓為內政部部長（後由徐紹楨繼任）、伍朝樞為外交部部長

（其父伍廷芳已於一九二二年六月病故）、程潛為軍政部部長、廖仲愷為財政部部長（後由葉恭綽繼任）、鄧澤如為建設部部長（後由林森、譚延闓繼任）、[42]湯廷光為海軍部部長、李烈鈞為參謀長、趙士北為大理院院長。大本營內部則任朱培德為參軍長、楊庶堪為秘書長、胡漢民為總參議、蔣中正為行營參謀長（因辭職未就，改任張開儒）、古應芬為法制局局長、劉紀文為審計局局長。[43]該大元帥大本營的組織系統大致如下表：[44]

一九二三年六月十五日，伍朝樞正式就任外交部部長，郭泰祺任次長，負責處理對外交涉事宜，在廣東交涉公署三樓辦公。次長之下，設第一、第二兩局。[45]按伍朝樞（一八八七～一九三四），字梯雲，廣東新會人，為著名外交家伍廷芳之子，早年隨父在美讀小學、中學，後留學英國，獲法律學位及律師資格（Lincoln Inn）。民國建立後，曾任湖北軍政府外交司長、外交部條約委員會會長等職。一九一九年，出席巴黎和會。在此前後，則一直在其父伍廷芳的領導下，擔任孫中山廣

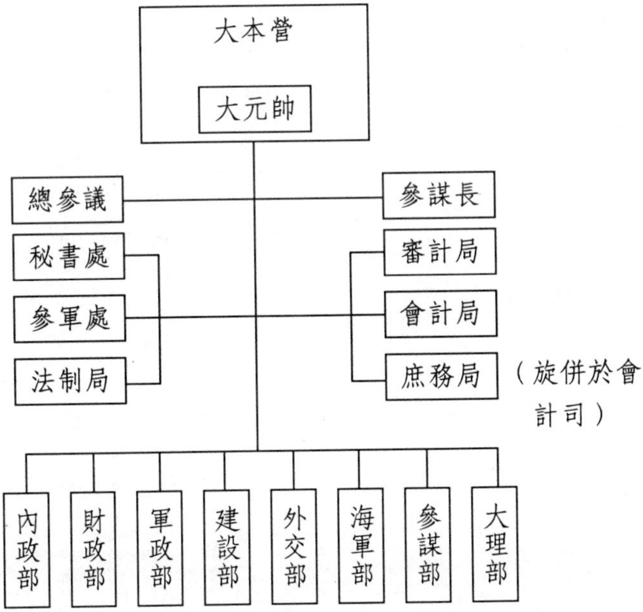

州軍政府的外交部次長。[46]郭泰祺（一八八九～一九五二），字復初，湖北廣濟人，早年留學美國，獲博士學位；歷任總統府英文秘書、外交部參事等職。一九一九年，出席巴黎和會，任中國代表團專門委員。[47]

惟孫中山於民國十三年（一九二四）十一月中旬即北上與北洋的段祺瑞政府會商南北統一諸大計，而於次年（一九二五）三月十二日病逝於北京。[48]廣州軍政府在代大元帥胡漢民等的主持下，於民國十四年歷經上海五卅慘案（一九二五年五月三十日）與廣州沙基慘案（一九二五年六月二十三日）等英、法帝國主義軍警的武力挑釁的重大事件之後，也於民國十四年（一九二五）七月一日改組為廣州國民政府，由胡漢民出任外交部部長（一九二五年九月，胡氏因涉及廖仲愷被刺案被排去俄，外交部長一職仍由伍朝樞繼任）。[49]但廣州國民政府時期的外交部已非本節命題所及而屬於本書上一節探討敘述的範圍了。

注釋

1 楊逢春主編，《中外政治制度大辭典》（北京：人民日報社，一九九四），頁二〇五～二〇六。

2 張玉法，《中華民國史稿》（台北：聯經出版社，一九九八），頁二六。

3 秦孝儀主編，《中華民國名人傳》，第七冊（台北：近代中國出版社，民國七十七年），頁七五～七七。

4 中華民國史事紀要編彙委員會編，《中華民國史事紀要》（民國前一年），（台北：中央文物供應社，民國六十二年），頁七〇六。

5 楊逢春主編，前書，頁二〇五～二〇六。

6 中華民國史事紀要編彙委員會編，《中華民國史事紀要》（民國前一年），頁九三四、一〇一六。

7 國史館編，《國父年譜初稿》（台北：國史館，民國四十七年），頁二七二。

8 同註6。

9 石源華主編，《中華民國外交史大辭典》（上海：上海古籍出版社，一九九六），頁二六三。

10 楊逢春主編，前書，頁一八五。

11 蕭良章，〈中華民國憲政運動史述〉，《國史館館刊》，復刊第十期（民國八十年六月），頁七六；郭廷以，《近代中國史事日誌》，下册（台北：台灣商務印書館，民國五十二年），頁一四四；楊逢春主編，前書，頁二〇六。

12 中華民國史事紀要編彙委員會編，《中華民國史事紀要》（民國元年），（台北：中央文物供應社，民國六十年），頁二六。

13 同上書，頁二七。

14 章進主編，《民國二十年中國外交年鑑》（上海：世界書局，民國二十四年），頁二一二。

15 《中華民國史事紀要》（民國元年），頁二九。

16 石源華主編，《中華民國外交大辭典》（上海：上海古籍出版社，一九九六），頁四九。

17 同上書，頁六二四。

18 同上書，頁七五六。

19 章進主編，前書，頁二一一。

20 《中華民國史事紀要》（民國元年），頁一二三。

21 郭鳳明，〈南京臨時政府之立法工作〉，《國史館館刊》，復刊第二十五期（民國八十七年十二月），頁五九。

22 楊逢春主編，前書，頁一八五。

23 郭鳳明，前文，頁六〇。

24 同上註。

25 同上註，頁六一～七二。

26 楊逢春主編，前書，頁二〇六。

27 同上書，頁二一一。

28 《中華民國史事紀要》（民國六年），頁二七〇五。

29 楊逢春主編，前書，頁二一一。

30 中國第二檔案館編，《中華民國史檔案資料匯編》（此後簡稱《資料匯編》），第四輯，上册（南京：江蘇古籍出版社，一九八六），頁八～九。

31 郭廷以，《中華民國史事日誌》，第一册，頁三七九、三八八、三九五。

32 楊逢春主編，前書，頁二〇二～二〇三、二一一；章進主編，《民國二十四年中國外交年鑑》，頁三一一。

33 《資料匯編》，頁八。

34 郭廷以，《中華民國史事日誌》，第一冊，頁二八〇。
35 《資料匯編》，頁八～九。
36 同註35。
37 同上書，頁一四、一五。
38 郭廷以，《中華民國史事日誌》，第一冊，頁五六四；楊逢春主編，前書，頁二〇三。
39 《資料匯編》，頁一七。
40 同上書，頁一七～一八。
41 同上書，頁二四。
42 郭廷以，前書，頁七〇七。
43 《資料匯編》，頁二五。
44 同上書，頁二四。
45 章進主編，前書，頁二一一。
46 石源華主編，《中華民國外交史辭典》，頁二六三。
47 同上書，頁五一三。
48 郭廷以，《中華民國史事日誌》，第一冊，頁八七〇。
49 李恩涵，《北伐前後的「革命外交」（一九二五～一九三一）》（台北：中央研究院近代史研究所，一九九三），頁三五～四〇。

原載國史館編，《中華民國外交志（初稿）》（台北：國史館，民國九十一年二〇〇二），頁二四八～二六〇。

第十一章

顧維鈞與中國近現代外交（簡述）

顧維鈞（一八八八～一九八五）為我國著名的外交家。他早在二十七歲即嶄露頭角。以一青年人出任我國駐美國與墨西哥公使，四年後的一九一九年更在全球性國際舞台的凡爾賽和會（即「巴黎和會」）上，一鳴驚人，以其有理、有據的滔滔雄辯峻拒日本企圖霸佔德國原在山東的各項權益，力爭應將這些權益直接交還其主人中國。事雖未成，但他協同其他的我國外交代表，繼續努力，終於在三年後的華盛頓會議（一九二一～一九二二）中達到了收回山東權益的目的。這是一項相當重要的外交成就。此後他在服務政府的公職中，七任總長（六任外交總長、一任財政總長）、兩任閣揆（國務總理），並曾任攝政元首，擔任過五個月零三天的事實上的國家元首。一九二八年六月後，除短期外，他一直服役於中國外交界，參與一些重大的外交交涉；一直到一九五六年才自駐美大使任上退休。總計他於役我國外交等公職，達四十五年之久。一九五七年後，他更膺選擔任海牙國際法院法官十一年，其間於一九六四～一九六七年更擔任該法院副院長，至一九六七年完全退休。綜其一生，顧氏服務我國外交與國際社會，實達五十六年之久。

顧維鈞在我國外交界向以英美派中的翹楚著稱，與同時代的顏惠慶、施肇基、王正廷、王寵惠等外交家並駕齊驅。如果我們將鴉片戰爭（一八三九～一八四二）後我國主要的外交官員耆英、桂良等人作為第一代外交家（完全不懂外事）；一八六〇～一九〇〇年間李鴻章、恭親王等人作為第二代外交家（稍懂外事，但全不懂外交精義）；一九〇〇～一九一〇年間的袁世凱、唐紹儀等人為第三代外交家（稍懂外交精義，但時不我予）；那麼，顧、顏、施與二王等可算是我國第四代的外交家了。他們共同的特徵是，在作為外交家的才能、專業訓練與時機掌握方面，都能超越前人，並能向同時代第一流的外交家相學習，不只在國家國力尚弱時，能夠折衝樽俎，堅守住國家權益不再喪失的樊籬，並在有利的時機到來時，則能把握機會，大力積極地推動撤廢不同範圍內的中外不平等條約體制，並各有所收穫。所以，不只在對日抗戰前的一九三一年六月五日王正廷外交部長有著與英國簽訂「廢棄領事裁判權草約」的佳績（上海保留十年，天津保留五年，但可惜為稍後之九一八事變所破壞）；一九四三年一月，配合著對日抗戰的總形勢漸入佳境，中國更成功地與美、英兩大國簽訂了撤廢一切不平等條約的平等新約。都可說是這些新型外交家的集體成就。顧維鈞作為一九四三年時的中國駐英大使，也是在這方面有所貢獻的。

不過，六〇年代之前，研究顧維鈞外交事業的論著尚少。我們一般只是靠閱讀金問泗（Wunsz King）的幾種著作，如 *China at the Paris Peace Conference*（N. Y., 1961）、*China at the Washington Conference*（N. Y., 1963），才得以稍稍瞭解顧氏的一些外交作為。但自一九六〇～一九七六年美國哥倫比亞大學東亞研究所成立中國歷史口述學部，在韋慕庭教授（Prof. C. Martin Wilbur）的領導下與唐德剛教授（Prof. Te-kang Tong）與夏連蔭女士（Ms. Julie Howe）的實際執行下，完成了長達五十六卷一萬一千多頁微膠捲版的《顧維鈞回憶錄》（*Reminiscence of Wellington Koo*）（計口述時間達五百小時，歷時十七年之久，耗資二十五萬美元，由四位博士、五位打字員和二位庶務員協助而成，並發行問世）；我們對於顧氏一生五十多年之久的外交事業，才可窺其全豹（中央研究院近代史所承蒙哥倫比亞大學韋慕庭教授的盛意，很早即受贈了一套《顧維鈞回憶錄》的微膠捲版全份）。但因該微膠捲版的回憶錄閱讀起來仍然不太方便，因此，顧氏家族乃授權北京中國社會科學院近代史研究所予以迻譯為中文，該所又委託天津編譯中心自一九八二年七月開始敦聘專家學者從事翻譯，至一九八三年五月中譯本的《顧維鈞回憶錄》第一分冊（北京：中華書局）乃得刊行問世。在一九九三年該回憶錄的第十三分冊出版，全書共計十三冊約共六百多萬字的巨著，始告全部完成（計先後參加迻譯者六十多人，多為任教各大學院校的學者與精通外交的社會知名人士）。這是有意研究顧維鈞與中國近代外交史者的一大盛事。

除此之外，早在一九八一年，美國加州聖地牙哥州立大學的朱葆縉教授已由香港中文大學出版了他的 ***V. K. Wellington Koo: A Case Study of China's Diplomat and Diplomacy of Nationalism*** 一書，算是研究顧維鈞一生外交事業的先驅性著作。（二〇〇〇年九月，上海復旦大學並舉辦過「顧維鈞與中國外交」的國際學術研討會，惟迄今尚未見其論文集出版行世（按該學術研討會的三十一篇論文，已於二〇〇一年六月以《顧維鈞與中國外交》的書名，金光耀主編上海古籍出版社出版）。

沈潛先生的這本《百年家族——顧維鈞》的大著，雖然不是以研究顧氏在外交與政治上的功業為著重點，而是以顧氏為主軸透過其家族上下三代人物的人生際遇，並就其上下三代代表人物的婚姻家庭、子弟教育、理想抱負、事業成就、境遇命運等方面，全方位地檢述其家族的興衰起落，藉以揭示江南水鄉一隅百年間社會嬗變的歷程。這對我們瞭解顧氏思想行為的背景，實最有幫助。沈先生是以文學性婉約秀麗的筆觸，以對顧氏故鄉嘉定小城周遭的景貌與社會風物，作周延而描繪入微的敘述，娓娓道來，使我們對於一位江南家道中落世家子出身的顧維鈞，所背負的醇厚深邃的傳統文化在歷經歐風美雨襲擊後所形成的「古今中外大交會」的新文化之後，是如何的在適應中蛻變，在蛻變中如何對於故國民族的回饋報恩，有了更深切的體會。顧氏本人的個人遭際與其事功成就，他家族之最後留寓海外與在海外落地飄零，不正象徵著此一新文化衝擊面的典型代表嗎？我在拜讀過沈先生的大著之後，除去多所獲益之外，我深深感悟到在這二十一世紀的新世界裡，中華民族的部分精英，已花果飄零，在亞、歐、美洲各地，都已落地生根，生長茁壯、欣欣向榮地繁衍下去了——我們中華民族像盎格魯·撒克遜民族一樣，已經是一個世界性的中華民族了。這是我拜讀本書後的一項感想。讓我誠懇地在此向沈先生大著的出版道賀！

原為《百年家族顧維鈞·序》，沈潛著，台北：立緒文化，二〇〇一年五月，頁七～十一。

第十二章

陳友仁與二〇年代的「革命外交」

一、前言

陳友仁（英文名為Eugene Chen, 1875-1944）為二十世紀二〇、三〇年代中國國民黨左派著名的外交家，曾首倡「革命的外交，應取斷然的革命手段」、「堅持到底，寧為玉碎」之說，[1]為國民黨所領導的廣州國民政府所發動「革命外交」的先驅者之一，並在北伐前期（一九二六～一九二七）在國民黨左派所主導的武漢國府中主持外交大計，順利收回了漢口、九江英租界，為「革命外交」奠立了一種典型，[2]並為當代美外交史學者鮑拉特（Robert Pollard）譽之為二十世紀早期在中國外交的理念與實際談判中，與孫中山、顏惠慶、顧維鈞、王正廷並列為中國的五大外交家之一者。[3]在中國近代外交文書的發布方面，陳友仁也向以撰寫陳義高超、措辭強硬具攻擊性但也具說服力而英文文句優美、鏘鏘可讀的外文政策聲明與宣言而著稱一時。此外，陳氏也是一位著名的報刊編輯、政治評論家、律師與英文寫作高手。[4]不過，他一生事業的真正貢獻，仍在一九二六～一九二七年北伐前期在他的主持下所進行的一些「革命外交」談判和其成就上。

二、家世、教育與其在國民革命運動中的崛起

陳友仁係一八七五年（一般稱其出生於一八七九年或一八七八年，似誤）5出生於中美洲加勒比海（Caribbean Sea）英屬西印度群島的千里達島（Trinidad）上的聖佛南度市（San Fernando）的一個華僑家庭，其身材不高，鼻神寬度，兩頰突起，皮膚呈古銅色，在外貌上有著一些明顯似非中國人的特徵；其英語說的流利，發音正確如一般英人無異，但中國國語卻不行，且又是廣東口音，在與同事討論一些複雜性的問題時，他甚至需要一名譯員相助。他生性強悍好鬥，富反抗精神，但心地則純樸善良，能吃苦，而學識廣博，能言善辯，慣常議論滔滔不絕，所言皆條理清晰，聲調宏大。日常起居，他總是神態嚴峻，衣飾整潔（雖在獄中也不改此常態），身著一襲黑色西裝，紮深紅色領帶，頭戴呂宋帽，手拄文明杖，總是一幅熱帶地區大英帝國所屬殖民地高等紳士的形象。6

陳友仁的父親，名為陳桂新（Chen Kan-Chuan?），為客家人，原籍廣東順德，業木匠，據說曾移徙至廣西象州（或潯州），參加太平軍而升任「水軍後三軍軍帥」，戰敗後為逃避緝捕，乃化裝為商販潛逃至香港，後再賣身為「豬仔」（出洋的「負債苦力」），遠渡太平洋，先至檀香山，後再遠移至加勒比海的牙買加島（Jamaica）；不久，再移居至附近的馬蒂尼克島（Martinique），在那裡與一位已移居當地三代、具有外族混血血統的廣東女孩結婚（該女不會華文華語），全家並再遷移至靠近南美洲大陸的千里達島居住，陳友仁即係他倆所生五男一女之中的最年長者（一般稱陳氏生於牙買加島，實誤）。7陳桂新先仍以木匠工藝謀生

後則開設雜貨店，又開辦養殖場，漸集資致富，成為當地華僑致公堂堂長，算是一位僑領。[8]陳友仁自幼在聖佛南度市的公立小學就讀，又曾在千里達島西班牙港（Port-of-Spain）的天主教書院（Roman Catholic College）讀書。他自幼即隨一位資歷良好的英籍教師學習英文英語，因此在英文方面打下了堅實的基礎，另漢文漢語雖也由一位當地華僑教師教授，但該教師卻只是粗通文墨，又不會官話，故他在這方面的基礎甚差。一八九一年春，十六歲的陳友仁離家前往英國留學，先入查爾金森學校預備班攻讀，後進劍橋大學讀法律專業，數年後獲法律學位；此後，並考取律師資格，在倫敦執業。一八九六年九月，孫中山為滿清駐英使館人員誘囚於使館，幸賴其在就讀香港西醫書院（The College of Medicine for Chinese, HongKong）時之老師英人康德黎（Dr. James Cantile）營救出險，據說陳友仁也曾為孫中山擔任過義務性質的法律辯護。[9]

一九一一年十月，武昌起義爆發，遠在美國內陸遊歷的孫中山，聞訊端程取道英、法返國，以參與推翻滿清、建立中華民國的大業。在倫敦時，孫氏曾與陳友仁接觸，陳亦因在英國飽受種族歧視之苦，對孫中山所倡民族主義的體驗與信念，慷慨激昂，乃毅然辭去所任律師之職，而於一九一二年離英返回中國北京，投效祖國。[10]當時清室已經退位，孫中山也已經交卸中華民國臨時大總統之位，正式的中華民國政府已在北京建立，陳友仁因同為留英華僑（馬來亞）出身的伍連德醫生之介，先任交通總長施肇基的法律顧問與英文秘書，施氏離任後，則轉介他出任英文《京報》（Peking Gazette）編輯。[11]《京報》是一份在北京、天津外國使團與外人社會中銷路甚廣而甚有影響力量的新聞性與政論性的刊物，而陳氏自編輯之初即以筆鋒銳利的大膽評述與優美的英文風格為該報逐漸奠定了更高的聲譽。他先即以支持袁世凱統一中國的種種措施，而強力宣傳，同時則著力抨擊已故慈禧太后與李鴻章的種種倒行逆施，常贊袁世凱為「中國的救星」（the salvation of China）。[12]一九一四年一月，陳並專程前往英駐北京使館公開聲明放棄英國國籍，拒絕英國此後再對他行使領事裁判權的保護。[13]惟袁世凱帝制自為的陰謀，逐漸暴露，陳友仁則改而予以猛烈的抨擊，多次撰文批評袁氏獨裁專制。他在《京報》上也發表他自己英譯的梁啟超猛烈攻袁帝制的〈異哉，所謂國體問題者〉一文，[14]另更再發表他自己署名的文章，指責「有人迷信暴力，妄想以鐵血扭轉歷史大潮流，不惜殘害生靈，窮兵黷武」；並公開倡言「對袁世凱的為人，我甚為鄙視，他不算是個政治家，充其量只是個口是心非的大野心家。他的存在，對中華民國國體是潛在的威脅」。[15]陳友仁也贊同留學歐洲多年、也是來自英屬馬來亞、時任北京大學教授的辜鴻銘辱罵袁世凱為「醜類、雜種」的話。[16]袁世凱因此將陳氏逮捕下獄，一度並想將他毒殺，但袁的親信阮忠樞、梁士詒、楊度等都持異議，勸袁謹慎行事；加之美駐華公使芮恩施（Paul Reinsch）等外國人士對陳友仁之被捕，也表示關切。袁世凱不能不有所顧忌，乃將陳友仁釋放出獄。出獄後的陳友仁仍然不改初衷，積極投入反袁鬥爭，成為國民黨的一名活躍份子。[17]一九一六年六月，袁氏死亡，段祺瑞以總理的地位續掌大權，陳友仁主持下的英文《京報》則仍繼續批評政府的種種不當措施，不遺餘力。一九一七年五月十八日，陳氏發表〈出賣中國〉（Selling China）一文，攻擊段祺瑞與日本秘密談判參加歐戰，並擬藉參戰為名允許日本控制中國軍隊之事。段氏一怒之下，又將陳氏逮捕下獄，並將《京報》封閉。稍後，陳友仁雖由與段對抗的總統黎元洪下令釋放，但《京報》的發行則完全停止。[18]

一九一七年七月，孫中山南下護法，九月，成立廣州護法政府以與北方的北洋政府相對抗；陳友仁也南下參與追隨；一九一八年夏，曾奉派與郭泰祺、王正廷前往美國，覓求美國對廣州護法政府的支持，惟無任何具體結果。[19]一九一九年，戰勝德國的協約國在巴黎召開和平會議，以處置戰敗國與戰後諸問題；中國由北、南兩政府合組代表團出席，廣州護法政府委派王正廷、伍朝樞為全權特使，陳友仁則為團員。其間，陳曾為中國代表團草擬要求廢棄日本因二十一條要求而簽訂的兩項中日條約（一九一五）之案的文件，及其他重要文件。會議後，他前往倫敦及其他歐洲城市訪問，至一九二〇年夏才返回廣州。[20]稍後，陳友仁又自廣州前往上海，在上海創辦英文《滬報》（Shanghai Gazette），所撰社評論説，仍然維持過去編刊《京報》的風格。[21]同年，他並為廣州護法政府任命為郵務監督，並奉派為中國出席日內瓦國際聯盟代表團的代表。[22]

一九二二年六月，孫中山因陳炯明叛變而北上旅居上海，其所屬主持外交事務的伍廷芳則在叛變中因病去世，所以在此期間，陳友仁以孫中山之英文秘書的身分成為孫氏外交事務的主要顧問之一，不只曾參預孫氏與蘇俄（遠東共和國）專派來華特使談判中蘇復交的越飛（Adolf Joffe）的談判，對於草擬孫、越二人於一九二三年一月二十六日發表的「共同宣言」，陳友仁也扮演著重要的角色，因為此「宣言」中濃厚的反帝色彩與強調中國民族主義思想要項的一些措辭，都與陳氏過去寫作的風格，甚相吻合。[23]一九二三年二月，孫中山因盤踞廣州的陳炯明已為滇、桂軍所驅逐，乃自上海率譚延闓、陳友仁等返回廣州復職，在返粵南航的輪船上，陳友仁曾與擔任美駐華領事人員的詹遜（Nelson T. Johnson）邂逅，建議由美國約集各省軍人，共商中國和平問題，惟這只是非正式的低層次的談論，並無下文。[24]一九二三年三月，孫中山建立起廣州大本營，自立為大元帥，陳友仁則被任為大本營秘書，旋出任航空局局長。[25]

一九二四年一月，孫中山在蘇俄顧問鮑羅廷（Michael Borodin）的設計幫助下，全面改組中國國民黨，改採蘇俄式「民主集中」的組織形成，並實行聯俄、容共、扶助農工等「三大政策」，陳友仁則是此新政策的忠實追隨者，在黨內左派中漸嶄露頭角。[26]稍後，他奉派前往東南亞在華僑社會內籌募款項，以支助改組後的中國國民黨。27一九二四年八月，發生英帝國主義支助的廣州商團私運槍械籌劃發動武裝叛亂、並與仍盤踞廣東東江地區的陳炯明舊部相勾結的事件，遠在粵北指揮北伐軍事的孫中山，電令組織緊急性的革命委員會，以許崇智、汪精衛、廖仲愷、蔣中正、陳友仁等為委員，以謀弭平商團事變。28是年九月，孫中山發布對外宣言，指斥英總領事干涉此事件，聲明將掃除革命之最大障礙，推翻帝國主義的干涉。孫氏又致函英首相麥克唐納（Ramsay MacDonald），向「血腥的帝國主義」，強烈抗議。這項「宣言」和信函，均為陳友仁所撰擬，而廣州軍政府外交部長伍朝樞因為是黨內右派之一員，被孫中山認為對外過於軟弱，則被排除於外。29是年十月，陳友仁與宋子文、羅桂芳並被委為收回關餘全權委員。30

一九二四年十月，孫中山應馮玉祥、段祺瑞之邀，北上會談國事，隨行者有汪精衛、宋慶齡、宋子文、陳友仁等，陳氏仍擔任孫的英文秘書。抵北京後，陳友仁與馮玉祥合辦一種用中、英兩種文字發行的《民報》（People's Tribune），由陳友仁負責英文版，每週一期，一期九頁，發行量雖只有每週八百份至九百份，但因讀者的素質高，多為高級知識份子與外國外交人員與僑民，故其影響力實甚可觀。31一九二五年二月，孫中山的病勢日益沈重，隨侍諸人乃於三月十一日說服孫氏預簽兩項遺囑，一為國事、黨事者，一為個人家務者，陳友仁、宋子文並請孫氏另簽一份致蘇俄書，盼望蘇俄繼續援助國民黨與正與帝國主義奮戰中的民族主義者。32次日，孫中山即薨然長逝。在料理孫氏暫厝遺體的喪事中，陳友仁負責接待弔唁的中外人士。33稍後，宋慶齡、宋子文、汪精衛等均陸續返回廣州，陳友仁則仍留北京，繼續編輯英文《民報》並自任校對之職，全報社只另外僱有兩名職員，一人擔任採集新聞的記者，一人專跑印刷廠，負責發行郵寄，效率非常高。34

一九二五年八月，該報錯誤地發布一項張作霖死亡的消息，在評論此事時陳氏並稱之為「屠夫」；他因而被捕，專運往天津監獄囚禁。一直到同年十二月，天津為馮玉祥軍控制之後，陳友仁才獲得釋放，他乃返回廣州。[35]在一九二六年一月國民黨第二屆全國代表大會中，他當選為中央執行委員，在總數三十六名中排名第二十六位。[36]

當時國共合作體制下的廣州國民政府，在內部結構方面已發生了很大的變化：由於在此之前上海發生了震驚中外的五卅慘案（一九二五年五月三十日），中國工人、學生被英警開槍擊斃十一人，傷二十餘人；接著又發生了漢口慘案（六月十一日），而一九二五年六月二十三日更發生在革命基地廣州，英、法軍警悍然槍殺示威學生、工人六十七人、傷五百多人的大慘案，是為「沙基慘案」。廣州革命政府一方面迅速改組為廣州國民政府（七月一日），一方面發動起專為對付英帝國主義的省、港大罷工，雷厲執行，持續十七個月之久。[37]廣州國府內部，原擔任黃埔軍校校長的蔣中正則在削平商團（一九二四年十月）、東征潮、汕（第一次一九二五年二月十三日）與擊潰滇、桂軍（一九二五年六月）之後，則崛起為黨軍的最高指揮官，一九二五年八月二十四日被任為廣州衛戍司令，不僅成為革命黨的英雄，也成為廣州的實際統治者。[38]而曾在孫中山北上後代理過廣州革命政府大元帥、而於廣州國府成立後擔任外交部長的胡漢民，則因間接涉及廖仲愷被刺案而被迫去職赴俄，外交部長改由伍朝樞接任。為謀求南、北政府協力對付英帝國主義，主持國府的汪精衛更派遣由林森、孫科、陳友仁、鄒魯等組成「北上代表團」，以擴大聲勢。此時國民黨內部的左、右之爭，非常激烈，此「北上代表團」實際也是汪精衛排斥右派出粵之計（其中惟陳友仁一人非右派）。[39]一九二六年一月所選出的第二屆中央執行委員會中，汪派雖能控制全局（胡漢民遠在俄國，只當選常務委員兼工人部長），惟蔣中正則因掌握軍權，已在黨與政府的最高政治權力機構中名列第四（汪第一，譚延闓第二，胡漢民第三）。陳友仁則除擔任執行委員之外，又當選北京分會委員，在總數十一名中名列第八。[40]

一九二六年三月二十日發生中山艦事件，汪精衛為蔣中正所驅，同年四月二十九日，被迫離開廣州已半年多的胡漢民則與高等顧問鮑羅廷、陳友仁等自海參崴返抵廣州，一時很受歡迎，蔣、胡頗有合作共創新局的可能。惟胡漢民在返粵之後，即與古應芬、孫科、伍朝樞等密切聯絡，而反對鮑羅廷及黨內中共跨黨份子，據說胡氏主張監視鮑羅廷，為蔣中正所不喜，所以，胡漢民很快再度被迫離開廣州。而蔣氏則在表面上與鮑氏相妥協，在次一回合的反轉行動中，應鮑氏之請，則突然將第十七師師長吳鐵城逮捕。外交部長伍朝樞為國民黨右派，素為鮑羅廷所不喜，又因在與英人談判省、港大罷工問題時，極力主張接受英人借款以交換終止罷工，也為蔣中正所不滿，伍氏因藉口吳鐵城被捕案而離粵，其外長一職改由主張「革命外交」的陳友仁代理。[41]這是陳友仁開始獨當一面、掌握廣州國府外交大權的開始。

三、陳友仁與北伐前的「革命外交」

陳友仁代理外交部長後，即再度宣言有始無終、草草了事的北京關稅特別會議只是為軍閥籌款，是「軍閥政客假藉政府的名義」、「急需款項繼續他們的戰爭」，他主張重開關稅會議，而「只有完全的無條件的關稅自主權，才能應付中國政治的經濟的需要」，「關稅管理權（應）完全交還，以開中國在經濟上政治上的新紀元」。[42]為預籌撤除中外之間的不平等條約，陳友仁主張應首先打破中外關係中的一些不平等的慣例，力矯舊習，先廢除那些絕無條約根據的不平等的中外現行關係，才可。其具體的措施，包括下列七項：[43]

㈠打破「領袖公使」、「領袖領事」在交涉上的「領袖」制度：陳友仁認為這是一種毫無法律、條約根據的名銜與慣例，也毫無制度上的必要性。所以，當一九二六年十一月五日廣州葡領事以「領袖領事」的資格，稱奉北京「領袖公使」訓令，抗議內地產銷稅問題；陳友仁即於十一月八日將原抗議照會退還不受，聲明此種手續為非法。44

㈡矯正領事裁判權之濫用於行政權、警察權方面。領事裁判權根據原訂條約，僅限於司法上的民、刑案件，後來外人得寸進尺，竟擴展濫用之於行政權、警察權方面。如一九二六年汕頭日商大和旅店案，日本領事故意曲解條約，認為我國公安局的警察在未事先通知的情況下之檢查該旅店為非法，違反條約。但陳友仁認為這是領事濫用租界內領事警察權的一項例證，因為外國領事警察權大致只限於租界之內，此外在中國境域之內，當然不承認外國警察權之行使。陳友仁引據中英天津條約第二十一款及一八九六年中日通商行船章程第二十四條的規定，認為此兩條「不過規定外國領事不得妨礙我國警察權的義務，並非規定同等權利」，這是規定「英、日領事不得不交出，而非規定中國管不得不照請」。陳氏義正辭嚴的解釋，使日本領事甚至不敢再抗議。45

此外，英商船廣武輪載運鴉片煙土，為廣州國府的緝私人員所截獲，竟藉口領事裁判權拒絕我方的查扣，英艦大蘭杜拿號竟敢於沒收我檢查用的槍支（後已送還）。但在國府的強硬執行下，英人只能以空文抗議而已。陳友仁認為「當時領事裁判權之規定，原係中西俗尚之不同，故容許民、刑訴訟事件之治外法權，若行政權、警察權之保留，則係國家生存至低度之要求，萬不可放棄」。所以，他「決意在收回領事裁判權之前，先收回關於行政權違反之裁判權」。46

㈢矯正領事裁判權之濫用於租稅立法方面：廣州國府為施行衛生檢查，成立一稅法，外人往往阻撓或抗議，認為係破壞領裁權。陳友仁則對外人徵正當之稅，在這方面「成績獨多」。對於在租界之外應否交納釐金或子口稅，過去外人常持廣義的解釋，認為租界外之商埠地區係在通商口岸之內，在廣州商埠之內的外人，不應交納釐金。陳友仁則持狹義的解釋，認為租界之外無通商口岸之說：外人運銷之貨一越租界線之外，即為中國內地，即應交納釐金或子口稅。這點他非常堅持。47

㈣矯正外國領事觀審之濫用：一九二六年汕頭日籍台人蔡中和案，日本領事拒絕國府派員觀審；我汕頭交涉員劉灝因乘機建議停止華人被告案件之日領觀審權，陳友仁批准之，並於一九二六年十一月六日通令國府轄境一體實行。48

㈤嚴防冒充外籍，以免領事裁判權的擴大。49

㈥限制最惠國條款的擴大引用：陳友仁認為最惠國條款只係規定「利益均霑」，而非規定「義務均霑」，故除非有特別規定「義務均霑」的條文，則中國對某國的「義務」事項，第三國即不應自動享有。而且依照狹義地對於最惠國條款的解釋，它只適用於商業與航運業方面，對土地所有與司法權方面，均不在其適用範圍之內。這是陳友仁竭力設法堅持的兩個要項。50

㈦收回租界行政權：陳友仁認為租界的自治權，為中國主權之所賦予，可視之為中國主權的代替；且各處租界之形成，其原始章程大抵係由中國地方官與各國領事所簽訂，中國地方官之無權割地與人，或在中國領土之內允許外國主權之行使，其理甚明。所以，如將各國租界之形成解釋為「割地」，或「設定外國公權」，實與原訂租界合同絕不相契，因訂合同者之所為乃「無權行為」。所以，該原訂租界合同之可以有效，原合同所允許外國領事行政權及自治監督權之行使，應解釋為係代理中國權力。故租界之普遍的行使外國行政權，實毫無法律上的根據。陳友仁因此認為「此等事實上之攘奪，全由外交當局麻木所釀成」，故想逐漸收回租界的外人行政權的行使。51

為了保證北伐軍事的成功，陳友仁主持的外交部決意將沙基慘案之後廣州國府所堅持的強烈反英政策，略為和緩：一九二六年九月，陳氏照會英國，主動答允將抵制英貨與香港罷工運動於是年十月停止；他並進一步將蔣中正總司令對於不平等條約的和緩立場予以擴展申述說：「任何國家如以帝國主義式的態度對我，我亦必有以報之；如它以平等的立場對我，我亦必以最和藹的友善，以在物質與文化上有別雙方。在所有與中國保持外交關係的國家中，吾人對於誰為吾人之友國，並無成見，只以是否以平等待我為依歸」。52

四、北伐前期（一九二六～一九二七）陳友仁對收回漢口、九江英租界的談判

一九二六年七月，蔣中正所領導的北伐軍事正式發動，一路順利，很快於九月初攻取了漢陽、漢口，十月十日，並克復武昌。十一月，廣州國府決議北遷武漢；十二月十三日在漢口成立國民黨中央執委會與國府委員臨時聯席會議，自稱為國府最高黨政機關，執行最高職權。而此臨時聯席會議的成員則為左派國民黨所囊括，而外交部長陳友仁也是其中重要的一員，他們奉鮑羅廷為其精神領袖，其主要目的尤其想打擊蔣中正在黨與政府中的威權，擁護汪精衛復出，以謀恢復中山艦事件前國共之間的關係。53惟國民黨中執會代主席

張靜江與國府代主席譚延闓則逗留南昌（後者旋去武漢），蔣中正亦以南昌為總部駐地，故很快形成了南昌、武漢兩派的分裂。[54]左派控制下的武漢國府對於「革命外交」中的廢除不平等條約問題，也採取堅決但不極端的立場。一九二六年十二月，陳友仁在與來訪漢口的英駐華公使藍浦生（Sir Miles Lampson）談話時，即堅持不平等條約應予廢止的立場；他並敦促英國對於中國的革命運動應採取廣闊而長期性的觀點，承認國民政府的各項合法而正義的要求。[55]

一九二七年元旦，武漢國府舉行盛大的軍隊檢閱，晚上則舉行數萬人參加的提燈大會。一月二日，湖北各界舉辦慶祝大會，三日，另有全省運動大會舉行，參加的學生與各民眾團體的運動員甚多，吸引觀眾達十萬人。運動會完畢後的民眾大遊行，雖然尚無任何事件發生，但另一處軍校學生在英租界旁之漢口海關前廣場的宣傳示威活動，則發生示威民眾與英警察衝突混戰的事件，一華人被槍打死，二人受傷，而英方亦有二名士兵受傷。中共跨黨人員與國民黨左派人員則利用此一衝突事件，以與英人繼續衝突。一月四日下午，群眾又再度聚集在英租界邊界附近，並挪移通往界內各路界邊的拒馬、沙包、鐵刺等，接著即成群結隊地擁入租界內。英駐漢口總領事葛福（Herbert Goffe）鑒於英陸戰隊與義勇軍兵力薄弱，且為避免發生大規模流血衝突，乃下令義勇軍撤退至停泊於長江水面的軍艦上，並請求中國軍隊進入英租界協助維持秩序。武漢國府則很快接受此請求，派遣軍隊與警察進入英租界。一月五日，國府並設英租界臨時管理委員會，有成員五人，由陳友仁擔任主席，開始在租界內執行行政的權力。英租界工部局大廈上的英國旗也被降落下來，代之以中國國民黨黨旗。一月六日，九江民眾數千人也發生與英人的衝突事件，群眾自行打開了長江岸邊英租界的門栓，自行擁入英租界，宣布將其「收回」。次日，九江當局也仿照漢口的前例，組織了九江英租界臨時管理委員會，以外交部長陳友仁為主席，當地黨政人士為委員，負責租界內的行政等事務。[56]

當武漢國府控制收回漢口、九江英租界的行動完成之後，陳友仁即採取迅速的行動，以在外交上使此一收回行動合法化。他首先與漢口英租界內的美僑代表晤談，力言外僑勿庸恐慌，當保證其安全；而武漢市政府也嚴令保護英人生命與財產的絕對安全。一月十日，陳氏並兩度與漢口英美商會代表集議，切實聲明維持武漢的和平與秩序。[57]事實上，漢口、九江之收回英租界之事件，實代表英國在面對中國革命的高潮時退卻的兩項行動。另外，英國對華新政策也明顯地表現出另一特點——即在緊急的大規模互相衝突的關鍵時刻，英國願放棄其次要的利益點如其在漢口、九江的租界，以集中全力衛護其頭等重要的利益點，如上海等。如果左派與中共支配的群眾運動同樣在長江下游，特別是在上海，再來一套類似的強橫佔奪的手段，他們是不會就此罷休的。[58]在這樣的考慮下，英國雖然在漢口事件發生後馬上派遣其駐華參贊歐瑪利（Owen St. Clairs O'Malley）自北京前往漢口與武漢國府談判，而在同時也派遣大量陸、海軍前往上海增援。一時各國集中上海的援軍，合計竟達三萬人之多。[59]

一九二七年一月十八日，歐瑪利與陳友仁的談判開始。歐先提出華方軍警應先自漢口英租界撤退，以便雙方就此糾紛妥協解決；陳友仁則率直拒絕之，因為中國軍警之進駐該區係基於促致華人傷亡的特定事件之爆發，而對該特定事件，英國應嚴予懲凶，並應表明充分的歉意，以達致中國政府的滿足始可。此外，英租界之存在，實為對中國主權原則的侵犯，亟應改正，以適應中國國民革命的新形勢。陳氏認為一切現在中英之間的談判，均應以此既成事實為基礎，始克有濟。歐瑪利在確定深知陳友仁確是有意妥協解決此事之後，因而也贊同以中國收回漢口英租界的既成事實，為雙方談判的基礎。中英之間的正式談判，很快進入實質階段了。[60]

陳友仁在談判中的態度，雖然強硬，但基本上他所堅持的民族主義立場，實際尚甚溫和——即著重於說理與非暴力的方式，以誘導西方國家對華死硬派能接受一些開明的觀念因而對中國民族革命的立場，有所讓步。所以，陳友仁曾公開宣稱：「我們決無在中國或任何地方反對英人之意，我們所反對的，只是英國在華所設置的一些不公道的制度」。[61] 一九二七年一月二十二日，陳氏更代表武漢國府發表一篇他自撰之措辭直率、為中國國民革命目標辯護的宣言，強調經濟制裁已成為中國和平達到廢除不平等條約的有力武器，勸告列強接受此一事實，而對中國國民革命的目標讓步。宣言中說：「……當今之日，外人欲保護在華僑民之生命及財產，已非區區槍砲所能為功，蓋民族主義之中國，已備有經濟武器，其效力之酷烈，迴非外人發明任何武器所可比倫。英國尤應注意目前革命之局勢，已使保護外人生命財產之權力，移轉至國民政府之手，此政府之權力得自握有大力之民眾，能使在華外人之經濟生機為之窒息者也。雖然國民政府之意見，欲脫離外人帝國主義之羈軛，初不需民族主義之中國與列強從事武力之戰爭，故國民政府深望以談判及協議之手續，解決中國與列強間一切之問題」。[62] 陳友仁於一月二十三日並專對漢口事件發表另一宣言說：「故今日之問題，非為大不列顛及列強願許中國依允國民之合法志願，而為國民主義之中國秉公依允大不列顛與列強；是彼對國際管理之治制，今已實遭一切歷史上政治征服制度之命運矣」。[63]

英代表歐瑪利自正式談判之初，即未曾再要求恢復漢口與九江英租界的原狀，歸還為英國的統治，反之，他對中國的革命運動，卻多表示善意與同情。一九二七年一月二十七日，他在英政府的訓令下，更將一項備忘錄交予陳友仁，其中說明：如果漢口、九江英租界問題，可予圓滿解決，而武漢政府願保證除用談判方式之外，不另用其他方法以解決其他英國在華租界與上海公共租界問題，則英國願在涉及領事裁判權的七項事項中讓步。[64] 一月二十九日，英外相張伯倫（Sir Austin Chamberlain）更發表演說，對中國表示了一些另外的善意。[65] 陳友仁則表現出一位「攻擊型」外交家的特質，認為英國的立場尚不能滿足中國革命運動的目標與要求，但他願意以英備忘錄中所提出的七項「讓步」作為雙方進一步談判的基礎。他也明確地表示，武漢國府拒絕承認英國與中國各地方當局就租界問題達致的任何協議，不管該租界是座落何省何地。[66]

直接有關漢口、九江英租界的雙方談判，則極為順利，至一九二七年一月二十九日止，英國已完全答允將此兩租界改為由中國治理的「特區」，其他重要相關事項，雙方也在基本上達成協議。[67] 惟武漢國府內的極端份子則擬予以阻撓：鮑羅廷極力主張趁機壓迫英國停止向上海增派援軍，其他人也主張要將中英初步協議的內容，作些微修改。陳友仁本人也傾向於較強硬的立場，因於預定於一月三十日協議簽定協定之日，通知歐瑪利，由於英軍大量向上海集中顯係對中國革命運動之炫耀武力的示威，他已無法在這樣的情況下簽署原已商好的協議——此一行動再度顯示了陳友仁「攻擊性」外交的部分特色。英國在被強迫的情況下，才聲明其東援上海的軍力大部分當集中於香港，只有在緊急的情況下，始再派赴上海。這才給予陳友仁藉以轉圜的一項理由，使他與歐瑪利的談判得以重開。[68] 原商妥的收回漢口租界的協定，經過些微修改之後，終於在一九二七年二月十九日正式簽訂；二月二十日，有關收回九江英租界的協定，也告簽訂，其內容與漢口英租界者大致相同。[69]

五、激烈型「革命外交」的困境與陳友仁之鎩羽下台

陳友仁成功地收回了漢口、九江的英租界，實為武漢國府的一項外交勝利，不只提高了它的國際威望，也使武漢國府內掌權的國民黨左派與中共跨黨份子，在處理內政與外交之各項問題時，更趨向於採取激烈手段。其直接後果之一，即為促致左派與北伐軍總司令蔣中正所領導的溫和派與右派的正式分裂。[70]當中英有關漢口、九江英租界的談判進入高潮時，一九二七年一月十一日蔣中正曾訪問漢口，但武漢國府在鮑羅廷的操縱下，並未以北伐英雄應有的禮儀相待，反而視蔣氏為眼中釘，發動所謂「提高黨權運動」鼓吹集體領導，並指摘蔣氏「軍事獨裁」；顯然武漢國府的左派已決意與蔣氏決裂。三月十日在武漢舉行的國民黨二屆三中全會則成為左派與溫和派攤牌的場合。事實上該會議幾全為左派與中共跨黨者所控制，蔣中正與溫和派諸要角並未出席，會議結果則不只蔣氏所兼任的黨中央執行委員會主席的職位被決議廢止，其國民革命軍總司令的最高軍權亦改由新組成的軍事委員會主席團（七人）所取代，蔣氏只是主席團委員之一而已。汪精衛則雖然仍身在國外，卻被選舉出以一身而兼五要職。左派與中共跨黨者也囊括黨內重要職務。[71]

蔣中正對於黨中央權力機構的變動，反應審慎，而集中努力於進向長江下游的軍事行動。一九二七年三月二十一日革命軍已進入上海市郊，二十三日全部控佔上海，二十四日更進佔南京。但國民黨左派與跨黨份子中的極端份子顯然想破壞國民革命軍與列強在上海、南京地區達致和平解決一切懸案的任何機會，所以，在革命軍攻佔南京之日，即發生了震驚中外的南京事件：美、英等國僑民七人被殺，另多人受傷，包括英駐

南京總領事在內。停泊於南京江面的英、美軍艦所作的報復性砲轟，則使革命軍民被擊死者三十人，受傷者數百人。[72]南京事件的發生，被認為是有預謀性的，其目的是想引起國民革命軍與列強的全面衝突，從而製造一反帝高潮，將革命運動引向極端派所預定的方向。蔣中正因此迅速採取行動，於四月十二日首先在上海發動清黨，南京等地繼之；四月十八日，並在南京建立新的國民黨中央與國民政府，以與武漢國府相對抗。[73]

在極端派影響下的武漢國府則日益對於陳友仁在中英談判中所採取的較溫和與互惠的立場，很為不滿。鮑羅廷在共產國際的指揮下，則主張一種對英的「暴力邊緣」政策，想建立一項中、俄、日本的聯合陣線，以脅迫英國再度放棄若干在華權益。三月二十三日，鮑氏在武漢國民黨中央提出一項「關於上海外交問題」的決議案，請由外交部長陳友仁發表宣言，表明擬在上海戰事終了之後，要求撤退各國在上海的駐軍；他並主張用談判方式以與英、美兩國磋商收回上海公共租界之問題。[74]此「決議案」提出之次日，即發生了暴力性質的南京事件。此後，英、美、日三國即對武漢國府採取了極嚴峻、極強硬的政策，陳友仁對該事件解釋的照會，則被駁斥為「在內容上與細節上都不足置信」。[75]武漢國府的困境，至四月三日漢口日租界事件（原係中國人力車夫一人為日水兵所刺殺，後因中國群眾舉行支援性示威，衝入日本租界，日帝國主義者則開機關槍向群眾開火，造成九死八傷的慘案）發生後，更是窘態畢露，大為失去顏面。[76]武漢國府對日本所造成的慘案初本尚極強硬，四月上旬，武漢領袖譚延闓、徐謙、鄧演達、陳友仁等（汪精衛於四月十日始抵漢口）曾秘密會議對付蔣中正，陳友仁甚至主張先發制人，密令江左軍總指揮、第六軍軍長程潛伺機拘捕蔣氏。[77]及四月十八日南京國府成立後，武漢國府的國際威望乃一落千丈，各國都漸視之為一敵對的極端團體，已經無力執行一項緩和而合理的、足與列強取得和平協議的「革命外交」了。鮑羅廷與陳友仁雖然想在對外政策上迅速軟化下來，改而實行所謂「戰略性的退卻」，只求保持顏面的「懇求」政策⋯；武漢國府不只下令將武漢街道上的反帝標語與招貼洗刷乾淨，所有工會、農會與軍隊所佔用的外國教堂與其附屬建築，均受命即刻遷出。陳友仁與孫科也為保護日本人財產的安全，而前踞後恭，下令禁止漢口各工會擅自舉行任何非法的示威活動。陳友仁並親自向美駐漢口總領事保證，各工會已實行自我約束，實施「革命紀律」以執行政府的決策與命令。他並向武漢國府統轄下的軍隊，直接呼籲，要求所有戰士應辨別「反帝」與「反外」的不同，因為前者在意義上是積極的，後者則是消極的。78

但陳友仁「退卻」政策的改變，已嫌太遲，完全無法改變武漢國府日漸沈淪的外交地位了。一九二七年五月九日，英外相張伯倫已公開聲言：「武漢國民政府已喪失其支配性的地位，名存實亡」；五天後，張伯倫即突然宣布斷絕英國與武漢國府的外交關係，命令英駐漢口的代表歐瑪利撤離漢口。79當一九二七年七月十五日，主持武漢國府的汪精衛開始和平反共、決議驅逐俄顧問鮑羅廷回俄時，反對此舉的外交部長陳友仁也只得鎩羽下台，他並決定陪同鮑氏等俄人一道（還有陳的兩個兒子）經陝、甘、寧夏、蒙古以至西伯利亞，一九二七年九月九日，陳友仁、宋慶齡等同抵莫斯科。在莫斯科逗留數月之後，陳氏即赴西歐旅居。80同時期內，因反共問題而分裂的國民黨和它所建立的南京國府與武漢國府，則因蔣中正之辭職下野而迅速合流，合組中央特別委員會於南京（武漢國府因唐生智之下野而消滅），但新南京國府卻成群龍無首之局，一直到蔣中正於一九二八年一月八日復任北伐全軍總司令之後，才漸趨穩定。在一九二七年二月七日所召開的中央全體會議中（基本上為中央派與西山會議派的合流，胡漢民、孫科派稍後始加入，汪派則被排出），並開始進行第二期北伐的具體軍事。81陳友仁在此重組後的新領導層中，也曾分別當選為中央執行委員和政治委員會委員兩要職，惟他並未返國就任。[82]

六、晚年與其志節

一九三一年二月，南京國府發生立法院長胡漢民被蔣氏扣留之案，是年五月廣東、廣西當局與粵籍國民黨元老乃聯合宣言反對南京國府，汪精衛、唐紹儀、古應芬、鄧澤如、蕭佛成等紛紛參與，一九三一年五月二十八日，並自組廣州國府，以與南京對抗。甚至南京國府的司法院長王寵惠也秘密出亡上海，以表示粵人大團結以及反對南京國府的立場。[83]陳友仁聞訊則迅速自歐洲返國，旋被任為廣州國府的國府委員兼外交部長。重掌外交之後，陳友仁即再度表現出他過去行事潑辣、果敢、不拘一格的外交風格，除派遣唐紹儀赴美接洽美國朝野，以要求美國作必要的協助之外，他也發表「宣言」，要求列強承認廣州國府的地位，並極力聲明他自己絕非共產黨。[84]在對外政策方面，他極力主張聯俄，認為廣州國府要在外交上打出一個新局面，非冒險地實行一種強硬的外交政策不可，為實行此強硬政策，就應先找一個與列強主義不同的國家如蘇俄，才能與列強相對峙。惟廣州國府內部反對此議者甚多，陳友仁乃改主親日，以「理智的政治家風格」自許。[85]

當時日本在東北三省正加緊向我國挑釁，一九三一年六月，發生中村事件，七月二日，更發生萬寶山事件，稍後，並發生日本挑唆朝鮮人暴動大規模燒殺旅朝各地華僑致華僑死傷數百人、財產損毀無數的嚴重事件。廣州國府則在全國朝野全力進行「抵制日貨」的高潮期中，遣派陳友仁、劉紀文秘密於一九三一年七月二十一日抵達日本，以與日外相幣原喜重郎談判：主要係以承認日本之滿蒙特權、暫緩撤消領事裁判權及認萬寶山事件為「局部問題」當和平解決等為代價，以換取日本政府之借款、供應軍械、顧問及承認廣州國府。但幣原對於陳友仁則只以「中國名人」的地位相待，也不給予官式接待，雖雙方會談三次，但均無所獲。國內輿論界（除廣州國府轄境內對此事諱莫如深之外）則一致對陳友仁嚴予咒罵，訶之為「賣國」，南京國府並攻之為「喪心病狂」，「是真自棄於國人」。[86]

一九三一年九月十八日震驚中外的九一八事變突然爆發，日本竟公然侵佔中國的東北，引起所有中國人同仇敵愾、共禦外侮的強烈意識；在抗日民氣的強大壓力下，南京國府與廣州國府很快即趨向合流，國民黨諸敵對派系巨頭蔣中正、汪精衛、胡漢民三位皆下野，而改於國民黨最高權力中心的中央政治會議下設立特種委員會，推由三派系合流之孫科、陳銘樞、何應欽、于右任、陳友仁等（蔣、汪、胡為當然委員）為主持南京國府之委員（廣州國府則解散之）；而在此之前，則早推由孫科出任行政院長（林森代理國府主席），陳友仁則繼顧維鈞之後擔任外交部長。[87]陳友仁在此日軍幾已完全佔領了東北三省、對日交涉和戰兩難的緊要關頭，則仍保持五年前他主持武漢國府外交的幹練且攻擊性的作風，義正辭嚴，在外交的事實上與口頭上寸步不讓。他經常與英、美、蘇、法等國駐華使節會晤，陳述中國政府的立場。他也不只一次召見日本駐華公使，在交涉中聲色俱厲，不留情面，弄得日代公使下不了台。[88]一九三二年一月二日，日軍悍然佔領錦州，我在遼寧省境內之最後行政權被消滅，陳友仁則主張除繼續在國際聯盟內控訴日本侵略之外，並實行對日絕交，請求一九二一～一九二二年簽訂華盛頓九國公約（Nine-power Treaty）保障中國領土主權完整的九個國家，重新集會討論日本侵略中國東北的事件。稍後，陳氏又擬定應付中日問題的一項「次於戰爭」的計畫：先用外交方式將日本侵略東北的種種情形，訴請國際聯盟與各國主持正義與瞭解；同時則進行對日消極的武力抵抗，並喚起民眾，以為外交上「次於戰爭」諸行動的支援。[89]惟蔣中正則認為對日絶交，勢將引起中日間的正式戰爭，「無備而戰，必致戰敗」，國家之喪權辱國隨之是極為危險和不負責任的事。[90]陳友仁因「政策不行」乃於一九三二年一月二十四日辭職離京赴滬，距其出任外長之期尚不到一個月。次日，孫科也因財政及軍事諸大政無法籌措而辭職，艱難的有關國家存亡的大事仍賴蔣中正（一九三二年三月六日國民黨中央政治會議議決以蔣氏為軍事委員會委員長）與汪精衛出而主持擔當。陳友仁住在上海租界，則只賦閒撰文評論國事（一九三二年一月二十八日日軍進攻上海，我十九路軍奮起抗戰），曾多次在英文的《字林西報》（*North China Daily News*）、《密勒氏評論報》（*Millard's Review*）與中文的《申報》和天津《大公報》上發表所見，分析世界與遠東的情勢，批評南京國府的對日妥協政策，也批評國際聯盟之未能有效制裁日本侵略者。對於美、英之向日本出售鋼鐵、橡膠等戰略物資，陳友仁則嚴辭撻伐之；另對蘇俄對日實行中立政策，陳氏也予嚴厲批評，認係違反國際正義之舉，傷害了中國民眾的感情；一時陳友仁很受到中共國際派王明等人的攻擊。[91]

一九三二年五月，身在上海的陳友仁，力主重組中國國民黨並預料美、日必將一戰。[92]一九三三年三月，日軍於佔領熱河全境之後又全面進攻長城一線，中央軍奮起抗戰，陳友仁則撰文籲請美國干預之，以避免此後更大的戰爭。[93]當時粵、桂兩省軍人與胡漢民派黨人組織西南政務委員會以對抗蔣、汪合作下之南京國府，胡漢民、唐紹儀等均參加之，陳友仁也是西南政委會的一員，並為廣東省政府委員之一。[94]一九三三年十一月，閩變爆發，李濟琛、陳銘樞、蔡廷鍇等在福州組建反抗南京國府的造反政府，陳友仁也參加之，成為所謂「人民革命政府」的委員之一，並兼任外交部長。陳氏並主動脱離國民黨籍，改任反抗中央的「社會民主黨」中央委員。但閩變很快便於一九三四年一月失敗了，陳氏則被南京國府永遠開除國民黨籍，並下令通緝之。陳氏先逃至香港，後轉往法國巴黎旅居。[95]

當一九三七年七月七日盧溝橋事變爆發之時，陳友仁正在巴黎，不久，中日戰事擴大為全面性的決鬥之局，陳氏則應宋子文、王寵惠之邀，返國共赴國難，於一九三八年十月，返抵香港，旋轉赴上海。雖然他的國民黨黨籍已告恢復，但他並未參加政府任職，只在上海撰寫文字評述國內外時事。他力主全國合作抗日，以贏得抗日戰爭的最後勝利；他也建議蔣中正委員長應組織一全國最高政軍權威的五人委員會，以收集思廣議之效。[96]他也很想撰寫中國外交史一書（後未出版），以將他個人對外交的一些體驗，評古論今，以收鑑往知來之益。一九三九年九月，德國與英、法兩國的戰爭爆發，陳友仁則支持英、法，而大力抨擊一九三九年八月蘇俄與德國所簽訂的德蘇互不侵犯條約。對於同年十一月蘇俄之侵攻芬蘭，陳氏也猛烈抨擊之。[97]

一九四一年十二月八日，日本偷襲珍珠港，太平洋戰爭爆發，惟日軍很快佔領了香港，旅居香港的陳友仁則被日軍緝捕而拘押之。日本運用軟硬兼施的手段，企圖迫其投順，參加汪精衛的南京偽政府，答應他可任偽國府委員兼外交部長，或偽國府的副主席，陳氏則不為所動，拒絕與日、偽合作。[98]在最惡劣、最無人道的日本統治下，陳氏則仍保持他一貫潑辣直率的措辭與風格，直評汪偽政府為「傀儡式的和平」（puppet peace）。當一九四三年日本軍部散布流言指稱陳友仁已經參加了南京偽府時，陳氏則直斥日本軍部為「一批撒謊者」（a pack of liars）。[99]這很引起日本駐港（憲兵？）司令竹下樂義（大佐）的憤怒，擬將陳氏殺害之，並已報經上級批准。此事在日本貴族近衛文闔（前日本首相近衛文麿之弟）訪問香港時，為他所知，乃干預之。他是一位留學英國的音樂家，較陳友仁年輕約十多歲，對陳友仁當年所倡「革命外交」的大名，很早即耳熟能詳，對於陳氏在十多年前收回漢口、九江英租界之事尤表佩服，所以，近衛文閣即前往拜訪陳氏，並勸說日軍不可魯莽。跋扈凶暴的日本人才不敢輕易對陳友仁下其毒手（但在此之前，野蠻的日本人則將不願與其合作的吳佩孚將軍毒死，此為一筆血債）。一九四四年五月，香港日軍將陳友仁強行解往上海，令他居住在他上海舊居原法租界福煦路的小樓之上，嚴加監視。一九四四年五月二十日（一說該年秋），陳友仁憂憤而死。[100]但他一直能克保晚節，保持他多年來主持激烈型「革命外交」的一貫風格，不與日本合作、不與作了「漢奸」的汪精衛偽政府有任何瓜葛。在敵人的刺刀之下，陳友仁表現了相當難能可貴的不屈風範。

注釋

1 樓桐孫，〈新約平議〉，見《東方雜誌》，第二十六卷，第一期（民國十八年一月十日），頁三七五～三八一。

2 參閱李恩涵，《北伐前後的「革命外交」（一九二五～一九三一）》（台北：中研院近史所專刊六九，民國八十二年），頁四九～八三。En-Han Lee, "China's Recovery of the British Hankow and Kiukiang Concessions in 1927", Occasional Paper No. 6, August 1980, University of Western Australia, Centre for East Asian Studies。

3 Robert T. Polland, *China's Foreign Relations, 1917-1931* (N. Y.: MacMillan, 1933), p. 408.

4 Howard L. Boorman, Richard C. Howard, eds. *Biographical Dictionary of Republican China*, vol. I (N. Y.: Columbia University Press, 1967), p. 180.

5 王炳毅，〈早年外交家陳友仁〉，見《傳記文學》，第六十七卷，第二期（台北，民國八十四年八月），頁四三，有關陳友仁的出生年，一般說他是出生於一八七九年（見秦孝儀主編，《中國現代史辭典：人物部分》，台北：近代中國出版社，民國七十四年，頁三七五）；徐友春，《民國人物大辭典》，（石家莊：河北人民出版社，一九九一），頁一〇一〇。另一種說法，是說他出生於一八七八年（見 Boorman, et. al. eds. *op. cit.*, vol. I. p. 180）。王炳毅所撰前文，則稱其出生於一八七五年，實比較可靠，雖然該文內所述錯誤之處甚多，但瑕不掩瑜。鑒於陳友仁係受英文教育，畢業於英國劍橋大學法律專業，畢業後又考獲律師資格。所以，以他就學的年齡推算，他既然在一八九六年孫中山於倫敦為滿清駐英公使館拘禁一案中為孫中山擔任義務律師的辯護，則他在一八九六年應至少為二十一歲或二十二歲，始較為合理。如果他是出生於一八七九年或一八七八年，則他那時只有十七歲或十八歲，似太過年輕，不足擔此重任了。

6 參閱王炳毅，前文，頁四三；"Eugene Chen's Biography," see "Stanley K. Hornbeck Papers" Kept in the Archives Department, Hoover Institution, Stanford; Boorman, et. al. eds. *op. cit.*, vol. I. p. 180。

7 王炳毅，前文，頁四三～四四、四五、四六；Boorman, et. al. eds. *op. cit.*, vol. I. p. 180。

8 王炳毅，前文，頁四四。

9 同上文，頁四四～四五，惟王炳毅文中討論此事時，渲染過甚，其所述年代亦不正確。

10 Boorman, et. al. eds. *op. cit.*, vol. I, p. 180.

11 國史館編，《中華民國史事紀要》（初稿）（民國十五年）（台北：中央文物供應社），頁一一〇七。

12 "Eugene Chen's Biography", Hoover Institution.

13 *Ibid.*

14 Boorman, et. al. eds. *op. cit.*, vol. I. p. 180.

15 王炳毅，前文，頁四五、四六。

16 同上文，頁四六。

17 同上文。

18 Boorman, et. al. eds. *op. cit.*, vol. I, p. 180.

19 *Ibid.*

20 *Ibid.*

21 *Ibid.*

22 徐友春，《民國人物大辭典》，頁一〇一〇。

23 Boorman, et. al. eds. *op. cit.*, vol. I, p. 181.

24 郭廷以，《中華民國史事日誌》（台北：中央研究院近史所，民國七十三年），第一冊，頁七〇五。

25 徐友春，前書，頁一〇一〇。

26 王炳毅，前文，頁四六。

27 同上文。

28 郭廷以，前書，第一冊，頁八三二。

29 Boorman, et. al. eds. *op. cit.*, vol. I, p. 181；郭廷以，前書，第一冊，頁八一八；另參閱李恩涵，〈伍朝樞的外交事業〉，見中央研究院近代史研究所編，《近代中國歷史人物論文集》（台北：中央研究院近史所，民國八十二年），頁三六二。

30 徐友春，前書，頁一〇一〇。

31 王炳毅，前文，頁四七。

32 Boorman, et. al. eds. *op. cit.*, vol. I, p. 181；郭廷以，前書，第一冊，頁八七〇。

33 王炳毅，前文，頁四六。

34 同上文，頁四七。

35 Boorman, et. al. eds. *op. cit.*, vol. I, p. 181；另參閱郭廷以，前書，第一冊，頁九六〇。

36 郭廷以，前書，第二冊，頁八。

37 參閱李恩涵，《北伐前後的「革命外交」（一九二五～一九三一）》，頁三五；郭廷以，前書，第一冊，頁八八九、八九四、八九八。

38 郭廷以，《近代中國史綱》（香港：香港中文大學，一九七九），頁五五八。

39 國史館編，《中華民國史事紀要》（民國十四年），下冊，頁三一二、三四〇～三四一。

40 郭廷以，前書，第二冊，頁一五。

41 李恩涵，〈伍朝樞的外交事業〉，頁三六四～三六五。

42 中國國民黨黨史會編，《革命文獻》，第六十九輯，頁一七七～一七八。

43 參閱李恩涵，《北伐前後的「革命外交」》，頁四三～四七。

44 高承元編，《廣州、武漢革命外交文獻》（上海：神州國光社，一九三〇），頁五。

45 同上書，頁一三九、一四三～一四四。

46 同上書，頁一四三～一四四。

47 同上書，頁六～七。

48 同上註。

49 同上書，頁八。

50 同上書，頁七。

51 同上書，頁七～一〇。

52 參閱李恩涵，前書，頁四七。

53 同上書，頁四九～五〇。

54 李雲漢，《從容共到清黨》（台北：中國學術著作獎助委員會，民國五十五年），頁五三五。

55 蔣永敬，《鮑羅廷與武漢政權》（台北：中國學術著作獎助委員會，民國五十二年），頁八九～九〇。

56 參閱李恩涵，前書，頁五八～六三。

57 同上書，頁六四～六五。

58 同上書，頁六六。
59 同上書，頁六七。
60 同上書，頁六八。
61 同上書，頁六九。
62 同上書，頁六九～七〇。
63 同上書，頁七〇。
64 同上書，頁七〇～七一。
65 Arthur Ransome, *The Chinese Puzzle* (London, 1927), p. 17.
66 Robert T. Pollard, *China's Foreign Relations*, p. 217 引用 *North China Herald*, Feb. 12, 1927。
67 李恩涵，前書，頁七二。
68 同上書，頁七四。
69 同上註。
70 同上書，頁七五。
71 參閱李雲漢，《從容共到清黨》，頁五三六～五四〇、五四九～五五一。
72 參閱 C. Martin Wilbur, "Military Separation and the Process of Reunification under the Nationalist Regime, 1922-1937", in Ho Ping-ti and Tang Tsou, eds. *China in Crisis*, vol. I, Book 1, op. 248-249．蔣永敬《鮑羅廷與武漢政權》，頁一一七～一二三。
73 李雲漢，前書，頁六二六～六三〇．Lloyd E. Eastman, *The Abortive Revolution: China under Nationalist Rule, 1927-1937* (Cambridge, Mass.: Harvard Univ. Press, 1974), p. 7。
74 蔣永敬，前書，頁一一七～一一九。
75 Harold R. Issacs, *The Tragedy of the Chinese Revolution* (Stanford: Stanford Univ. Press, 1951), p. 206.
76 參閱李恩涵，前書，頁八〇。
77 王炳毅，〈早年外交家陳友仁〉，頁四九～五〇。
78 參閱李恩涵，前書，頁八〇～八一。
79 同上書，頁八一～八二。
80 參閱郭廷以，《中華民國史事日誌》，第二冊，頁二三一、二三二、二三七、二三八．Boorman, et. al. eds. *Biographical Dictionary of Republican China*, vol. I, p. 182; Dan N. Jacobs, *Borodin: Stalin's Man in China* (Cambridge, Mass.: Harvard Univ. Press, 1981), pp. 294, 301。
81 郭廷以，前書，第二冊，頁三〇七、三一四、三一六、三三一。
82 Boorman, et. al. eds. *op. cit.*, pp. 182-183.
83 李恩涵，〈伍朝樞的外交事業〉，頁三七一。
84 《中央日報》（南京），民國二十年七月二十八日，社評。
85 同上註，另參閱同報，民國二十年七月二十七日，社評。
86 同報，民國二十年七月二十四日。

87 國史館編，《中華民國史事紀要》（民國二十一年），上冊，頁七六，八一。

88 王炳毅，〈早年外交家陳友仁〉，頁五一。

89 國史館編，《中華民國史事紀要》（民國二十一年），上冊，頁一四三。

90 同上註。

91 同上註，另參閱王炳毅，前文，頁五一。

92 Boorman, et. al. eds. *op. cit.*, p. 183.

93 *Ibid.*

94 *Ibid.*，另參閱徐友春，《民國人物大辭典》，頁一〇一〇。

95 Boorman, et. al. eds. *op. cit.*, p. 183，另參閱秦孝儀主編，《中國現代史辭典：人物部分》，頁三七六。

96 Boorman, et. al. eds. *op. cit.*, p. 183.

97 *Ibid.*

98 *Ibid.*

99 *Ibid.*

100 王炳毅，前文，頁五一。

原載《紀念北伐七十週年學術論文集》，台北：中華軍史學會，一九九七年，全載於《中華軍史學會會刊》，第二期，一九九七，頁五八五～六一二。

第十三章 一九三一年九月前南京國民政府撤廢不平等條約的成就

一

孫中山先生所領導的國民革命，對內是要掃除軍閥，統一中國，對外則在廢除不平等條約，置中國於自由平等的國際地位，並在政治、經濟、社會、文化等各方面均能迅速發展，以與各列強並駕齊驅，臻國家於富強、國民於康樂的境地。所以，民國十四年（一九二五）六月二十八日，中國國民黨發布「廢除不平等條約宣言」稱：「對於不平等條約，應宣布廢除，不應請求修正，為搪塞之具」，「考之國際歷史，凡成立歷史，必以事實不變為默認要素，倘締約國情狀，有根本之變更，則可取消前約。」[1]同年七月一日，廣州國民政府成立宣言中，也首先標舉繼承孫中山的遺志，應「造成獨立、平等、自由的中國」，對外則先謀廢除不平等條約。[2]民國十五年（一九二六）七月，蔣中正在就職國民革命軍總司令時，也聲明「中國革命的目的，在於建立一自由獨立的新中國，並運用三民主義以恢復我國家與人民不可剝奪的主權與利益」。[3]而在北伐軍事發動之初所召開的中國國民黨中央執行委員會與各省執行委員會的聯席會議中，並決議當前的外交方針有四：⑴廢除不平等條約；⑵與各國談判簽訂平等新約以使我國之主權獲得尊重；⑶擬定並實行適當措施以管理並保證外人在華企業剝削華人之情況，不再繼續；⑷致力收回關稅自主權。[4]這就是所謂「革命外交」。[5]不過，由於列強並不甘心於無條件地放棄它們在華的地位，而中國內部的各項問題則困難重重，所以，上述「革命外交」政策在執行上實有極端派與溫和派之分。北伐軍初佔長江流域中部地區之時，國民黨左派與中共所控制的武漢國民政府雖然借重於群眾的力量，實行「極端派」革命外交的政策，於民國十六年（一九二七）一月強力收回了漢口與九江的英國租界；但其最後則造成英、日兩大帝國主義的聯合反擊——在民國十六年三月二十四日發生震驚中外的南京事件之後，四月三日更發生群眾與日軍衝突造成九死八傷的漢口慘案。武漢國民政府的國際威望，乃一落千丈，各國都漸只視之為一敵對性的極端團體，已無力執行一種和平與合理的政策足與列強取得和平協議的「革命外交」了。[6]但同時期內南京國民政府在清除中共與左派極端份子而奠定基礎之後，則很快改變了「革命外交」的極端趨勢，而力持溫和性「革命外交」的新政策——即在致力實現廢除不平等條約的大目標時，強調使用和平的談判方法，而不採用群眾性暴動的手段；但其勇猛精進的外交手段，並未喪失當初的銳氣，此即王正廷所謂「在鐵拳之外，罩上一層橡皮」。[7]這在民國二十年（一九三一）九一八事變前南京國府歷任外交部長伍朝樞、黃郛、王正廷等多次代表政府所發表的對外宣言中，表示得非常清楚。

王正廷於民國十七年六月六日接任外交部長。為南京國府之第三任外長，亦是他個人在民國後之四任外長職。同月十五日，國府在光復北京、北洋政府解體而關內各省宣告統一之後，即發布對外宣言稱：

「今當中國統一告成之會，應進一步而遵正當之手續，實行重訂新約，以副完成平等及相互尊重主權之宗旨，重訂新約。……國民政府對友邦以平等原則、依合法手續所負之義務，始終未嘗藐視」。8

同年（一九二八）七月七日，王正廷更將前外長伍朝樞在八個月之前所宣布中外條約屆期作廢的立場，予以混合與擴大，宣布撤廢不平等條約的三大重要步驟如下：

㈠已屆滿期之條約，當然廢除，另訂新約；

㈡條約尚未滿期，國民政府當以相當之手續，解除而重訂之；

㈢舊約滿期而新約未訂者，另訂臨時辦法處理一切。9

同時，王氏所公布的「臨時辦法」，計分七條，規定「在華外人之身體與財產，應受中國法律之保護」（第三條）；「在華外人應受中國法律之支配及中國法院之管轄」（第四條）；「由外國或外國人民輸入中國及由中國向外國輸出之貨物，所應徵之關稅，在國定稅則未實行以前，照現行章程辦理」（第五條）；「凡華人應納之稅捐，在華外人應一律照章交納」（第六條）等。10

二

王正廷外交的重大目標，是要廢除所有中外間現行的不平等條約，其計畫是首謀收回關稅自主權，其次則在廢除各國所享有的治外法權，而在談判撤廢治外法權的同時，則繼續致力於收回各國的租界與租借地。現分述於下：

（一）關稅自主權的收回

直到北伐軍光復北京，南京國府的國際威望大為提高，收回關稅自主權乃成為王正廷外長首先要實現的第一件外交目標；加之美國國務卿開洛格（Frank Kellogg）為贏取新統一的南京國府的友誼，很迅速地通過美駐華公使馬慕瑞（John Van A. MacMurray）之手，於民國十七年七月二十五日在北平與財政部長宋子文簽訂了同意中國關稅自主的「中美關稅新約」[11]——這是西方列強中第一個自動承認中國關稅自主權的條約。

民國十七年九月十二日，王正廷也分別照會挪威、瑞典、荷蘭、英、法等五國，請其談判應允中國具有完整的關稅自主權；稍後，與比利時、西班牙、葡萄牙、丹麥、義大利與日本的談判，也隨之繼續進行。所以，自是年十一月十二日起至十二月二十七日止，王正廷一口氣在此一個半月之內連續簽訂了十一件關稅新約，如中挪、中德、中比、中義、中丹、中葡、中荷、中瑞（典）、中法、中英、中西（班牙）等。[12]所以，至民國十八年（一九二九）一月一日中國預定實施原北京關稅會議所答允的關稅自主權時，只有日本仍然阻撓中國之實施自主。國民政府雖然在民國十七年十二月十七日，頒布了一項國定海關進口稅則，並稍改原訂一九二九年一月一日關稅自主之期為同年二月一日起開始實行，而日本一直到國府預定實施新稅則的前一日（即一九二九年一月三十一日），始經由南京日本總領事照會中國，答應日人日貨可暫照中國的新稅則納稅。13

為使日本最後就範，中日之間的談判乃在國定新規則實施之後，加緊進行。最後至民國十九年（一九三〇）五月六日，日本承認中國關稅自主權的「中日關稅協定」，才由王正廷與日本代公使重光葵簽字；中國所付出的代價是，答允對日本進口的棉織品、海產與漁產品、麵粉等的稅率，三年內不予更改；中國並答允自一九三〇年十月十日起廢除釐金，並儘早召開債權人會議，討論中國對日之各項無擔保或擔保不足的債務問題。14至此，各帝國主義列強在條約上限制中國關稅自主的種種羈絆，終告完全解除。

（二）撤廢治外法權談判的初步成就

治外法權也是列強自民國十年（一九二一）華盛頓會議後，口惠而絕不肯輕易放棄的一項最重要的不平等條約的權利。南京國府先於一九二八年一月即遣派原任外長伍朝樞為「專使」（後改「特使」），旋即接任駐美公使），希望美國採取領先性的友好行動，答允放棄在華的治外法權；但為美國務卿開洛格所拒絕，他只答允中美非正式的談判此事，而美方只由較低級的遠東司司長郝恩伯克（Stanley Hornbeck）負責。15一九二九年一月五日，伍氏在與郝恩伯克的第一次會談中，即建議中美簽訂一項簡單的條約，確定而迅速地撤廢治外法權，而中國則答應在一九三〇年一月一日之前，儘速公布兩項新法典，合之過去所頒布的三部新法典，已達五部了。中國也答允在上海、廣州、漢口、天津與哈爾濱五地的中國法庭內，設置外籍「法律諮詢官」

（legal councillors），為期三年，「在無權干預審判的情況下，觀察中國法庭審案的進行，接受訟案雙方的申訴，以報告提呈建議法庭採納」。[16]但郝恩伯克則拒絕「立即撤廢」的原則，而主張「逐步撤廢」，[17]一九二九年四月二十七日與同年九月五日，王正廷外長並兩次照會美國，請其仿照過去惠允土耳其收回治外法權的前例，也答允撤廢其在中國的治外法權。[18]

但美國駐華官員自公使馬慕瑞以下大都反對當時即答允撤除治外法權，馬慕瑞尤持激烈反對的態度。[19]惟國務卿開洛格的想法，卻與馬慕瑞大為不同。[20]新任國務卿史汀生（Henry L. Stimson）在正式答覆中國的照會中，則只答應在一九三〇年一月一日之前與中國談判，但中國不應誤會美國已同意無條件的「立即撤廢」治外法權了。[21]因此，一九二九年十一月十一日，伍朝樞乃奉命正式開始談判，其美方對手初為助理國務卿約翰遜（Nelson T. Johnson），稍後，則易為郝恩伯克。當時美國已算是第一個願與中國談判治外法權問題的大國了。

一九二九年十二月十七日，伍朝樞正式向約翰遜提出一項包括八條的詳細撤廢治外法權方案，不過，美政府對於國民政府自行宣布自一九三〇年一月一日起撤廢治外法權的立場，卻是追隨英國之後予以否認，只承認一月一日是「逐步撤廢治外法權的開始」，而中國目前應不執行撤廢的實際行動。[22]但是國府的宣言顯然已迫使美國對於華盛頓的談判，更為加速進行；加之中國與英國撤廢治外法權的談判，已於一九三〇年一月九日在南京由王正廷與英駐華公使藍浦生開始進行，所以，在一九三〇年一月十三日中美雙方的會談中，郝恩伯克在口頭上將一項美方的詳細「可能條款」（possible provisions），告訴了伍朝樞；十天後，郝恩伯克並將該建議的十二項條款與所附「說明」十三條，以書面形式面交伍氏。[23]值得注意的是：美方已願意承認中國自一九三〇年一月一日後收回治外法權的事實了，並願接受「外籍法律諮議」（legal councillors）來監督中國獨立的司法制度的運行，而放棄英國所堅持要任命的「外籍共同法官」（foreign co-judge）之議。很顯然地，美國在這兩方面所表現的善意，在當時中國與各主要強國的交涉中，實為一項突破性的貢獻。

當時中國外長王正廷與英駐華公使藍浦生（Sir Miles Lampson）在南京的談判，已於一九三〇年一月九日正式開始。王氏所提出的建議草案，也與伍朝樞在華府所提出的方案一樣，主張全面撤廢治外法權，只在五大城市內設置「特別法庭」審判英人被告，而在「特別法庭」內則分置「外人法律顧問」（foreign legal advisers），惟只在外人為刑案被告時才參與顧問。[24] 藍浦生則主張：⑴此事應慢慢來，雙方先談原則，稍後再成立委員會作逐細的討論。他反對全面廢撤只在五大城市設「特別法庭」之議，而要求英人在華的領事法庭仍應保留不動；⑵而中國應任命「外籍法官」。[25] 一月十日，王正廷再就他所提出的上述法案，提出一書面的「八項條款」：首先稱：「自一九三〇年三月一日起，在華英籍民應遵守中國中央與地方政府經適當公布的法律、法令與規章」；對於前述方案所稱之「外籍法官問題」，則訂明當由中國政府任命，可以查閱案件，對法律案件提出書面意見，但不參與審案；警察查案期間之拘留，不得超過二十四小時；惟所置「特別法庭」與「外籍法律顧問」的辦法，只以兩年為限。[26]

同年（一九三〇）二月三日，藍浦生也提出獲得英外部批准的一項「計畫草案」九條，將之面交王氏，其中首擬確定撤廢治外法權的步驟，應以⑴「逐步的與漸進的」方式進行，以案件之民事、刑事與個人身分的性質為順序，逐步實施，而審判外人應在新式法院進行，並保證免受軍事與非司法人員的行政干涉，保證免徵「不合理與不正常」的稅賦與行政當局未按適當程序「強加的勒索」；保證免受侵犯個人基本權利與自由的侵犯，與保證船運之不受無理由的干預等；(2)主張中國僱用外籍法官審案，而兩造皆為英人的訟案則仍應由在華英法庭審辦，但英人與其他外人的訟案，則可由中國法庭辦理。[27]

英國對於郝恩伯克向伍朝樞所提出的「可能條款」中答應設立「法律諮議」一點，很抱反感，藍浦生曾面向美駐華公使約翰遜（Nelson T. Johson）抗議說：此舉簡直是在「挖英國談判的牆角」。[28]郝恩伯克雖對英人的抗議，逕直予以駁回，但他事實上很快接受了英國人的一些想法，而改變了他原來的立場：在稍後向伍朝樞提出的另一份「計畫草案」（draft plan）七條中，其方案已與藍浦生在南京與王正廷談判時所提出的方案大致相同了。

不過，中美在華盛頓的談判，很快即趨於停頓，重心顯然已轉移至南京，而附驥於中英在南京的談判之後了。美駐華公使約翰遜並與藍浦生積極協商，擬定了一項合作性的「草案」十六條：其中最重要的一項妥協是，英方接受美方原提方案中的「法律顧問」之議（改原稱謂之「法律諮議」為「法律顧問」），而所謂「法律顧問」之實際職權，則如英方案原主張的「外籍法官」：他們不只可以檢閱案卷，接受美人或英人不滿的訴願，在「特別法庭」審案時，亦可為法官之一，而華法官之判辭須經其同意。其他雙方所協議的重要事項，如中國地方與高等法院所設立之「特別法庭」，應增為十二個城市（哈爾濱、瀋陽、北平、天津、青島、上海、南京、漢口、重慶、廣州、福州、昆明）；美（英）外交人員有「廢案權」（evocation）；中國不得徵收歧視性與不合法之稅；個人身分性之案件，不歸中國管轄；美（英）人在中國全境有居住、貿易及擁有財產之權；美（英）船不受隨意之檢查、不受歧視之措施；另並規定過去美（英）人在華所已得的不動產之土地所有權及租界內美（英）法律過去所確定之安排，不受影響等等。[29]此「合作草案」經過美國務院與英外務部分別修改之後，即成為「美方案」與「英方案」。「美方案」與「英方案」之最大不同處，即為前者在初期不允放棄刑案的審判權和只堅持上海五十里內不撤廢治外法權；後者則答應放棄刑案的管轄權，但要求在上海、天津、漢口、廣州四大城市均不撤廢治外法權。30

當時由於中國內戰嚴重，政局非常混亂，但英公使藍浦生則對南京國府極具信心，堅持繼續與南京國府談判。他於一九三〇年九月九日抵達南京，於同月十一日遞交「英方案」給王正廷，其中包括任命外籍法官、廢案權、保留刑事案件不廢、置上海、天津、漢口、廣州等四大城市於廢撤範圍之外及不涉及海關等項，與前此英使所提出的方案大體相同。31所以，王正廷與王寵惠都對之很表失望，認為英國所要求保證的項目太多。不過，王正廷也很快提出了中國的相對方案，以便使談判繼續進行。32

另一方面，中美在華盛頓的談判則在一九三〇年十月二十八日恢復進行，而郝恩伯克在會談恢復之初所提出的「美方案」十七條，則列舉中國法院在五年內只審外人民事案件，此後視情況再擴及其他類之案件；美外交人員有「廢案權」；上海五十里內不受影響；美人在中國全國之居住、旅行、貿易及擁有財產權，不受限制；中國新式法庭內設置外籍法律顧問，除有觀察審案、查閱案件與提供對審案的意見之外，於美人為被告時，並為審判法官之一，判決須得其同意等等。33顯然此一「美方案」除在保留上海一地與「英方案」之要保留四地不同之外，其他均大致相同。伍朝樞因逕直指出此點，表示不滿，並稱中國寧肯不另訂新約而逕自實行法權自主，也不會接納此在實質上並未廢棄治外法權的草案。34稍後，伍朝樞並面交郝恩伯克另一件中國對撤廢治外法權的「條約草案」，正文十條，附款七條，其正文的主要內容如下：

㈠自一九三〇年一月一日起，在美華人即受中國各級法院的管轄，無論涉及民事、刑事案件之美人原告與被告，均應在中國之新式法院審判；中國並在哈爾濱、瀋陽、天津、上海、漢口、重慶、廣州、昆明等八城市之法院內設置「特別法庭」，以管轄涉及美人之案件（第一條）；

(二)各該城市所在之高等法院亦設置「特別法庭」，以審判美人，其上訴之機關為中國最高法院（第二條）；

(三)中國當自華籍或外籍之法學專家中，任命法律諮議，受司法部之管轄。如美人為被告時，「法律諮議」即參與工作，但不打擾法官之審判。「法律諮議」可觀察中國司法之運作，收取擅入民家、逮捕與搜查之情況，以報告司法部長（第三條）；

(四)「特別法庭」之設置為期三年，惟「法律諮議」之任期，則不限於三年（第四條）；

(五)中國政府承認美人已購之不動產，允諾未執司法當局所發之「憑票」不得擅入美人所有或租住之民房、店屋；依據中國法律不歧視美人使其與其他外國人有不同之待遇（第五、六、八條）；

(六)所有以前條約中有關司法之條款，均行作廢取消；本條約在簽訂後三個月內予以批准，有效期五年（第九、十條）。

附款七條中並對美人違警案件之罰款；因違警案之扣留不得過二十四小時；個人身分案件適用美法律；「如華人之在美者」，美人可僱華籍或美籍之律師代表出庭等。[35]此外，伍朝樞並在口頭上向郝恩伯克說明：中國應有自由聘任「法律諮議」之權，亦可聘華籍人士擔任；美人之個人身分案件可在中國境外審判，惟對外人囚犯不應予以特殊的待遇。伍氏並特別反對外人之「廢案權」，也反對保留現在租界於本約之外，認為那還不如將這些租界的行政與市政暫且置於外人之手為好。[36]稍後，伍氏並遞交一份備忘錄給美方，認為無法接受美方於十二月七日所提出的建議案，希望此後可改以中國的「草案」作為談判的基礎，並於二月底前獲致協議。37

此時美國國務卿史汀生認為這時中國的情勢對於談判較為有利，主張主動放棄「廢案權」及修改美國原先提出的「建議草案」而採納伍朝樞於十二月七日所提中國「草案」的一些措辭。38史汀生擬議的兩項主要讓步，除放棄「廢案權」之外，另在「法律顧問」之提名與選任方面，全由中國主持。

英使藍浦生於一九三一年二月二十日返抵南京，三月八日，他與王正廷的談判乃再恢復。而根據英外務部對藍浦生的訓令，英國已決定對華大大讓步：(1)不只廢案權，連刑案與「法律諮議」具法官權力均願予放棄；(2)只是這些讓步應在覓得中國的保證事項（如納稅之估計、徵稅及解決糾紛之方案、審判與監押之詳細事項等）之後始得為之。對於保留區，除上海為最重要之區應予保留之外，廣州、漢口、天津均可不必堅持；甚至上海也以公共租界區為最後堅持的最低條件。39王正廷在談判態度與措辭上則都很強硬，不只拒談「外籍法官」與廢案權，也拒絕「法律諮議」由國際法庭推薦之項。40稍後，(3)藍浦生的態度乃趨軟化，先答允「法律諮議」無法官權力，而只有接受申訴、查閱案卷與表示意見之權；納稅額由於王正廷極力反對英人與華人同等待遇之說，藍浦生只答允在合法的法律規章下與其他國民相較「相互不受歧視」的原則。41至一九三一年四月二十八日有關個人身分條款的措辭，雙方亦獲得協議；(4)內地居住貿易權，則以「在中國法律的範圍內，准英人在內地旅行、居住、設立商號、租購房屋」，取得協議。42只有在保留區方面，雙方爭執最烈，藍浦生堅持保留四市，王正廷則只允「保留上海」三年。藍浦生提議組織一個國際委員會，專責商討此事的解決辦法，並堅持上海保留期至少應為十年，範圍則為以海關為中心的十英里半徑之內的地區。43

當時國民政府決定於一九三一年五月五日舉行國民會議，而在此之前的五月四日，宣布了「管理在華外人辦法」，規定自民國二十一年（一九三二）一月一日起，廢除治外法權，所有在華外人均須受中國法律的管轄；又規定：

㈠在東省特區、瀋陽、天津、青島、上海、漢口、重慶、福州、廣州、昆明等十地設置「特別法庭」，外人如為被告，即在就近之「特別法庭」審判；

㈡各「特別法庭」置有「法律顧問」，可提出其對案件審判的意見，但不干涉案件的審判；

㈢外人因案被捕，在二十四小時內移交「特別法庭」審訊；

㈣外人涉及民事及刑事案件，可僱中國或外籍律師為代表人；

㈤外人違犯警察罰法者，可由警察法庭處以不超過十五元之罰款；

㈥拘留外人之地點，應由國府司法部之命令行之。44

五月十二日，國民會議並發表宣言，不承認不平等條約，謂當依照孫中山先生遺囑務期於最短期間內廢除之，以臻國家於自由平等的國際地位。45

不過，事實上此時國內的政局非常緊張，不只圍剿江西共區的戰事加緊進行；廣東也因胡漢民被囚湯山一事對南京有所抗爭，一部分粵籍老國民黨人均回粵另立門户，甚至幕後主持談判廢除治外法權全局的司法院長王寵惠，也秘密出亡上海，以表示支持粵人的立場。駐美公使伍朝樞作為粵系要人之一，其對南京國府是否忠誠，一時也很受到懷疑。46不過，在南京國府召開國民會議之後，王正廷與藍浦生的談判，卻甚為順利，至五月十九日，所有「個人身分」與內地居留貿易權兩要項，已完全取得協議；五月二十五日，保留區問題也決定上海保留十年，天津保留五年，英國則答允放棄漢口、廣州的保留以交換保留廣州租界，並答應繼續談商上海「越界築路」問題。47

至此，所有中英談判撤廢治外法權的交涉，已經在基本上完成了；一九三一年六月五日，王正廷與藍浦生並將雙方談妥的新約二十二條的草案上草簽（initial），而於次日互換，各送本國政府審議，以通過正常的條約批准手續批准與互換。48

同時期內之中美談判，則仍然係由伍朝樞與郝恩伯克、王正廷與約翰遜分別在華盛頓與南京進行；但雙方只是大致重複中英談判中的立場。但王正廷在獲致中英新約草案的協議之後，對美態度則趨於強硬，極力要求美國放棄天津。七月十三日，中美對「保留上海」問題已達致協議：美約與英約不同的是，保留期限並不完全確定，原則上為保留十年，惟「保留區」的地位，可在九年時再作談判。49國務卿史汀生也改變了原先想拖延談判的想法，認為天津也可以不再保留，並擬在一九三一年年底前，與中國談妥新約。但日本侵略中國東北的九一八事變突然在一九三一年九月十八日爆發，使中美之間的談判，為之中斷。雙方談判撤廢治外法權的最後立場是：有關廢案權、「法律諮議」的任命與職權及放棄刑案等重要問題，美方均已讓步；對於「保留上海」也已有保留十年的初步協議，但美國願否放棄「保留天津」及其他多項次要事項，則仍待繼續談判。

九一八事變後，中國在面對日本野蠻殘暴地侵佔東北三省的巨變下，外交情勢已發生基本的改變，國難臨頭，撤廢治外法權問題已非當務之急了。外長王正廷也因被京、滬學生毆辱憤而辭職；過了三個月，才改由顧維鈞繼任。50南京國民政府在應付九一八國難的問題上，內部爭執也非常嚴重；所以，國府只好在一九三一年十二月二十九日宣布將原定於一九三二年一月一日實施的收回治外法權的管理外人司法案件的條例，延期實施。[51]所以，在九一八事變前，在撤廢治外法權方面，中英與中美之間的談判，雖未正式簽訂新約，但中英之間是已經「草簽」過一份「草約」，而中美之間則尚未及此——英國在這方面是比美國領先了一步。

(三)收回租界與租借地之成就

南京國府除集中全力於收回關稅自主權與撤廢治外法權之外，對於收回租界，也予以極大的注意；而它在這方面的第一項成就，就是收回鎮江租界。

早在民國十六年三月二十二日國民革命軍光復鎮江，次日，市民舉行勝利大遊行，英租界當局怕發生衝突事件，答應於當天中午撤其租界巡捕，改由中國警察商團接替站崗；是為收回租界警察權之始。同年五月二十日，英駐鎮江領事奉英駐華公使之令，暫行撤消鎮江領事館；六月十八日，鎮江公安局乃將租界內之第五區署，改為特別區署；是為中國非正式的收回鎮江英租界。[52]

一九二九年三月，中英正式談判鎮江租界問題，英國願交還該租界，而中國答應賠償一九二七年鎮江事件中英人的損失，及承認英當局過去在鎮江所發出的土地永租權、英船此後之泊岸權及江岸運貨權等。同年十月三十一日，雙方交換交還鎮江租界的照會；十一月九日，雙方又交換了兩政府批准的照會，而該英租界乃正式於是年十一月五日收回。[53]

第二處南京國府收回的租界是天津的比利時租界。早在民國十五年十月二十七日，北京政府即因中比通商條約逾期失效，宣布予以廢止，而應另訂平等新約；同年十一月六日，代總理外交總長顧維鈞發布命令，此後中比關係應按無約國辦理。比利時不服，控告中國於海牙國際法庭。後以英國的居中調解，加之中國民氣高漲，乃在比國撤回告訴而中國亦不中止比約效力的交換條件下，雙方於一九二七年重開修約會議；會中比利時即自動宣布願意交還其天津租界。次年（一九二八），比利時在與南京國民政府談商重訂新約問題時，並再度聲明願意交還其天津租界的立場。同年十一月二十二日，中比所簽訂的中國收回關稅自主權的新約中，比利時並允許取消該國在華所享有的治外法權，其條件為其他各國也同樣放棄此特權，始可實行；比僑與中國僑民在比均可在對方內地享有土地、財產、居住及經商之自由權。54

民國十八年一月，外交部長王正廷與比駐華公使重新談商收回天津比租界問題，經雙方代表組成委員會，經八次會議，始決定：

㈠比政府所有之租界內公產無條件交還中國；

㈡外人之私有產業權，繼續有效；

㈢中國償還比人為租界市政之借款的本利九萬三千八百二十六兩餘。

同年八月三十一日，中比簽訂收回天津比租界協定，十月一日中國即非正式接收了該租界，而於民國二十年一月十五日舉行正式交收典禮。55

第三處南京國府收回的租界，為廈門英租界。這是英國對華善意政策的一部分，雙方無何爭執事項，只是在重要問題上依照收回鎮江英租界的前例辦理，而於民國十九年九月十七日批准了交還租界協定。56

此外，英使藍浦生在與王正廷談判廢除治外法權問題時，也屢次籌擬以歸還廈門鼓浪嶼公共租界、廣州沙面英租界與天津英租界，來作為交換中國讓步的籌碼。57但是這些租界歸還的問題，在民國二十年九一八事變前均無任何確定的成議。法國駐華公使個人於一九三一年也認為漢口法租界無何重要性，他甚至認為廣州沙面的法租界也應歸還中國；但在是年四月法、日經過協商之後，法政府的態度轉趨強硬，拒再對交還租界作任何考慮。58

在收回租借地方面，南京國府王正廷外長最大的成就是於民國十九年四月十八日與英國簽訂了交還威海衛專約與協定，同年十月一日，雙方互換批准書，正式生效，結束了英國對威海衛三十二年的租借統治。

歸還威海衛是民國十一年（一九二二）二月三日華盛頓會議期間英人所答允的。但此後北洋政府所派督辦接收威海衛委員長梁如浩於民國十二年（一九二三）五月與英人談判簽訂的收回專約草案三十九條，不只允許英艦隊駐泊，也允許英僑民對威海衛區域的管轄、賦稅的支配、外僑財產的保障與商埠市區的規劃等，均仍享有很大的權力，使全國為之譁然。北洋政府要求修改，而英人則予拒絕，雙方形成僵局。次年（一九二四）六月，外交總長顧維鈞始與英駐華公使重新談判此事，英方稍予讓步，當議定專約草案二十九條及附件，經北洋國務會議通過，英政府也予批准，並預定於民國十三年（一九二四）十一月二十八日正式簽字；但因政局變動，事遂擱置。59

民國十八年王正廷與藍浦生重新談判此事，中國以重建威海衛為海軍軍港為辭，堅持凡與此目的相反的原訂一九二四年草約的條款，均應刪除；英使最初堅拒修改原草約，爭執數月，始允正式開議。在王正廷的設計下，分原草約為兩部分：一為專約二十條，專載交收威海衛諸事宜；一為協定六條，則訂明英人繼續租用劉公島上數處設施，作為病院、兵士療養渡假及海軍打靶等用途，為期十年，期滿經雙方同意，得予續租。該專約與協定等經於民國十九年十月一日在南京互換後即日發生生效。專約的重要內容如下：

1.英國將威海衛灣沿岸十英里地方及劉公島及威海衛灣內之群島，交還中華民國；
2.英國在威海衛及劉公島兩處駐兵，在本約發生效力之日起，一個月內一律撤退；
3.英國允將威海衛行政公署一切文件移交中國；
4.英國允將威海衛區內官產、地畝、房產、碼頭等，全數無償移交中國政府；
5.中國於接收後，當在可能範圍內，維持現行規章；
6.中國在決定將威海衛口岸關閉，並完全保留作為海軍根據地以前：(1)將維持該口岸為國際通商居住區域；(2)將區域內房屋數處無償租予英國，為領事館及居住民公益之用，以三十年為期，期滿後仍得續租。60

（四）沿海與內河航行權及外軍撤退問題

外人在中國所擁有的沿海與內河航行權與外國軍隊駐紮中國某數重要區域的問題，為另兩項重大的不平等條約的項目。在南京國府外長王正廷的外交計畫中，本是預定在完成撤廢各國的治外法權之後，再繼續與各國談商平等新商約時，這兩項問題均將一一解決。而王氏早在民國十八年六月與英使藍浦生談判治外法權時，即提出英輪沿海航運的問題，說明國民政府已擬定商法，准許外人可擁有中國公司股份的百分之四十九，因此，航行中國沿海與內河的英輪船公司如怡和洋行（Jardine, Butterfield and Swire），可納入中國的輪船公司，繼續行駛中國。61但此事後來未再繼續深談，因為它可列之為新平等商約的範圍。民國二十年五月，王氏也向藍浦生試探說，中國擬在撤廢外人治外法權之後，宣布廢止一九〇一年的「辛丑和約」（Protocol of 1901），取消外軍駐紮中國的權利，因為這項權利「已太古老了」（antiquated），應予廢除。62但此後因九一八事變發生，中國全力應付日本帝國主義的侵略，已無暇再對此兩問題特予著力了。

三

綜括以上所論，南京國民政府王正廷外長所執行的溫和性「革命外交」，在九一八事變（一九三一）發生前的重要成就，主要是在收回關稅自主權與對英國草簽收回治外法權新約等兩大項目；其他則有收回英佔的威海衛租借地及收回鎮江、廈門的英租界與天津的比租界等。可惜，外長王正廷的努力，因日本軍閥與日本政府之發動九一八事變而遭到挫折；九一八事變之後，中國外交的重心，已非「革命外交」之廢除不平等條約的目標所可涵蓋了，中國已轉而與窮凶極惡、妄圖與中國民族主義的革命力量為敵的日本帝國主義，作生死存亡的搏鬥了。九一八事變發生後，很多人責備王正廷外交的失敗，民國二十年九月二十八日，甚至遭到滬、寧兩地數千名學生闖入他的官邸毆打他；他因此憤而辭職。63事實上，中日外交之走上衝突的道路，其主動力全在日本，日本軍閥與日本政府所發動的九一八事變，與此後日政府之大力全面侵佔中國的東北三省，是日本向中國革命的民族主義的全面挑戰，王正廷是有功而無過的。南京國民政府在王正廷主持下所推動的溫和性「革命外交」，它的基本精神是主張和平的，但在擁護和執行孫中山先生的民族主義的精神方面，它是絕不妥協的。換言之，它對撤廢中外不平等條約總目標方面，是絕不讓步的，雖然王正廷主張在致力達到此一目標的方式與方法上，應具有彈性，即與各國分別進行和平而具「脅迫性質」的談判——所謂在「鐵拳之外，罩上一層橡皮」。64這種政策對於中國最後之擊敗日本帝國主義的挑釁，與最後一舉將日本五十多年來對中國侵略所得的許多重大權利全部收回，完璧歸趙，中國因而有了自主性進行現代化建設的機會，此一「溫和性革命外交」，是有其正面而不可磨滅的貢獻。

注釋

1 黨史會編，《革命文獻》，第六十九輯（台北，民國六十五年），頁一四一～一四二。

2 洪鈞培，《國民政府外交史》，民國十九年序（台北：文海出版社翻印，民國五十七年），頁一三。

3 Hollington K. Tong, *Chiang Kai-shek: Soldier and Statesman* (Shanghai, 1937), vol. I, p. 100.

4 Arthur Ransome, *The Chinese Puzzle* (London, 1927), pp. 183-184.

5 周鯁生，《革命的外交》（上海：太平洋書店，民國十七年），頁一～一〇、一八、一九；Partrick Cavendish, "Anti-imperialism in the Kuomintang, 1923-1928", in *Studies in the Social History of China and Southeast Asia: Essays in Memory of Victor Pursell*, eds. Jerome Chen, Nicholas Tarling (Cambridge University Press, 1970); En-han Lee, "China's Recovery of the British Hankow and Kiukiang Concessions in 1927," Occassional Paper No. 6 (August 1980), Centre for East Asian Studies, University of Western Australia。

6 En-han, Lee *loc. cit*. p. 23.

7 樓桐孫，〈新約平議〉，《東方雜誌》，第二十六卷，第一期，頁一三。

8 洪鈞培，前書，頁二四〇～二四一；*Foreign Relations of the U. S.*（此後簡稱 *FRUS*）, 1928, vol. II, MacMurray to Secre-

tary of State (June 17, 1928), pp. 413-414。

9 洪鈞培，前書，頁二四一～二四二；*FRUS*, 1928, vol. II, *China Legation to Secretary of State* (July 13, 1928), p. 416。

10 洪鈞培，前書，頁二四二～二四三。

11 有關此中美關稅新約的談判與簽訂，見李恩涵，〈北伐前後收回關稅自主權的交涉〉，見《中華民國建國史討論集》，第三冊（台北：正中書局，民國七十年），頁三八一～三八五。

12 李恩涵，前文，頁三八七～三八九。

13 《東方雜誌》，第二十六卷，第六期，頁一四〇。《國聞周報》，第六卷，第十二期，〈中日濟案交涉之曲折〉。另見李恩涵，前文，頁三八九～三九〇。

14 外交部編，《中外條約彙編》，頁二六八～二七〇；H. B. Morse, and H. F. McNair, *Far Eastern International Relations* (Boston, 1931), pp. 751-752; Arthur N. Young, "China's Financial Transformation, 1927-1937", in Paul K. T. Sih, ed. *The Strenuous Decade; China's Nation-building Efforts, 1927-1937* (New York: St. John's University Press, 1970), p. 91。

15 *FRUS*, 1928, Secretary of State to MacMurray (Oct. 6, 1928), p. 433; same to same (Nov. 12, 1928), pp. 434-435; H. L. Boorman and Richard C. Howard, eds. *Biographical Dictionary of Republican China* (New York), vol. III, p. 126.

16 *FRUS*, 1929, Hornbeck's Memo (Jan. 5, 1929), pp. 544-545, Annex III, pp. 545-546.

17 *Ibid*., 1929, Memo by Hornbeck (Jan. 9, 1929) , pp. 545-546; Memo by Hornbeck (Jan. 10, 1929), pp. 546-547; Memo by Hornbeck (Jan. 11, 1929), p. 549.

18 *Ibid*., 1929, Wu to Department of State (May 2, 1929), pp. 560-561; MacMurray to Secretary of State (Sept. 10, 1929), pp. 605-606；《國聞周報》，第六卷，第三十六期（上海：民國十八年九月十五日），頁七。

19 *Ibid*., MacMurray to Secretary of State (May 7, 1929), pp. 562-563.

20 *Ibid*., Memo by Assistant Secretary of State (Johnson)(June 8, 1929), pp. 573-574; Secretary of State to MacMurray (July 9, 1929), pp. 581-582.

21 *Ibid*., MacMurray to Secretary of State (Oct. 7, 1929), p. 608; Secretary of State to MacMurray (Oct. 22, 1929), pp. 611-612.

22 *Ibid*., Acting Secretary of State to Perkins (Jan. 4, 1930), pp. 358-359.

23 *Ibid*., Acting Secretary of State to the Ambassador in Britain (Feb. 19, 1930), p. 383.

24 *Ibid*., Aide-memoire, the British Embassy to the Secretary of State (March 4, 1930), pp. 395-397.

25 *Ibid*.

26 *Ibid*.

27 *Ibid*., p. 399.

28 *Ibid*., p. 400.

29 *Ibid*., Johnson to Acting Secretary of State (March 28, 1930), pp. 418-423.

30 *Ibid*., Revised Draft Agreement of April 9, 1930 and the Johnson-Lampson Draft, pp. 426-434; Hornbeck to British Councillor (Campbell), pp. 434-435, 448.

31 *Ibid*., Johnson to Secretary of State (Sept. 5, 1930), p. 462; Memo, Department of State to the British Embassy (April 2, 1930), pp. 424-425.

32 *Ibid*., Johnson to Secretary of State (Sept. 26, 1930), p. 470.

33 *Ibid*., Memo by Hornbeck (Oct. 23, 1930), pp. 471-480.

34 *Ibid*., Memo by Hornbeck (Nov. 12, 1930), pp. 483-484.

35 *Ibid*., Chinese Correspondence (Dec. 7, 1930), pp. 485-489.

36 *Ibid*., Memo by Joseph E. Jacobs of the Division of Far Eastern Affairs (Dec. 10, 1930), pp. 489-491.

37 *Ibid*., Memo, the Chinese Legation to Department of State (Dec. 19, 1930), p. 497.

38 *Ibid*., Secretary of State to the Ambassador in Great Britain (Dawes)(Dec. 31, 1930), p. 504.

39 *Ibid*., British Embassy to Secretary of State (May 7, 1931), pp. 741-742.

40 *Ibid*., Memo by Johnson (Nanking, March 7, 1931), p. 744; Memo by Assistant Secretary of State (William R. Castle)(March, 17, 1931), pp. 753-754.

41 *Ibid*., Johnson to Secretary of State (March 17, 1931), pp. 762-769; Akira Iriye, *After Imperialism: The Search for a New Order in the Far East, 1921-1931* (Cambridge, Mass., 1965), p. 286.

42 *Ibid*., Johnson to Secretary of State (April 28, 1931), pp. 829-831.

43 *Ibid*., Memo by Johnson (May 1, 1931), pp. 833-834; The Ambassador in Britain (Dawes) to Secretary of State (May 1, 1931), p. 834.

44 Robert T. Pollard, *China's Foreign Relations, 1917-1931*, pp. 380-381; A. Iriye, *After Imperialism*, p. 287.

45 Thomas F. Millard, *The End of Extraterritoriality in China* (Shanghai: The ABC Press, 1931), p. 287.

46 日本產經新聞連載，中央日報譯，《蔣總統秘錄》，第七冊（台北：中央日報社，民國六十五年），頁一七七～一八二、一八四～一八六；*FRUS*, Johnson to Secretary of State (May 5, 1931), p. 839; Memo by Johnson of aConversation with

Lampson (May 8, 1931), pp. 844-845。

47 *FRUS*, Johnson to Secretary of State (May 20, 931), pp, 858-860; Johnson to Secretary of State (May 26, 1931), pp. 864-865.

48 *Ibid.*, Johnson to Secretary of State (June 8, 1931), pp. 875-876; A. Iriye, *After Imperialism*, pp. 286-288.

49 *Ibid.*, Acting Secretary of State to Johnson (July 13, 1931), p. 891.

50《蔣總統秘錄》，第八冊，頁五四～五五；孫思白，〈『九一八』與『一二九』學生運動比較研究〉，《歷史研究》，第六期，一九八五年，頁一二三。

51 *FRUS*, Johnson to Secretary of State (Dec. 30, 1931), p. 931.

52 洪鈞培，前書，頁一二一～一二二。

53 同上註。

54《國聞周報》，第八卷，第四期，頁一一，民國二十年一月十九日出版；H. B. Morse and H. F. MacNair, *Far Eastern International Relations*, p. 749。

55 洪鈞培，前書，頁一二六～一二七；葉祖灝，《廢除不平等條約》（台北：正中書局，民國五十六年），頁八六～八七。

56 William L. Tung, *China and Foreign Powers* (New York: Oceanic Publisher, 1970), p. 323；傅啟學，《中國外交史》，下冊（台北：台灣商務印書館，民國六十一年），頁三九九～四〇〇。

57 Rohn Butler et. al. eds., *Documents on British Foreign Policy, 1919-1939* (London: Her Majesty's Government Office, 1960), Second Series, vol. 8, p. 495, Lampson to Henderson (April 21, 1931).

58 *Documents on British Foreign Policy*, Second Series, vol. 8, No. 383, Lampson to Henderson (March 31, 1931), pp. 489-490; No. 389, Henderson to Lampson (April 16, 1931), p. 495.

59 朱世全，《威海問題》（上海：商務印書館，民國二十年），頁二、三〇～三五。

60 傅啟學，《中國外交史》，下冊（台北：台灣商務印書館，民國六十一年），頁三九九～四〇〇；*Documents on British Foreign Policy*, Second Series, vol. 8, No. 1, F. O. Memo of Jan. 8, 1930, pp. 19-20; No. 222, Lampson (Nanking) to Henderson (Feb. 13, 1930), pp. 288-289。

61 British Legation and Consular Archieves, F. O. 228, File No. 3983, No. 103, Minister (Lampson) to F. O. 22 June 1929 (Deposited in the Public Record Office in London).

62 *Documents on British Foreign Policy*, Second Series, vol. 8, No. 433, Lampson to Henderson (May 19, 1931), p. 525.

63 孫思白，〈「九一八」與「一二九」學生運動比較研究〉，頁一二三。

64 樓桐孫，〈新約平議〉，《東方雜誌》，第二十六卷，第一期，頁一三；另參閱周鯁生《革命的外交》（上海：太平洋書店，民國十七年），頁四〇～四六。

原載國史館等編，《蔣中正先生與現代中國學術研討會論文集》，第二冊（台北：國史館，一九八六），頁一～二四。

第十四章

中英收交威海衛租借地的交涉（一九二一～一九三〇）

一、前言

一九三〇年（民國十九年）四月十八日，南京國民政府外交部長王正廷與英國駐華公使藍浦生（Sir Miles Lampson）簽訂中英交收威海衛專約（二十條）及協定（六條），同年十月一日經兩國批准交換，[1]至此中英前後談判歷時九年多的收回山東威海衛租借地問題，已告解決。這是我國被列強於一八九七～一八九八年所強索佔據租借的租借地（leaseland）中，純粹地完全用和平手段收回的第一處租借地，也是繼一九二二年經過了重重周折、奮力自日本強佔下收回的膠澳（青島）租借地之後收回了的第二處租借地。但是，中英之間收交威海衛租借地談判，並不能算是順利，而中國在該項外交談判中也不能算是成功：不只談判拖延至九年多之久，而英國原訂租借該租借地的二十五年期限，竟也拖延租期至三十二年之久；而英國在交還威海衛給中國時，仍然堅持勒索「借用」「劉公島內房屋數所及便利數項」，租期十年，「期滿經兩國同意，得適用原條件及其他適用條件續借」。[2]可見在國家內部仍有動亂、國力未能真正強大之前，要想運用和平的方法撤廢中外不平等條約諸要項之困難重重、經常會受到對方各種方式的種種勒索。這也是二十世紀二〇、三〇年代國民政府所力倡「革命外交」所碰到的基本問題。

威海衛原為山東文登縣屬，明初為防禦日本倭寇，設「衛」於洪武三十一年（一三九八），其城垣則興築於永樂元年（一四〇三），大致與河北天津衛的興築約略同時。[3]它在地理上位於煙台之東約一百八十華里，文登縣城之北約一百華里，距山東之最東處約三十一英里（一百零二華里），隔渤海灣距旅順、大連約八十九英里（約二百九十華里）。[4]光緒十二年（一八八六），北洋海軍提督丁汝昌在威海灣口的劉公島上初建艦砲學校與海軍訓練學校（三年後的光緒十五年五月，正式建置為水師學堂），並設兵營、魚雷營等。[5]光緒十四年（一八八八）十二月十七日，北洋海軍正式成軍，駐泊旅順與威海衛；同年，又繼旅順之後，修築泊艦碼頭，用厚鐵板釘成方柱，直徑四至五尺，長五至六丈，中灌水泥，凝結如石，直入海底，於光緒十七年（一八九一）竣工。[6]又在半島上之威海衛，在外人監工之下，修築砲台十五組，共有四吋至十吋的大砲五十五門，其中有些係快砲；但砲口均只朝向海面，不能轉向內陸方面，為一嚴重缺點。[7]所以，威海衛是李鴻章所轄北洋海軍系統中與旅順軍港同為該軍最重要的兩大基地，為北洋海軍實際指揮官提督的駐節之港。[8]英國所租借的租借地，根據原租借專約，係在山東半島威海衛「沿岸十英里以內」及劉公島，應包括原榮成縣及文登縣屬的一部分，但實際英人在一九〇〇年四月至五月勘劃邊界時，竟然南劃至距威海衛七、八十華里或五、六十華里(約15⁺英里至24⁺英里)之地不等,故租借地面積實際達二百八十八平方英里(約合一千餘平方華里);其所包括的劉公島,屹然孤立於威海衛之北,距海岸十華里,為威海衛之天然屏障,其東航道寬約二英里,西航道寬約四分之三英里;整個租借地的海岸線全長約七十二英里;[9]但除租借地本身外,根據原租約,英國在該地區的勢力範圍則廣達一千五百平方英里左右,「自格林威治東徑一百二十一度四十分以東之(山東)海岸(即牟平縣以東至成山角之北的海岸)及附近地方,英國均可擇地建築砲台和駐紮軍隊,除中國兵外,不許他國軍隊入內」。[10]

二、英租威海衛原委與一九二一年前英國對威海衛的政策

一八九八年英國之強迫租借威海衛,其主要動機是要對抗俄國之強租旅順、大連。甲午戰爭後英日同盟(一九〇二年一月三十日兩國始正式簽訂盟約)在東亞與俄法聯盟(主要是俄國)的對抗,是東亞國際政治的一大因素。當俄國軍艦於一八九七年年十二月十五日強行駛入。侵佔旅順、大連之後,英駐華公使竇納樂(Sir Claude M. MacDonald)即迅速警告總理衙門,如中國允以租借該港權讓予他國,則英國亦將有所要求。[11]英外務次官(undersecretary)寇松勳爵(Lord Curzon)則要求在中國強佔一地,英首相沙力斯堡勳爵(Lord Salisburg)也贊成支持之。[12]一八九八年一月二十九日,英外務部已與中國駐英公使羅豐祿談判租佔威海衛之事;[13]中國海關總稅務司赫德(Robert Hart)認為中國當樂予同意英國租佔威海衛,以抵制俄國的壓力;竇納樂也確認此點。[14]倫敦中國協會(The China Association, London)則力促政府佔領威海衛,以保護英國

在渤海灣的利益，「恢復我們在北京的威望」。惟英海軍部對於威海衛在海軍作戰上的重要性，尚不很重視；但外務部中國科科長巴蒂（Francis Bertis, Head of the Chinese Department）則堅持威海衛可用以抵制俄、德在華的勢力。[15]最後，外相兼代首相包思福（Lord A.D. Balfour）乃於一八九八年三月七日訓令竇納樂租借威海衛，[16]三月二十五日，英艦隊受命前往該港（當時威海衛尚在日軍佔領之下）。[17]竇納樂並威脅中國，如中國不允租借威海衛，他當交由英海軍以武力處理。[18]四月三日，總理衙門已允許租借；七月一日（陰曆五月十三日），慶親王與竇納樂簽訂「租借威海衛專約」，規定「租期按照俄國駐守旅順之期相同，所租之地，係劉公島並在威海灣之群島及威海全灣沿岸以內之十英里地方」。同年十二月三日，雙方並在倫敦交換經雙方批准的該「專約」。[19]而在此之前，佔領威海衛的日軍於五月七日中國交付了最後一筆對日戰爭賠償之後，即於五月二十三日降下日旗，次日的五月二十四日，英軍艦便迫不及待地正式開進威海衛港了。[20]

英據有威海衛之後，先歸其海軍管轄，一八九九年後，始劃歸陸軍的竇梧上校（Col. A. Dorwad）管轄，官銜為「政軍專員」（Civil adn Military Commissioner）。一九〇一年一月，改為文官制，由殖民部統轄，設威海衛「行政長官」（Commissioner）。[21]英國自始即只想在威海衛設立一個海軍基地，而無意在山東半島或山東全境進一步發展其勢力，所以，早在正式租佔該港之前的一八九八年四月十九日，即向德國保證，它之租佔威海衛，當無意損害德在山東的權益，也不修築該港至山東內陸的鐵路。[22]一九〇二年，英國甚至放棄建該港為軍港之議，只將威海衛定為「輔助海軍基地」（flying naval base），作為艦隊的訓練、療養和娛樂之地。在一九〇六～一九一一年期間，甚至未派英軍駐守，只由少數警察維持秩序（威海衛港英名為 Port Edward，只有歐籍警察十二人，華籍警察五十五人；劉公島只有華籍警察八人），另有華軍官統率的「華勇營」（China Regiment 又稱「中國旅」，或「中國團隊」）六百人（最多時為一千三百人）。一九一一年之後，已有英軍駐紮，但為數也只有一個連（company）。早在一九〇四年，英國即想將威海衛歸還中國，故視該地之中國人為華籍，而對另一圖永久據有的九龍租借地的當地中國人，則列之為大英臣民。[23]

一九〇五年九月，日俄戰爭結束，其和約中俄國承認將旅順、大連轉交與日本；清廷因而想根據原租借威海衛專約向英駐華公使提議，收回該港。[24]在英國內部籌議答覆中國的過程中，英政府頗想將威海衛交由香港統轄，惟英香港總督彌頓（Sir Matthew Nathan）則贊成將威海衛交還中國，而交換中國之答允將九龍新界（New Territories）改「租借」為「永租」（perpetual lease）（稍後之數任總督，如一九〇五年的梅伊（Henry May）、一九〇九年的盧格德（Frederick Lugard）、一九二一年之斯塔甫司（Sir Edward Stubbs）與一九二七年之金文泰（Sir Cecil Clementi），均有此建議），但英駐華公使薩道義（Sir Ernest M. Satow）拒絕同意，認為旅順雖已非俄佔，但仍為日本所佔租，故英人不應歸還威海衛給中國。[25]英政府因藉口旅順非俄退讓，拒絕了中國交還的要求。[26]

第一次世界大戰結束後，在戰勝國召開的巴黎和會之前，英駐威海衛行政長官莊斯頓（Reginald F. Johnston）曾建議除劉公島之外，歸還山東半島上的威海衛予中國，因該港無多大戰略上與商務上的重要性，放棄之對英國的威望也無損，而且英在半島上的投資也少。[27]英駐華公使朱爾典（Sir John Jordan）甚贊成此議，認為所有外人在中國的租借地均應放棄，並進行改革以將所有中國的通商口岸與外人在華的租界國際化。[28]惟英國外務部遠東司（Far East Department）官員麻克類（Sir James Maclay，他此後擔任英駐華公使）則認為英國應保持威海衛，因海軍仍需要該地作為地面訓練與療養之所，而中國當局似乎也希望英勢力保留在該地。[29] 一九二一年八月，外務次官維奧斯力（Undersecretary V. Wellesley）與政務部長邱吉爾（Winston Churchill）也極力反對放棄大英帝國在中國的此一重要利益。[30]

三、一九二一～一九二四年中英收交威海衛的談判

在巴黎和會席上，我國向大會提出的要求中，除去要求歸還德在山東及他處的各項權益之外，尚包括「希望條件」七項，其中即包括歸還租借地一項；但和會對中國的「希望條件」拒予討論。惟我國並不灰心，再接再勵，在一九二一～一九二二年的華盛頓會議上，除要求日本歸還山東、廢除「二十一條要求」的兩項條約之外，也提出各項具體方案要求撤廢中外不平等條約對中國的種種束縛。而在大會召開之前，英在華半官方機關報在上海出版的《字林西報》（*North China Daily News*）的編輯，即發表評論贊成將威海衛歸還中國。[31] 一九二一年十二月三日，我國代表顧維鈞在大會上發表演說，要求各國交還租借地；英代表貝思福勳爵（Lord Arthur D. Balfour）在一次大會閉幕禮中繼法國代表衛凡尼（M. Viviani）之後，即作出反應，聲明願歸還威海衛，其條件為中英兩國應指派代表就歸還方式與細節達成一項協議。[32] 稍後，中國代表施肇基乃與貝思福交換函件，貝思福在函件中進一步列舉了若干事項須互相解決：⑴英艦避暑存儲海軍軍需；⑵保留所有產業；⑶借海面訓練海軍；⑷保護外人財產；⑸准外人參與市政；⑹請中國修鐵路聯絡內地。[33] 所以，英人之所謂歸還威海衛給中國，自始就想有條件的歸還，而且其條件是相當苛刻而廣泛的。

交收威海衛的具體談判，中國在華盛頓會議之後初步是擬由駐英公使顧維鈞與英國談判。[34] 其後，因英

駐華公使艾斯頓奉其政府訓命，向北洋政府外交部提出交還威海衛的詳細條件，分為五項：⑴威海衛之行政權交還中國，由中國自行管理；⑵威海衛附近之青龍島（即劉公島）應准英艦夏令停泊，作為避暑之所；⑶威海衛市政應由中英雙方派員組織委員會管理之；⑷外人權利之保障；⑸改港之辦法。[35]民國十一年（一九二二）四月十六日，艾斯頓並照會外交部，請合組中英委員會赴威海衛調查，以便著手交還。[36]因此，中英談判乃改在中國舉行。同年四月二十七日，北京政府乃派令留學美國為清末留美幼童之一、清季曾任關內外鐵路總辦、外務部右參議，民國後又歷任交通總長、外交總長等職，並於華盛頓會議中擔任過顧問之職的梁如浩為接收威海衛督辦，籌劃一切。九月十一日，又特派梁如浩為接收威海衛委員長，負責與英人的談判與接收等事宜。[37]

一九二二年九月十九日，梁如浩攜助理二人、技術顧問二人及秘書專程抵達威海衛，以備與英人談判；英方代表團則由外交官員瞿比南與一名殖民部官員及海軍官員等組成。十月二日，雙方談判開始。[38]英方所最著重的一點，是續租劉公島十年及期滿可續租之事；為求達到此目的，英方提出要索中國應就英國在威海衛所交還的土地、房屋的購價與改造費用，給予補償，初步估價是二百萬元；稍後，更詳細計算為三百三十一萬八千二百九十七元。[39]這完全是一種「勒索」，只是為了將來交換劉公島問題的「酬碼」（quid pro qua）之用。梁如浩一時不敢答應。雙方開議五次，仍無結論。至同年十一月三日，英方代表乃藉口電倫敦請示，使談判暫停。[40]一九二三年一月，梁如浩奉召回北京，中英談判乃改在北京舉行。[41]

一九二三年三月十六日，中英在北京的第一次會議開始，其後賡續會議達三十四次，議定「接收威海衛協商意見書」二十四條及附件四件。[42]據曾經在中英談判後期參予談判的朱世全所述「協商意見書」的要項如下：

㈠劉公島上照單之房產，無償借英海軍十年，期滿可展期，俟兩國同意才交還中國；

㈡劉公島上市政，中英海軍各派一人，備顧問；

㈢英艦可在劉公島歇夏；

㈣威海衛港區（Edward City）為自治區，設顧問會，以外人為顧問；顧問會外人不能少於二人，華人不能多於五人，外顧問由外國納稅公民選；

㈤外人地契可換三十年租契，期滿可續租；

㈥英人之房產、墳地，租用三十年，期滿可繼續租用。43

梁如浩為了回報英方交回威海衛與放棄向中國索價三百三十一萬八千二百九十七元巨額款項的善意（這是一種「外交手段」），對於英方所堅持的劉公島上某些房屋借用十年、期滿可續借與英人所有土地房產可換為「永租」之兩大要點，作出了最重要的讓步，這很引起幫辦陳紹唐的公開反對；山東當地人民與他省官民的激烈反對，44繼之而起。

早在一九二二年九月十二日，山東民眾已向北京政府請願，要求無條件收回威海衛。45次年七月十一日，山東省議會因傳聞英國要求「土地永租、操縱財政」（此為誤傳）等嚴酷條件，而日本公使小幡酉吉當時正在與魯案中日聯合委員會委員長王正廷談判接收青島、青島海關與膠濟鐵路等具體事項，據說小幡曾聲言要援照英國交回威海衛的條件，援例辦理，因此，電請北京政府拒絕英方的嚴酷條件，嚴禁梁如浩與英談判之秘密進行，並禁令其不能草草簽字。46山東各界則以梁如浩在談判中喪權辱國，如劉公島「變成二十五年之租借（按此為誤傳），且加之以土地永租權」，要求予以懲辦，另組中英委員會，重新交涉。[47]煙台《愛國報》認為威海衛的租期二十五年即將於一九二三年七月到期，主張不向英國讓步而收回，該港應全為中國所使用。[48]威海衛商會聯合會、商學聯合會也分別上書國會與外交部，要求無條件收回威海衛。[49]山東總工會也主張無條件收回。威海衛鄰近的文登、榮成兩縣並成立抵制英貨的政治性組織，以支持拒約的行動。[50]山東省議會及各團體並公舉代表赴北京向外交部請願。[51]山東旅京同鄉也以梁如浩的「協商意見書」，如獲批准，將為未來歸還之租借地開一惡例，要求無條件收回威海衛。[52]在國外，旅法各團體聯合會則公函外交部長顧維鈞，勸勿承認禍國之金法郎案及威海衛新約。[53]

英國則向北京政府施以極大的外交壓力，聲明「協商意見書」的內容不能多所改動。一九二四年三月十五日，新任英使麻克類更要求顧維鈞早日將「協商意見書」正式簽字；但顧氏認為劉公島的戰略地位重要，深恐如照梁如浩的「協商意見書」辦理，則劉公島未來歸還之期，既需經英方同意，則勢將成「永借」之局，不啻為將來與法國談判收回廣州灣及與日本談判收回旅、大時，開一惡例，因法、日定將會仿此辦理。[54]一九二四年四月五日，梁如浩因英人無意讓步，乃向曹錕總統提出辭職。此後與英國的談判，即改由外長顧維鈞直接負責。[55]

一九二四年六月十二日，顧維鈞與麻克類的談判開始。麻克類強調英海軍對劉公島的需要，只言「借用」，不提「續租」；顧氏則著重於對借期十年後「續借」的限制。雙方磋商十餘次，英使始在這方面稍為讓步，議定中英交收威海衛「專約草案」二十九條；其主要內容如下：

㈠威海衛港區市政事項，須徵求外國僑民意見；

(二)房地數處無償租與英國三十年，期滿可續租；

(三)劉公島房屋數處及便利數項，借予英十年，十年期滿，經兩國同意，可續借（按：英國所擬保留借用在劉公島上的房屋、土地，總計達一千九百餘畝）；

(四)英海軍可在淺深處拋錨，及由劉公島至外海操練。[56]

此「專約草案」除關於借用劉公島一項「借期十年」、「期滿經兩國同意，可續借」較梁如浩的「協商意見書」稍為進步之外，其他各項如英人在威之不動產與英官方續借房屋等，則與梁之「意見書」之內容大致相同，只在文字上略加潤飾。[57]

該「專約草案」經北京國務會議通過，英政府也准許予以簽字，雙方並約定於一九二四年十一月二十八日正式簽字。[58]但十月二十三日即發生馮玉祥在北京所發動的政變，總統曹錕被逐，顏惠慶內閣包括外長顧維鈞也告辭職，而由原教育總長黃郛組成攝政內閣。但新任外長王正廷也答應簽訂此「專約草案」，[59]惟英國大約因北京政局一直繼續不穩，故改採拖延態度。一九二四年十二月十二日，北京外交部訓令駐英代辦朱兆莘，催英確定交還威海衛的日期，但英仍採延宕立場，未作具體答覆。[60]所以，一九二四年的「專約草案」，只是一個「草案」而已，並未經雙方的正式簽字。

四、一九二九～一九三〇年中英收交威海衛的談判與簽訂專約、協定

一九二四年十一月之後，北京政府名義上雖為臨時執政段祺瑞所領導，實際上則落入奉系張作霖之手。南方的廣州軍政府則在國共合作的體制下，集全力於內部統一的工作。一九二五年五月三十日，上海發生英警慘殺中國學生、工人的五卅慘案，此後英兵或英、法兵慘殺中國工人、學生的漢口慘案、沙基（廣州）慘案相繼發生，全中國反抗英帝國主義的群眾運動，進入高潮。廣州軍政府在此一反帝背景下，於一九二五年七月一日，改組為國民政府，高揭反帝國主義與反軍閥的大旗，一九二六年七月，並著手開始軍事北伐了。在這樣的情勢下，英國更想長期且儘量拖延期限的據有威海衛，而不想急於交還中國了。一九二七年三月，英駐華公使藍浦生（Sir Miles Lampson）建議與北京張作霖政府簽訂一項交收威海衛的條約，張作霖也願意接受；但因三月二十三日國民革命軍佔領上海，次日，進入南京的革命軍並發生劫掠英、美、日領事署及殺死殺傷多名外人的嚴重事件。[61]稍後，國民黨清黨，南京國民黨政府成立，山東雖不在南京國府的統轄之下，但英國也不想得罪勢力方盛的南京國府，所以，它放棄了與張作霖北京政府認真談判的意願。[62]一九二七年十二月，英外務部官員勞開・蘭姆遜（Locker-Lampson）在國會中宣稱，「我們準備一俟找到足以談判的政府，才能直接交還威海衛（給它）。原來的一項協議，如果不是中國發生內戰，威海衛可能早已放棄（歸還）

很久了」。[63]

一九二八年九月十三日，英駐威海衛行政長官莊斯敦致函殖民部，主張英國採取主動以將威海衛交回中國，雖然本地在支援上海方面也起了相當的作用，甚至顧及威海衛當地十七萬華人的利益，交回該地有些甘冒風險。[64]惟香港總督金文泰（Sir C. Clementi）卻反對太早交還威海衛給中國，因為山東的局面非常混亂，地方當局根本無法維持法律與秩序，以保障當地人民生命財產的安全，只在一九二七年一年之內該省即有一百多萬人逃亡在外；而南京國民政府實際也未統一全國，而且黨內派系龐雜，如桂系、馮系、閻系、張學良系等等。現在交還威海衛，未免過於輕率；而且，過早交還，將被中國視為「軟弱的表現」，降低了英國的威望，而導致更多的要索與羞辱。金文泰因此主張以堅決與公正的態度，對待此問題，而且將駐軍增至一營的兵力，以防禦威海衛。[65]駐華公使藍浦生則對金文泰的意見，評之為「最悲觀的」（the blackiest color）看法，而大不以為然，並認為此事「非他（金文泰）職權範圍以內的事」。[66]

一九二九年開始，王正廷與各主要列強，除日本之外，已解決了收回關稅自主權問題。[67]是年一月九日，王氏在與藍浦生面晤時，乃重提交收威海衛之事，表示願意就此事進行談判。[68]一月二十四日，王正廷在南京廣播電台廣播，又再度提到威海衛問題。外交部次長唐良悅也再提此事。[69]藍浦生因乃積極籌備此新回合的談判，一面通知威海衛行政長官莊斯敦，請他匯報意見，一面請駐華英海軍司令派員參預意見，並請他另派衛生官員與莊斯頓參酌確定擬在劉公島上應用醫療設備的計畫與地圖。[70]英殖民部贊成交還威海衛給中國，但中國須保證下列兩項條件：⑴威海衛居民在交還後的適當安全，以免他們在交還後落入與山東其他各地居民的同一命運：遭受土匪、漫無紀律的官兵或共產黨徒與其他不法份子的搶掠與屠殺；⑵國民政府應在英國考慮實際撤出威海衛時，顯示出穩定的證據。[71]換言之，南京國府應有效控制山東，並保證交還該港後地方居民的安全。陸軍部的意見，也大略相同，而它最關切於在威海衛建立療養復健設施之刻不容緩，另外，也希望外務部在進行新的談判之前，要認清山東混沌不清的情勢可能會妨害威海衛之交還中國。[72]威海衛行政長官莊斯頓雖然贊同交還威海衛，並深以該港亟須英政府的財政補貼而成為英國的財政負擔為慮，但也認為中國膠東方面的情勢相當混亂，煙台劉珍年部與死灰復燃的張宗昌部的軍事衝突，繼續不斷，劉軍也與南京國府所任命的山東主席孫良誠部相對抗，山東未來的情勢難卜。[73]他又顧慮到如中、日在山東的關係趨於緩和（一九二九年二月，王正廷與日使芳澤謙吉正在談判解決濟南五三慘案問題），中國反英運動可能復燃，使英國有可能在被強迫的情況下交還該港。[74]外務部次官維奧斯力（Sir V. Wellesley）因此訓令藍浦生：威海衛當然應當歸還中國，但「我們係要認定在一九二四年協定草案的條款下而歸還」，而在山東局勢未能澄清的現況下，英國「現在只能對中國解決此問題的任何新要求，充分警覺，並儘量維持保留態度」；雖然維奧斯力也認為一九二四年的協定草案，也可予修改。[75]

藍浦生在接到這些訓令、指示與意見之後，決定在與王正廷的未來談判中，當堅持以一九二四年的「專約草案」為談判的基本原則。他特別想要堅持其中的兩大要項：一是，穩住續借劉公島設施問題，甚至他還想進一步澄清現行英國租户在該島上「繼續居住之權」（這是當年顧維鈞所拒絕談商的一點）；二是，在威海衛港區英當局所發給外國人的土地產權狀應換持中國三十年租契，並可續租的問題。[76]他的得力助手、英使館參贊台克滿（E. Teichman）並就一九二四年專約草案的內容，詳細草擬了一份擬予修改的計畫方案，其中包括：

(一)首先就該協定草案全文與附件中之不合現在情況之處的一些次要性的文字予以修正；

(二)對一九二四年十月二十三日之英方備忘錄中所記該協定第十四條土地永租權的條款，應得到南京外交部的承認；

(三)中英雙方應交換照會，或在新協定（條約）內加入一段文字，規定新約英文本的權威性；

(四)交換照會，保證威海衛英人電燈企業的利益；

(五)對新約所附地圖與有關圖表的準備與校正。[77]

其他要項，台克滿則列舉應堅持劉公島上英籍租户的繼續居住權，及與威海衛行政長官取得密切協商，並請駐華海軍司令部派遣軍醫官參預談判，以免遺漏海軍的利益。而在整個談判戰略上，台克滿建議將談判拖延的愈久愈好，將原一九二四年「專約草案」修改的愈少愈好；必要時，甚至可拖延談判至兩年之久。[78]

一九二九年三月一日，王正廷通知英駐南京總領事牛頓（Newton），要與藍浦生談判收交威海衛問題；並說：原協議中有幾點，中國很不滿意，如英艦保留之停泊海面應先歸中國艦艇停泊，然後才准英艦艇停泊；英在劉公島上所擬借用的房產過多，應予減少等。[79]當時中國輿論界也掀起了一陣重談收回威海衛問題的熱潮，如北平學術界人士創刊的《現代評論》中載張會文撰〈威海衛痛史與其歸還〉一文，指斥英國在一九二一年華盛頓會議上宣布歸還威海衛給中國，只是一個巧妙的騙局，其真正目的是將對其無用的部分威海衛，交還中國，而將對其有用的部分威海衛則予保留，而根據英人的宣告，英國是無權再提「有條件的歸還」的。而且，到了一九二三年七月，英國已經超過了原租約的二十五年了，至今卻仍不交還。張氏因要求否定一九二四年的「專約草案」，並要求對英人耽延歸還索討賠款，及將所有原擬「借用」的房產，歸還中國。[80]國民黨山西省黨部則發布文件，要求南京國府用「革命外交」的手段，收回威海衛，以為恢復我固有主權之行動的一部分。[81]各界人士並組織中國愛國聯盟（Chinese Patriotic League），特別標明要收回拖延多年未收回的威海衛租借地。[82]上海英文《上海晨報》（The Shanghai Morning Post）轉載一篇華人文章，主張不只威海衛應予早日歸還中國，香港也應歸還中國。[83]

當時國民黨第三次全國代表大會即將於一九二九年三月十五日開幕，南京國府討伐桂系的軍事行動正如箭在弦上，而馮玉祥的異動消息，也不斷傳出；在山東的日本軍既將撤退，中央軍與馮軍（孫良誠部）的可能衝突，以及膠東劉珍年軍與張宗昌軍的戰事，尤其使局勢陰霾而不明朗；但藍浦生則為了支持南京國府穩定統一的全局，卻願意在此軍事動盪不安的情勢下，與王正廷談判威海衛問題，[84]當然他堅持要以英方原擬簽定的一九二四年「專約草案」為雙方談判的基礎。

一九二九年五月二十日，日本侵略山東曾經製造一九二八年五三濟南慘案的最後一批軍隊自青島撤退回國，[85]當日，王正廷就在南京與藍浦生作第一次收交威海衛的會談：王先表示期望交收可在本年秋後辦理，藍則表示如王願意接受一九二四年「專約草案」，交收可以馬上辦理；但王氏拒絕之，堅持該草案必須予以修改。[86]六月二日，雙方再次會晤，決定英方派台克滿、中方派前任管轄漢口前英租界的張履鰲為代表，以詳細就一九二四年原草案之應保留與應修改處，予以審查。[87]六月二十一日，王、藍第三次會商，王即提出因中國擬利用威海衛港（Port Edward）與劉公島重建海軍基地，要求對原草案中之此一部分（即原草案第二十三條）予以修改，即劉公島上的某些設備，可借予英國三年，期滿不得延期。王氏並進一步指出，由於威海衛港之將改為軍港，原草案中允許之開放該港，以供外人居住與貿易一點，可能也需要修改；但藍氏只允作小修改，所借劉公島上的設備，應為期十年，期滿應准延期。[88]次日，王、藍再作會談，王氏雖然答應盡力使威港保持為商港，但劉公島則仍擬為軍港；王並堅持該島上設備之借予英國應限於三年，以便英國作必要撤退的安排。[89]六月二十三日，藍浦生專訪海軍部政務次長陳紹寬討論威港應否改為軍港與借用劉公島設備的問題。藍氏認為威港只距劉公島三英里，其海岸多為淺海沙洲，實不宜於作一海軍基地，其適宜於作健康療養之所，如因改為軍港而迫使當地擁有房產的英人撤離，他們勢將反抗；而劉公島設備的借用，則為英海軍療養所必需；惟藍氏初步願意只借用十年，而不再續借。[90]

所以，中英重開談判的重點，仍然是如一九二二～一九二四年的兩次談判一樣，集中在英要續借劉公島上的某些設備與保有威海衛港區英人所執有的房產權的兩項問題。對於續借劉公島上的設備，英駐華艦隊總司令韋斯德爾（Waistell）堅持在該島上的醫院、療養院與娛樂設施為海軍必須的（essential）設備，必須按照一九二四年「專約草案」中所載明的條款辦理。[91]英海軍並專函英外務部，說明英海軍所需要的劉公島岸的停泊處，係整個港區的一小部分，係由英國支付三萬英鎊所濬深者。而且，英海軍並未對此區要求專泊權，中國船隻亦可碇泊於此。英擬保留的島上建築，主要為設立一療養院之所需；中國所擬索還的兩項建築：一為原中國衙門所改裝的飯廳，一為中國艦長住宅改裝而成的軍官俱樂部，均可交還中國；但中國須以類似的房屋，交英代用。[92]韋斯德爾甚至專函藍浦生，說明劉公島上設備的重要性說：如果為了強迫中國答應英國「在一定年限內借用這些設備，期滿並可續借」，「甚至值得為此一戰」，「因為那是最需要的東西，如無這些設備，英駐（中國）基地（station）對海軍官兵將大不如前，他們的保健與福利將大受影響」。[93]該總司令並認為放棄劉公島將「導致英駐華艦隊之規模的巨烈減縮，甚至可能加速英艦隊自中國各方面的完全撤退」。[94]

英外務大臣亨德生（Arthur Henderson）鑒於當時中英在撤銷領事裁判權的談判中英國預備要採取強硬立場，不願先在威海衛問題上，過早地將中英關係弄糟，頗考慮是否應將一九二一年英提議交還威海衛給中國的諾言撤回？他也考慮英國是否可在劉公島問題上向中國讓步，但向中國索取九龍租借地的「永租化」（lease in perpetuity），以為交換；或者如中國答允九龍「永租化」，英國除在劉公島問題讓步外，甚至可再支付現金補償中國，或在中緬邊界雙方面爭議的地區割讓一部分給中國。[95]藍浦生則認為撤回以前擬交還威海衛給中國的諾言的想法，為不當，而以九龍租借地的「永借化」以交換放棄借用劉公島的某些設備的想法，為不實際，因為現在中國的外交當局是不會如此討價還價的：他們之整個政策的目的，是要收回所有過去中國所喪失的土地，自然不會將劉公島問題與其他問題混雜起來。藍浦生建議可用向中國高價索償英所交付的房產與其他設備的價款，而且要索付現金，或者緩付中英已將議定之交還中國的庚子賠償，以為對中國施加壓力之計。[96]對於第二項爭執點王正廷擬將威海衛港封閉、不准英人居住貿易事，藍浦生則堅持英人的財產權和貿易權，即使該港改為軍港，也應予堅持。[97]

威海衛行政長官莊斯敦則主張仍遵守原來交還中國的承諾，「至少可保持爽快與善意，而不至在退卻時需要緩慢而不甘情願地為每一寸的退卻而戰」，因為當前的中國甚至已不再容忍視香港為它永久喪失的地方，根本無視於香港是大英帝國完整疆土之一部分的事實了。收復此一英國殖民地常常是中文報紙與中國愛國集會上一再聲言要一俟其他更緊迫解決的問題解決之後，或者中國自認為足夠強大到嚴肅解決此一問題的時候有所作為的。[98]莊斯敦並引證著名的北京大學教授丁文江（V. K. Ting）對英國在華行動的批評，來支持他的想法：「英國人常常最後作正確的事情，但他們總是作的太慢，以致別人對你們不懷感念，並使全世界或對或錯地認為，你們所作的好事，是在強迫之下為之」。[99]

不過，亨德生最後否決了藍浦生「借用劉公島設備十年，而不續借」的建議，並認為如中國答應提供他地的相應設備以代替劉公島並負擔他地設備的建築與一切必要的費用，英國才願對一九二四年「專約草案」中的此一規定，不予堅持。[100]

一九二九年六月二十八日，藍浦生與王正廷再度舉行會談，但雙方仍堅持己見，談判乃暫告破裂。[100]當時國內政局緊張，閻錫山、馮玉祥反抗南京國府的河南之戰正在蘊釀，大局如滿天陰霾、暴風雨來臨的前夕；而在外交上王正廷所特別著重的，是預定於一九三〇年一月一日起撤廢外人在華領事裁判權的問題。這個可能引起南京國府與英、美諸列強正面衝突的大問題，經過亨德生技巧的安排，同意「將一九三〇年一月一日視為原則上逐漸撤廢治外法權的過程的開始之日，並不反對中國為此目的所擬宣布的任何宣言」，一方面堅持了英國不承認中國片面廢約的立場，一方面也給予了中國以「體面」下台的具體辦法。[102]所以，南京國府雖然在一九二九年十二月二十八日明令，自明年一月一日開始，凡僑居中國的外國人民，應一律遵守中國中央政府與地方政府依法頒布的法令規章；但王正廷在該命令宣布時對外公開宣稱，此「命令」在與有關列強的談判獲得滿意的結果之前，將不予執行。這樣，中英之間便避免了一次面對面的衝突了。[103]

藍浦生對於處在極大內部危機中的南京國府是給予堅決的外交支持的，即使在一九二九年十二月到一九三〇年一月中旬當南京國府處境最嚴重的危險時期，他仍願將中英撤廢領事裁判權的談判，賡續進行；[104]而對於收交威海衛的問題，則視為在此重大問題之下的次要問題了。所以，藍浦生、王正廷於一九三〇年一月九日開始第一次磋商撤廢領事裁判權的一些原則與方案之後，次日，藍浦生即分別與王正廷及陳紹寬談判威海衛問題，並說服陳紹寬支持英海軍借用劉公島設施十年，期滿經雙方同意，可以續借。[105] 一月十一日，藍浦生又與王正廷繼續談判，他著重說明了劉公島借用之設施對英駐華海軍之「絕對的」（vital）重要性，應依照一九二四年「專約草案」的協議照辦。對於威海衛港區的外人財產問題，藍則讓步為，如依原「草案」改為「永租」最好，否則，當中國改該港為軍港而封閉該港的對外貿易時，願同意由中國照時價全價購回。王正廷對於第一點，起初還想討價還價，只願將劉公島借用期自三年延長為五年，並可續延一次；最後，也答應照原「草案」第二十三條的規定辦理，換言之，就是依照英所堅持的借期十年，期滿經雙方同意可以續借。這是王正廷最重大的一項讓步。[106] 王氏並表明，希望收交威海衛的專約，應該儘速簽訂。[107] 這與藍浦生的想法也完全符合，因為他很想將交收威海衛問題，早日談妥，以便他可專心應付未來中英要談判的撤廢領事裁判權問題。[108]

最重要的阻止英國拖延交還威海衛給中國的一項因素，既然已照英國的意願解決了，其他次要問題，自然不難迅速解決了。威港外人財產問題，即決定照最近所簽訂之正式收回鎮江英租界內的外人財產的處理辦法辦理，即改外人的「土地所有地契」為中國的「永租地契」（Chinese deeds of perpetual lease）。所有外人原訂租契，則由中國政府完全承認；如將來中國改威港為軍港，「則所有外人財產主與租戶，可以中國與香港政府同意的公平價格，由中國買回，每一案件均由中英雙方任命的委員會決定賠補的價格。」[109] 一月十三日，王正廷又提議分整個協議為兩部分，第一部分為交收協議，第二部分為借用劉公島某些設施的協議，由雙方助手徐謨與台克滿一條一條地予以審查商定措辭。最後，並確定將交收協議稱之為「專約」（convention）（共二十條），借用劉公島上某些設施的協議，則稱之為「協定」（agreement）（共六條）。[110]有些一九二四年「草案」的內容，如原草案第二十四條之「禁娼」、「禁酒」事，與第二十五條之第三國船舶已泊停於劉公島碇泊處者不必避讓英船停泊之事等三件事，則均改為由兩國「換文」，以為見證性的「諒解」。[111]但在另一方面，英國在實際的財政收支上，則頗賺便宜：如一九二四年的「專約草案」中，英外務部原先答應為一九〇一～一九二四年間英財政部對威海衛的財政撥款共合十三萬六千五百鎊之數，不再索還，但現在則訓令將威海衛行政長官署的剩餘款保留，並將此款交還英財政部。[112]

一九三〇年二月四日，威海衛交收專約（Convention for the Rendition of Weihaiwei）與「協定」（Agreement）的「草約」，由雙方交換。[113]三月二十八日，英外務大臣亨德生對藍浦生的談判結果，感到滿意，專電授其全權決定正式簽字。[114]惟這兩項文件都只有英文本，而王正廷又反對以英文本為「正本」，乃另準備「中文本」，稱之為「中文核證翻譯本」（certified Chinese translation）。四月十八日晚正式簽字時，王正廷與藍浦生正式簽字於英文本的「專約」與「協定」，但只在「中文本」上「草簽」（initial）上姓名而已。雖然王正廷自稱中、英文本是同樣有效，但英本為「權威性文件」（authorized documents）是毋庸置疑的。[115]王正廷、藍浦生兩人簽字完畢後，又交換函件，聲明如南京國府於本專約與協定正式批准時未能控制山東，則英國交回威海衛予中國之舉，應予延期，俟南京國府重建其對山東之控制時，再辦移交。[116]

威海衛「收交專約」與「協定」簽字時，南京國府討伐馮、閻的中原大戰，已迫在眉睫，一九三〇年五月，大戰乃在豫東、魯西南全面激烈進行，鹿死誰手，尚難肯定。而在膠東割據地方的軍閥劉珍年在煙台究竟支持南京國府或馮叛軍，態度也不明朗。[117]是年七月，山東軍事還在混囤之中，莊斯敦認為南京國府可能無法在十月一日預定專約批准之日，前來接收威海衛了，很想請就近的東北軍張學良部海軍司令沈鴻烈來接收；張學良本人對於接受威海衛，也很關心。[118]但藍浦生反對移交給張學良；他也反對延期交還威海衛：因為那將使英國陷於不遵守「專約」和被指為失言、偽善的困擾。[119]他認為如果控制此一區域的地方當局，悍然違背「專約」與「協定」，擅自將允諾借予英國使用的劉公島上諸設施收回，他準備對其進行軍事性的懲膺。[120]英國外務部也贊同藍浦生的考慮，但認為如山東情況繼續混亂下去，為了行政上的理由，正式交收至少應順延一年。[121]所幸馮、閻軍在數次敗績之後，特別自一九三〇年九月十九日之後，東北軍又迅速入關，閻錫山、馮玉祥、汪精衛等所組織的北平國府很快即煙消雲散。山東在北路總指揮兼山東省主席韓復渠的軍政統治下，亦漸趨穩定。[122]威海衛「交收專約」與「協定」，因此得以按照原訂計畫於十月一日在南京交換「批准書」。[123]同日上午十時半，在威海衛本地，南京國府所派的接收大員外交部次長王家楨與新任威海衛行政管理專員徐祖善（江蘇無錫人，海軍出身，原任外交部司長）及英行政長官莊斯敦與英艦隊司令等也舉行交接儀式，宣告成立中國直屬南京國府行政院的管理公署。[124]至此英國所租借統治三十二年多（非法的超過原租二十五年七年多之久）的威海衛，乃宣告收回。

五、結語

王正廷所簽訂的收回威海衛專約與協定，所付出最重要的代價，即為「協定」第一條允准英國借用「劉公島內房屋數所及便利數項」，「以十年為期，期滿後，經兩國政府同意，得適用原條件或適用其他經兩國政府同意議訂之條件續借」。[125]這與北洋政府外長顧維鈞於一九二四年十月所擬簽訂的「專約草案」第二十三條所云：「劉公島房屋數處及便利數處，借予英十年，十年期滿，經兩國同意，可續借」，可說文意大致相同。[126]王正廷在外交上並未較前獲得更佳的利益。所以，經常在外交問題上批評王正廷「革命外交」的天津《大公報》主筆王芸生，即在「社評」中批評王氏此舉為「外交失敗」。他說：

「中國亟須收回（威海衛）之理由，應在恢復威海衛軍港，漸建設海軍之新根據地；惟現在劉公島既未收回，則此項理由，不能成立。從前北京政府躊躇不允英案者以此。故此次王、藍協約，就此點言，不能不謂為中國外交之失敗，更超過北京政府失敗之程度也。」[127]

稍後，《大公報》認為，威海衛收回後，不應另設行政管理公署，建議「威埠行政，宜即責成海軍管理，不必另設專員，轉多浪費」，以為未來國權完全收回之後於此設置一處海軍根據地的準備。[128]

藍浦生對於與王正廷所簽訂的「交收專約」與「協定」，則認為在「許多方面」，較之一九二四年的「草案」，對英國更為有利。[129]他所謂的「許多方面」之一，可能就是英外務部指令將威海衛行政長官公署所控有的財政贏餘款，撥還英財政部而不交還中國吧——這是一項財務上的「小花招」。

總之，王正廷於一九三〇年四月所簽訂的收回威海衛「專約」與「協定」，大約真正如藍浦生所云，是一項政治性的決定[130]——王氏和國府當局大約希望在中原大戰的未定局勢下，給予國府一項宣傳「外交成就」的新項目吧！而就英國方面而言，它既不願取消歸還威海衛給中國的諾言，而它當時所最著重的，就是應付中國撤廢領事裁判權的未來挑戰，在毫無大損失的情形下，在中國激烈內戰的戰雲籠罩下藍浦生（英國）既願對南京國府作政治性的支持，又何吝於簽訂此一交回威海衛的專約與協定呢！所以，王正廷收回威海衛之舉，並非他的「革命外交」總方案的一部分，那只是一件個別的外交案例。從這一外交談判的案例來看，也可看出外交與內政的密切關聯。

注釋

1 朱世全，《威海問題》（上海：商務印書館，民國二十年，一九三一），頁六三；Rohan Butler, et al eds. *Documents on British Foreign Policy*, 1919-1939, Second Series, vol. VIII (London: H. M. Stationary Office, 1960), Chapter II, pp. 351-352, No. 264, Lampson (Nanking) to Henderson, April 19, 1930; Yin Ching Chen, comp. *Treaties and Agreements between the Republic of China and Other Powers*, 1929-1954 (Washington, D. C.: The Sino-American Publishing Service, 1957), p. 41；王鐵崖編，《中外舊約章匯編》（北京：三聯書店，一九八二），第三冊，頁七九〇～七九六；威海市地方史誌編纂委員會編，《威海市志》（兩冊）（濟南：山東人民出版社，一九八六），上冊，頁五六～五九。

2 朱世全，前書，頁六三；Yin Ching Chen, *op. cit.*, p. 41.

3《國聞周報》，第七卷，第四十期（民國十九年十月十三日），〈威海衛一瞥〉，頁二。

4 同上文；Atwell Pamela, *British Mandarins and Chinese Reformers: The British Administration of Weihaiwei* (1898-1930) *and the Terrirtorries' Return to Chinese Rule* (Hong Kong: Oxford University Press, 1985), p. 1；《威海市志》，頁二七。

5 Pamela, *Ibid.*, p. 3；《國聞周報》，第七卷，第十六期（民國十九年四月），見《國聞周報評論選輯》（民國十八年十二月至民國十九年十二月）（台北：文海出版社縮印），頁一四七～一四八，〈威海衛協定簽字〉。

6《威海市志》，頁三二九。

7 Pamela, *op. cit.*, p. 3.

8《威海市志》，頁五四〇～五四一；王家儉，〈旅順建港始末〉，見《中央研究院近代史研究所集刊》，第五期（一九七六年六月），頁二二三～二六二。
9《威海市志》，頁五〇～五二；Pamela, *op. cit.*, pp. 13, 17；《國聞周報》，第七卷，第四十期，頁二；Reginald F. Johnston, *Lion and Dragon in Northern China* (New York, 1910, publisher unknown, reprinted by Southern Materials Center, Inc., Taipei, 1977), pp. 78-79 有關一九〇〇年中英對威海衛租借地勘劃邊界的糾紛，參閱張玉法，《中國現代化的區域研究：山東省（一八六〇～一九一六）》（台北：中央研究院近代史研究所專刊四三，民國七十一年一九八二），頁二四〇～二四一。
10《威海市志》，頁五〇；Johnston, *ibid.*, p. 16.
11 參閱郭廷以，《近代中國史事日誌》（台北：台灣商務印書館，民國五十二年一九六三），下册，頁九七七～九七八。
12 Pamela, *op. cit.*, p. 7.
13 郭廷以，前書，下册，頁九八六。
14 Pamela, *op. cit.*, p. 6.
15 *Ibid.*, pp. 6, 8.
16 *Ibid.*
17 *Ibid.*, p. 8.
18 *Ibid.*, p. 9.
19 The Maritime Customs, ed. *Treaties, Conventions, etc. Between China and Foreign Powers* (Shanghai: The Statistical Department of the Inspector-General of China, 1917), vol. I. pp. 541-542《國聞周報》，第七卷，第二十九期（文海縮印彙本），〈中國今日收回威海衛〉。張玉法，前書，頁一七九～一八〇。
20 Pamela, *op. cit.*, pp. 11-12.
21 *Ibid.*, p. 39.
22 Westel W. Willoughby, *Foreign Rights and Interests in China* (Baltimore: The Johns Hopkins Press, 1927), vol. I, pp. 147, 479.
23 Pamela, *op. cit.*, pp. ix, 38-39; Johnston, *op. cit.*, pp. 83-85；《威海市志》，頁五二五。
24《威海市志》，頁五四。
25 Pamela, *op. cit.*, pp. x-xi.
26《威海市志》，頁五四。
27 Pamela, *op. cit.*, p. 127.
28 *Ibid.*, pp. 127-128.
29 *Ibid.*, p. 128.
30 Peter Welsley-Smith, *Unequal Traties*, 1898-1997: *China, Great Britain and Hongkong's New Territories* (HongKong: Oxford

University Press, 1980), pp. 153, 232.

31 Pamela, *op. cit.*, p. 128.

32 W. W. Willoughby, *op. cit.*, vol. I, pp. 485-488, 490-492；顧維鈞，《顧維鈞回憶錄》，第一冊（北京：中華書局，一九八三），頁三四九；另參閱長野朗，《支那の反帝國主義運動》（東京：行地社，昭和二年，一九二七），頁二三二～二三四（按「行地社」為日本右派含有對外侵略性、擴張性的文化機關之一）。

33 朱世全，《威海問題》，頁二四。

34 《東方雜誌》，第十九卷，第八期（一九二二年四月二十五日），〈時事日誌〉，頁一四五。

35 同誌，第十九卷，第九期，〈時事日誌〉，頁一二七。

36 同誌，第十九卷，第十期，〈時事日誌〉，頁一三五。

37 同誌，第十九卷，第十九期，〈時事日誌〉，頁一三三；朱世全，同上書，頁二四。有關梁如浩的略歷，見日本外務省情報部編，《改訂現代支那人名鑑》（東京：東亞同文會，昭和三年一九二八），頁二九四～二九五。

38 顧維鈞，《顧維鈞回憶錄》第一冊，頁三一七；《東方雜誌》，第十九卷，第二十期，〈時事日誌〉，頁一三六。

39 British Archives, F. O. *Confidential Print*, 228/4033/, Minute by J. C. S. Bennett, September 6 1929; Minute by J. C. S. Bennett, 9 Oct. 1 1929.

40 《東方雜誌》，第十九卷，第二十三期，〈時事日誌〉，頁一三一；朱世全，《威海問題》，頁二四。

41 同誌，第二十卷，第三期，〈時事日誌〉，頁一三六；第二十卷，第五期，〈時事日誌〉，頁一三六。

42 朱世全，前書，頁二四。

43 同書，頁三〇～三五；另參閱《東方雜誌》，第二十卷，第十六期，頁一四三～一四七。

44 《東方雜誌》，第二十卷，第十五期，〈時事日誌〉，頁九。

45 國史館編，《中華民國史事紀要》（初稿）民國十一年（一九二二）（台北：中央文物供應社，民國六十七年一九八〇），頁五九三。

46 同上書，民國十二年（一九二三），頁四六～四七。

47 同上書，頁一四〇。

48 Pamela, *British Mandarins and Chinese Reformers*, p. 131.

49 《威海市志》，頁九。

50 *Ibid.*, pp. 131-132.

51 《東方雜誌》，第二十卷，第十五期，〈時事日誌〉，頁一四八。

52 Pamela, *op. cit.*, p. 132.

53 國史館編，《中華民國史事紀要》，民國十二年（一九二三），頁四三三。

54 同上書，頁五九二、七四八～七四九；顧維鈞，《顧維鈞回憶錄》，第一冊，頁三五二。

55 朱世全，《威海問題》，頁二四。

56 同書，頁三八～四三及該書引 *China Year Book*, 1924, pp. 837-839；另參閱陸為震，〈近年來我國政治地理之變遷〉，見《東方雜誌》，第二十六卷，第二十二期，頁五八～五九。

57 朱世全，前書，頁五六；*Confidential Print*, F. O. 228/6859, No. 5, Minister to Commissioner, May 3, 1929。

58 朱世全，前書，頁五六。

59 F. O. 228/4033, No. 17 (?), E. Teichman's Minute（Feb 19, 1929）.

60 國史館編，《中華民國史事紀要》，民國十三年，頁一〇九五。

61 F. O. 228/6859. No. 374/10, Colonial Office to F. O., Dec 13, 1928, Enclosure No. 1, Johnston to Amery, Sept 14, 1928.

62 *Ibid*.

63 *Ibid*.

64 *Ibid*.

65 *Ibid*. Enclosure 3 in No. 1, Clementi to F. O., Nov. 2, 1928.

66 *Ibid*., Draft Letter of Lampson to F. O., March 22, 1929.

67 參閱李恩涵，〈北伐前後收回關稅自主權的交涉〉，見拙著，《近代中國史事研究論集》（第二冊）（台北：台灣商務印書館，民國七十六年一九八七），頁一八九～二〇一。

68 F. O. 228/4033, No. 15, Minister to F. O., January 4, 1929.

69 *Ibid*., Commissioner to Minister, February 3, 1929.

70 *Ibid*., 228/6859, No. 5, Minister to Commissioner, May 3, 1929.

71 *Ibid*., 228/584, No. 24/10, C. O. to F. O., Jan 31, 1929.

72 *Ibid*., 228/4033, No. 1340, The War Office to F. O., March 16, 1929.

73 *Ibid*., Commissioner to Minister, Feb 1, 1929; Commissioner to Minister, Feb 7, 1929.

74 *Ibid*.

75 *Ibid*., 228/4033, No. 17, F. O. to Minister, Jan 12, 1929.

76 *Ibid*., 228/6859, No. 5, Minister to Commissioner, May 3, 1929.

77 *Ibid*., 228/4033, Teichman's Minute, Feb 19, 1929.

78 *Ibid*.

79 *Ibid*., 288/4033, No. 23, Consul-general Newton to Minister, May 5, 1929.

80 *Ibid*., Commissioner to Minister, Feb 3, 1929; Pamela, *British Mandarins and Chinese Reformers*, p. 150.

81 F. O. 228/4033, *Peking and Tientsin Times*, Feb 4, 1929.

82 *Ibid*.

83 Pamela, *op. cit.*, p. 158.

84 F. O. 228/4033, No. 23, Consul-general Newton to Minister, March 1, 1929.

85 *Ibid.*, No. 10, Minister to F. O., May 22, 1929.

86 *Ibid.*

87 *Ibid.*, No. 59, Minister to F. O., June 3, 1929.

88 *Ibid.*, No. 101, Minister to F. O., June 21, 1929; No 105, Minister to F. O., June 22, 1929.

89 *Ibid.*

90 *Ibid.*, 228/4033, Minute with Admiral Chen, June 23, 1929.

91 *Ibid.*, No. 764, Commander-in-chief (Waistell) to Minister, June 23, 1929.

92 *Ibid.*, No. 632, Admiralty to F. O., June 8, 1929.

93 *Ibid.*, Commander's Letter to Minister, July 16, 1929.

94 *Ibid.*, Johnston to Tiechman, July 12, 1929.

95 *Ibid.*, Henderson to Minister, July 2, 1929.

96 *Ibid.*, 228/4033, No. 534, Minister to F. O., July 8, 1929; Rohan Butler, et al. eds. *Documents on Boitish Foreign Policy*, 1919-1939 (London: Her Majesty's Government Office, 1960), 2nd Series, vol. VIII, #63, Lampson to Henderson (July 8, 1929), pp. 110-111.

97 *Ibid.*, Johnston to Tiechman, July 12, 1929.

98 *Ibid.*

99 *Ibid.*

100 *Ibid.*, No. 276, F. O. to Minister, Aug, 8, 1929.

101 *Ibid.*, No. 121, Minister to F. O., June 28, 1929.

102 參閱李恩涵，〈九一八事變（一九三一）前中英撤廢領事裁判權的交涉——北伐後中國「革命外交」的研究之四〉，見《中央研究院近代史研究所集刊》，第十七冊（民國七十七年六月一八九八），頁一六九~一七〇。

103 同上。

104 同上文，頁一七一。

105 同上註；*Confidential Print*, F. O. 228/4253, Conversation Between Wang and Lampson, Jan. 10, 1930。

106 *Ibid.*, F. O. 228/4253, No. 13, Minister to F. O., Jan 11, 1930.

107 *Ibid.*

108 *Ibid.*; No. 114, Minister to F. O., Feb 2, 1930.

109 *Ibid.*, 228/4253 No. 10, Minister to Commissioner, Jan 2d, 1930.

110 *Ibid.*, No. 23, Minister to F. O., Jan 14, 1930; Yin Ching Chen, *Treaties and Agreements Between the Republic of China and Other Powers*, 1929-1954, pp. 36-43.

111 *Ibid.*, 228/4033, No. 20, Minister to Commander-in-Chief, Jan 21, 1930; No. 73, Minister to F. O., Feb 12, 1930.

112 *Ibid*., No. 12, F. O. to Minister, Feb 8, 1930.

113 *Ibid*., No. 81, Minister to F. O., Feb 14, 1930.

114 Rohan Butler, et al, eds. *Documents on British Foreign Policy*, 1919-1939, Second Series, vol. VIII, chapter II, No. 250, Henderson to Lampson, March 28, 1930, p. 336.

115 *Ibid*., No. 256, Minister to Henderson, April 5, 1930, p. 343; No. 260, Lampson to Henderson, April 18, p. 348.〈威海衛交收專約〉與〈協定〉，中文本全文，見《威海市志》，頁五六～五九；英文本全文，另見Yin Ching Chen, *op. cit*., pp. 40-43；另參閱 *Documents on Britich Foreign Policy*, 1919-1939, 2nd Series vol. VIII, #258, Lampson to Henderson, April 11,1930, pp. 345-346。

116 F. O. 228/4253, No. 12, F. O. to Minister, Feb 8, 1930; *Documents on British Foreign Policy*, 2nd Series, Vol. VIII, No. 260, Lampson to Henderson, April 18, 1930; No. 273, Lampson to Henderson, April 29, 1930.

117 Pamela, *op. cit*., p. 165.

118 F. O. 228/4255, Johnston to C. O., 10 July 1930.

119 *Ibid*., No. 350, Minister to F. O., Aug 6, 1930.

120 *Ibid*.

121 *Ibid*., No. 269, F. O. to Minister Sept 4, 1930.

122 郭廷以，《中華民國史事日誌》，第二冊，頁六一一～六一七；Pamela, *op. cit*., p. 165。

123 同書，第二冊，頁六三〇。

124 F. O. 228/3786, No. 215, Minister to F. O., Sept 22, 1930；《國聞周報》，第七卷，第三十九期（民國十九年十月六日），頁二一；同誌第七卷，第四十期（民國十九年十月十三日），頁二一；《威海市志》，頁九，五五。

125 《威海市志》，頁五八～五九。

126 朱世全，《威海問題》，頁四二。

127 《國聞周報》，第七卷，第十六期（民國十九年四月二十八日），轉載天津《大公報》。

128 同誌，第七卷，第四十期，（民國十九年十月十三日）轉引十月七日天津《大公報》。

129 *Ibid.Documents on British Foreign Policy*, 2nd Series, vol. VIII, No. 273, Lampson to Henderson, April 29, 1930, p. 365.

130 F. O. 228/4253, No. 13, Mnister to F. O., Jan 11, 1930.

原載《中央研究院近代史研究所集刊》，第二十一期，民國八十一年一九九二年六月，頁一七九～一九八。

第十五章

論王正廷的「革命外交」（一九二八～一九三一）

孫中山所倡導的民族主義，在一九一一年辛亥革命之前，雖著重於推翻滿清政府，但自一九一二年之後，特別自一九二四年一月國共合作之後，則著重於結合國內外各種力量，對內打倒軍閥，對外則反抗帝國主義之壓迫我國，其初步目標，則在解除不平等條約所加於我國的重重束縛——收回關稅自主權，收回租界與租借地，撤廢外人在華所享有的治外法權（領事裁判權）、沿海及內河航行權、外軍在某些地區的駐紮權及撤除外國在我國所擅置的郵政、電台等設施。這也就是一九二五年三月孫中山臨終前遺囑中所諄諄寄望國人儘速完成廢除不平等條約的任務。[1]隨著同年五月三十日上海發生英警慘殺我學生、工人的「五卅慘案」之後，漢口、沙基（廣州）、萬縣等慘案相繼發生，強烈刺激起我國人民的民族主義的情緒和意識，關心國事者無不要求對外抵抗強權，廢除不平等條約。[2]一九二六年七月，在國共合作體制下的廣州國民政府，開始北伐軍事，「革命外交」的口號，也在此時提出，成為著手廢除不平等條件關係的最基本觀念之一。[3]

「革命外交」一辭，顧名思義，就是想以革命的方法與手段，來解決中外之間不平等條約關係中的外交問題。換言之，就是在不願及過去不平等的條約、協定與慣例的前提下，運用大膽而強烈的手段，在革命精神與群眾運動的強大支持下，在脅迫性或半脅迫性的情況下，以達到我國外交談判的目的——撤除外人在華優越地位的現狀。4 惟「革命外交」實際上有徹底型、激烈型與溫和型之分，三者之間的旨趣與手段，相差很大。徹底型「革命外交」是藉發動群眾的力量與激昂的革命精神，以脅迫帝國主義國家放棄其在華的某些權益，並傾向於全盤性地或局部性地一舉廢除不平等條約中的一項或多項項目；其目的與精神雖佳，但極可能與帝國主義列強發生硬碰硬的激烈衝突，使中國革命過早地走上與帝國主義國家全面對抗的途徑。激烈型「革命外交」是想藉重於群眾的愛國情感向帝國主義國家施加壓力，一舉完成一項收回外交權益的目標，如武漢國民政府外交部長陳友仁於一九二七年一月收回漢口、九江英租界之事。5 惟群眾運動在面對重大目標與關鍵性的時刻時，常會難以控制，並造成難以挽救的困難，使國家所面對的國際情勢，更為嚴重。溫和型「革命外交」，則是在一九二七年四月之後，南京國民政府在外交部長伍朝樞、王正廷等的主持下所推動的，一種漸進地但仍堅定地追求某些特定外交目標的「革命外交」，其方法是將群眾運動排除於外交問題的解決途徑之外，將「傳統外交」與不屈不撓、鍥而不捨而且具有「攻擊性」精神的「革命外交」重疊互用，不完全訴之於脅迫性的言詞與行動，但卻將說理性的辯論與半脅迫性的行動，互為配合；其特色是堅持撤廢不平等條約目標的逐步實現。對於帝國主義列強的既得條約權利，雖不主動予以攻擊，但如對方採取延宕合理解決的手段，則也將運用盡可能的對抗立場，所謂「於鐵拳之外，罩上一層橡皮」。6 這就是王正廷在一九二八年六月至一九三一年九月繼伍朝樞、黃郛之後擔任南京國府第三任外交部長期間所執行的外交政策。但即使是王正廷這樣被時人指責為妥協性的讓步過多，是「有條件的自主，不是完全的自主」，[7]甚至被人攻擊為「舊官僚頭腦」、「賣國賊」，[8]但卻竟為處心積慮地要侵略我東北的日本所不容，日本利用種種藉口，要與溫和型的「革命外交」，作全面對抗。這就是一九三一年日本發動九一八事變的一方面背景。

一

王正廷為篤實幹練的外交家。青年時，留學美國，畢業於密西根大學和耶魯大學，獲法學學位。返國後，曾於一九一一年武昌起義之後，擔任以黎元洪為首的武昌軍政府的外交司長（部長為胡瑛），負責與各國駐漢口領事談判革命政府的承認等實質問題。在第一次世界大戰後的巴黎和會上，他是代表孫中山廣州護法政府的首席代表（總排名第二位）。一九二一年，他雖未奉派參加對中國外交關係重大的華盛頓會議（一九二一～一九二二），但卻在中日於北京談判山東問題時，參與決策，並為北京政府特派處理接收日本移交的青島與膠濟鐵路諸事宜。此後，王正廷與蘇聯特使加拉罕（Карахан, Лев Михайлович）談判中俄復交問題，經過了幾近一年的談判，草簽過一項中俄協定大綱，此後中蘇復交的條件，即主要根據於此。[9]一九二五年十月二十六日帝國主義列強在北京召開關稅特別會議。王氏以大會主席的地位，迅速而決斷地提出了我國關稅自主的「固定關稅稅率」之實行，「至遲不過民國十八年（一九二九）一月一日」，並於同年十一月十三日通過了這項決議案。[10]這就是我國此後收回關稅自主權的一項法理基礎。王正廷在北洋政府中曾三次擔任外交總長，在該政府統治末期，他屬於馮玉祥系。一九二八年日本出兵山東，對北伐作蠻橫的干涉，發生濟南

「五三慘案」，事態嚴重。王氏受命在濟南戰地與日軍談判，達成雙方軍隊以不越過鐵路線為原則的協議。[11]因此，北伐軍得以繞道繼續北進，於同年六月六日使北洋政府解體，關內各省宣告統一。同日，王正廷被任命為外交部長；[12]是為南京國府之第三位外長，也是其個人擔任外交首長的第四次。

當時日本田中義一內閣正在中國採取積極的侵略政策，除兩次出兵山東、繼續佔住山東要地外，又召開東方會議（一九二七年六月二十七日至七月七日），籌商策略，並積極脅迫東北當局張學良，促其同意日人在南滿的商租權、居住營業權及延長吉（林）敦（化）線至朝鮮會寧，並恫嚇要派兵阻止中國繼續修築的大（虎山）通（遼）線與吉（林）海（龍）線等鐵路。[13]王正廷就職後，則與日本作和緩性的「針鋒相對」，倡言「不讓主義」，說「倘列強以強迫手段對付，辦無可辦，猶諸綁票，強盜要綁我，我亦無可如何；惟欲我甘心退讓，將國權雙手捧呈，則萬萬不可」。[14]他並宣布要儘速著手收回關稅自主權與撤廢領事裁判權（治外法權），認為南京如無法將此兩事辦妥，反對派將起而代之。[15]王正廷很快將過去北洋政府外長顧維鈞與南京國府第一任外長伍朝樞所宣告的「屆期作為廢約」、「片面廢約」等原則混合起來，而於一九二八年七月七日宣布廢除不平等條約的三大步驟：(1)已屆滿期的條約，當然廢止，另訂新約；(2)尚未滿期者，國民政府當以相當之手續解除而重訂之；(3)舊約滿期而新約未訂者，另訂臨時辦法處理一切。[16]同時，王氏所公布的「臨時辦法」七條，則規定「在華外人之身體及財產，應受中國法律之保護」（第三條）；「凡華人應納之稅捐，在華外人應一律照章交納」（第六條）。[17]

王正廷又先後照會丹麥、義大利與法國，聲明其舊約或商約已經滿期，應照前述「臨時辦法」，另商定新約。[18]一九二八年七月十九日，王氏以非常堅定但很和緩的語氣，聲明一八九六年之中日商約與一九〇三年之續約，已早於一九二六年十月期滿，本年七月二十日又屆第三次展限期滿，皆應「宣示舊約失效」，另訂新約，此後中日關係應通用上述「臨時辦法」。[19]當時中日關係由於日本干涉張學良歸順中央而實際上非常緊張，王氏在第三次展限屆滿前之一日，宣示堅決廢約的堅強態度，當亦含有堅持原則、以牙還牙的意味。這是過去北洋政府外長顧維鈞在處理同一問題時所不敢為的。而日本在干預中國統一失敗之後，對於中國廢止上述兩項條約的決策，非常憤懣，雖然法、義、丹、葡、荷、比、西班牙等國都願意根據平等互惠的原則，與我國談判新約，日本駐華公使芳澤謙吉則堅持一八九六年條約第二十六條的日方解釋，不承認中國之廢約；並指「臨時辦法」為中國單方面所頒布，是「直使現行有效之條約，失其效力」，「不僅違反條約正文」，「且為蔑視國際信義之暴舉」。[20]日本政府在訓令芳澤復文的要旨中，指王正廷的照會文字中，不用「改訂」而用「廢棄」（其實王氏並未用「廢棄」字樣，而是用「失效」二字），為「非常暴舉」。[21]日首相兼外相田中義一並發表聲明，威脅「當採取認為必要的行動，以維護其利益」。[22]王正廷也堅持立場，拒絕再與芳澤辯論撤廢舊約問題，而堅持雙方應進而談判新約。[23]中日外交顯然已進入一條危險的對抗軌道，溫和型「革命外交」之能否成功，這當是一項嚴酷的考驗——但這在撤廢不平等條約的基本原則上，是無可妥協的。

王正廷首先要實現的第一件具體外交目標，是想要完成他自己在一九二六年北京關稅特別會議中的未竟之功，實現該會議決議案之答允在一九二九年一月一日之前恢復我國關稅自主權之事。所以，在關內各省統一之後，即首先與美國接觸進行。美國在這方面是第一個向南京國府表示友誼的國家——它通過其駐華公使馬慕瑞（J. V. A. MacMurray）之手，於一九二八年七月二十五日與國府財長宋子文簽訂了同意中國關稅自主的《中美關稅新約》。稍後，王正廷與比、西、葡、丹、義及日本的談判也隨之同時進行。所以，從一九二八年十一月十二日起到十二月二十七日止，王氏一口氣在一個半月之內連續簽訂了中挪、中德、中比、中義、中丹、中葡、中荷、中瑞（典）、中法、中英、中西等十一件關稅平等新約。至一九二九年一月一日中國預定實行關稅自主之最後限期時，只有日本一國仍然阻撓中國之實行自主（按照不平等條約中最惠國條款的規定，如有任何享有該特權之一國阻撓，即無法實施我國的關稅自主）。[24]

為了克服日本的阻撓，王正廷早在該特定日期之前，即著手與日本駐上海總領事在南京交換意見，其策略是撇開廢棄中日商約的問題不談，先求解決中日之間其他各重大懸案，如一九二七年三月之南京事件、同年四月之漢口事件、及一九二八年濟南五三慘案等案的儘速解決；先委曲求全撇開原則性問題不談，而在具體項目上讓步。並極力主張與中國統一大業強硬對抗的日本田中義一內閣，也決定在對華政策上稍為和緩，自原先強橫的僵硬立場上略為讓步，答應無條件撤退強佔濟南的日軍並解決其他兩案。中國收回關稅自主權問題，因亦在雙方交換條件的情形下妥協解決。但日本一直到南京國府預定延期實行新訂稅則的一九二九年二月一日之前兩天，即一月三十日，才經由南京日本總領事轉致照會我國，答應日僑可暫照中國的新稅則納稅。可見日本雖有意阻止我國之實行關稅自主，但因為它在外交上陷於孤立，孤掌難鳴，只好在不得已的情形下，非正式地接受我國收回關稅自主權的事實了。[25]

為了使日本正式就範，王正廷又積極與日方展開談判，加之一九二九年七月田中內閣倒台，主張較和緩的協調政策願與中國作討價還價談判的幣原喜重郎重出主持外交，先後正式解決了濟南慘案，南京、漢口事件等問題，惟日本承認我國關稅自主權的協定，因日方無理要索，一直拖延到一九三〇年五月六日才正式簽訂。至此，各帝國主義國家自條約上限制我國關稅自主權的種種羈絆，終於完成解除（實際我國完全自由決定進出口關稅稅率的實行日期，尚係在日約簽訂後三年的一九三三年五月——這是日約中「互惠稅率」條款中所規定的）。[26]

同時期內，王正廷也收回了數處各國在華的租界和租借地，儘管這在他撤廢不平等條約的預定日程上，此時尚未著重於此，如在一九二九年八月三十一日與比利時駐華公使簽訂收回天津比租界協定（此案始自北洋政府外長顧維鈞於一九二六年十一月撤廢一八六五年的中比條約），同年十月三十一日與英公使藍浦生（Sir Miles Lampson）交換收回鎮江英租界的照會（一九二七年六月，該租界實際已被我國群眾、官吏強力收回），一九三〇年九月七日中英簽訂收回廈門英租界的協定。另外，藍浦生在與王正廷談判廢除領事裁判權時，也屢次想以歸還廈門鼓浪嶼的公共租界、廣州沙面英租界或天津英租界，來交換中國對撤廢領裁權的某些讓步；但英國在一九三一年九月之前，並未採取任何具體行動。法國駐華公使也認為漢口法租界無多大重要性，又認為廣州沙面的法租界，也應歸還中國。但在一九三一年四月法日協商之後，法政府的態度轉趨強硬，拒絕再對交還這兩處租界事作任何考慮。[27]

收回租借地，並非此時王正廷外交之著重所在，但卻有一項最大收穫即在一九三〇年四月十八日由他和英使藍浦生所簽訂的收回威海衛專約與協定。這雖是以過去七年來梁如浩和顧維鈞與英人談判的原案為他談商的基礎，但在最棘手的問題上，即英人堅持租用劉公島上數處設施作為病院與打靶用途的期限方面（為期十年，「期滿經雙方同意」，得予續租），較之過去梁如浩答應的「十年後可續租」，顧維鈞答允的十年後如續租問題雙方無法協議，即「交付仲裁」的方案，對我更為直接有利。[28]

依照王正廷自己預定的工作進度，他要在一九二八年內完成與各國談判收回關稅自主權，而於一九二九年和一九三〇年為進行撤廢領事裁判權（治外法權）之期；一九三〇年與一九三一年為著手收回租界主權與撤銷外國駐軍之期；一九三二年則擬自外人手中收回內河航行權與沿海航行權；一九三三年則擬收回各國的租借地，恢復我國固有的全部主權。[29]其中以撤廢各國在華的領事裁判權，關係最為重要，也最為王正廷外交的著力所在，而各帝國主義國家的抗拒，也最為堅持。

二

中美之間撤廢領裁權的談判，雖早在一九二九年一月五日由伍朝樞（先為赴美「專使」，後改為「特使」，旋被任為駐美公使）與美國務院遠東司司長郝恩伯克（Stanley Hornbeck）在華盛頓開始會談；王氏本人也於一九二九年四月二十七日與九月五日兩次照會美國（係同時照會美、英、法、荷、巴西、挪威六國），請其同意撤廢在華的領裁權。但中美之間的談判，卻一直拖延下去，無何重大的突破。[30]一九三〇年一月九日，王正廷自己與英使藍浦生在南京的談判正式開始後，很快顯示出中英談判的重要性實大為超過了中美談判。王氏所提出的撤廢建議草案，也與伍朝樞在華盛頓所提出的草案一樣，主張全面撤廢領事裁判權。只在我國五個大城市設置「特別法庭」，審判英（美）人被告，而在「特別法庭」內則設置「外人法律顧問」（Foreign legal adviser，惟只在外人為刑案被告時，才參與顧問）。[31]藍浦生在所提出的相對的「計畫草案」中，則主張「逐步的與漸進的撤除」，以案件之民事、刑事與個人身分之不同類別之順序，逐步實施。他還要求中國任命外籍法官，英外交人員有「廢案權」（right of evocation），「特別法庭」應增為十二個城市等。[32]雙方的條件顯然相差甚大。但在藍浦生對南京國府處境的同情考慮下，和王正廷堅持立場與有耐心的磋商下，雙方經過將近一年五個月的艱苦談判，英方才終於答應放棄「廢案權」與「外籍法官」（中國只於「特別法庭」設外籍「法律諮議」（Foreign legal councillors），無法官權力，但有接受申訴、查閱案卷及表示法律意見之權）及放棄「逐步撤除」的原則（允許同時撤除民事與刑事案件的管轄權，但有條件的保留「個人身分」案件）。英使也允許將設置「特別法庭」的城市，減為十處。中國所付出的交換代價，則為將上海市區（以海關大樓為中心的十英里半徑以內地區），暫不撤廢十年，天津則暫不撤廢五年。一九三一年六月五日，王正廷與藍浦生將雙方談妥的新約二十二條予以「草簽」（initial），各送本國政府審議，以通過正常的條約批准手續批准交換。[33]

同時期內，中美之間對撤廢領事裁判權的談判，也由伍朝樞與郝恩伯克及王正廷與美駐華公使約翰遜（Nelson T. Johnson）分別在華盛頓與南京同時斷斷續續地進行。但雙方只是大致重複中英談判中的立場（美方與英方暗中有合作協商的關係，唱起雙簧，這是王正廷所知道的，王正廷也是以一人而對付兩國，並從中找出他們立場的歧異點而運用之）；而美國基本上只是追隨英國行事。[34]所以，中英「草簽」新約之後，中美間的談判乃加速進行。美草案與英約的不同處，是上海之撤除領裁權，雖可保留十年，但可在第九年時再作談判；美國務卿史汀生（Henry L. Stimson）甚至認為天津可以不必再保留。所以，美國草案較之英約對我更為有利。[35]但因一九三一年日本侵佔東北的九一八事變突然爆發，不只中美之間的談判，為之中斷，甚至連中英「草簽」過了的新約，也中途變卦，為之夭折。[36]面對日本公然窮凶極惡地用軍事侵佔我國的東北的狀況，王正廷温和地經由談判的方式以撤廢不平等條約的外交努力，顯然已非當務之急了。

三

事實上，當王正廷集中其主要努力於對英、美談判撤廢領事裁判權的約略同時，他也開始與日本對同一問題的接觸和非正式談判，特別自一九二九年七月日本政友會田中義一內閣辭職，民政黨濱口雄幸繼之組閣，外長仍由主張對華協調政策的幣原喜重郎復任之後，一時中日之間的緊張氣氛，頗見和緩。[37]幣原對華外交的基本要項，是著重經濟外交，其特色大致可綜合為三項：⑴力求不干涉中國的內政，對中國現狀亦取寬容與同情的態度；⑵以經濟提攜而共存共榮，願意放鬆日本對中國東北之軍事與政治性的支配，對日本在中國的僑民，不採取武力直接保護的政策；⑶對日本在華合理的權益，作合理的擁護，特別要致力將日本在滿蒙的權益與在中國其他區域者，分別處理。[38]中日接觸之初，王正廷是將日本與英、美、法等國同樣對待；其中王氏特別重視對英、美、法的談判，認為與上述三國談妥之後，就不難壓迫日本就範。[39]所以，自中日談判之初，王氏即視之為次要的。幣原對於放棄在華領裁權，起初也與英、美初期的立場一樣，主張漸進實行，但他所要求的「保證」事項，卻較英、美更為嚴厲，如要求充實與改革中國的法律、司法、監獄和其他制度，任命日籍法官，特別是還要求內地自由居住權、土地所有權與自由貿易權等。[40]當時南京國府正支持東北張學良於一九二九年七月強力收回蘇聯實際控制的中東鐵路（根據一九二四年中蘇協定，蘇聯應只有一半權利），因而引起了短時期的中蘇之戰，張軍戰敗，蘇軍進佔滿洲里、扎蘭諾爾、海拉爾等地，這對於中國在國際上的威望損傷很大。此事之處理，很失之於魯莽，為東北當局與南京國府濫用「革命外交」精神之大失策，間接也引起日本軍閥藐視中國的心理。[41]但這並未影響中日之間在南京非正式談判的進行，張學良對於日本更是小心翼翼，不願引起日本在南滿的對抗行動，特別自新任駐華日使佐分利貞男於一九二九年十月抵達南京就職之後。[42]

佐分利貞男為幣原對華「協調」政策的忠實執行者，曾參加一九二五年十月舉行的北京關稅特別會議，對中國的態度頗稱和緩同情。[43]他主張與中國談判撤廢領裁權，但又竭力主張應將東北三省與關內各省分別處理；而且，他認為，無論是接受「分區撤廢」或「分類撤廢」（如分民事、刑事等），都將為一「決定性的錯誤」，而最重要的一點是應堅持在中國法庭設置「外籍法官」，以為監控之用。[44]佐分利認為，如中國不接受在一般法庭中設「外籍法官」，日本與英國應堅持在「上訴法庭」（court appeal）中設置「外籍法官」；日本還堅持內地自由居住權。[45]他基本上是比較同情中國的，主張中日應妥協解決兩國之間的重大問題。所以，他在就任公使之後，就啟程前往東北視察，以瞭解當地的實際情況，並返回日本與幣原外相籌商策略，其基本方案是想先與中國商談撤廢關內各省的領裁權，而避談東北問題；等到中日關係全盤改善之後，在改善的氣氛下，再商談解決東北問題。[46]在東北當地，新任南滿鐵道株式會社總裁仙石貢也主張滿鐵與中國新築的鐵路網（包括吉海線、瀋海線、吉敦線、打通線及原有的京奉線）互相合併。日本外務省更主張，以「平行線、不禁吉海路」來交換滿鐵擬新築的「滿蒙新五路」（即一九二七年十月十一日、十二日張作霖與滿鐵總裁山本條太郎所獲致的所謂「諒解」，擬修築之敦化——老頭溝線、長春——大賚線、吉林——五常線、洮南——索倫線、延吉——海林線），以求中日「共存共榮」；幣原本人也主張撤回日本以前對打通路與吉海路的外交抗議。[47]但中國是不能「交換」利益的，因為這樣的「共存共榮」，將使日本在南滿的鐵路控制進一步擴大，中國將更為吃虧。[48]這是溫和型「革命外交」所無法容忍的。而佐分利貞男本人卻於一九二九年十一月二十九日在日本箱根突然自殺（幣原則確認他是被人暗殺），[49]這使中日之間失去了一次可能妥協的機會。據說佐分利死後，王正廷曾收到他的一封極機密的遺書，信中再三懇切告誡王氏：中國如果繼續對日採取「逼激政策」，必將引起日本輿論界的反感，最後將使日本不得不採取最後手段而訴諸戰爭，這可能導致中國的滅亡。[50]但溫和型「革命外交」的基本原則——撤廢不平等條約與收回已失的國家權力，而不是新增喪失國家利權，顯然是不能妥協放棄的。所以，王正廷不能接受佐分利貞男的勸告，也不能接受日本任命曾在二十一條交涉與一九二二年交還青島和膠濟鐵路交涉（那次王正廷正好負責與日本談判接收事宜）中慣常用高壓蠻橫手段對華的小幡酉吉繼任駐華公使。[51]這也就是王正廷式「革命外交」不妥協的「鐵拳」吧！

不過，王正廷與日本代理公使重光葵有關撤廢領裁權的非正式談判，仍然繼續下去，特別在英國領導各國承認一九三〇年一月一日為「原則上中國逐漸撤廢治外法權過程的開始之日」以後。王正廷在一九三〇年十一月致重光葵的一份條約草案，其內容即可能與一九三〇年一月致英使藍浦生的「草案」八條相同，其前提則是以一八九六年中日商約業經作廢為基礎；[52]而重光葵的意思，則要以先解決東北問題作為日本答應中國撤除領裁權的前提。[53]這也是幣原喜重郎「協調外交」的真正用意所在；所以，他在其國會演說中，常強調中日兩國應「顧及所有方面的利益」，「各取所需」，「互為濟用」，其真正意向即在於此。[54]一九三一年三月，重光葵提出日本的對應「草案」，其內容與英使藍浦生於一九三〇年九月向王正廷所提出的「草案」，也大致相似。其要點包括：⑴民事與輕微刑案之領裁權，可以裁撤；⑵北平、天津、漢口、上海、廣州等地設立「特別法庭」，法庭內設日本法官參與審判涉及日人在內地犯罪之案；⑶在上述城市，日人在納稅、租地和建工廠方面，與華人權利相同；⑷承認日人在特殊地區（明顯地指東北）的租地權。重光葵也要求將東北的某些地區與南滿鐵路附屬地帶摒除於這次撤廢領裁權之外。[55]同時期內，中國駐日公使汪榮寶也與日外相幣原就此事作非正式的談判，汪氏透露中國要對滿蒙鐵路問題採取堅定態度，但南京國府願意承認東北地方當局與日本談判的結果。[56]據英國方面所獲得的消息透露，幣原曾警告汪氏，中國不可運用宣傳與威脅手法，否則，中日關係將惡化至難以預料。[57]

當時東北地方當局張學良在不顧日本多方面的威脅高壓而易幟歸屬南京國府之後，也明顯地採取全力收回利權的政策。首先是繼續張作霖在一九二七～一九二八年完成的打通路（打虎山至通遼）、瀋海路（瀋陽至海龍）與吉海路（吉林至海龍）等三條鐵路之後，又積極興修四洮路（四平街至洮南）[58]，而與日本南滿鐵路有關係的吉敦路（吉林至敦化）和洮昂路（洮南至昂昂溪），也分別在一九二八年三月與同年七月完成；[59]配合著原有的京奉路（北寧路）與吉長路（吉林至長春），已建立起一個中國可以自己控制的鐵路網。其次，東北要為中國自己控制的鐵路網建設葫蘆島港為出海口，以形成一個內外聯貫的交通體系。葫蘆島的建港工程，自一九二九年三月開始測量海岸線，一九三〇一月，由北寧路與荷蘭財團訂立合營合同，計畫於六年內建成港口，可容納貨輪六十艘，年吞吐貨運量可達三百萬噸。所需經費二千五百萬元（合美金六百四十萬元），最熱心的貸款者，即係美國財團。[60]

張學良因心懷日本人殺父之仇，在個人情感上，亦不再繼續其父張作霖對日基本上妥協的政策：不只日本在南滿鐵路附屬地之外的商租權，無法繼續取得，即其既得的商租權，也難維持；甚至即在南滿鐵路附屬地之內，張氏亦嚴禁中日合辦任何民間事業；對日本的抗議，則採取延宕敷衍的策略，雙方間一時無法解決的懸案達五百件左右。[61] 一九三〇年一月，日本滿鐵理事木村鋭市（曾任外務省亞洲局局長，係代表外務省的滿鐵理事）訪晤張學良，主張中日妥協解決滿蒙鐵路問題，張氏甚表贊同。[62] 一九三一年一月二十二日，兩人再作晤商，深入探討妥協的具體方案，木村列舉⑴滿蒙新線問題；⑵南滿並行線問題；⑶雙方鐵路連接及貨運聯絡協定問題；⑷借款整理問題等四大項目，以為談判的要項；張學良則改採回避態度，其所屬的負責交通當局則只願意談判第三、四兩項，而對第一、二兩項推由南京外交部與日本談判。[63] 在此之前，日本著名右派煽動家、滿鐵調查部主任大川周明博士，曾會見張氏，力勸張氏在東北宣布獨立，驅逐其他外國勢力出境；但張氏則無意於此。[64] 滿鐵總裁仙石貢對張氏倚老賣老倨傲無禮。雙方相處也不融洽，自一九三〇年五月二十三日之後，就無法再能晤見張氏。[65]

在日本政府內部，外相幣原經由駐華代公使重光葵之手，雖然繼續與王正廷非正式地談判撤廢領裁權問題，但雙方實際只是在探明對方的立場，都在等候王氏與英、美談判的結果，並未進入真正討價還價的階段。而同時期內日本朝野、軍民各方面的極端國家主義右翼份子，則以反對幣原的「協調外交」並要求進行「國家改造」為名，聯絡軍隊，用盡種種權謀，想達到侵佔滿蒙的目標。[66] 右派文化人中鼓吹「國家改造」、進佔滿蒙最為熱心的，就是上述著名右派煽動家大川周明博士（他在戰後同盟國遠東國際軍事法庭〔The International Military Tribunal for the Far East〕在東京審判日本A級戰犯時，係列名的二十八名之一）。他在一九三一年九一八事變前的兩年內，曾在日本各地巡迴講演數百次，宣揚日本必須侵佔滿蒙的種種理由，認為日本只有在佔有滿蒙之後才可形成一個經濟自給自足的單位，因此，滿蒙乃日本生存所必須者。[67]大川還組織或參與領導老壯會、猶存社、大學寮、行地社、神武會等右翼群眾組織，煽動輿論，又大力聯絡中、上層軍人，共同為「進擊滿蒙」而計畫「昭和維新」。[68]極右派浪人北一輝、西田稅等，則早在一九二六年四月即擬定「日本改造法案大綱」，一九二七年十一月，又籌劃組織「天劍黨」，其著重則在聯絡下層軍人，主張「佔有南北滿洲與西伯利亞」。[69]中層軍人佐（校）級軍官石原莞爾、鈴木貞一、根本博、武藤章等則以研究滿蒙問題，組織「無名會」，一九二九年又改組成「一夕會」，此後又有其他有力的少壯佐級軍官永田鐵山、岡村寧次、小畑敏四郎、河本大作、板垣征四郎、土肥原賢二、東条英機、山下奉文等參加，對於佔領與統治滿蒙的種種方案計畫，積極進行研究。[70]另外，曾任滿洲里特務機關長與駐土耳其陸軍武官的參謀本部俄國班班長橋本欣五郎在一九三〇年秘密組織的「櫻會」，主張「要積極解決滿蒙問題，必然地得先改造國家不可」，並與大川周明互相勾結，策劃發動「三月（政變）事件」（一九三一年三月二十日）。[71]三月政變不成，陸軍大臣宇垣一成失去威望而下台，由「一夕會」的少壯軍人掌握軍部的實權。一九三一年六月，陸軍省軍事課長永田鐵山、人事課長岡村寧次及參謀本部作戰部長建川美次等，共同作成了「滿蒙問題解決大綱」八條，經陸相南次郎默認，計畫定於一九三二年春之前行動，「實際效果至少應於一九三二年春之前得到」。日本軍部對東北採取軍事侵佔行動時限的決策，已經確定下來，剩下的只是發動時間的問題了。[72]

與陸軍省和參謀本部計畫佔領東北之同時，駐紮旅大與滿鐵附屬地的關東軍，以其高級參謀板垣征四郎（大佐）（一九二九年四月始調來以代替暗殺了張作霖的河本大作（大佐））與參謀石原莞爾（中佐）（一九二八年十月調來）為核心，加緊研究合作擬定了軍事佔有東北的全盤詳細計畫。[73]早在一九二九年七月中蘇因中東鐵路關係非常緊張的時候，他倆即組織北滿參謀旅行；同年九月，又進行一次遼西參謀旅行；一九三〇年春後，曾進行過「攻取奉天城要領」、「夜襲天長嶺」、「東部國境實地戰線」等實地戰術性研究。同年，還完成了一項「關於滿蒙佔領區統治的研究」，並將稿件印刷成冊，以供參考。[74] 一九三一年三月，板垣向步兵學校教官演講，題目是「關於軍事上所觀之滿蒙」，強調滿蒙對日本的重要性，因為「滿蒙於對俄作戰是主要戰場，於對美作戰是補給的泉源，所以，滿蒙實為對俄、美、華作戰有極為重大之關係」。[75] 一九三一年五月二十九日，板垣對四月份剛剛進駐東北的第二師團聯隊長和獨立守備隊大隊長以上長官，作了題為「關於滿蒙問題」的長篇演講，提出了解決滿蒙問題的方法、手段和時機；實際上即是向關東軍中層以上幹部發出準備行動的信號。[76] 一九三一年六月，發生中村事件（日參謀本部部員中村震太郎在興安嶺作間諜活動，為洮南駐軍捕殺）；七月二日，又發生萬寶山事件；稍後，則發生日本挑唆朝鮮人暴動，大規模襲殺焚燬旅朝各地華僑生命財產的嚴重事件；這些更予關東軍以刺激窮開心的一些藉口。關東軍特務部長土肥原賢二在與張學良談判中村事件時，態度非常蠻橫；土肥原在九一八事變發生前一週，甚至告訴報界：「滿洲要發生的事，不可講」。[77]

當日本軍部與關東軍個別地都在陰謀利用軍力公然侵佔東北之同時，中日之間撤廢領事裁判權的談判，仍在斷斷續續地非正式的進行著。日代理公使重光葵對於一九三一年四月後中英談判的順利，感到不安，[78] 尤其他在探明王正廷之撤廢中外不平等條約的總計畫中的收回租借地與其他外人利權之項目內，最後也將包括東北旅大的租借權與南滿鐵路的經營權，乃決定於一九三一年四月返日述職，與幣原喜重郎晤面籌商對策。[79] 重光葵的具體建議之一是，日本對華也可略表示惠性的一點善意，將無何重要性的蘇州、杭州租界，歸還中國；但幣原深恐此議在內閣中可能無人支持，在樞密院中也難獲贊同，而不願採納。[80]加之當時濱口首相適遭暗殺，日本國內右翼極端國粹主義盛行，幣原與軍部在國會中為倫敦裁減軍備條約之批准與否，正爭執嚴重；對於中國要求撤廢領裁權的對策，幣原只是希望作階段性的撤廢，而對東北三省則希望它處於「半獨立」的特殊狀態。[81]換言之，日本並不準備對王正廷溫和型的「革命外交」，作任何具體性、實質性的讓步。這既不能滿足中國的期望，也無法滿足國內右翼軍人、政客與極端派浪人對東北的狂妄野心。[82]所以，重光葵自日返回中國之後所攜帶的談判方案，據說甚至較以前非正式提出的，又再退後，如：⑴須中國公布實行各項重要法令，經過相當時期，始承認取銷民事部分之領事裁判權；⑵撤銷民事領事裁判權時，所有租界、租借地、附屬地一律除外；同時中國須允許日僑在中國全境之自由居住、營業權；⑶中國法庭須用外國籍推事；⑷視民事方面成績如何，再準備取消刑事部分之領事裁制權；⑸刑事（之）領導裁判權取消之日，中國須承認日僑在中國全境與華人同樣有購買不動產之私權；⑹享有最惠國待遇。[83]這樣的條件，其嚴酷的程度，誠如天津《大公報》評論所云，「尚不如維持現狀」；因為租界、租借地、附屬地既摒除在撤廢之外，「則十分之九以上日僑皆不受中國管轄」，而且「無論何國斷無允許外僑與其本國人民完全享有同等之私權（如購地產、設工廠、開採礦山、買賣股票）者」。[84]

王正廷對於重光葵的嚴酷條件，自然不予考慮，特別在一九三一年六月五日中英「草簽」了撤廢幾乎全部的領事裁判權（個人身分事項除外）的新約，除上海保留十年、天津保留五年之外，其他各要項均甚符合中國的願望，如在十處「特別法庭」中的外籍「法律顧問」無審判權、外人外交官無「廢案權」、民事與刑事領裁權同時撤廢等等。[85]所以，在七月十一日王氏向重光葵提出的中國撤廢領裁權的對策，只羅列出保障日僑在華生命財產的訴訟程序與其他規定事項，與他前向英、美提出的對案無大差異。[86]但重光葵卻反要求：⑴東北三省在實施撤廢領裁權時應與中國本部分開；⑵南滿、東蒙之漸進地撤廢領裁權，中國須確認一九〇九年中日關於間島之條約與二十一條交涉之一九一五年中日條約中日本有關滿蒙所保留的權利。重光葵還進一步要求中國承認一八九六年中日商約之有效（王正廷早已照會日本此約「失效」），並要求將領裁權問題分開談判。[87]中日雙方條件相差如此之懸殊，談判之無法合得攏，自然是意料中的事。當時由於中村事件、萬寶山事件、朝鮮暴動殺害華僑事件等連續發生，中日關係已處於極危險的爆炸點了。重光葵頗有意緩和情勢之進一步惡化，曾與國府財政部長宋子文協議，兩人親赴東北實地考察，作一些緊急性和緩局勢的措施，並籌商解決辦法。宋預定於途中先赴北平與張學良談商改變對日本的態度，然後再赴大連與日本滿鐵總裁內田康哉和重光葵談商東北問題的解決辦法。重光葵的計畫得到日政府的批准後，預定於九月二十與宋子文同行，自上海乘輪船北上，船票且已訂好。[88]但日本侵佔東北的九一八事變卻突然發動，使王正廷撤廢英、美與日本的領事裁判權的外交努力，全部落空。

四

綜括起來，王正廷擬先自美、英開始收回關稅自主權與撤廢領事裁判權的外交努力，實為一九二七年之後南京國府所持溫和型「革命外交」政策最重要的著重所在。當時很多人由於王正廷在談判中所作妥協性的讓步相當多，攻擊王氏為「舊官僚頭腦」，甚至詆毀他為「賣國賊」。[89]事實上，這些批評者忽略了一項基本事實：王氏辦外交在討價還價中之所以稍為吃虧，一方面是因為王氏想要在此處委曲遷就而在彼處達到更大的政策目標；一方面則因為「國家多故，國本未寧，致外人覘我者，不復生敬畏之心」。[90]中國國力之不充，要想實行徹底型的革命手段，徑自片面而直接地撤廢中外間的不平等條約，是會引起外人不同規模的武力報復的。這基本上是一個國力問題——完全用外交手段是難於解決中外間的外交問題的。日本於一九三一年之突然發動九一八事變，即為一最明顯的例證。

很多人在九一八事變發生之後指摘王正廷過分重視「革命外交」中之撤廢領事裁判權問題，而且過分重視英、美外交，而於事前漠視了中日外交之日益趨於嚴重；如天津《大公報》主筆王芸生即指責王正廷外交為「虛熱時期」說：「人家（日本）已在磨刀霍霍，……（我外交）依然在昏睡中發燒」。[91]這點倒可能是對的。王氏留美出身，畢業於第一流的耶魯大學，雖然曾旅居日本兩年，但在心理上極可能是輕視日本的，常稱日本人為「霸道主義者」（jingoism）。[92]他在一九二九年八月下旬與英駐南京總領事阿維令（Aveling）談話時，特重視英、美、法三國之談判撤廢領事裁判權，認為「其他各國全加起來，也無大重量」。[93]這未免太輕視日本與太不重視日本國內政局的險惡性了。而對於與日本的談判，王正廷則充滿信心。他大約與張學良一樣，錯認為日本與日本軍人不敢採取與中國全面軍事對抗的侵略政策。[94]這是輕敵之誤。我駐日公使汪榮寶早在一九三一年中日問題趨於嚴重化之前，即報告王正廷，深覺大事不妙；汪氏也在東京與日外相幣原喜重郎談妥，中國撤廢領裁權，當採取改良監獄、設置特別法庭及附有年限、定期撤廢的方式。及至將此結果電告外交部，王正廷竟回電說：「取消領事裁判權，不容附帶任何條件」。[95]可見王氏對中日談判不願深入探求可能的解決方案的心理。而王氏本人與重光葵的談判，雙方只是堅持自己強硬的立場，彼此無法談得攏，只是將兩國難於解決的一些糾紛，更顯著地表面化起來了而已。從另一角度看，日本之圖謀佔有中國的滿蒙，以稱霸於整個中國，視中國的滿蒙為其「生命線」，在侵略中國的實際行動中，完全居於主動的地位，而中國則處於被動、受害人的地位——這是王正廷溫和型「革命外交」所無法容忍、無法妥協的。王氏外交的基本立場，是要撤廢中外之間包括中日之間一切的不平等條約。這個目標當然可以稍緩而分期達到，但目標本身卻是無可妥協的——這是溫和型「革命外交」的基本特色。日本之黷武侵略主義終於走上跟中國民族主義全面攤牌與全面決鬥的道路了——這是日本的主動與挑釁。中國經過了近十四年慘痛的苦鬥與犧牲，終於擊敗了日本帝國主義，令日本政府屈膝降伏，吐出了它自一八九四年中日甲午戰爭以來所攫奪的一切果實。王正廷所代表的溫和型「革命外交」的精神與實踐，是有一份不可磨滅的貢獻。

五、注釋

1 參閱 En-han Lee（李恩涵），'*China's Recovery of the British Hankow and Kiukiang Concessions in 1927: A Study of the Chinese Nationalist Party's Revolutionary Diplomacy During the Northern Expedition Period*', Occasional Papers, No. 6 (August 1980), Centre for East Asian Studies, University of Western Australia, pp. 1-2；另參閱李仕德，《北伐前後時期中英關係之研究，一九二五～一九二八》，台北私立文化大學歷史研究所碩士論文（一九八九），頁四六～五二。

2 李健民，〈五卅慘案後的反英運動〉，《中央研究院近代史研究所專刊五三》，一九八六，頁一八一～一九五。

3 周鯁生，《革命的外交》（上海：太平洋書店，一九二八），頁一～一〇、一八、一九；高承元編，《廣州武漢革命外交文獻》（上海：神州國光社，一九三〇），頁一～二、四、六；洪均培，《國民政府外交史》一九三〇年序，（台北：上海出版社翻印，一九六八），頁三七五～三八一；湖北省社會科學院歷史研究所編，《漢口九江收回英租界資料選編》（武漢：湖北人民出版社，一九八二），頁一八～二五、五九～六二、一一五～一二一。Patrick Cavendish,"*Anti-imperialism in the Kuomintang*, 1923-1928", in Jerome Chen, Nicholas Tarling, eds. *Studies in the Social History of China and Southeast Asia: Essays in Memory of Victor Purcell*, London: Cambridge University Press, 1970, pp. 30-54; Thomas H. Etzold, "*In Search of Sovereignty: The Unequal Treaties in Sino-American Relations*, 1925-1930", in F. Gilbert Chan, Thomas H. Etzold, eds. *China in the 1920's: Nationalism and Communism*, N. Y.: New Viewpoints, 1976, pp. 227-228。

4 參閱李恩涵，《近代中國史事研究論集》第二冊（台北：台灣商務印書館，一九八六）頁一一四～一一五。

5 同上書，頁一三九～一四五。

6 見樓桐孫，〈新約平議〉，《東方雜誌》，第二十六卷，第一期，頁一三。按，王正廷此語，係於一九二九年一月七日國父紀念周會上所講。有關王正廷型的「革命外交」，另參閱重光葵，《昭和的動亂》上冊，（東京：中央公論社，昭和二十七年一九五二），頁四六～四七。

7 曾友豪，〈從國際法觀點批評中外新約〉，《東方雜誌》，第二十六卷，第十四期，頁一三。

8 Robert T. Pollard, *China's Foreign Relations*, 1917-1931, N. Y.: MacMillan, 1933, p. 353.

9 參閱 Howard L. Boorman and Richard C. Howard, eds. *Biographical Dictionary of Republican China*, N. Y.: Columbia University Press, 1967-1968, vol. IV, pp. 362-364；劉歡曾，〈王正廷博士百齡冥誕志感〉，見《傳記文學》，第四十二卷，第二期（台北，一九八三年二月）；顧維鈞，《顧維鈞回憶錄》，第一冊，（北京：中華書局，一九八三）頁三三二～三四八。

10 參閱李恩涵，〈北伐前後收回關稅自主權的交涉〉，見《近代中國史事研究論集》，第二冊，頁一七二～一七三。

11 Chengting T. Wang（王正廷）, *Looking Backward and Looking Forward*（手稿本，藏於Department of Manuscripts and Archives, Sterling Memorial Library, Yale University）；劉歡曾，《王正廷博士百齡冥誕志感》，頁一八。

12 《國聞周報》，第五卷，第二十三期（一九二七年六月十七日），頁三～四。

13 《國聞周報》，第四卷，第三十期（一九二七年八月七日），頁三；第四卷，第三十五期（一九二七年八月七日），頁四。

14 同上，第五卷，第二十三期（一九二八年六月十七日），頁三～四；王正廷對於外交運用上的一些觀念，參閱其本人著，《中國近代外交概念》，（南京：外交研究社），一九二八，頁二。

15 Rohan Butler et al. eds. *Documents on British Foreign Policy* 1919-1939, London: Her Majesty's Government Office, 1960, Second Series, vol. VIII, No. 155, Lampson to Henderson, Dec 5, 1929 ,p. 228.

16 李恩涵，〈九一八事變（一九三一）前中英撤廢領事裁判權的交涉〉，見《中央研究院近代史研究所集刊》，第十七期（一九八八年六月），頁一五九；另參閱外交部編，《國民政府近三年來外交經過紀要》，（南京：外交部，民國十八年一九二九），頁三八～三九。

17 參閱前引李恩涵文，頁一五九。

18 參閱前引李恩涵文，頁一五九。

19 同前。

20 李恩涵，〈九一八事變（一九三一）前中英撤廢領事裁判權的交涉〉，頁一五九；*British Parliamentary Papers, Confidential Print*, Foreign Office (F. O.), No. 228/3985, #939, Japanese Legation to British Legation in Peking, August 10, 1928；《國聞周報》，第五卷，第三十期（一九二八年八月五日），頁五。

21 另參閱李恩涵，〈北伐前後收回關稅自主權的交涉〉，見《近代中國史事研究論集》第二冊，頁一八九～一九〇；Akira Iriye, *After Imperialism: The Search for A New Order in the East Asia*, 1921-1931, Cambridge, Mass., Harvard University Press, 1965, p. 241。

22 F. O. 228/3737, No. 78, Tokyo (Dormer) to F. O. July 26, 1928.

23 《國聞周報》，第五卷，第二十九期（一九二八年七月二十九日），頁三。

24 參閱李恩涵，〈九一八事變（一九三一）前中英撤廢領事裁判權的交涉〉，頁一六一；〈北伐前後收回關稅自主權的交涉〉，頁一九〇～一九九。

25 李恩涵，《北伐前後收回關稅自主權的交涉》，頁二〇〇～二〇一。

26 同上註，頁二〇一～二〇二。

27 Wunsz King, ed. *V. K. Wellington Koo's Foreign Policy: Some Selected Documents*, Shanghai: Kelly & Walsh, 1931, pp. 48-54；董霖，《顧維鈞與中國戰時外交》，（台北：傳記文學社，一九七八），頁七三；洪鈞培，《國民政府外交史》，頁一二一～一二三、一二六～一二七；葉祖灝，《廢除不平等條約》，（台北：正中書局，一九六七），

頁八六～八七。William L. Tung, *China and Powers*, N. Y.: Oceanic Publisher, 1970, p. 323; *Documents on British Foreign Policy*, 2nd Series, vol. 8, No. 383, Lampson to Henderson, March 31, 1931, pp. 489-490; No. 389, Henderson to Lampson, April 16, 1931, p. 495。

28 朱世全，《威海問題》（上海：商務印書館），一九三一，頁二、三〇～三五。*Documents on British Foreign Policy*, 2nd Series, vol. 8. No. 1, Z. O. Memo, Jan. 8, 1930, pp. 19-20; No. 222, Lampson to Henderson, Feb. 13, 1930, pp. 288-289。顧維鈞，《顧維鈞回憶錄》，第一冊，頁三五二～三五三。

29 李恩涵，〈九一八事變（一九三一）前中英撤廢領事裁判權的交涉〉，頁一六〇。

30 李恩涵，〈九一八事變前中美撤廢領事裁判權的交涉——北伐後中國「革命外交」的研究之三〉，見《中央研究院近代史研究所集刊》，第十五期，上冊（一九八六年六月），頁三四三～三四六、三五〇～三五六。

31 參閱《九一八事變（一九三一）前中英撤廢領事裁判權的交涉》，頁一七一～一七二。

32 同上書，頁一七二～一七六。

33 《九一八事變前中英撤廢領事裁判權的交涉》，頁一七六～一八七。

34 《九一八事變前中美撤廢領事裁判權的交涉》，頁三六七、三六七～三六八。

35 同上註。

36 《九一八事變（一九三一）前中英撤廢領事裁判權的交涉》一文。

37 日本田中義一內閣一直對東北當局施以極大的壓力。一九二八年九月二十四日田中命令駐奉天（瀋陽）總領事林久治郎，為獲得日本人在東北享有居住、營業及土地所有權，可答允放棄治外法權。他又命令新到任的滿鐵理事齋藤良衛（原任外務省通商局長）與張學良談判實行張作霖與山本條太郎所訂「新五路」草約的鐵路開築問題。但因張學良採取延宕態度，兩方面均交涉無成。一九二八年十月，田中乃令林久治郎徑告張氏，威脅要改採「實力」態度：「今後之新事態，萬一無視帝國之條約約定，東三省當局阻礙現行之交涉，又東三省之治安有影響我權益之情況，帝國當局斷然維護權益，採必要之治安維持之措置。此我方之決定，中國應瞭解。」後因駐華公使芳澤謙吉反對用強硬手段，田中才稍改變用所謂「積極的強硬方針」的稍緩政策。見李明，《東北軍閥政權史的研究：張作霖、張學良の對外抵抗と對內統一の軌跡》（名古屋：中部日本教育文化社，平成二年，一九九〇），頁二八九～二九一、二九三～二九四。

38 許介鱗，《近代日本論》（台北：故鄉出版社，一九八七），頁一六一～一六二、一六三～一六四；另參閱重光葵，《昭和の動亂》，上冊，頁二八～二九。

39 Confidential Print, F. O. 228/4061, No. 156, Aveling to Lampson, 23 August 1929.

40 Confidential Print, F. O. 228/4061 No. 57, Minister (Nanking) to Minister (Peking), June 1, 1929; No. 197, Counsellor Ingram's Conversation with Japanese Chargé d'Affaires, August 5, 1929.

41 李恩涵，《九一八事變（一九三一）前中英撤廢領事裁判權的交涉》，頁一六六，引 "Stanley K. Hornbeck Papers" (Kept in the Archives Department of the Hoover Institution, Stanford University), Box 393, George C. Hanson, *Russia and Japanese Politics in Manchuria* (U. S. Department of State, Lecture Delivered at the Army War College, Washington D. C., Dec. 8, 1930), pp. 14-15。

42 參閱李明，《東北軍閥政權史的研究》，頁二九五；郭廷以，《中華民國史事日誌》，第二冊，一九八四，頁五一九。

43 幣原喜重郎，《外交五十年》（東京：讀賣新聞社，昭和二十六年一九五一），頁九二、九四；Robert Craigie, *Behind the Japanese Mask*, London: Hutchinson & Co., Prefaced 1945, p. 11。

44 F. O. 228/4064, Interview with Japanese Minister Saburi, Nov. 5, 1929.

45 F. O. 228/4064 Lampson's Interview with Japanese Minister Saburi, Nov. 9, 1929.

46 重光葵，《昭和の動亂》，上冊，頁四六。

47 李明，前引書，頁一七八、二九五～二九六、二九七、二九九。

48 同上書，頁二九七～二九九。

49 幣原喜重郎，《外交五十年》，頁九四。

50 草根大藏著，劉耀武等譯，《滿鐵調查內幕》（哈爾濱：黑龍江人民出版社，一九八二），頁三三八。

51 草根大藏著，劉耀武等譯，《滿鐵調查內幕》，頁三三八、三三九；幣原喜重郎，前引書，頁一六九。

52 F. O. 228/4319, No. 297, Consul-General (Nanking) to Minister, Dec 22, 1930；另參閱李恩涵，《九一八事變（一九三一）前中英撤廢領事裁判權的交涉》，頁一六九。

53 重光葵，前引書，頁四六。

54 *British Documents on Foreign Policy*, Second Series, vol. VII I, pp. 462-463.

55 Robert T. Pollard, *China's Foreign Relations*, p. 379.

56 *British Documents on Foreign Policy*, Second Series, vol. VIII,

No. 374, Snow (Tokyo) to Henderson, March 18, 1931, p. 433.

57 同上註。

58 易顯石，〈日本製造九一八事變的經濟背景〉，見《近百年中日關係國際研討會》（香港：香港中文大學主辦，一九九〇年八月十日至十二日），頁六。

59 編纂會編，《山本条太郎傳記》（東京：三秀舍，昭和十七年，一九四二），頁五五二～五五三。

60 《國聞周報評論選輯》（台北：上海出版社翻印，一九二九），頁五一；《滿鐵調查部內幕》，頁三四一。

61 復旦大學歷史系編譯，《一九三一～一九四五年日本帝國主義對外侵略資料選編》，（上海：上海人民出版社，一九七五年初版，一九八三三版），頁一二。重光葵《昭和の動亂》，上册，頁四八～四九。一九三一年九一八事變發生之前，中日間懸案之最嚴重者有⑴日軍出兵山東；⑵拒廢期滿商約；⑶干涉東三省易幟歸屬中央；⑷破壞中國關稅；⑸長春萬寶山案；⑹中村事件；⑺朝鮮暴民暴動殺害華僑案等。其他中、小型懸案之重要者包括：⑴侵入中國領海捕魚；⑵槍殺蓋平、長春農民；⑶刺傷遼寧郵差；⑷長春演習踐踏民田；⑸鐵嶺凌辱保安隊；⑹福州永租房税契税；⑺擊斃瀋陽農民；⑻延吉非法逮捕；⑼擊豫丸私運軍火；⑽搗毀安東關卡；⑾強提安東查獲軍火；⑿擅啟福州煙館封條；⒀毆辱龍井村連副；⒁龍井村軍警衝突；⒂壓迫安東電燈廠；⒃芙蓉艦駛入內河；⒄強佔臨榆農田；⒅販賣各種毒品等。見周邦年，《日本侵略中國史》，（上海：廠益書店，民國二十二年），頁一一一～一一三頁。

據日本國會最近（一九九一年六月）公布的一項曾於二〇年代擔任張作霖顧問的町野武馬（死於一九六八年）的資料云：町野曾在一九六一年發表一項秘密證詞稱：一九二八年六月四日張作霖被關東軍高級參謀河本大作大佐所暗殺，實際出於關東軍參謀長齋藤的建議，其目的是想引發東北的動亂，以為阻止日本裁軍的一項手段，見（台北：《聯合報》），一九九一年六月二日來自東京的報導。

62 《滿鐵調查內幕》，頁三四〇。

63 李明，《東北軍閥政權史的研究》，頁三〇〇。

64 朝日新聞東京審判記者團著、吉佳譯，《東京審判》，（石家莊：河北人民出版社，一九八八），頁一四。

65 《滿鐵調查部內幕》，頁三五三～三六四。

66 許介鱗，《近代日本論》，頁一九五。

67 同上書，頁一九四；吉佳譯，《東京審判》，頁二六七。

68 許介鱗，前引書，頁一九五。

69 許介鱗，前引書，頁一九二～一九三、二〇〇～二〇一、二〇七；臼井勝美，《日中戰爭：和平か戰線擴大か》，（東京：中央公論社，昭和四十二年一九六七年初版，一九八四年二一版），頁二～三。

70 許介鱗，前引書，頁二〇三。

71 張錦堂，〈日本關東軍策劃九一八事變的內幕〉，見東北地區中日關係研究會編，《中日關係史論集》，（長春：吉林人民，一九八四），頁二二〇；許介鱗，前引書，頁二〇三。

72 James B. Crowley, *Japan's Quest for Autonomy: National Security and Foreign Policy*, 1930-1938, Princeton: Princeton University Press, 1966, pp. 101-102, 112-113；許介鱗，前引書，頁二〇四；陳崇橋，〈九一八事變述略〉，見《中日關係史論集》，頁二〇六。

73 James B. Growley, *op. cit*., pp. 115-116；張錦堂，前引文，頁二一七～二一八。

74 張錦堂，前引文，頁二一八～二一九。

75 同上文，頁二一九。

76 同上註。

77 James B. Crowley, *op. cit*., pp. 117-118.

78 *British Documents on Foreign Policy*, Second Series, vol. VIII, Snow to Henderson, April 22, 1931, p. 501.

79 重光葵，《昭和の動亂》，上冊，頁四七、五一、四八～五一、五一。

80 同上註。

81 同上註。

82 同上註。

83 《國聞周報》，第八卷，第十七期，錄一九三一年四月三十日天津《大公報》，頁九；另參閱 Akira Iriye, *After Imperialism*, pp. 289-290。

84 《國聞周報》，第八卷，第十七期，錄一九三一年四月三十日天津《大公報》，頁九。

85 參閱李恩涵，《九一八事變（一九三一）前中英撤廢領事裁判權的交涉》，頁一八六～一八七。

86 《國聞周報》，第八卷，第三十一期（民國二十年八月十日），頁五。

87 同上註。

88 重光葵，《昭和の動亂》上冊，頁五二～五三。

89 參閱李恩涵，〈北伐前後收回關稅自主權的交涉〉，見《近代中國史事研究論集》，第二冊，頁二〇三～二〇六。

90 《國聞周報》，第八卷，第十五期（民國二十年四月二十日），頁二。

91 王芸生，《芸生文存》（上海，民國二十年一九三一），頁一七。

92 參閱《九一八事變（一九三一）前中英撤廢領事裁判權的交涉》，頁一八九。

93 同上註。

94 張學良將軍於一九九一年二月二十七日在台北中華電視公司「華視新聞雜誌」節目中答覆記者詢問說：「我對九一八事變初起時的判斷錯了。我當時認為日本是不會一下子侵佔全東北的，即使為日本自己利益著想，也是如此。」另外，黃炎培於九一八事變之前，自日本考察歸國，曾當面向王正廷報告日本可能發動侵略中國，但遭到王氏的嘲笑（見張起鳳，〈黃炎培——中國職業教育之先驅〉，《台灣師範大學歷史研究所碩士論文》，一九九〇年六月，頁四四），可見王正廷對於日本之突然發動九一八事變，完全缺乏警惕感。

95 參閱拙著，《九一八事變（一九三一）前中英撤廢領事裁判權的交涉》，頁一九〇。

原載中國社會科學院近代史研究所，《抗日戰爭研究》（北京），一九九二年一月，頁五二～七五。

第十六章 伍朝樞的外交事業

一、前言

伍朝樞（一八八七～一九三四，西名 Chao-shu Wu 或 C. C. Wu）字梯雲，廣東新會人，為中國國民黨內著名的外交家與法學家，自一九一七年九月孫中山之護法政府（廣州）成立之後，即追隨其父護法政府總裁兼外交與財政總長的伍廷芳之後，贊襄奔走，擔任外交次長；一九二三年孫中山於叛變的陳炯明被驅離廣州後即於廣州成立大元帥軍政府，伍朝樞則繼續其父擔任外交部長，並擔任改組後的國民黨與廣州革命政府與此後之國民政府中的多項要職，為孫中山晚年與廣州國民政府初期所實行的溫和性「革命外交」的設計者與執行者。在黨內他常屬於中間右派，先與胡漢民相契洽，後與孫科相結納，為國民黨內粵人中的健將之一。其父伍廷芳為清末民初著名的外交家與法學家，曾任駐美、日（西班牙）、秘公使及商部、外務部侍郎，並兼任修訂法律大臣等職。1 父子兩人，事業相承，於外交與法律兩方面，皆能頭角崢嶸，前後映輝，而伍朝樞不只一直是他父親晚年的外交活動的得力助手，並首創溫和型、穩健型「革命外交」的一些觀念，雖然他在執行上受到許多局限，真正的成就不大，而他也並未以「革命外交」相標榜，與他同時代的陳友仁之標榜民族理想的激烈型的「革命外交」，相當不同。

二、早年教育與略歷

伍朝樞雖為粵籍，實出生於天津，因其父時在李鴻章幕府，總辦天津、唐山鐵路，朝樞即於幼年在天津接受傳統式的教育，十歲始隨奉職清廷欽命駐紮美、日（西班牙）、秘全權公使之職的父親，前往美國，先後就讀於美國首都華盛頓的佛士學校（Force School）、西區高級中學（Western High School）及大西洋城高級中學（Atlantic City High School）等校，並於一九〇四年以優等成績畢業於大西洋城高級中學。十八歲時，隨父返國，先居北京，研習國學，後去廣州擔任粵省農工商局秘書之職，職位低微，但可繼續研讀國學。二十歲（時為一九〇八年）時，乃再度出國留學，步武其父後塵，赴英國倫敦大學專攻法律，以成績優異，獲法院學生獎學金（Inns of Court Students Scholarship）與大學獎學金（University Scholarship），三年研讀考試，又以第一名卒業，獲法律學士學位。不久，伍氏又進入林肯法律學院（Lincoln Inn）肄業（其父也是該學會畢業的高材生），旋應英倫大律師考試，復冠其曹，聲名洋溢，為華人留英學生中前所未有的盛事。時為一九一一年。[2]

一九一一年五月，伍朝樞返國。不久，在湖北武昌發生了驚天動地的新軍起義革命事件，史稱「辛亥革命」，而南、北多省迅速響應獨立，使清廷的統治很快為之動搖而傾覆；伍朝樞則出任湖北革命軍政府外交司長（很可能伍氏係接繼王正廷所擔任的該職位，因王氏於一九一一年十一月即前往武昌，因復旦公學校長李登輝之荐，而擔任了武昌軍政府的外交司長，輔佐外交部長胡瑛辦理交涉；後王氏因參預在上海舉行的南北和議，始離武昌赴滬）；至一九一二年九月，伍氏始卸職前往北京，充任外交部條約委員會會長，一九一三年更膺選眾議院議員，為北京官場中留英出身的佼佼者。當時中華民國政府已正式建立一年有餘了，但各國仍持觀望態度，不肯率先予以承認；伍朝樞乃撰寫長文，刊登於倫敦《泰晤士報》（*The Times*），援引國際公法，列舉各國承認的前例；所撰英文的文字既美，法理上的論點又有根有據，且《泰晤士報》為舉世推重的大報，故該文影響於各國的視聽甚大。此後各國之相率承認中華民國，此文頗有正面之作用，應無疑問。3

一九一四年一月，袁世凱解散國會，伍朝樞則以國務院參議兼外交部參事，為約法會議草擬約法之一員，又為以徐世昌為首的政事堂的一份子。當時袁世凱帝制的陰謀，已漸趨明朗化，籌安會更開始作明目張膽的活動；伍朝樞則不顧一切，呈請辭去本兼各職。袁知其不為己用，乃允給假三個月，但令其不得出都門；伍氏乃自此閉户家居，深自韜晦，至袁死後，始再出任事。4

一九一六年六月，段祺瑞任國務總理，是年十一月，以伍廷芳為外交總長，主張對德宣戰最力；朝樞追隨其父，以定大計，他的職位仍只是國務院參議兼外交部參事。未幾，各省督軍團亂政，解散國會，後竟演成張勳短時期的復辟之變。朝樞聞變作，立呈國務院及外交部請求辭職，即日追隨其父伍廷芳南下，開廣州護法政府之局。朝樞居官北京數年，於權貴無所下，而對外則力持大體，於出處進退，尤極矜重；故他的官職雖不算顯赫，但清譽則常為朝野所推重。5

一九一七年九月，孫中山在廣州組成護法政府，以伍廷芳為外交總長；次年五月，護法政府改組為七政務總裁制，伍廷芳以政務總裁之一而兼外交總長，又兼財政部長；朝樞則任外交次長兼財政次長，又兼軍政府總務廳廳長。再過半年歐戰告終，戰勝國乃召開凡爾賽和平會議以處置戰敗國及戰後諸問題。中國忝為戰勝國之一，除由北京政府派遣陸徵祥、顧維鈞、施肇基等代表與會外，廣州護法政府亦委派王正廷、伍朝樞為全權特使，與北洋代表竭誠合作，折衝樽俎，除提出「希望條款」七項，要求收回各國租界與租借地、收回關稅自主權與要求撤廢各國在華的領事裁判權等（此七項「希望條款」為大會議長以與和會的主題無關而被拒列入議程），也為收回德國在山東的一切權益而拒簽凡爾賽和約。伍朝樞對中國在和會期間的外交活動，較不活躍，未起積極作用。[6]

一九二〇年十月粵軍驅逐了跋扈亂政的桂系控制的廣州政府，十一月孫中山即與伍廷芳、唐紹儀等即自上海返回廣州，再建軍政府（次年五月，孫氏更就任非常大總統），仍以伍廷芳為外交總長，伍朝樞為外交次長。其間伍朝樞並曾代表孫中山北去奉天，與張作霖談判孫、張與段祺瑞三方合作事宜。據說伍氏曾與張作霖談妥，三方合作擬以孫中山出任總統、段祺瑞出任副總統，梁士詒為內閣總理另組織新國會，張氏並以二百萬元資助孫中山。[7] 一九二一年十月，北京政府任命伍朝樞為出席華盛頓會議之南方政府代表（北方代表為顧維鈞、施肇基、王寵惠等），但其父伍廷芳以北洋政府未與南方政府開誠接洽，拒絕准其與會。[8] 惟一九二二年六月，陳炯明公開大舉叛變（一九二二年十一月，陳即率軍自桂返粵有意叛變），圍攻孫中山駐節的總統府，砲轟觀音山，以一身兼外交總長與廣東省長的伍廷芳適於此時去世，朝樞一面居喪盡禮，一面陪侍孫中山自粵赴滬。至一九二三年陳炯明為滇、桂軍所驅逐，孫中山才在譚延闓、伍朝樞等的陪同下，自上海經香港返回廣州，重建大元帥府。是年三月一日，孫中山並改大元帥府為大本營，以伍朝樞為外交部長。[9]

三、襄贊孫中山為收回「關餘」而奮鬥

為解決廣州軍政府緊迫的財政問題，孫中山在一九二三年五月，即再度提出向列強與北京北洋政府爭取應得的「關餘」問題（所謂「關餘」，即係我國關稅收入在支付某些對外賠款與保證借款的本息之後所贏餘的款項），透過美國友人雷喬治（George Benson Rea）建議將廣州軍政府應得的「關餘」，暫由海關總稅務司保管，以待南北合組中央政府之後再為移交；但此意見並未受到重視。這是孫中山主持廣州政府後之第三度努力爭取「關餘」。因為早在一九一九年一月時廣州護法政府就在政務總裁兼外長、財長伍廷芳的努力下，商得海關總稅務司的同意與廣州領事團及北京公使團的支持，將「關餘」由中國南、北政府和平協議分配，按照雙方轄境內海關稅收入的比例，廣州政府可分得「關餘」總數的百分之十三・六九三八六，計自一九一九年七月起至一九二〇年三月止，該政府共收到六批款，共計港幣三百九十六萬九千三百五十九點六一元。惟廣州護法政府內部並不穩定，孫中山被迫離開廣州前往上海，作為孫中山忠實追隨者的伍廷芳，憤桂系軍閥與政學系政客的專橫跋扈，乃以財長身分攜「關餘」餘款一百八十餘萬元離粵赴港（該「關餘」款項，係以伍廷芳作為廣州政府的財長及個人人格聲譽的私人身分而儲存於港、滬英人所辦滙豐銀行者）。所以，外交團與海關總稅務司自一九二〇年四月起，即停止支付廣州政府應得的「關餘」。此後，由於粵軍於一九二〇年十月返粵，驅逐桂軍與桂系出境，孫中山乃得於是年十一月返回廣州，重組軍政府。一九二一年一月，廣州軍政府乃正式致函各國外交團，要求依照前例撥發廣州政府應得的「關餘」。這是孫中山之第二度致力索

討「關餘」；但為外交團所嚴詞拒絕。因此，軍政府外交部長伍廷芳乃發布命令：「凡在軍政府所屬海關，須於二月一日起服從（廣州）軍政府之訓令，聽其管轄；但各省關稅仍照前盡先攤還外債，絕不欲稍有妨害債權人之利益」。一月三十日，伍廷方並致函廣州稅務司，告知廣州政府對「關餘」之用途，在「發展地方自治及實行治河之急需」，指出「斯款倘仍不予撥付，西南政府惟有執前議，派員接管海關」。10

在雙方威脅硬碰硬的情況下，廣州領事團雖然奉令保護海關，香港政府並派兵二百人前赴廣州西堤，實行「護關」，但其本意仍是願意妥協解決的。是年二月十日，北京外交團會議，決定尊重廣州領事團的意見，「以不使用於政費為條件，將南方應得之關餘，交付軍政府」。但此一決定在會議之後即為美駐華公使柯蘭（Charles Crane）所推翻，因為他認為廣州軍政府只是地方性政府，「關餘」的分配，除非獲得北京政府的同意，是礙難交付。而北京政府則很快決定對廣州政府應得「關餘」二百五十三萬六千多元的處理辦法為：除只撥給廣東治河經費四十二萬元，且係逕撥粵海關稅務局支用外，其餘款項則用之於駐在各國使館經費的，為七十萬元，東三省防疫經費的二十萬元，維持公債信用基金的一百二十萬元。北京公使團對此支配處理辦法也予以同意。一九二二年夏，海關總稅務司安格聯（Sir Francis Aglen）提出「整理內債基金說帖」，獲得北京政府的同意，廣州軍政府在一九二二年應得的「關餘」，乃全部被移充為內債整理基金，廣東海關稅務局甚至連一文錢也拿不到了。11

北京外交團之支持北京政府與海關總稅務司的決定，剝奪了廣州軍政府應得的一份「關餘」，很引起孫中山與伍廷芳的憤怒，伍廷芳因此便以廣州軍政府外長的身分，於一九二一年三月，向美國駐廣州領事，提出一項備忘錄，表示不能接受此無前例的安排，並否認北京政府有過問南方政府應得關餘的權利。孫中山並於是年五月改組廣州軍政府為正式的中華民國政府，自任為大總統。惟此後粵桂戰爭大起，一九二二年六月，陳炯明又大舉公開叛變，砲擊孫中山的大總統府，伍廷芳也適於此時病故，一直到一九二三年二月孫中山藉滇、桂軍之力驅逐陳炯明軍於廣州之外，他才能再返廣州，重建大本營制的政府體制；軍務漸定，乃開始了第三度向北京外交團要求廣州政府應得的一份「關餘」的問題。一九二三年九月五日，孫中山命令大本營外交部部長伍朝樞，透過英駐廣州領事真密孫（James Jamieson）照會北京外交團，要求分享「關餘」。十月二十三日，伍朝樞又再照會北京外交團，否認北京政府有挪用「關餘」的權力，主張關餘分配問題，應由各方面全盤核定。12

孫中山對於爭取「關餘」的態度，日益趨於強硬，曾表示為爭取「關餘」當不惜與外人一戰。一九二三年十二月五日，他即以個人名義致電北京公使團，稱「本政府欲令（廣州）稅務司交出粵省關稅之全部，以後不得將此款交與北京，應截留為本地之用」。他在答覆英文《字林西報》（*North China Daily News*）記者格林（C. N. Green）的訪問時，也表示了截留關稅的決心，聲稱如稅務司不遵從命令，他將另易他人。大本營外交部長伍朝樞在應《香港德臣西報》（*Hong Kong Telegraph*）的記者訪問時，並警告英、美各國，「幸勿以老大帝國國民之畏懼外艦及洋槍者視我，任何意外，列強當負其咎」。北京公使團初則延宕其事，不作答覆，後來則以領袖公使荷使歐登科（Oudendijk）的名義，致電英駐廣州領事，對孫中山之有意接管廣州海關，提出警告；另並透過廣州領事團，答覆廣州軍政府，表示對關餘分配問題，他們「無權決定」。英公使麻克類（Ronald Macleay）則私下函告伍朝樞，除表示北京公使團無權決定關餘分配之事外，也暗示公使團當不允許孫中山干預海關的作業。美使舒爾曼（Jacob Gould Schurman）甚至建議美政府應採取僅次於戰爭的手段，以阻止廣州軍政府之強力接受廣州海關；此一建議並得到國務卿許士（Charles E. Hughes）與美總統柯力治（Calvin Coolidge）的批准。所以，至一九二三年十二月初，外艦即開始集結於廣州省河示威，有英、美、法、日、葡等國的砲艇與驅逐艦十艘。至十二月二十七日集結的外國軍艦竟達二十艘，其中尤以美艦最多。雙方都擺出一副強硬的姿態。13

孫中山、伍朝樞又改以海關總稅務司為交涉的對象。先由廣東交涉特派員傅秉常為外艦集中示威事，致函英領事提出質問。一九二三年十二月二十一日，孫中山又命令大本營財政部長葉恭綽與伍朝樞通告總稅務司安格聯（Sir Francis Aglen）：關餘之事外人無權干預，應將其妥為保管，每月結算一次，聽本政府之命令支付；至於民國九年（一九二〇）三月以後所有積存之本政府應得的關餘，著由海關稅收項下如數補還，由部轉行總稅務司遵照。廣州政府更發表「關於海關問題之宣言」，宣示要收回海關自主權與海關行政權。伍朝樞也命令粵海關稅務司易紈士（A. H. Edwards）解交本年度的關餘，否則撤職。但北京總稅務司安格聯則命令易紈士，拒絕孫中山、伍朝樞截留關稅的要求。但孫中山的態度強硬，一面致電英國在野的工黨領袖麥克唐納（Ramsay MacDonald，他此後曾出任內閣總理）指砲艦外交有損於貿易關係的推進；一面則發表「致美國國民書」，直接訴之於美國輿論，抗議美國在廣州之使用砲艦外交。孫氏並遣派陳友仁前往香港，洽請香港總督史塔士（Sir Edward Stubbs）為之斡旋，希望英國不再以舊式外交的砲艦政策對付廣州政府。14

在這樣緊張的情勢下，由於關餘問題係孫中山親自參與處理，我們很難瞭解廣州政府的何項措施係出於伍朝樞的擬議，但整個情勢之未進一步惡化與漸趨於和緩，並使雙方均能保住面子，當係出於他的籌劃與控制，應無疑問。首先是由港督史塔士、英總領事真密孫、美駐廣州總領事金克恩（Douglas Jenkins）與領事韓米頓（Marxell M. Hamilton）等出面協商解決危機的辦法，先由金克思下令美驅逐艦離開廣州；其次，則安排美駐華公使舒爾曼之南來廣州調解（名義上是赴雲南視察，順道經港、粵巡視），以避免雙方的正面衝突。孫中山也因為正在籌劃改組國民黨，想召開該黨的第一次全國代表大會，實行聯俄、容共、扶植農工的新政策，也不願樹敵太多。所以，當一九二四年一月三日舒爾曼自雲南抵達香港，次日，即召集美海軍官員討論廣州海關問題，認為以砲艦威脅中國，並非良策。一月五日，舒爾曼前往廣州，與外交部長伍朝樞會談四個小時，主要是提議將廣東應得的關餘，撥作治河經費，俾使各方面都能保住面子。伍氏基本上表示贊同。一月六日，舒爾曼與孫中山會談二個小時，孫氏對舒之關餘分撥方式，也大體同意。舒爾曼北返後，即建議北京政府撥部分關餘充廣東疏濬西江經費之用，但總稅務司安格聯依然以提支關餘將動搖債信為言。無論如何，至一九二四年六月，粵海關「關餘」已開始撥充西江疏濬之用，孫中山乃派林森為廣東水利督辦，主持其事。[15]

但「關餘」問題並未完全解決。一九二四年十月「關餘」爭執又起，廣州革命政府與外人控制下的海關的關係，再告緊張，後經日本領事天羽英二的調解，才暫時緩和下去。[16]但此時孫中山在成功地改組了中國國民黨之後，外交注意力已轉移到更大範圍的廢除不平等條約運動去了。

四、一九二五～一九二六年間的外交與政治活動

一九二四年一月三十日，國民黨第一次全國代表大會通過政綱，孫中山推定中央執行委員二十四人，以

胡漢民為首，其中有廖仲愷而無伍朝樞。但在翌年七月十一日所成立的掌握最大政治權力的中央政治委員會中，總共六名委員內伍氏名列第五（鮑羅廷為高等顧問），僅次於胡漢民、汪精衛、廖仲愷、譚平山（第六名為邵元沖）。該政治委員會第一次會議所派定的七名軍事委員中，伍氏名列最末，在他前面的依序為許崇智、楊希閔、劉震寰、胡漢民、廖仲愷、蔣中正。至一九二四年底，伍氏更繼孫科之後，被命擔任重要的廣州市長之職。[17]所以，伍朝樞在廣州革命政府的初期，地位是非常重要的，穩居外交決策的樞要地位是毫無疑問的。

惟一九二四年八月發生英帝國主義主持的廣州商團私運槍械擬發動叛亂、並與盤踞東江的陳炯明相勾結的事件，遠在韶關指揮北伐軍事的孫中山，電令組織緊急性的革命委員會，以許崇智、汪精衛、蔣中正、陳友仁等為委員，以謀弭平商團事變，伍朝樞則被排除於外，其所發揮的外交性作用已為陳友仁所取代；另因鮑羅廷的反對，廣東省長胡漢民也未得列名其中。不過，當一九二四年十月真正對商團發動迅速而猛烈的軍事鎮壓行動時，胡漢民仍得以革命委員會代理會長（他是代理大元帥兼廣東省長）的身分，主持其事。伍朝樞身為廣州革命政府的外交部長與主持省垣政務的廣州市長，這時被孫中山認為在對抗英人與香港殖民地政府的各項措置中，過於軟弱，他在外交上的影響力量，乃逐漸為力主激烈性「革命外交」的陳友仁所代替；但這只是前奏性的徵兆之一。[18]

一九二四年十一月中旬，孫中山為與北方段祺瑞政府會商召開國民會議統一南北等大計，離開廣州，經上海、日本而於翌年十二月三十一日抵達北京。惟孫中山時已重病在身，延至一九二五年三月十二日逝世。廣州革命政府則在代大元帥胡漢民的主持下，政府諸要員楊希閔、譚延闓、許崇智、伍朝樞等宣言當繼續秉承孫中山的主義及遺囑，繼續努力，以完成國民革命的目標。是年五月三十日，上海發生震驚中外的五卅慘案；此後列強軍警槍殺各地示威學生、工人的事件頻頻發生，而同年六月二十三日發生的廣州沙基慘案，參加遊行示威的廣州中學、大學及黃埔軍校的學生，行經沙面租界對岸的沙基地方，竟為英、法兵以排槍及機槍掃射，停泊附近白鵝潭的英兵艦，也發射大砲，因此，造成死平民四十四人、學生二十三人、傷五百多人的大慘案。慘案發生的當天，代大元帥兼廣東省長胡漢民即向英、法領事嚴重抗議。次日（六月二十四日），伍朝樞也以外交部長的身分，致電北京外交團領袖蘇俄大使加拉罕，抗議沙基慘案，並照會美駐廣州總領事金克恩，請組織國際調查團，以查明此案真相。[19]

沙基慘案對於廣州革命政府實有警告和挑釁的意味，在列強強大的軍事威脅下，廣州革命政府在偏處一隅的情勢下，很明顯地如果採取狂熱的群眾運動式的「革命外交」，實難有何等迴旋的餘地。所以，在蘇俄顧問鮑羅廷的勸告下，黨軍並未採取報復性的激烈行動，只以發動專為對付英國的和平性的省、港罷工和口頭上的反英宣傳運動為止。伍朝樞也力主對英、法帝國主義國家維持溫和性外交的立場，而不作硬碰硬式的對抗；所以，國民黨中央執行委員會通過決議，將矛頭轉向對內的軍閥，只確定「英、法為此案之行凶者，英、日為上海、漢口等處慘案之原動者」，而革命政府並未採取狹隘的報復手段，也不排斥一切外人。[20]但因伍朝樞力持溫和性的外交主場，已深為黨內激烈派人士所不滿，所以，在一九二五年七月一日廣州革命政府改組為國民黨政府時，其外交部長的職位，即為胡漢民所取代（汪精衛為國府主席），惟伍氏乃得為十六位委員組成的國民政府委員之一，並保持為八位委員組成的軍事委員會委員之一，另並兼任司法委員會主席及廣州市政委員會委員長（市長）等要職，並未失勢。[21]在此期間，專為對付英帝國主義的省、港大罷工，正雷厲執行，持續達十七個月之久；伍朝樞則專力規劃廣州市政，頗能綱舉目張。對於省、港大罷工的堅持進行，伍氏也支持調護，措置咸得其宜。所以，當一九二五年九月胡漢民因間接牽涉到廖仲愷被刺案而被迫去職而遊俄之時，伍朝樞即得繼續被任為外交部長，接續胡氏之職。一九二六年一月國民黨舉行第二次全國代表大會時，伍氏也當選為十六位委員組成的中央執行委員會之一員，並當選為黨的最高核心的九位委員組成的政治委員會之一員。22

一九二六年三月二十二日，伍朝樞受命與宋子文、陳公博等三人就省、港大罷工問題與英方香港總督的代表欽南（J. H. Kenan）和英駐廣州總領事白利南（John Brenan）等進行談判，英方態度逐漸軟化，曾提議以貸款予廣州國民政府修築黃埔港為條件以換取國府緩和反英的行動，伍氏也頗願妥協解決。當時正值「中山艦事件」發生之後，國府主席兼國民黨政治委員會、軍事委員會主席汪精衛為蔣中正所驅而藏匿，而約略半年之前被迫離開廣州的胡漢民，則由俄返回廣州，一時頗受歡迎，蔣、胡頗有合作共創新局的可能。惟胡氏返粵後即與古應芬、孫科、伍朝樞等密切聯絡，而反對俄顧問鮑羅廷及國民黨內跨黨的中共份子，據說胡氏並主張監視鮑羅廷，為蔣中正所不喜。所以，胡氏很快即再度被迫離開廣州。而蔣氏在次一回合的反轉行動中，即應鮑羅廷之請，突然將第十七師師長吳鐵城逮捕。伍朝樞與胡漢民素稱接近，被認為是國民黨「右派」，為鮑羅廷所不喜；又因在與英人談判省、港罷工問題時，極力主張接受英人借款來交換罷工的終止，也為蔣中正所不滿；所以，他盱衡情勢，即藉口吳鐵城被捕案而離粵；其外長職務改由主張激烈性「革命外交」的陳友仁代理，另一廣州市政委員長的職務，則由孫科繼任。23

五、一九二七年四月後主持南京國府的溫和性「革命外交」

一九二六年七月，蔣中正所領導的北伐軍事正式發動，一路順利，很快於九月初攻取了漢陽、漢口，十月十日並克復武昌。但國民黨內部國共合作的體制，因思想上溫和與極端之爭及在戰略上北進與東進之爭，很快即趨於分裂。武漢國民政府在國民黨左派與中共份子的主持下採取一種激烈性的「革命外交」政策，雖然在一九二七年二月十九日成功地正式收回了漢口與九江的英國租界，但其繼續所採取的一種對帝國主義「暴力邊緣」政策，實驚險萬狀，因此在一九二七年四月中旬發生了國民黨內部的大舉清黨，形成南京與武漢兩個國民政府的對立之局。國民黨溫和派在南京所召開的中央執行委員會係以胡漢民為主席，其所成立的南京國民政府也是以胡氏為國府委員會主席兼中央政治委員會主席，並以伍朝樞為外交部長。[24]在外交政策的目標上，伍氏所代表的溫和性「革命外交」雖然與武漢國府外交部長陳友仁所代表的激烈性「革命外交」並無不同，但在所採取的策略方面，則有很大的差異。而溫和性「革命外交」並未喪失「革命」的銳氣，其勇猛精進的外交行動，實際非常有力。

一九二七年五月十日，伍朝樞宣誓就南京國府外交部長之職，即明確地宣布其外交方針為不採暴動手段，又闡明中國國民黨之要打倒帝國主義，是要打倒侵略中國的帝國主義，並非無選擇性的排外。他也再度宣布，將於相當時期內提議廢止不平等條約。南京國府並通告各國，北伐志在剷除軍閥，非與各國為敵，革命軍人對於各國的軍艦商船，不得擅施射擊，外人生命財產，尤須加意保護；另並專令保護外僑，各國領署、教堂、外人住宅、學校、醫院、行棧等，不准藉詞借用佔據。25

伍朝樞尤其想一舉收回中國的關稅自主權。一九二七年七月二十日，他代表南京國府發表宣言說：不平等條約中的協定關稅，與我國主權的行使大有妨礙，應於本年（一九二七）九月一日起，實行關稅自主，進口稅率除現行之值百抽五外，普通貨應另徵百分之七·五，奢侈品則依分類另徵百分之十五至百分之二十五，煙、酒的稅率則為百分之五十七·五。伍氏同時也宣布在所有國府控制下的廣東、廣西、江蘇、浙江、福建、安徽等六省內，裁撤釐金及通過稅、沿岸稅、出口稅等；另對工廠出產貨物徵收之「出廠稅」，則通用進口貨的稅率徵收。26伍朝樞並進一步將一九二六年北洋政府外長顧維鈞在廢棄一八六五年中比條約所用的原則予以擴大，於一九二七年八月十三日與十一月三日兩次以國府的名義，發表宣言，聲明：

㈠由於過去中國政府與他國政府、公司及個人所簽訂的不平等條約與協定，已無存在的理由，國民黨政府當於最短的可能時期之內，將其撤廢；

㈡此等條約與合同，如已期限屆滿，自當予以作廢；

㈢任何中國官吏擬與任何外國政府、公司及個人訂立任何條約或協定，凡未經國民政府參與或許可者，完全無效；

㈣關係中國之條約或協定，未經國民政府參加為締約之一造者，不得視為對於中國有約束力。27

伍朝樞並在南京國府與日本尚無外交關係的情況下，向遠在北京的日本駐華公使芳澤謙吉抗議日本田中內閣對滿、蒙的新的「積極」政策，認為此新政策有將「二十一條」交涉變本加厲之勢，早晚將危及世界和平；又聲明不承認日本與北京當局的任何談判結果。一九二七年十一月二十四日，伍氏甚至為響應北京顧維夠依照廢棄中比條約的前例，再以同樣理由廢棄中國與西班牙前所簽訂的不平等條約，自南京照會給尚不在南京國府統轄境內的西班牙駐北京公使館，通知其一八六四年的中西商約，已無效力。為我國南、北政府協力廢棄不平等條約之舉，創一先例。[28]這些行動最足以表現南京國府外交上堅決果敢的精神，與過去北洋政府闒茸卑遜的退縮習氣，完全不同。

不過，伍朝樞之逕自宣布收回關稅自主權，很受到列強的反對，日本甚至威脅將採取適當的報復行動。同時南京國府為致力於寧、漢、滬三方黨人的合作，而有國民黨中央特別委員會的組織，雖然勉強組織了一個新的南京國民政府，但內部極不穩定。加之上海商會及各省商民協會代表會議等，雖然擁護國府實施關稅自主，但卻紛紛請求國府延緩實施加稅裁釐。在內外的壓力下，伍朝樞只好宣布開徵關稅與裁釐金的措施，因「各省或因軍事，或因新隸」，將另訂日期實施；等於是面子上的下台之舉。伍氏甚至因政府內部意見分歧，無法有效的執行其外交決策，憤而於一九二七年十二月底聲言要辭職。所以，他收回關稅自主權的計畫，實際並未實行。[29]

在伍朝樞擔任南京國府外交部長的短短七、八個月期間，其決策中的犖犖大者，尚有堅拒列強藉口是年三月之南京事件要挾數項條件以為承認南京國民政府的先決條件之事。伍氏經過深思熟慮，權衡利害，認為我國的外交政策，既以廢除不平等條約為基本原則，則凡外人根據條約權利所釀成之案件，必不可率爾讓步；況彼等既以小惠為餌，急則轉為所乘，故在伍氏掌理外交期間，南京事件始終並未解決。[30]此外，則為一九二七年十一月至十二月所發生的廣州事變，中共張太雷等在蘇俄領事館人員的指揮協助下，竟一度控制廣州市區。伍氏則以外交部長的身分，迅速採取外交上的行動，由國民政府明令對俄絕交，撤消對各地俄領事的承認，並將俄僑分別遣回及註冊，嚴拏俄籍共黨人員。31

一九二八年一月二十五日，胡漢民與孫科為避免黨內糾紛，偕同伍朝樞出國考察，伍氏乃辭去外長職務；次月，改由黃郛繼任。伍氏等在赴歐途中，旅次新加坡，於二月八日應當地僑領之歡迎公宴，宴中有人開槍暗殺伍氏，幸未命中。此案經英當局查明，其暗殺的對象，實為胡漢民，因胡氏是日適未赴宴，刺客竟誤以伍氏為胡氏，實亦驚險。32

六、一九二八～一九三〇年之從事中美撤廢領事裁判權的談判

一九二八年五月，日軍在山東濟南製造五三慘案，時伍朝樞正陪同胡漢民、孫科二氏在巴黎考察，接奉外交部長黃郛的急電，囑其遄程前往美國，以「專使」（旋改為「特使」）的身分，接洽美國對五三慘案可能的調停，並敦促美國在中國收回關稅自主權與撤廢領事裁判權兩方面的努力中，採取友好性的領先行動，以為各國的表率。此後情勢改變，第一項的外交任務，已無必要；第二項的任務中，在收回關稅自主權方面，由於美國國務卿開洛格（Frank Kellogg）很快答應了實現中國的願望（係經由駐美公使施肇基之手，而非經由專使伍朝樞之手），於一九二八年（民國十七年）七月二十五日由美駐華公使馬慕瑞（John Van A. MacMurray）與南京國府財政部長宋子文在北平簽訂了一項「中美整理兩國間關稅關係條約」。但對於放棄美國在華的領事裁判權問題，開洛格則予拒絕，只答應中美非正式的商談此事，而美方的談判代表也只由較低級的遠東司司長郝恩伯克（Stanley Hornbeck）擔任；稍後，始由助理國務卿約翰遜（Neson T. Johnson）出面談判；後來因約翰遜奉命出使中國，才再易由郝恩伯克負責。[33]

一九二九年一月，伍朝樞已經與郝恩伯克開始了第一度非正式的會談，但雙方互相延宕，一直到同年十二月十七日，伍氏才正式提出了一項撤廢領事裁判權的詳細方案八條，其主要內容如下：

㈠自一九三〇年一月一日起，在華美人將受中國法律與法庭的管轄；

㈡在上海、廣州、漢口、天津、哈爾濱五大城市設立「特別法庭」（special court），以審理轄區內美人的被告之民事與刑事案件。此「特別法庭」可為第一審與第二審，而以中國最高法庭為上訴機關。

㈢每一「特別法庭」內設置「外籍法律顧問」（foreign legal advisers）一至三人，此法律顧問可查閱案卷與證據，但不能參加審判。

㈣美人涉嫌被捕，應於二十四小時內遞解「特別法庭」；

㈤本條例試行二年。[34]

在此後的談判中，郝恩伯克本來已答應「外籍法律顧問」的設置，只是監督中國獨立的司法制度之運行，而放棄當時英國在與南京國府外交部長王正廷在南京談判時所堅持之要中國任命的「外籍共同法官」（foreign co-judge）。但此後在英國的壓力下，美國竟又變卦，堅持「外籍法律顧問」的權力應相等於「外籍法官」，又堅持初期不放棄刑事案件、堅持美外交人員有「移送上級法院廢案權」（evocation）及保留上海、天津、廣州、漢口四地不在撤廢領事裁判權的範圍之內等等（這些都是英人當時所堅持的項目）。因此，中美之間的談判，開始雖早，後來竟附驥於一九三〇年一月九日才正式開始的中英在南京的談判之後了。[35]

一直到一九三一年六月五日，中英之間在經過艱苦的一年近五個月的談判之後，獲得了初步的成功，由外交部長王正廷和英駐華公使藍浦生（Sir Miles Lampson）於是日「草簽」（initial）了一項包括二十二條的中英新約，英國答允放棄民事與刑事案件的管轄、答允「外籍法律顧問」無法官權及英外交人員無「廢案權」等，而中國則答應上海「保留」不在撤廢領事裁判權之內，為期十年；天津則「保留」五年。稍後，中美之間的談判，才趨於積極，其談商的內容，也與中英新約的協議，大致相同；惟上海保留十年之事，雙方可在九年時，再作談判；美國務卿史汀生（Henry L. Stimson）甚至還想放棄保留天津。但一九三一年九月十八日日本突然侵佔中國東北的九一八事變爆發，不只使中美撤廢領裁權的談判，為之中斷，中英已經「草簽」過、正由雙方政府審議中的中英新約，也竟胎死腹中，而毫無實質的結果了。[36]

伍朝樞在參與中美撤廢領裁權的談判期間，也曾奉派出席海牙國際法編纂會議，在討論地主國對於居住外人的損害之賠償責任時，他極力主張地主國只應遵照普通國際公法，盡其能力保護外人的生命財產；惟外人既願來此居住，即應與地主國的本國人接受同等的待遇。換言之，即應廢除領事裁判權（治外法權）。但伍氏的此項主張，各列強代表認為不便於己，故未在會議中通過；但他的主張卻常為國際公法學家所徵引。[37]

此外，伍朝樞也奉命於一九三〇年九月，以中國首席全權代表（Senior delegate）的身分出席在日內瓦舉行的國際聯盟第十屆大會，並當選為大會副會長。在大會中，伍氏為預先為中國之撤廢不平等條約籌一法理根據，乃根據國際聯盟盟約第十九條要求大會成立一專門委員會，研議會員國提出之「情勢重大變遷」（rebus sic stantibus）已不適用之條約，以免其繼續發展，危及世界和平。伍氏發言時，聲音宏亮，英文流利，語驚四座，博得全場熱烈的掌聲。惟英、法對德國之圖謀修改凡爾賽和約非常敏感，橫加非難；伍氏則據理陳辭，不為所屈，最後卒由大會通過一項官樣文章式的議案，承認中國之請求修正不平等條約為正當，惟實現之期，則有待於將來之努力。此後，伍朝樞再奉派為中國全權代表，出席國聯第十一屆大會，曾力爭我國在國聯行政院當選理事之資格；而國聯秘書廳之負責者，謀以大會會長以餌伍氏，伍氏辭謝；因為理事為久任之職，平時可藉以聯絡，臨時可資以操縱；會長雖有榮名，只為臨時之職，無實權，故伍氏不願以此易彼。38

七、自美返國後的作為與盛年早逝

一九三一年二月，南京國府發生立法院長胡漢民被蔣中正扣留之案，是年五月，廣東當局與粵籍國民黨元老乃聯合宣言反對南京國民政府，自組廣州國民政府，以與對抗。許多粵籍老國民黨人紛紛參與，甚至司法院院長王寵惠也秘密出亡上海，以表示粵人大團結以反對南京國府的立場。伍朝樞雖遠在奉使的美國，作為粵籍孫科派的巨頭之一，他也在是年六月十二日辭卸駐美公使之職，聲言自願返國，以陪伴胡氏於拘禁地。39 但伍氏於自美抵粵後，即為廣州國府任命為司法部長兼最高法官（未就）；稍後，並出任廣東省主席兼瓊崖特別區行政長官。40

日本侵佔我東三省的九一八事變爆發後，國人鑒於日人之侵凌，寧、粵雙方乃決定在上海談判合流，伍朝樞被舉為粵方談和六代表之一。和局既成，伍氏被任命為司法院長、國民政府委員等要職，但他均辭而不就。稍後，並連廣東省主席一職，也堅決辭去；獨於瓊崖特別區長官之職，則欣然受命，急於成行。因為伍氏多年來素主重視邊疆建設，一向認為國民黨內賢才宜深入民間，對於行政低層的縣市鄉鎮的規劃與發展，多為著力，以確立國家民治的基礎；他反對以全國全部的精神財力，都集中於各重要都市，而置窮鄉僻壤於不顧。所以，伍朝樞早在一九二四年任職廣州革命政府大本營時，就建議孫中山開發瓊崖（海南島），孫中山也手諭嘉獎他，謂其想法與他本人一向所主「作大事不作大官」之宗旨相合，力贊其成。惜此後事局變動，未能完成其志願。至是始得償夙願，故伍朝樞擬竭全力以達其目的。41

他的第一項步驟，是先組織一個海南島調查團，赴瓊島作實地具體的考察；一面呈請劃分省、區權限，規定特區公署的組織，一面呈請開辦經費，均蒙批准。由於伍朝樞具有全國性的聲望與地位，而甘願擔任南荒偏僻落後之區的海南島開發工作，全國國民黨的黨部機關團體，以致海外華僑與瓊崖民眾，無不深感興奮，函電交馳，黽勉備至。伍朝樞也毅然引為己任，籌劃數月規模粗具，正擬出發蒞任，卻受到廣州綏靖公署主任陳濟棠與粵海艦隊陳策的聯合反對，公開呈請西南政務委員會取消特區，措辭荒誕，不可究詰。政委會因此下令瓊崖之建設與開發，應仍暫由廣東省政府辦理；使伍朝樞建設海南島的期望與計畫，為之落空。伍氏失望之餘，乃呈請辭去西南政委會常務委員之職，浩然引去。42

一九三二年夏，伍氏自香港至上海，開始了他預定遊歷全國部分地區的旅程。他先自上海北上至北平，又自北平西去綏遠，以考察九一八事變後北方各省的實際情況。次年（一九三三）春，他又遍遊湘、鄂、川三省的名山大川，西溯長江，登臨峨嵋山，探幽攬勝；又計畫遠遊雲南、貴州兩省以採風問俗，瞭解大西南的全盤情勢。是年秋，立法院院長孫科聘邀伍氏擔任憲法起草委員會顧問一職，伍氏雖未應聘，但仍向孫氏詳細建言，力主在憲法中明文規定「人身保護法」（habeas corpus）的詳細條文（即此後中華民國憲法第八條）。此為伍氏多年來一貫的重要立法主張，早自他擔任北洋政府眾議院議員之時，即倡此議。因為他深感民國以來，人民往往遭軍警的非法逮捕，個人自由與基本人權常常毫無保障，故力主於憲法之內規定「人身逮捕狀」制度，使被逮捕者，有要求逮人者出具法庭所發「人身逮捕狀」及要求逮人機關應於二十四小時內予以提審之權。保障人權，此議至關重要。43

一九三四年（民國二十三年）一月三日，伍朝樞在香港寓所突以腦貧血症死亡，享年僅四十六歲。盛年早逝，時人惜之。44

八、結語

綜觀伍朝樞一生的外交事業，其個人的法學深幽而知識廣泛，處事穩健而富有遠見，其為人也，神采卓犖而具有威儀，才氣過人而秉性豪邁，富幽默感常出言風趣，又能以片語而洞中問題的要害，這些都是一位優秀外交家的基本要素。所以，他常為其外交談判的對手與外籍人士所推服，實不愧為我國近代的一位著名的外交家與法學家。他在一九二四年之後的廣州革命政府與一九二五年七月廣州國民政府成立之後擔任外交部長時所實行的穩健性「革命外交」的政策，係以現實的和平談判與強烈進取的正常要求為主，雖然他在必要時也利用各類工人、農民與群眾團體的實力支援，以為吶喊性的響應，但他絕不允許這類難以完全控制的群眾運動影響及正常與和平性的外交談判。所以，伍氏外交政策的特色，是具有說服力的勇猛精進，但不失其和平穩健的基本特質，雖常在問題的爭執方面加大壓力，但認為絕對要避免硬碰硬式的武力衝突——這就是溫和性「革命外交」的一些特點。這與武漢國民政府時期陳友仁主持外交時之放言高論，經常利用民氣而想一舉實現片面性的撤廢不平等條約的某些項目的激烈型「革命外交」的作為，大為不同。可惜伍朝樞在國民政府統一中國的過程中，在國民黨內部派系的互爭下，主持外交的時期很短，而又盛年早逝，未能發揮所長。這實在是他個人與國家的損失。

在作人與行政方面，伍朝樞遇事敢為直言，而無疾言厲色之態；最講求行政辦事的效率，而深惡因循敷衍的官僚習氣；他辦事務求實際，不為過高之論；居官雖久，而每日讀書的習慣一直不改，這都是他做事成功的一些因素。伍氏幼年曾隨名學者沈鳳樓治國學，故中文亦頗有根底；其英文造詣之深邃，用字之允當而無贅辭費語，則最為孫中山所稱許。他所著《英革命過程》一書，即英、美學者對其文字之優美，也至表贊許，嘗稱他是「中國之勒肯赫」；勒肯赫者，英人以政治法律名家而又以文學家著稱也。伍氏另外也曾以英文撰寫《中國建國大綱》（*Nationalist Program for China*. New Haven: Yale U. P., 1929）一書行世。民國以來，我國外交代表與歐美各國訂約，常於條約、協定之末簽署自己的英文名或法文名，伍氏則在與美國所簽訂的公斷條約之後，簽署自己的華文名；頗有移風正俗之意。45

綜括而言，伍朝樞是一位深刻瞭解「革命外交」精義的外交家。可惜他的才華，尚未能多所發揮，即賚志以歿。他也是一位學者，一位出色的英文散文作家；這則是常為一般人所忽略的一件事實。

注釋

1 參閱 Howard L. Boorman and Richard C. Howard, eds. *Biographical Dictionary of Republican China*（N. Y.: Columbia University Press, 1967-1968）, vol. III, op. 412-415；郭廷以《近代中國史事日誌》，（台北：台灣商務印書館，民國五十二年），第二冊，頁八〇九；張存武，〈清末政治改革運動中的伍廷芳〉，見《總統蔣公逝世週年紀念論文集》，中央研究院編（台北：中央研究院，民國六十五年），頁九三二～九三三、九四一；另參閱張雲樵，《伍廷芳與清末政治改革》（台北：聯經出版社，民國七十六年）。

2 李恩涵，〈伍朝樞〉，見秦孝儀編，《中華民國名人傳》，第七冊（台北：近代中國出版社，民國七十七年），頁九六。

3 李恩涵，〈王正廷〉，《中華民國名人傳》，第七冊，頁七六；李恩涵，〈伍朝樞〉，頁九七；顧維鈞，《顧維鈞回憶錄》，第一冊（北京：中華書局，一九八三），頁一三七。

4 李恩涵，〈伍朝樞〉，頁九七。

5 伍朝樞，〈伍朝樞日記〉，見中國社會科學院近代史研究所編，《近代史資料》，總六十九號（一九八八年八月），頁一八七、一八八、一八九、一九二、二〇三、二〇五；李恩涵，〈伍朝樞〉，頁九七；郭廷以，《中華民國史事日誌》（台北：中央研究院近代史研究所，民國六十八年），第一冊，頁二六九～二七〇。

6 郭廷以，《中華民國史事日誌》，第一冊，頁三二八、三七九；《顧維鈞回憶錄》，第一冊，頁一七七；中國第二檔案館編，《中華民國史檔案資料匯編》，第四輯，上冊，（南京：江蘇古籍出版社，一九八六），頁九。

7 郭廷以，《中華民國史事日誌》，第一冊，頁六二五～六二六。

8 同上書，頁六〇〇。

9 《中華民國史檔案資料匯編》，第四輯，下冊，頁二〇四。

10 呂芳上，〈廣東革命政府的關餘交涉（一九一八～一九二四）〉，見《中華民國歷史與文化討論集》（民國七十三年），頁二六二、二五七～二五九。

11 同上文，頁二五九～二六一。

12 同上文，頁二五九～二六〇、二六二；李雲漢，〈中山先生護法時期的對美交涉（一九一七～一九二二）〉，見張玉法編，《中國現代史論集》（台北：聯經出版社，民國七十一年），第七輯，頁二三五～二三七。

13 呂芳上，前文，頁二六二～二六五。

14 同上文，頁二六四～二六七；郭廷以，《中華民國史事日誌》，第一册，頁七七〇；李雲漢，前文，頁二三九～二四一。

15 李雲漢，前文，頁二四二～二四六；呂芳上，前文，頁二六六～二六九。

16 呂芳上，前文，頁二六九。

17 郭廷以，《中華民國史事日誌》，第一册，頁七七九，八〇七；李恩涵，〈伍朝樞〉，頁九八。

18 郭廷以，《中華民國史事日誌》，第一册，頁八三二；李思涵，〈伍朝樞〉，頁九九。

19 同上書，第一册，頁八七三、八八八～八九九；李恩涵，〈北伐期間收回漢口、九江英國租界的交涉〉，見《近代中國史事研究論集》，第一册（台北：商務印書館，民國七十六年），頁一一七。

20 李恩涵，〈北伐期間收回漢口、九江英國租界的交涉〉，頁一一七。

21 李恩涵，〈伍朝樞〉，頁九九。

22 同上註；《中華民國史事日誌》，第二册，頁八。

23 郭廷以，《中華民國史事日誌》，第二册，頁三〇、三六、五二；李恩涵，〈伍朝樞〉，頁九九。

24 李恩涵，〈北伐期間收回漢口、九江英國租界的交涉〉，頁一四六；李思涵，〈伍朝樞〉，頁一〇〇。

25 李恩涵，〈北伐期間收回漢口、九江英國租界的交涉〉，見《近代中國史事研究論集》，第二册，頁一八二。

26 同上文，頁一八二～一八三。

27 《東方雜誌》，第二十五卷，第二期，頁一四六。

28 李恩涵，〈北伐期間收回漢口、九江英國租界的交涉〉，頁一八三。

29 同上文，頁一八三～一八四。

30 李恩涵，〈伍朝樞〉，頁一〇二。

31 同上註。

32 李思涵，〈伍朝樞〉，頁一〇二～一〇三。

33 參閱李恩涵，〈九一八事變前中美撤廢領事裁判權的交涉〉，見《近代中國史事研究論集》，第二册，頁二二九～二三五。

34 同上文，頁二四一。

35 同上文，頁二四二～二四六。

36 參閱李恩涵，〈九一八事變（一九三一）前中英撤廢領事裁判權的交涉——北伐後中國『革命外交』的研究之四〉，見《中央研究院近代史研究所集刊》，第十七期，上冊，（民國七十七年六月），頁一六五～一八八。

37 李恩涵，〈伍朝樞〉，頁一〇五。

38 同上文，頁一〇五～一〇六。

39 同上文，頁一〇六。

40 同上註。

41 同上文，頁一〇六～一〇七。

42 同上註。

43 同上文，頁一〇七～一〇八。

44 同上文，頁一〇八。

45 同上文，頁一〇八～一〇九；中國國民黨黨史會編，《革命先烈先進傳》（台北，民國五十四年），頁九一一～九二二，陶履謙，〈伍朝樞行狀〉；陶履謙，《伍梯雲博士哀思錄》（民國二十四年）；Howard L. Boorman and Richard C. Howard, eds. *Biographical Dictionary of Republican China*, vol. III. p. 415。

原載中央研究院近代史研究所編，《近代中國歷史人物論文集》，台北：中央研究院近史所，民國八十二年一九九三年六月，頁三五三～三七四。

第十七章

戰時日本對冀東的「三光作戰」（一九三七～一九四五）

有關第二次中日戰爭期間（一九三一～一九三七～一九四五）日本軍在華「三光作戰（政策）」問題的資料，中、日、英文戰時出版的報紙、雜誌與時人的記錄憶述，實相當廣泛，戰後以中、日、英文發表的有關公、私資料、檔案，即只論其主要者，也是卷帙浩繁，[1]而戰後中、日及西方學者對於「三光作戰」的研究論著，也相當不少；[2]而有關日軍在冀東的「三光作戰」的研究，除陳平個人的回憶記述及他與日本學者姫田光義合撰《もうひとつの三光作戰》（一九八九）及姫田光義撰〈日本軍による「三光政策・三光作戰」をめぐって〉（一九九三）；藤原彰，〈「三光作戰」と北支那方面軍〉見《季刊：戰爭責任研究》，第二十、二十一號（一九九八年六、九月）；笠原十九司，《南京事件と三光作戰》（一九九九）等外，[3]多年來能夠綜合中、日、英文中的原始與第二手資料的較比全面性的深入研究，則尚無新著問世。這就是本文撰寫的目的所在。

就現所確知的各種檔案與不同來源的資料而言，我們可以確定地說，「三光作戰／三光政策」（殺光、燒光、搶光）為日本軍隊在第二次中日戰爭期間所犯的嚴重罪行之一，是對於中國抗日的一定地區（特別在華北中共抗日游擊區內）有系統地、大規模殺戮非戰鬥人員（自然也包括戰鬥人員）的居民與破壞區內公私房舍、糧秣與其他物資設備的總稱；其所表現的野蠻殘暴程度，實在人類史上留下一頁不可抹滅的污點。該「三光作戰」（或「三光」）一辭，雖然係來自於當時中共的黨政通告與傳播媒介根據日軍對中共游擊區「掃蕩戰」中殘酷屠殺與破壞的事實而予以概括化的一項中國名詞，在日本作戰命令與術語中，則稱之為「燼滅作戰」、「徹底的肅正作戰（討伐）」、「徹底覆（討）滅」、「討滅作戰」、「掃蕩作戰」、「剔抉掃蕩作戰」、「治安肅正作戰」、「治安強化作戰」等等；4 其實這兩套辭彙的意義，實際是非常接近、或是幾乎完全一樣的。到現在為止，我們尚無法發現日軍對「三光作戰」的最早、官階最高的原始命令文件，這是由於日軍於一九四五年八月十五日降伏之初，曾經大規模有系統的湮滅種種軍事證據的關係，5 但個別地、散漫地、較低軍階的原始命令，如一九四〇年駐紮山西的日軍獨立混成第四旅團昭和十五年（一九四〇）九月〈第一期晉中（太行山南部）作戰詳報〉與該旅團長所下〈討伐隊注意事項〉的命令中所云，仍可見其端倪。6 我們也可確定地說：此「三光作戰」實為將一九三七年七月七日中日全面戰爭（不宣而戰）展開之後，日軍在華對抗日地區普遍地不同規模的屠殺、焚燒與破壞，一變而為有系統、有組織的較大規模的焚燒與破壞，以謀徹底摧毀中國軍民抗日的戰鬥意志與其物資基礎。此「三光作戰」的始作俑者，是戰前多年擔任侵略華北的前鋒、開戰後於一九三九年九月出任華北方面軍司令官的多田駿（中將，後升大將）。此後繼續擴大「三光」使其達到暴行的高峰期的，則是一九四一年七月接繼多田駿之後擔任華北方面軍司令官的岡村寧次（大將）。7該「三光作戰」的重心區雖然在中共晉察冀地區的晉東北、冀中與晉冀魯豫地區的晉東南、冀南、魯西與山東的沂蒙山區，8但冀東在戰略位置上既為日本認為極其重要，在實施「三光作戰」中也是一處極為嚴酷典型的案例之一。

一

冀東在地理上於二十世紀三〇年代係指北平以東以至天津到山海關之鐵路線以北至長城線、以南至渤海之濱的二十二個縣，總面積約為十二萬平方公里的地區。但本文所討論的戰時的冀東，則也包括長城線以北的熱河南部與遼寧西部及西北地區（即當時晉察冀邊區的冀察熱軍分區）。而自日本方面的政區劃分而言，自一九三一年九一八事變後日本即很快佔據了我國的東三省；又於一九三二年九月成立了偽滿洲國；次年（一九三三）一月更進侵熱河全境（三月承德淪陷），將熱河強併為偽滿的一部分。熱南、遼西與遼西北均成為偽滿所謂的「西南國境地帶」，在地緣戰略上居有防護偽滿西南安全的重要地位。一九三三年五月三十一日，中日簽訂塘沽協定，則將冀東地區變為「非軍事化」與「特殊化」。兩年多之後，日本甚至在冀東成立了偽滿式的偽「冀東防共自治政府」，以為偽滿與華北的緩衝地帶。9

一九三七年七月七日中日進入全面性不宣而戰之後，中共新編成的八路軍一一五師、一二〇師、一二九師即全面自陝北東進進入敵後的晉東北、察南、晉西北、冀西、冀中、晉東南、冀南、魯西等地；同年十一月，一一五師副師長聶榮臻率部三千人在晉東北的五台山山區成立了晉察冀軍區，又成立了東進挺身縱隊、山東縱隊、北方挺身隊等，以迅速擴展實力。同年年底，已分建了太岳（晉東北）、冀中、冀熱遼（冀東、熱南）等三個軍分區。[10]約略於同時的一九三七年十月，中共冀豫晉省委成立，是年十一月，共軍一二九師則南進深入太行山，開闢了以太行山為依託的晉冀魯豫地區。[11]日本情報稱，毛澤東（八路軍）的游擊戰法，係實行「將兵一致、軍民一致、爭取敵偽軍」等三大原則，主張將軍力用於側面與後方作戰，但不反對以一部分（不用主力）用於正面作戰；在戰術上主採包圍、迂迴戰法，作獨立自主的對敵作戰，以保存自己的力量而消滅敵人的力量，若應用之於敵人的後方則威力特大，以擾亂或切斷敵人的運輸線與基地。正面作戰時，決不取「單純防禦（專守防禦）」的戰法，而採「反擊戰法」；又引毛氏之言：「我們的戰術，決非單純的游擊戰，而是運動戰、陣地戰與游擊戰之交互運用」。[12]

就中共在冀東的發展而言，早在七七事變之前兩個月，中共地下黨員李運昌（一九〇八年生，又名芳歧、鳳鳴，河北樂亭人，一九二四年加入中國社會主義青年團，一九二五年入黃埔軍校，同年加入中共）即報告，該區潛伏的抗日武力已有槍二十二萬支至二十五萬支之多。一九三七年七月六日至七日，在李運昌與其他國民黨抗日領袖的領導下，更組織發動開灤煤礦礦工及冀東七縣老百姓二十萬人之眾的抗日大暴動，組成七萬至十萬人的冀東抗日聯軍（其他受國民黨領導的抗日軍有三萬人），在冀東十七縣之內發動游擊戰。至同年十月上旬，始因受到挫敗，無力支持而向西方撤退，當地數約五百人的中共黨組織也隨之瓦解。惟李運昌所領導的第三支隊三千至五千人仍留在冀東游擊抗日，後更併入八路軍的行列，稱第十三支隊（後改稱第十二團）。[13]

一九三八年春，晉察冀軍區的第四縱隊鄧（華）宋（時輪）支隊六百人（一說五千多人）潛入北平之北的房山山地，又自房山發展至良鄉、涿州、淶源等縣；同年五月，更進入冀東，在熱河西南部的燕山山區建立霧靈山根據地，向偽滿境內滲透發展。14惟該根據地很快受到偽滿軍的進攻掃蕩，遭受到很大的損失；一九三八年秋，乃折返山西。15同年十二月，中共一二〇師副師長蕭克所統率的北上挺進軍又進入冀東，沿長城線逐步擴大地盤，展開游擊戰。該軍雖然很快自原來的六百人擴增至三萬人之眾，但其裝備甚差，平均每五個人才有一支步槍。16所以，當一九四〇年春晉察冀邊區冀東軍分區成立時，仍以李運昌為司令員，包森副之，下轄第十一團、第十二團與第十三團，總兵力約二千人。其他有政治人員二百人，（便衣）游擊隊二百人。蕭克則改任平西軍分區司令員。17

一九三八年十一月，日軍首次對冀東開始了殘酷的「掃蕩」，至一九三九年六月止，共發動過五次大圍攻，前四次所用兵力各約為五千至六千人，第五次則出動兵力達二萬多人。18一九三九年冬，日軍又在李運昌第二支隊活動區的熱南長城線北側的興隆縣根據地內，燒毀破壞民居——這有些類似最初形式的「無人區」，強徙居民至集中營式的「集團部落」。19這類最初形式的「無人區」，顯然係仿自偽滿的東邊道（通化、撫松地區）之例，雖然也略微作些修正：因為至一九三九年，滿洲東邊道等地已建立起「集團部落」（集中村）達一萬三千四百五十一處，每「部落」約有四十或五十户至一百五十户。「部落」原則上為正方形，設砲台、圍壕、土壁、鐵絲網等防禦設備。砲台的構造，以長三十五尺、寬三十尺、高八尺之橢圓形為基礎，有外圍二尺、長一丈的砲坑，其上則為建坪十五平方尺的二台階、長十一尺的砲台。20至一九四〇年日偽在熱南實行較大範圍的「集家併村」之前，熱南興隆縣沿長城之線的冷嘴子、八仙桌子、花布、大小黃岩等關口附近及橫河、黑河上游一帶已開始「集家併村」了，如將藍旗營子鄉北榆樹溝內的幾個小鄉村集併到楊樹台村，將橫河川北部山區的羊羔峪、山泉等二十多個山村集併到鞍子嶺村與雙爐台村，在羊羔峪建立起「部落」派日偽軍駐守。惟中共軍的勢力在熱南長城線區的發展，並未受到阻止；至一九四一年秋迄一九四二年秋的期間，中共在霧靈山、五指山、都山（在承德白馬川之南）的三大根據地，已可連成一片，形成在熱南的一處相當大的控制區。[21]

二

一九三八～一九三九年九月期間的華北方面軍司令官為杉山元（大將）（他是七七事變前後力主一個月或至多三個月「一擊論」即可解決中國抗日問題的陸相）、參謀長為山下奉文（中將，為日陸軍中皇道派的中堅份子，後為進佔馬來亞、新加坡的「馬來亞之虎」）、參謀副長為武藤章（為日陸軍中機謀百出、野心勃勃於對外侵略的少壯狂熱份子，有「東條英機的衝激力（大腦）」之譽）。在三人密切的配合下，頗想一舉廓清華北各地區的國、共抗日游擊武力。[22]所以，即使在日軍尚未佔領武漢之前的一九三八年四月，他們即已下令出動一萬二千多人，分四路進攻國、共在晉中、晉東南、冀西新建立的各抗日游擊區，企圖以餓虎撲羊之勢個別予以擊潰與消滅。[23]同時（一九三八年四月），更出動三萬多人分九路進攻晉東北的五台山區，再轉而攻進冀西，沿途殺人、燒掠、破壞，無所不為。[24]特別自一九三八年十月佔領武漢之後，日軍在所訂「昭和十三年（一九三八）秋季以降對支處理方案」中，更確定要恢復佔領區的治安、強化對華北抗日游擊根據地的攻擊，所以，山下奉文等在擬定一九三九年（昭和十四年）華北三期（一九三九年一月至一九四〇年三月）肅清計畫之後，很快即雷厲實行進攻。一九三九年春季後，日軍不只重新大舉進攻晉東北與太行山北部的太岳區，也同時進攻冀中、晉西北、冀南與山東沂蒙山區，並在各區實施連續不間斷的進攻「掃蕩」。原駐冀東的第一一〇師團則調攻冀西北（太岳區），由獨立混成第二十七旅團專任冀東防務及「掃蕩」工作。[25]初期日軍對於中共軍是極為輕視的，只認他們為殘餘兵或抗日匪團之類的武裝力量；因而對之採取逕直包圍與突擊戰術；[26]又因為日本認為一九四〇年將為結束對華戰爭之年，一面積極培育汪精衛偽政權，以華制華，一面計畫與蔣介石談和；在華北則想「以武力為中心之討伐肅清，……必須完全掌握民心，獲得民眾之悅服」。[27]

所以，中共為牽制日軍在華中的進攻、增進重慶國府抗日的士氣與打擊汪偽政權的氣燄，乃於一九四〇年八月二十日至十二月五日之間的一百一十多天內，約略同時在正太路、平漢路、同蒲路、白晉路、北寧路、滄石路、津浦路、膠濟路等發動交通破襲戰的「百團大戰」，使日軍守備的各鐵路線與沿線重要礦場設備，遭受相當大的損失。[28]在此期間，冀東共軍則發動民兵八萬人在境內七、八個縣境之內，破壞日、偽控制的公路與電線，一時遵化城被封鎖達二十五天，城內日軍因燃料供應被切斷，乃燒門窗取暖。[29]當時李運昌部有約一千人在北寧路（京奉路）北的豐潤、遵化一帶游動，有時也在鐵路線上的灤縣與路南的樂亭一帶活動；所以，豐潤、遵化一帶的治安，被認為最不好。[30]一九四一年初，共軍更集中攻擊駐紮唐山、輔助日軍擔任第一線防共的偽治安軍（老軍閥齊燮元部），使之蒙受很大的損失。[31]日軍也常有小部隊在豐、遵之間被共軍伏擊殲滅之。[32]當時駐紮冀東的日軍一一七師團獨立第二十七旅團，實際駐在冀東的只有一個聯隊（第一聯隊，約三千至四千人），以唐山市的交通大學校址為司令部（日軍在中國佔領區內，普遍地盡其全力破壞中國的大、中、小學的教育設施，想將中國一舉打回「石器時代」，此為一例）；其師團主力既遠在津浦路地區屯駐，第二十七旅團部也遠駐於河北滄縣；旅團長則指揮其第二聯隊，駐在天津；其第三聯隊更遠駐於河南省境內，駐紮於唐山的第一聯隊則由師團長本間正晴（中將）直轄。[33]但為報復中共的「百團大戰」的交通破襲戰，一九四一年五月，第二十七旅團（第一聯隊）也開始進攻流動於欒亭的李運昌部。[34]

三

百團大戰後，日軍除加強了新築堡壘工事、改進「掃蕩」戰術外，很快即發動對晉中、晉東北、晉東南、平西（冀西）、晉西北、冀中和冀南的全面性進攻，以為報復，運用捕捉奇襲、縱橫清剿、輾轉抉剔、鐵壁合圍、反轉電擊、梳篦戰術等向共軍各根據地展開殘酷地大破壞式的進攻——這就是最初形式的、有系統的、有組織的殺光、燒光、搶光的「三光作戰」。[35]與此「三光作戰」相配合的，則為仿自三〇年代國民黨軍對江西蘇區進攻時所用「圍困戰術」時所實施的「治安強化運動」（計連續五次，自一九四一年三月至一九四二年十一月）。[36]稍後，日軍也在作戰順序上居於稍後的冀東，發動進攻「掃蕩」。一九四一年一月，日陸相東條英機與參謀總長杉山元會談，確定擬將侵略中國問題盡早解決（一面強力作戰、一面誘和、一面以華制華），並制定「對華長期作戰指導計畫」，擬於一九四一年秋後轉入長期持久態勢，惟仍毫不放鬆的對華施加壓力。在各佔領區以肅清佔領為主，但不進行大規模地進攻作戰。[37]換言之，此後日軍作戰將以對付中共游擊武力為重心。華北日軍於一九四一年夏所定的「肅正建設三年計畫」中，則劃分華北全區為「治安區」

（日佔區）、「准治安區」（游擊區）、「未治安區」（中共與國民黨的根據地區）三類，要在三年內將當時佔百分之十的「治安區」，擴大為百分之七十；佔百分之六十的「准治安區」縮小為百分之二十；佔百分之三十的「未治安區」縮小為百分之十。[38]

一九四一年十月三日，日華北方面軍司令官岡村寧次（他於是年七月七日接任此職）下令：對魯西、冀東、冀中、晉察冀邊（冀西、平北）、魯南（沂蒙）、晉東南（太行）、晉南（沁河流域）等區展開大地區連續不斷的「肅正討伐」。其方面軍參謀長則進一步指示：在掃清國軍衛立煌部的大會戰之後，目下攻擊重點為中共軍，要在武力戰之後，尚應進行活潑的政略戰、經濟戰、謀略戰、思想戰等等。[39]而且，日本開始從戰略的觀點來看冀東，認為在保護偽滿洲國與保護冀東經濟要區的開灤煤礦與長蘆鹽區等方面，實具有很重大的戰略意義。[40]從一九四一年八月十三日開始，日軍只在北岳區與平西區（冀西）即動用了五個師團與六個旅團之一部分和一部分偽軍，共七萬多人，進行了號稱「百萬大戰」、由岡村親自指揮的一次大「掃蕩戰」。[41]而在此稍前的九月十一日，日軍一萬多人則將開始「掃蕩」在長城線上的白河堡（靖安堡）向東至古北口及將古北口之西的長城內外，約五十平方公里的地區，劃定為「無住地帶」（無人區）。同年冬，線以北的熱河與隆縣的「無人區」也開始劃定。[42]一九四一年十二月，岡村下令第一一七師團應確保冀東的治安，所以其在冀東的兵力很快即有所增強，將該師團原有負責自鄰近冀中區以至冀熱邊境間遼闊地區的防務，予以縮小，此後即將重點移至冀熱邊境一帶。[43]該師團所屬第二十七旅團之全部兵力均調至冀東，其師團長的戰鬥司令部改移唐山，第二十七旅團為指揮與鼓勵其第一線部隊的作戰，則將其作戰旅團部設置於豐潤。[44]

一九四二年一月，更以第一聯隊為主力，自豐潤向北進攻，另以自天津調來的第二聯隊為輔助，自北寧線上的胥各莊向玉田北部「掃蕩」，展開了對共軍李運昌的全面「掃蕩」；另以第三聯隊布防於北寧路上的鐵廠／五官營之線的東部擔任攔截外逃共軍任務。因為根據第二十七旅團長鈴木啟久（少將）的判斷，中共軍主力應在北寧路之北，在路南的兵力，則極薄弱，無大部隊的流動。因此，他乃對路北實施嚴密封鎖，以日軍所駐紮的唐山、古冶、林西、胥各莊為重心，嚴禁日常必需品的鹽與其他物品北運，並破壞豐潤至玉田和唐山的公路；惟走私的鹽仍然可以自胥各莊之南以獨輪小車沿小路運往。[45]而進攻「掃蕩」中的日軍，先即在遵化劉備寨村屠殺村民數十人，[46]又在熱南寬城碾子峪、大屯村一帶，逐戶殺人燒屋，在僅僅五個小時內就把大屯村全村四百六十名村民中的一百八十七人予以殺死或燒死，燒毀房屋五百多間。[47]一九四二年二月中旬，因見大隊中共軍逃至遵化魯家峪村的舊礦窯附近，即告消失，而此類礦洞附近共有十九個之多，尚有其他可供潛逃的地道等；鈴木啟久乃下令「撤底殲滅」，以村民通敵為名，用殺、燒、毒瓦斯慘殺二百多人（一說日軍集中村民七百至八百人於該村廣場，以四挺機槍威脅之，凡不講八路軍去向的即槍殺之，但全村一個人都不講），燒房一千九百多間，並大肆強姦婦女，甚至有破孕婦之腹的殘忍暴行。該部日軍另在施放毒氣彈攻擊窯洞時，也至少殺死了共區軍民一千多人。[48]同年十月，日軍更在潘家戴莊將村民一千二百八十多人推入預掘的深坑內，活埋燒死。[49]

日本關東軍也與華北日軍密切合作，維持互動配合的關係。一九四一年九月，關東軍西南防衛司令部開始將所擬的〈西南地區肅正工作實施要綱〉，予以執行，承德日憲兵本部也制定了〈國境地區無人化〉方案，要大規模開闢具戰略性、有系統的、大規模的「無人區」，以確保此戰略要區、中「滿」邊境的安全。承德憲兵隊隊長所簽發的一份〈滅共對策資料〉中，說明「集家併村」製造「無人區」（「無住地帶」）的目的在於「匪民隔離」，「所謂『集家』是把可能成為敵人游擊區的國境地帶的住民集結到我方據點及附近地區，使之完全與敵人的活動隔絕，由我方掌握，從而封鎖扼殺敵人所謂人力、物力的動員。……民眾的支持，乃彼等的依靠；這樣就切斷其與民眾聯繫的紐帶、救命之網繩，此實致命之打擊」。[50]

此種「無人區」（日文稱為「無住地帶」、「無住禁作地帶」或「暫時無人村」）的所謂「匪民隔離」對付中共游擊軍的策略，早在一九三三～一九三九年日軍在偽滿吉林省東邊道的延吉、琿春、輯安、清源、寬甸、通化等地已通過大規模的「集家併村」而實行過。一九三六年，遼寧北票市的二龍台川等二十多個村莊，也被劃為「無人區」。[51]一九四〇年十月，原在山東作戰的第三十二師團師團長木村兵太郎奉調為關東軍參謀長，除加強關東軍對東邊道延邊、通化一帶的「討伐」之外，又制定〈西南地區肅正工作實施要綱〉，開始在熱南配合冀東有系統地將「國境地帶無人化」。[52]關內在中共晉察冀邊區境內，約略同時（一九四一年九月），日軍也在晉、冀兩省交界處著手建立「無人區」，其目的是要遮斷冀西與晉東北的山岳區與冀中平原區的聯繫；其範圍包括從平定娘子關，經南韓莊、盂縣東山、定襄東南山區、五台，直到繁峙、靈邱南山，長約五百多里（一說五十至六十里，約二十五至三十公里）。[53]在山東萊蕪魯山一帶的四百一十二個村莊也被劃定為「無人區」。[54]凡被劃為「無人區」的區域，即是要迅速開始「集家併村」了，也就是血的屠殺的開始——在區內用非常殘酷的手段，實行日軍所謂「切斷根源方式之破壞」（徹底的破壞），在一定期限內將區內所有家屋予以破壞或移動，並以武力強迫區內居民遷入「部落」（新村，亦稱「人圈」），否則，逮捕之或擒殺之。在一定期限之後，如果在「無人區」內發現任何居民或一般從事農耕生產的人民，即予槍殺；在區內搶獲物資，則予論功行賞。[55]

根據當年駐紮密雲縣白馬關的日軍中隊長舟生退助的回憶記述云：（日軍）作戰命令的規定與方針：為建設「無人區」，非掃蕩討伐不可，對家屋應一律燒掉，對所追到的中國人，一律射殺，「不問理由，非槍殺不可」。56舟生退助描述他的中隊在「討伐」密雲縣白蓮峪的情況說：

「白蓮峪已一點村莊的痕跡也沒有了。……以後意外地在山間發現一家屋，見一七十歲的老人和兩男孩子，一為六、七歲，一為四、五歲。此老人與孫子三人尚不知危害之即將到來。該中隊之成績，即將該住屋放火全燒，老人活生生地燒殺，兩孫子叫其祖父之名，一人一人被一槍殺死」。57

前關東軍第三特別警備隊木村××少佐（曾任承德憲兵隊本部特高課大尉課長），則於戰後接受中國的審判時承認當地民眾對他所控告的罪行，都是他作為特高課課長所曾犯過所應承擔的責任。因為熱南青龍縣孟子嶺石柱村一帶為中共冀東根據地的軍政中心區，也是日軍所設重點的「無住禁作地帶」，故在一九四三年十二月的「掃蕩」中，石柱村即遭到連續的破壞，全村村民七百人中被屠殺的有三百人，二十二户全被殺絕。駐紮喜峰口的日軍在「掃蕩」附近王廠溝村時，在該村逮捕村民五百八十人，屠殺了其中的三百八十人，其他則運往滿洲為強迫勞工。58

一九四二年二月至三月，冀東日軍實施的「肅正計畫綱要」以配合是年三月全華北所展開的第四次治安強化運動，再度大規模地進攻冀東共軍（六月）。參加的日軍部隊有一一七師團直屬軍、二十七旅團第二聯隊與輕戰車隊一團，岡村寧次與一一七師團師團長與獨立第十五旅團旅團長等均親來視察。59此役除在遵化魯家峪附近的洞窟中，擄獲了大量軍需品，並實施起空前的大搜索、大逮捕、大屠殺、大放火和大掠奪。日軍也大規模施放毒氣以對付在山間藏匿在洞窟中的共軍，只在魯家峪附近的雞冠山，即毒殺八路軍七十二人與傷病兵九十五人。[60]共軍則以游擊運動戰應付之：先自遵化轉移到玉田東南的李家橋，後又逃避於玉田的北方高地，不久，則游擊到盤山的方向去了。[61]日軍第二十七旅團第三聯隊則在駐地灤縣沙河驛東北方約八公里地方，遭到共軍八百人的襲擊，軍官以下數人陣亡。[62]一一七師團參謀長甚為震怒，乃下令：沿一千多公里的長城線以南四公里以內的遵化、遷安二縣境內，均劃為「無人區」，所有村民，均應驅離之，嚴禁他們在區內繼續耕種或通行。他也命令在冀東治安區與准治安區內的交通要道兩側，均應修築深二米以上、寬四米以上的遮斷壕，最長以四公里為一間隔，並在沿遮斷壕之一段地段內，各修瞭望樓若干座，有效監視共軍，使其不能在夜間逃避監視而來去自如。遮斷壕的建築，則限期於一九四二年年底前完成。[63]日、偽軍因此下令強徵冀東勞工首批六十萬人，每天都有徵集的勞工五萬到六萬人至指定地點報到，總計所徵勞工總數達六百萬人次。[64]該冀東遮斷壕的北界，西起燕山口附近，沿玉田與豐潤北方的山腳，以及沙河驛北側附近，直往東。至一九四二年九月，已完成了約二百九十公里長的壕溝及約一百座瞭望樓；至同年十二月中旬，所有玉田以東之鐵路線北部及以西地區的遮斷壕與瞭望樓，均告完成；而唐山市東側鐵路線以南地區的溝壕與瞭望樓，也同時建好。[65]

一九四二年八月，岡村寧次在一次華北方面軍兵團長會議上，甚至親自策劃趕工完成闢建「無人區」與遮斷壕的事項，並以此事作為同年九月開始的第五次治安強化運動的重要部分。為徹底封鎖冀東共軍與偽滿抗日份子的聯繫，他命令日軍監工完成沿長城線南側，東起遷安建昌營（冷口內）、經遷西、遵化、薊縣、三河、平谷、密雲、懷柔至昌平縣桃峪口，長約六百公里、寬約八至十公里（薊縣北部最寬為三十公里）劃為封鎖線，重點地區則劃定「無人區」。66在中共根據地的核心基本區內，則實行「細碎切割」，製造特設特定的「無人區」（日文稱之為「暫時無人區」），計遵化境內有四處，即(1)以魯家峪為中心的五個村；(2)以娘家廟為中心的十二個村；(3)雞鳴村等兩個村與高拔嶺村。豐潤縣境有二處：即火石營村和與灤縣交界處的黑山溝、西新莊營等四個村；和以遷安西部蓮花院為中心的一處，包括豐潤縣潘家峪和灤縣華山峰等二十多個村。還有灤縣青龍山區的趙家峪等五個村。67以遵化城北二十五公里的馬蘭峪至遷安以北二十公里的建昌營一段的帶狀「無人區」來看，其寬約四公里、長約一百公里。在馬蘭峪之西，則加修了一條長二百公里、寬八尺、深一丈五尺的遮斷（封鎖）溝，沿溝之一定間隔地，則加建瞭望樓。68

四

日軍在長城線以北開闢的「無人區」，係以熱南興隆縣為重心。因為該縣境內東有五指山，北有霧靈山，後者早自一九三八年即為共軍闢建為核心根據地，為歷次日軍掃蕩戰的重點區；前者也是此後中共發展起來的三大根據地之一。所以，興隆縣全縣在日軍的強力「掃蕩」下，雖然至一九四一年時中共軍政組織的損失甚重，但全縣三分之二的地區仍能維持「兩面政權」的統治形式——即白天為日、偽軍所支配，夜間則仍為中共軍所支配。69在一九四二年秋季日軍的大「掃蕩」中，中共冀東軍分區副司令員包森、西部地委書記田野等幹部、黨員、士兵一千三百多人戰死。70日、偽經常在「無人區」建立後的「部落」中搜捕中共份子，以一九四二年一月下旬的第一次「大檢舉」為例，即逮捕了二千多人，除當場殺害四百多人外，其餘均運往偽滿各礦場作強迫勞工。[71]至一九四三年四月至六月，興隆縣全境內已有約百分之四十的地區被列為「無人區」，十六萬畝以上的耕地被劃為「無住禁作地帶」，二百多個村莊被全部破壞，十一萬二千多名村民（佔全縣人口的百分之八十一）被驅入新建的「部落」居住。[72]就整個長城線以北的熱南而言，早在一九四二年春季，「無人區」（「集家併村區」）的範圍，已包括自興隆縣北至承德、平泉的南部，東至寬城一帶，西自赤城之北的獨石口，經古北口至喜峰口，寬二十五至三十公里的帶狀地區。[73]此外，興隆之北的灤平、赤城、豐寧等縣的大部分，自長安嶺東的靖安堡（白河堡），北至鵰鶚、後城一線，南至濫角、後河一線，包括大海陀山區與赤城縣（張家口之東）的黑河川、延慶縣（北平之北）的漢河川的相接地區，均被劃為「無人區」。一九四二年六月，日軍三千多人出動「掃蕩」大海陀山區，步步壓迫，反覆摧毀所發現的人、畜、房舍，有的村落被連續燒掠七、八次之多。[74]

同時期內，沿長城線之南的「無人區」，也被有計畫地擴大強制執行，除前述之馬蘭峪至建昌營一段外，薊縣黃岩關內一大片地區與盤山周圍三十多個村莊、密雲縣古北口以北的大片地區等，雖早在一九四一年即為偽滿劃定為「無住禁作區」，但實際還有人住，至一九四二年華北日軍則實行強制性的瘋狂的燒殺搶掠，驅使當地零散而居的村民被嚇而逃，整片面積約一千五百平方公里的土地，變成真正的「無人區」。[75]

一九四三年，冀東日軍與偽滿日軍更加緊合作，全面在冀東與熱南採用「拔根斷源」的毀滅性方法，擴大「無人區」；偽滿日軍甚至延長其控制的「無人區」至山海關以西十多公里的九門口。在青龍縣全境及凌源、建昌、綏中（地在遼西）部分地區，實行「集家併村」。從此，構成了西起獨石口（在張家口之東北）、東至九門口的一段長達八百五十公里長的戰略封鎖線，將偽滿的所謂「西南國境」嚴密地保護起來，另外，向北越過承德至錦州公路在平泉、寧城、承德全境與喀喇沁旗、圍場部分地區，也實行「集家併村」，將中共軍在此區內的光頭山根據地的周圍地域劃為「無住禁作地帶」。在熱西地區，日、偽滿也將豐寧全境與隆化縣之大部分劃為「無人區」。[76]至一九四四年春，在長城線以北的熱南地區，日本已基本完成其「無人區」的計畫：包括青龍、寬城、承德、興隆、灤平等五個縣的全境，豐寧、平泉、建昌、凌源、寧城、隆北、懷柔等七個縣的大部分，綏中、喀喇沁旗、圍場的部分地區，還有平谷、密雲、延慶、赤城等縣（當時這些縣均被劃入偽滿洲國境內），以及冀東遵化馬蘭峪的所謂「滿洲國特區」，均有「無人區」的設置了。總計這些「無人區」的總面積，約共五萬平方公里，區內被毀滅的自然村達十七萬多個，改建成「集體部落」達二千五百零六座，被驅趕居住於「集體部落」（「部落」）的村民共達一百四十多萬人。[77]所有在「無人區」內真正的「無住禁作地帶」，人民與家畜、家禽都應遷徙逃命，否則，為日、偽軍碰到，必殺無疑。在熱南山岳區的原中共根據地區域內，甚至一頭牛、羊、一隻雞都看不到。[78]薊遵興聯合縣第六區的小山村黃花峪，日、偽命令村民限期遷入「部落」去住，村民不搬，日、偽軍乃將全村一百多人中的九十多人全部殺害；另在一個山藥窖中，用火活活薰死七十多名老人、婦女和兒童。[79]興隆五指山根據地的羊羔峪、驢兒叫一帶，被日軍往返燒殺十八次（一說二十二次），許多家屋的石牆都被燒成褐色，而日軍仍不罷休，不只將石牆推倒了，還將其基石也掘出來。對於逃匿於山林中的村民，日、偽軍在「掃蕩」時常常放火燒山，森林被燒盡，河山焦土化。[80]對於日軍在「無人區」的種種暴行，共軍冀東軍分區司令員李運昌特於一九四三年二月七日通電向全世界控訴：日本在長城內製造「無人區」，普遍實行「集家併村」，將區內房屋燒盡，居民遭屠殺與凍餓而死的，已達數萬人，「這是一項世人不可漠視的暴行」。[81]

五

總計在八年抗戰（一九三七～一九四五）期間，在中共冀熱遼軍分區的冀東、熱南、平北、平西地區，估計約共有三十五萬人被殺害，三十九萬人被抓為強迫勞工，二百九十二萬間房屋被燒毀，損失糧食約有一百六十六億斤，牲畜（牛、馬、驢、騾）約有三十六萬多頭，豬、羊四百二十四萬隻，農具、家具約一千八百多萬件，被服約九百三十萬多件。[82]

不過，雖然在此極端困難的情況下，該地區的軍民仍然在被劃為「無人區」的根據地內，繼續奮力戰鬥與生活下去。他們在生活上已改為穴居野處，或夜晚住在山間與曠野中的窟洞，或住在長城線上的烽火台內，而在所居之處建立起三至五里間、晝夜均有聯絡步哨的警報網，以防範日、偽軍的來襲；又利用石雷與掩埋於洞窟中的地雷，以反擊前來搜索的敵人。[83]其次，中共軍實行「精兵簡政」，在日、偽劃定為「無人區」的廣大地區內，只維持最簡單組織的聯合縣，如豐灤密縣（為豐潤、灤縣、密雲三縣的聯合，但也包括了熱南的興隆縣與冀東的遵化二縣）、承平寧縣（為承德、灤平、豐寧三縣的聯合）、凌青綏縣（為凌源、青龍、綏中等三縣的聯合，但也包括了寧城、建平等縣）、遷遵青縣（為遷安、遵化、青龍三縣的聯合，但也包括遷西等縣）等。在聯合縣內建立「中心村」，實行軍事共產主義，作為武裝與勞動結合的互助組織；又組織全民性的民兵，在熱遼山岳地區約三萬人的村民中，參加民兵與自衛隊的即達二萬人，形成了一個全民皆兵的社會，[84]並堅持在日軍劃定為「無人區」內的農地上從事農業生產，以儘量維持基本糧食的供應（但力求避免在日、偽「掃蕩」進攻中「三光」式的被消滅）。所以，每年五月或六月，共軍即出動協助村民完成春耕，但日、偽軍常來「割青苗」，一年二次、三次，而破壞了生產，但「無人區」的耕種仍然繼續下去。雖然「無人區」內「中心村」的糧產常不足供應村民的食用所需，但不足之數常可由長城線之南共軍控制的撫寧、遷安、遵化、平谷、順義等地所產剩餘的糧食，北運接濟，如一九四二年冬，北運糧食即達約二十萬斤，其他日常必需品的鹽、火柴、布等，[85]也可用這樣的方式，源源接濟。對於日、偽在「無人區」內所建立「部落」，則派人滲透進去，作地下工作，使各「部落」成為「兩面政權」（即藉對傀儡政權中上層人員的寬大，以贏得他們暗中與共方合作：甚至白天為日、偽軍工作，晚上為共軍工作）。[86]此外，共軍在最必要時也常作出最堅決、最頑強的戰鬥，絕不投降。例如一九四三年春節（二月四日）時，日、偽軍破壞了承德之南的光頭山根據地，共軍一部即游擊分向赤峰之西北、隆化之茅荆壩、圍場之毛大壩等地發展，另一部則東向建平、朝陽地區發展，在建平之北建立新的游擊根據地。他們又另派人潛入吉林，聯絡該地區的東北抗日聯軍。[87]一九四四年九月至十月，中共的黨政機構改組，將偽滿西南部地區與華北統一合併編制、統一指揮，而該地區的中共黨員數不減反增，如一九四二年，黨員數只有約二萬人，至日本投降時的一九四五年八月，黨員數則增至四萬九千五百二十人。共軍正規軍的兵力也大為增加，在日本投降、國土重光時，在冀東、熱南的五個軍分區內，有正規軍五個團和一個特務團，均由李運昌統率，民兵則有十五萬人之眾；而在抗日戰爭之初的一九三七年七月至八月冀東大暴動時，李運昌所能實際運用的兵力則不過三千至五千人。[88]

所以，當蘇聯於一九四五年八月九日向日本宣戰，以雷霆萬鈞之勢分路攻入偽滿洲國時，很快於八月二十日進佔瀋陽、長春、吉林，並進佔旅順、大連及其他戰略要地，迫使日本關東軍全軍俯首降伏。第一批為配合蘇軍佔領瀋陽與遼寧全省及吉林、黑龍江省境部分地區的中國軍隊，即為來自中共冀東地區曾經在長城內外抗敵多年、飽經風霜艱苦的李運昌部。[89]

注釋

1 中文中記述「三光作戰」的，見《解放日報》（延安）一九四一年七月七日、九月二十五日及其他各日的記述；《新華日報》（太行版），一九四四年八月十五日及在此之前與在此之後的不同年、月、日的報導；《晉察冀日報》一九四〇～一九四五年各月、日的報導。戰後編輯原始資料者，則有河北社會科學院歷史研究所等編，《晉察冀抗日根據地史料選輯》，上、下（石家莊：河北人民出版社，一九八三）；劉健清等編，《華北抗日根據地紀事》（天津：天津人民出版社，一九八六）；陳斐琴編，《巍巍太行》（昆明：雲南人民出版社，一九八四）；《八路軍回憶史料》（北京：解放軍出版社，一九九一）；北京人民出版社編，《抗日戰爭時期解放區概況》（北京：人民出版社，一九五三）；劉伯承，《劉伯承回憶錄》（上海：新華書店，一九八一）及第二、三冊；中央檔案館等編，《晉察冀抗日根據地》（共三冊，北京：中央黨史出版社，一九九一）；洪桂已編，《日本在華暴行錄》（台北：國史館，一九八五）；左祿編，《侵華日軍大屠殺實錄》（北京：解放軍出版社，一九八九）。日文中記述「三光作戰」的主要檔案與憶述資料，則包括日本防衛廳防衛研修所戰史室編《北支の治安戰⑴、⑵》（東京：朝雲出版社，一九八四）；小林龍夫等編，《現代史資料⑼、⑿：日中戰爭二、四》（東京：みすず書店，一九六四、一九六五）；日本國際問題研究所編，《中國共產黨史資料集，一九三九・九～一九四一・十二》，等十冊（東京：勁草書房，一九七四）；中國歸還者聯絡會編，《三光》（東京：光文社，一九五七）；該書的其他增訂版本，則有《侵略——從軍兵士の證言》（東京：日本青年出版社，一九七〇）；中國歸還者聯絡會編，《完全版：三光》（東京：晚聲社，一九八四）。另有平岡正明，《日本軍は中國で何をしたか》，潮出版社，一九七二；本多勝一，《中國の旅》（東京：朝日新聞社，一九七二）；同書作者，《天皇の軍隊》（朝日文庫版，一九七四）；森山康平《證言紀錄：三光作戰》（東京：新人物往來社，一九七五）等等。英文中當時英、美報章的記者，對於日本三光作戰的記述，可查閱 Edgar Snow, *The Battle for Asia* (N. Y.: Random House, 1940); Theodore H. White & Annalee Jacoby, *Thunder Out of China* (N. Y.: William Sloane Associates, 1946); Harrison Forman, *Report from Red China* (N. Y.: Henry Holt & Co., 1945); John B. Powell, *My Twenty-five Years in China* (N. Y.: MacMillan, 1945); Frank Dorn, *The Sino-Japanese War, 1937-1940: From Marco Polo Bridge to Pearl Harbor* (N. Y.: MacMillan, 1974); David Bergamini, *Japan's Imperial Conspiracy* (London: Heinemann, 1971)及查閱 *North China Herald* 與 *China Weekly Review 1940-1941* 年各期的零散記載。

2 中文中，如魏宏運、左志遠編，《華北抗日根據地史》（北京：檔案出版社，一九九〇）；羅煥章、支紹曾，《中華民族的抗日戰爭》（北京：軍事科學出版社，一九八七）；軍事科學院外國軍事研究部編，《日本侵略軍在中國的暴行》（北京：解放軍出版社，一九八六）；陳平〈一個特殊的戰略地帶——「無人區」〉，見中國政協河北省委會文史資料研究委員會編，《河北文史資料》，第十二輯（石家莊：河北人民出版社，一九八三）；《冀熱遼抗日根據地研究論文集》（北京：中共黨史出版社，一九九五；惟本文作者迄未閱及此書）。本書作者自一九九三年之後所撰寫出版的〈抗日戰爭期間日軍對晉東北、冀西、冀中的「三光作戰」〉，見《中央研究院近代史研究所集刊》，第二十二期，下册（一九九三年六月）等論文四篇；見李恩涵，《戰時日本販毒與「三光作戰」研究》（南京：江蘇人民出版社，一九九九）。日本學者有關「三光作戰」的研究，則有工口圭一《十五年戰爭小史》（一九八六）；同作者的〈中國戰線の日本兵〉，見藤原彰等編，《十五年戰爭(2)：日中戰爭》（東京：青木書店，一九八九）；姬田光義、陳平，《もうひとつの三光作戰》（東京：青木書店，一九八九）；姬田光義，〈日本軍による「三光政策、三光作戰」をめぐって〉，見中央大學人文科學研究所編，《日中戰爭：日本、中國、アメリカ》（東京：中央大學出版部，一九九三）；藤原彰，〈「三光作戰」と北支那方面軍〉，見《季刊：戰爭責任研究》，第二十、二十一號（一九九八年六、九月）；笠原十九司，《南京事件と三光作戰》（東京：大月書店，一九九九）等等。英文論著中涉及日本「三光作戰」的，則有 Chalmers A. Johnson, *Peasant Nationalism and Communist Power: The Emergence of Revolutionary China, 1937-1945* (Stanford: Stanford Univ. Press, 1962); Tetsuya Kataoka, *Resistance and Revolution in China: The Communists and the Second United Front* (Berkeley: Univ. of California Press, 1974); Lloyd E. Eastman, "Facts of an Ambivalent Relatonship: Smuggling, Puppets and Atrocities during the War, 1937-1945", in Akira Iriye, ed. *The Chinese and Japanee: Essays in Political and Cultural Interactions* (Princeton: Princeton Univ. Press. 1980); Lyman Van Slyke, "The Chinese Communist Movement during the Sino-Japanese War, 1937-1945", in The *Cambridge History of China*, vol. 13, Republican Period, 1912-1949, Part 2, eds. John K. Fairbank & Albert Feuerwrker (Cambridge: Cambridge Univ. Press, 1986)等等。

3 參閱笠原十九司，《南京事件と三光作戰》，頁八三、八七。

4 參閱李恩涵，《日本軍戰爭暴行之研究》（台北：台灣商務印書館，一九九四），頁二一〇～二一一；李恩涵，《戰時日本販毒與「三光作戰」研究》，頁一七九～一八〇；另參閱笠原十九司，《南京事件と三光作戰》，頁七七。

5 參閱李恩涵，《日本軍戰爭暴行之研究》，頁一〇九～一一〇。即就小範圍的偽滿熱河省政府而言，日本投降後，該府即將所藏的重要檔案文件，連燒兩天兩夜，見姫田光義、陳平，《もうひとつの三光作戰》，頁五二。在中國其他各地與東南亞之日軍佔領區內，也無不依照日本大本營的嚴令，均將其所控有的所有的重要檔案文件，全予燒毀，而此項燒毀之舉，常連續數月之久。

6 江口圭一，〈中國戰線の日本軍〉，見藤原彰等編，《十五年戰爭：日中戰爭》（東京：青木書店，一九八八），頁六一；另參閱李恩涵，〈抗戰期間日軍在華北的「三光作戰」暴行〉，見國史館編，《中華民國史第三屆討論會》（台北：國史館，一九九五），頁一～二。

7 參閱李恩涵，前文，頁三～一三；另參閱李恩涵，《戰時日本販毒與「三光作戰」研究》，頁一八六～一八七、二〇四、二〇九。

8 參閱李恩涵，前書，頁一七八～三〇七之〈日軍在華北的「三光作戰」暴行〉、〈日軍對晉東北、冀西、冀中的「三光作戰」〉、〈日軍對晉東南、冀南、魯西的「三光作戰」〉、〈日軍對山東的「掃蕩戰」與「三光作戰」〉等四篇論文。

9 李恩涵，前書，頁五九。

10 國防部史政編譯局譯，《大戰前之華北治安作戰㈠》（原名《北支の治安戰》，一九八四），（台北：史政編譯局，一九八八），頁一四八；草野文君，《支那邊區の研究》（東京：國民社，昭和十九年，一九四四），頁七、一六五。

11 魏宏運、左志遠主編，《華北抗日根據地史》（北京：檔案出版社，一九九〇），頁四九。

12 草野文男，前書，頁一七四～一七六。

13 姬田光義、陳平，《もうひとつの三光作戰》，頁九六～九七、一〇二；另參閱羅煥章、支紹曾，《中華民族的抗日戰爭》，頁九四；藤井高美，《抗日民族解放戰爭序說》（京都：嵯峨野書院，昭和五十八年，一九八三），頁一六三。

14 草野文男，前書，頁二三～二四。

15 《大戰前之華北治安作戰㈠》，頁一五一、七三六～七三七。

16 草野文男，前書，頁二四。

17 《大戰前之華北治安作戰㈠》，頁七三六～七三七。

18 袁旭、李興仁等編，《第二次中日戰爭紀事，一九三一・九～一九四五・九》（北京：檔案出版社，一九八八），頁一七四。

19 姬田光義、陳平，前書，頁一一八～一一九。

20 前書，頁九一～九三。

21 陳平，〈長城線上「千里無人區」〉，見《晉察冀抗日根據地》，第二冊，頁五九八～五九九。

22 《大戰前之華北治安作戰㈠》，頁二二一；另參閱 Yale C. Maxon, *Control of Japanese Foreign Policy: A Study of Civil-Military Rivalry, 1930-1945* (Berkeley: Univ. of California Press, 1957), pp. 140-141, 143。

23 參閱藤井高美，前書，頁一六四；李達，《抗日戰爭中的一二九師》（北京：人民出版社，一九八三），頁一〇三。

24 聶榮臻，〈晉察冀抗日根據地的創建和發展〉，見《晉察冀抗日根據地》（北京：中共黨史出版社，一九九一），第二冊，頁七～八。李恩涵，《戰時日本販毒與「三光作戰」研究》，頁二〇一～二〇二。

25 藤原彰、野澤豐編，《日本ファシズムと東アジア——現代史シンポジウム—》（東京：青木書店，一九七七），頁一七九、一八四～一八五；另參閱《大戰前之華北治安作戰㈠》，頁一三二、二二五～二二六、二二八～二四二、二九〇、三七七～三八七；另參閱李恩涵，《日本軍戰爭暴行之研究》，頁二一三～二一四；姬田光義、陳平《もうひとつの三光作戰》，頁八七。

26 Michael Lindsay, *Notes on Educational Problems in Communist China, 1941-1947* (Westport, Conn.: Greenword Press, 1950), p. 10；石島紀之，〈關於抗日根據地的發展和它的

國內國際條件〉，見南開大學歷史系編，《抗日根據史國際討論會論文集》（北京：檔案出版社，一九八五），頁七三。

27《大戰前之華北治安作戰㈠》，頁二〇一、一一五。

28 Tetsuya Kataoka, *Resistance and Revolution in China: the Communists and the Second United Front* (Berkeley: Univ. of California Press, 1974), pp. 217-219, 220；李恩涵，《日本軍戰爭暴行之研究》，頁二一五～二一六。

29 藤井高美，《抗日民族解放戰爭序說》，頁一六五。

30 鈴木啟久，〈我在冀東任職期間的軍事行動〉（為在中國戰犯拘留營中自白書之一部分），見《河北文史資料》，第十二輯，中國政協河北省委會文史資料研究委員會編，（石家莊：河北人民出版社，一九八三），頁一一九。

31 同上文，頁一一七。

32 同上文，頁一二六～一二七。

33 同上文，頁一一五、一一九～一二〇。

34 同上註。

35 李恩涵，《日本軍戰爭暴行之研究》，頁二二六；另參閱美軍上校、戰時在中國觀戰的 Frank Dorn 所著 *The Sino-Japanese War, 1937-1941: From Marco Polo Bridge to Pearl Harbor* (N. Y.: MacMillan, 1974), pp. 342-343. Dorn 認為日本對中共「百團大戰」的報復為「極端野蠻與惡毒」(one of extreme brutality and viciousness)，但中共軍本身的損失少，老百姓則因被殺、房屋被毀、糧食被服被燒而損失重大。

36 參閱 Lindsay, *op. cit.*, p. 10; Tetsuya Kataoka, *op. cit.* p. 268, note 15；藤原彰、野澤豐編，《日本ファシズムと東アジア——現代史シンポジウム—》，頁一八五～一八六。

37 參閱羅煥章、支紹曾，《中華民族的抗日戰爭》，頁二五九。

38 日本防禦廳戰史室編，《北支の治安戰》（東京：朝雲新聞社，昭和四十三年一九六八；昭和五十九年一九八四年增刷），頁五三三；Tetsuya Kataoka, *op. cit.*, p. 268。

39《北支の治安戰》，頁五七二；另參閱藤井高美，前書，頁一八〇～一八三、一八六～一八八。

40 鈴木啟久，《我在冀東任職期間的軍事行動》，頁一二一。

41 參閱《晉察冀抗日根據地》，第三冊，頁一三六；李恩涵，前書，頁二一八～二一九。

42 姬田光義、陳平，《もうひとつの三光作戰》，頁一二三～一二四。

43 鈴木啟久，前文，頁一二一、一二五。

44 前文，頁一二六～一二七。

45 前文，頁一二三，一二五。

46 前文，頁一二七。

47 參閱李恩涵，《戰時日本販毒與「三光作戰」研究》，頁四三一。
48 鈴木啟久，前文，頁一二五、一二七；另參閱姬田光義、陳平，前書，頁二六～二七。
49 王俊彥，《日本戰犯審判秘聞》（北京：中國華僑出版社，一九九五），頁四三六～四三七。
50 陳平，〈長城線上「千里無人區」〉，見《晉察冀抗日根據地》，第二冊，頁六〇〇。
51 姬田光義、陳平，前書，頁一四九。
52 王俊彥，前書，頁二三；姬田光義、陳平，前書，頁一二二。
53 李恩涵，《日本軍戰爭暴行之研究》，頁二二〇。
54 姬田光義、陳平，前書，頁一四九。
55 前書，頁一五一。
56 前書，頁一五一～一五二。
57 前書，頁一五二。
58 前書，頁一五三。
59 鈴木啟久，前文，頁一二八～一二九。
60 姬田光義、陳平，前書，頁二八、三五。
61 鈴木啟久，前文，頁一二八～一二九。
62 前文，頁一二八，一三〇；遵化與薊縣境內遮斷壕的修築，自石門鎮至以北的山岳地帶為寬四至五公尺，長十二公里，每隔二至三公里即築一座瞭望樓，見中央大學人文科學研究所編，《日中戰爭：日本、中國、アメリカ》（東京：中央大學出版社，一九九三），頁一一〇～一一一。
63 鈴木啟久，前文，頁一三一。
64 前文，頁一三一；另參閱姬田光義，《日本軍による「三光政策、三光作戰」をめぐって》，見中央大學人文科學研究所編，《日中戰爭：日本、中國、アメリカ》（東京：中央大學出版社，一九九三），頁一一一。
65 同上註。
66 陳平，〈長城線上「千里無人區」〉，頁六〇三～六〇四。
67 前文，頁六〇四。
68 姬田光義、陳平，前書，頁三六。
69 前書，頁六九。
70 同上註。
71 同上註。
72 同書，頁六九～七〇。
73 同書，頁一二四。
74 同書，頁一二九；另參閱陳平，〈長城線上「千里無人區」〉，頁六〇二～六〇三。
75 陳平，前文，頁六〇五。

76 陳平，前文，頁六〇八；另參閱藤原彰，〈三光作戰と北支那方面軍〉，見《季刊：戰爭責任研究》，第二十號（一九九八年六月），頁二二稱，設置無人區及修築封鎖（遮斷）溝，始自一九四〇年下半年，至一九四一年日軍已全面進行；至一九四二年及一九四三年則達到努力進行的高潮期。另參閱笠原十九司，《南京事件と三光作戰》，頁八六～八八。

77 陳平，前文，頁六一一。

78 姬田光義、陳平，前書，頁一五四。

79 龔古今、唐培吉主編，《中國抗日戰爭史稿》（武漢：湖北人民出版社，一九八四），頁二一二。

80 姬田光義、陳平，前書，頁一五四～一五五。

81 《晉察冀抗日根據地》，第三冊，頁二〇七。

82 軍事科學院外國軍事研究部編，《日本侵略軍在中國的暴行》（北京：解放軍出版社，一九八六），頁九五。

83 姬田光義、陳平，前書，頁一八五～一八七。

84 同書，頁一七八、一八六～一八七。

85 同書，頁一五六～一五七、一八一。

86 同書，頁一八九。

87 同書，頁一四三。

88 同書，頁一〇五。

89 張宏志，《中國抗日游擊戰爭史》（西安：陝西人民出版社，一九九五），頁一〇二七～一〇二八稱：中共冀熱遼軍區的軍隊首先進入新光復的東北，先控制了錦縣，解除了遼西十五個縣的偽軍武裝，九月五日並進入蘇軍佔領下的瀋陽。該軍區的第二梯隊五千人於九月六日進抵山海關，李運昌將軍率其所部十五團於九月十四日到達瀋陽。到十一月底，共軍已基本上控制了遼寧全省、吉林南部與黑龍江省的西部。另參閱郭廷以，《中華民國史事日誌》（台北：中研院近代史研究所，民國七十四年一九八五），頁三七四、三七八、三八七。

原載《台灣師大歷史學報》，第三十一期，民國九十二年二〇〇三年六月，頁一五二～一七〇。

第十八章

略論第二次中日戰爭史（一九三一～一九三七～一九四五）的研究

第二次中日戰爭（一九三一～一九三七～一九四五）是中國近代民族主義與日本蓄意強力支裂中國、征服中國的一次總力戰，也是中華民族在忍無可忍、無可妥協的情況下全力奮起以與強敵仇國的日本作生死存亡、有進無退、有我無敵的一次拼命大戰；而此一戰爭在全面展開的約略八年期間，與在此之前斷斷續續作戰不停的約略六年期間，也正充分形成為中華民族起衰振昧、轉弱為強的關鍵年代——經過了長達約略十四年之久、運用各種方式的軟拼、硬拼、死戰、纏鬥的全面性各種方式的抗爭（真正是以弱敵強，中國於一九三六年之鋼鐵生產還不到五萬噸，連輕武器的機關槍還不怎麼會製造；但日本在一九四〇年已可生產鋼鐵五百三十五萬噸，所製零式戰鬥機與巨型戰艦均為真正世界第一流者），中國終於與美、蘇、英、荷等國一起贏得最後的勝利，迫使死敵日本俯首就降，吐出了它自一八九五年以來「偷竊」自中國的所有果實。中華民族竟然奇蹟似的像浴火後重生的鳳凰一樣，驀然從半殖民地、半封建性、遍體鱗傷、在物質外貌落後衰敗的舊中國，一躍而蛻變為在全世界各國外交總坫壇的聯合國內昂首闊步、巍然為五個核心領導國的成員之一，為舉世所尊敬。此後，中國人在戰後的艱困年代中，雖然繼續經歷了許多艱難困苦，在國家工業化、現代化改變中國的落後面貌的過程中，舉步艱難地掙扎向前，但它的成就是豐碩而輝煌的：當年孫中山先生在二十世紀二〇年代中期所殷切寄望的中國應在國際社會居有平等自由地位的願望，是完全實現了；當年二〇、三〇年代主持中國「革命外交」的外交鬥士，畢力想竟其全功的撤廢中外不平等條約體系的奮鬥，也早完全達到目的了。中華民族現在正昂然雄立於世界政治性、經濟性、文化性的大國之林，正逐漸能恰如其分地表現其十二億人應有的分量了。

推始溯源，我們不能不追溯到我國族復興契機的第二次中日戰爭了。我們對於影響我國族命運、總結我國族百年受夠列強欺凌、全民為之痛心疾首的過去與開創嶄新而光明的輝煌的前景的此一偉大事件，應該如何地深入探索而多方研究一番才對，因為這才是發掘中華民族真正精髓力量的泉源與重振我國族靈魂的關鍵性大課題。因此，我對於著名時事評論家鄭浪平先生的大著《中國抗日戰爭史》的出版，有機會先睹為快，是感到非常高興和興奮的。而鄭先生在本書中以他一貫綿密、警辟而鞭辟入微的闡述與分析的寫作風格，深入淺出，將此一民族聖戰在不同階段與不同方面的種種風貌，很清晰地全面地呈現出來，讀後令人有時執卷為之唏噓嘆息，而有時又令人為之振臂興奮，感人肺腑，久久不能釋懷。我要誠心地向鄭先生完成此一大著恭賀致敬：恭賀他完成此一具有深意、有根有據而又通俗化十分強的大著之完成與出版。我相信廣大的讀者群對於本書所顯現的一些細膩而生動的闡述與解釋，當會有普遍的共鳴的。

事實上，正如鄭先生在本書中所描述的，戰後初期中國人對第二次中日戰爭史的撰著，都不脫國、共內爭、內戰的扭曲性與局限性。此一情形，甚至時至今日，都不能完全擺脫其痕跡與影響。早期國府資料性的官方著作，如何應欽將軍的《八年抗戰之經過》（一九四六）、白崇禧將軍的《抗戰八年軍事概況》（一九四六）、陳誠的《八年抗戰之經過》（一九四六）、國防部史政局的《抗日禦侮》（一九六六、一九七八）、張其昀的《黨史概要》（又名《近八十年中國革命史》，一九七九年第二版）等，固然如此；民間專家學者如吳相湘教授所撰的《第二次中日戰爭史》（一九七三）、鄭學稼所著《日帝侵華秘史》（一九七五）等書，亦難於擺脫此類時代的痕跡。同時期內，中共所出版的同類著作，如北京人民出版社的《抗日戰爭時期的人民解放軍和解放區概況》（一九五三）、李新、蔡尚思撰《中國新民主主義革命時期通史》（第三卷，一九六一）等等，在內容與解釋上，其局限性與扭曲性的情況亦同，甚至較國府方面的撰述，猶有過之。而且，自戰後一直到二十世紀七〇年代，由於國、共內戰所導致的中國動亂，曾無或已，中國學術界在無充分的政治自由與物質貧乏的條件下，對於此民族聖戰性質的第二次中日戰爭，完全無法作充分深入的探索與研究；所以，此時期的中國人所撰寫的有關論著無論在品質上與數量上都無法與該論題的重要性相比配。

一九八二年秋，日本政府教科書檢定（審查）事件發生，日本新軍國主義者公然想否認過去侵略中國的罪行、暴行，不只否認曾製造駭人聽聞的南京大屠殺，甚至還在國定教科書中將侵略中國改之為「進出」中國，引起海峽兩岸的中國、韓國、東南亞國家的強烈抗議，也勾起了中國人對日本新軍國主義者的深仇大恨。對於海峽兩岸的中國學術界，特別是研究中國近代、現代史的史學界同人，都是一大刺激，雙方都感到極有加強對第二次中日戰爭史研究的必要。

在台灣的中華民國學術界劍及履及即連續召開了數項有關抗日戰爭的大型學術研究研討會，如一九八四年八月中央研究院近代史研究所所主辦的「抗戰前十年國家建設史研討會」（亦收有對抗日戰爭史的研究論文）及一九八五年八月的「抗戰建國史研討會」；中國國民黨黨史會亦於一九八五年十一月舉辦「孫中山先生與近代中國學術研討會」，一九八六年十月舉辦「蔣中正先生與近代中國學術研討會」，一九八七年七月舉辦「抗戰建國學術研討會」等；而這些學術研討會在舉辦之後，都很快出版了個別的「論文集」，等於是集體性的包括許多冊巨帙的第二次中日戰爭史。而黨史會在此期間也編纂出版了資料豐富的《中華民國重要史料初編——對日抗戰時期》，計有七編，分列為若干巨冊。在私人著述方面，則有劉鳳翰的《抗日戰史論集——紀念抗戰五十週年》（一九八七）、李恩涵的《日本軍戰爭暴行之研究》（一九九四）。

大陸學術界在受到日本否認侵略的重大刺激之後，也在全力努力於研究第二次中日戰爭史。他們首先出版的一批論著，有龔古今、唐培吉主編的《抗日戰爭史稿》（一九八四）、何理的《抗日戰爭史》、羅煥章、支紹增合撰的《中華民族的抗日戰爭》（一九八七）、馬仲廉的《抗日戰爭史話》等書；又出版了原國府將領中曾經親身參與過對日作戰的抗日戰爭回憶錄性質的《抗日戰爭親歷記》，如《從九一八到七七事變》、《七七事變》、《八一三淞滬抗戰》、《南京保衛戰》、《徐州會戰》、《華夏壯歌》等等，陸續出版。至九〇年代之初，除王輔撰寫的《日本侵華戰爭》（四大冊，一九九〇）、李振民、趙保真合撰的《中國抗日戰爭史綱》（一九九二，約百萬字）外，一九九一年九月由中國社會科學院近代史研究所主持編輯的《抗日戰爭研究》（季刊，每年出版四冊），也正式發刊，至今持續不脫一期的出版下來，內容堅實，多有相當優良的研究論文刊布。而該近代史研究所的學者在劉大年教授、張振鵾教授的領導下集體撰寫的《日本侵華七十年》（一九九二）約計六十萬字，也是一部堅實有據的一般性通論性質的極佳著作。大陸的軍事科學院歷史研究部更於一九九二年出版《中國抗日戰爭史》三大冊，分上、中、下三卷，合計為一百五十萬字的巨帙。中央檔案館、中國第二歷史檔案館、吉林社科院合編的《日本帝國主義侵華檔案資料選編》的各主題下的檔案資料如《九一八事變》、《東北經濟檔案》、《細菌戰與毒氣戰》、《東北歷次大慘案》、《華北歷次大慘案》等，也陸續出版。至一九九二年止，大陸出版的有關第二次中日戰爭史的專著、譯著等總計已有約四百種，論文、回憶錄等則有約兩千篇。

一九九三年之後，由王檜林教授主持總纂、而由數十位中、壯、青年史學者所撰著的《抗日戰爭史叢書》陸續出版，預計全部將出版五十多冊，每冊約二十萬到三十萬字，分自政治、軍事、經濟、外交、社會、文化教育等方面探討對日戰爭期間的全貌。其中已經出版者，包括《日本侵華戰略》、《國共談判》、《鐵血遠征》、《歷史的怪胎》、《第二次國共合作》、《苦難的人流》、《兵火奇觀——武漢保衛戰》、《大捷——台兒莊戰役實錄》等等（叢書尚未完全印完）。一九九七年為紀念盧溝橋事變六十週年，社科院近史所與中國史學會合編的《抗日戰爭》（章伯鋒、莊建平主編，四川大學出版社，一九九七）亦告出版。這是一項資料編纂性的巨帙，全書計分七卷十一冊，包括戰爭時期的政治、軍事、經濟、對外關係，日偽政權與淪陷區、侵華日軍暴行等方面，合計近一千萬字。另有劉大年主編、張振鵾教授等集體撰寫的《中國復興樞紐——抗日戰爭的八年》（一九九七）一書出版，全書雖只三十萬字左右，但內容非常精粹而涉及面甚廣。此外，盧溝橋抗日紀念館等所編著的《紀念盧溝橋事變六十週年叢書》八大冊也及時發行問世，其中包括一巨帙的《中國抗日戰爭大辭典》及《抗戰時期的對外關係》、《侵華日軍細菌戰紀實》等七冊，內容均係綜論性質而資料則相當堅實。

不過，所有上述海峽兩岸近十六、七年所出版的有關第二次中日戰爭史的論著與資料性的編纂作品，與鄭浪平先生所著作的本書，都在性質歸類上有所不同。鄭先生大作的價值，在於綜合各家之說而抽取其精義，並分就抗日戰爭期間的重大事件，一項一項地以深入淺出、輕鬆靈活、娓娓動聽、撥人心弦的妙筆表達出來，它更能觸動讀者心靈上的共鳴。這也是我最高興向廣大讀者推薦的一本通俗性的上佳著作。

現在第二次中日戰爭已經結束了五十四年（本文撰於一九九九年）之久了，新日本也在歷經崛起為「經濟大國」、「科技大國」、「經濟超強」的過程之後，正在向「政治大國」之途邁進了。新日本在美日安保條約的美國所提供的核子傘的保護之下，正在極力想「漂白」其過去不名譽的「侵略惡行」（實際此等不名譽的「侵略惡行」在日本未誠心地、全面地、合乎法律要件地向中國、韓國、朝鮮道歉與賠償之前，真正的「漂白」是不可能的，新日本在這方面完全無法與新德國之撇清當年納粹德國之惡行劣跡相提並論）。此外，似乎新日本已在去年開始向朝鮮半島與台灣作其明顯的政治性的覬覦與探索前進了。新日本的此一意向，特別在日美安保條約之適用範圍與研究布置 TMD 飛彈防禦（Theater Missile Defense）等重大問題上表現出表面模糊實際上則非常清楚的意向。

不過，二十一世紀強而有力的中國（不要忘記中國是一個擁有全球性第三核子武力的國家，其鋼產量一億一千多萬噸，已早超過了日本和美國）與二十世紀二、三〇年代的中國已大大不同了。在核子時代「地球村」式的東亞國際現勢中，無論新日本是如何強大，它如果再想作非分地利用過去「以華制華」的老把戲來重新侵犯中國與韓國（朝鮮）的主權事項，它絕對要好好考慮它是否可能第二度淪為殘酷戰爭廣島、長崎式悲劇的主角角色了。未來的二十一世紀應該是一個國際和平、經濟繁榮與科技高超的新世界，是各主要大國在和平競爭的前提下，各自發展其政治、經濟、科技、文化等新藍圖的新時代。在此總的原則之下，中國人絕不怕與日本人或美國人進行和平競爭的，但前提是中國人一定要摒棄過去李鴻章式的對日本苟安短視、保守防禦的政策，而應該大踏步地勇敢向前，在政治、經濟、教育、科技、文化、思想等方面，無畏地與新日本和平競賽；而且，最重要地，手中勿忘提著幾根大棍（speaking softly but with a big stick，「核武」+「太空科技」+「生物科技」+「奈米科技」）才對。我們一定要日本政府與人民誠心地對侵華歷史道歉、謝罪、賠償，缺一不可。這才是瞻望未來，追索未來的良策吧！

原為鄭浪平，《不朽的光榮——第二次中日戰爭史・序》，Montery Park, Calif.: Evergreen Publisher，一九九九年，頁 IXX-XXIV。

第十九章

一九四七年魏德邁中國調查團事件經緯

一、前言

美國魏德邁將軍（Lt. General Albert C. Wedemeyer）於抗日戰爭晚期的一九四四年十月繼史迪威將軍（General Joseph W. Stilwell）之後擔任中國戰區美軍指揮官與戰區統帥蔣中正委員長的參謀長，任內對於緩和中美因撤換史迪威事件後的緊張關係與增進兩國之間的善意與合作，並擬定中美合作先鞏固雲南、貴州的基地再進一步向廣西、廣東反攻，以攻佔廣州、九龍地區為初步目標並進而肅清海南島、台灣的整個軍事計畫，非常有貢獻。其後因日本投降而戰爭結束之後，在他的主持下，美國對中國的援助，使國軍得以擁有三十六個供應充分、裝備精良的陸軍師的計畫、以及供應適合中國需要的少量海軍與適當規模的空軍的計畫，均能順利完成。另外，美軍也大力協助中國復員，以空運與海運協助國軍精銳重返南京、上海與華北樞要地區；對於戰後中國收復東北之軍事，他也提供了間接的助力。魏德邁可算是，也一向被認為是國民政府的堅強友人。[1]戰後美國強力調停中國國民黨與共產黨的爭執，遣派第二次世界大戰時的英雄，具有崇高威望的前參謀首長聯席會議主席與前陸軍參謀長馬歇爾將軍（General George Marshall）以美國總統特使的身分，於一九四五年十二月來華主持調停，初期尚稱順利，但國、共內戰卻未曾真正停止。而馬歇爾的調處工作，因國、共之間的和平談判，至一九四六年十一月已告決裂，大規模的全面內戰隨之正式爆發。一九四七年一月，馬歇爾因此返回美國，宣告調處失敗；馬氏旋被任命為美國國務卿。[2]而在此期間，魏德邁則於一九四六年四月，奉調返美，數月後，盛傳他將擔任的美駐華大使一職，既改由教育家司徒雷登（John L. Stuart）出任，他則重返軍中，出任美軍第二軍軍長之職，與中國完全脫離了關係。[3]

二、魏德邁中國調查團的緣起

主持美國全盤外交的馬歇爾不希望美國涉入中國的內戰過深，因此，對總統杜魯門（Harry S. Truman）建議，對中國採取「觀望」（wait and see）政策，美國的許多援外計畫都不將中國列入，使中美關係陷入一陣低潮的情況。[4]但在馬歇爾的心目中，對於中共軍在中國內戰中的軍事進展，顯然已感到非常不安：（如一九四七年五月十六日，國軍整編第七十四師張靈甫部於山東萊蕪孟良崮之役全軍覆没。同月，東北共軍四十萬人南渡松花江，稍後，則猛攻四平街；五月三十日，美駐瀋陽總領事報告國務院，東北國軍士氣低落，共軍可能隨時佔有整個東北。因此，馬歇爾先於一九四七年五月，解除了對中國的武器禁運，視為「我們的中國政策，必須考慮進一步干涉內戰或繼續讓中共在大陸佔優勢」。5

一九四七年六月二十日，遠東助理國務卿范宣德（John Carter Vincent）提議派遣總統特使到中國作短暫訪問，並向馬歇爾建議羅維德（Robert Lovett）與艾契遜（Dean Acheson）兩位人選。但馬歇爾直到七月二日才接受范宣德的建議，惟所決定的人選，卻是魏德邁。6 馬歇爾的決定部分出自美國國內輿論與國防部之要求對於國府作出新援助的壓力。在六月初的參謀首長聯席會議（Joint Chiefs of Staff）中曾評估共黨在中國的發展，因而要求重新考慮「觀望」政策。他們認為一旦中共在東北勝利，將造成蘇聯在遠東經濟與軍事上的自足；而另一方面由於國府的無能，可能造成中國經濟完全崩潰或屈服在共黨之下，進而使蘇聯由中國向南擴張至印度支那半島、馬來亞與印度。所以，陸軍部長柏德森（Robert P. Patterson）與海軍部長佛勒斯特（James V. Forrestal）等軍事領導人強烈建議支持國府。7

在國會方面，自從馬歇爾宣布撤出駐華的海軍陸戰隊後，親國府議員（China bloc）一直擔心美國政府會不顧中國事務，因為杜魯門政府曾再三提出援歐計畫，但是對於共黨在中國的活動卻漠不關心，使得親國府議員極感不安。一九四六年底共和黨在國會選舉中獲勝，獲得多數席位，一九四七年後，即積極要求對中國實施貸款、軍事援助，以及派遣美軍顧問團監督美援。他們除了要求政府派遣調查團赴中國瞭解情況外，還要在杜魯門政府的援歐計畫中附加上援華案，甚至以否決援歐案來要求政府援華。如杜魯門政府於一九四七年三月提出四億美元援助希臘、土耳其時，共和黨的周以德（Walter Judd）議員就詢問當時的副國務卿艾契遜，「為何美國只關切共黨在歐洲的擴張，而對共黨在亞洲的進展視若無睹」。周以德在一九四七年年中，更強烈要求馬歇爾派魏德邁到中國再作評估情勢。8

馬歇爾與魏德邁熟識已久，當馬歇爾在中國調處國、共之爭時，魏深知中共無法在一個自由國家制度內分享權力，而國府也似乎不可能自動放棄權力予一個不共戴天的敵人，馬歇爾的任務就像是要調和油與水；但他仍盡其全力協助馬完成任務。9馬歇爾返美擔任國務卿之後，又重新考慮任命魏德邁為駐華大使，因為魏與蔣委員長的關係良好，又熟悉中國事務，如擔任大使，則可與蔣氏直接溝通，並進一步掃除華府對中國政府的爭議與不確定性。但魏氏以他是中共「不受歡迎人物」與不願離開軍職而加以拒絕。10此次派遣魏德邁赴華調查事實的擬議重新提出後，馬歇爾雖擔心魏於調查中國實況後，會為行政部門帶來難堪的建議，但是馬認為魏已有一段時間不在中國，中國的情況已變壞許多，或許魏會對中國的看法改觀；而且推薦魏赴華有一大好處，就是可提高國府的士氣。於是馬歇爾經過一番仔細考慮後，向杜魯門推薦魏德邁擔任任務。11

魏德邁起初對此任命辭謝，因為他對美國的中國政策不表贊同，因此不想接受可能徒勞無功的任務；但杜魯門與馬歇爾堅持他是這項使命的最佳人選。在兩人力勸之下，魏氏勉強接受了任務。12馬歇爾同意魏氏自行擬好訓令的底稿，但是在國務院的密切監視下，魏德邁原擬訓令的內容被大肆修改，其關鍵性的部分被修正為「魏德邁與中國官員討論時，要明確表示他是在進行發現事實之任務。如果中國能提出令人滿意事實之證據，並足以使中國予以復興時，美國政府才會考慮予以援助，甚至進一步提供援助。而任何有效之援助，必須是在美國政府代表監督下方可進行」。13顯然地，馬歇爾是要避免對中國大範圍援助的任何承諾，並希望在國府提出改革後，美國才有支持的義務。

三、調查團來華與其行程

一九四七年七月十六日，魏德邁在十位隨行團員的陪同下抵達南京，團員中包括財政顧問任金斯（David R. Jenkins，任務為分析中國的財政與通貨事務）、政治顧問斯普魯斯（Philip Sprouse，國務院遠東司官員，任務為評估中美持續合作的可能性）、工程顧問屈克賽爾少將（Rear Admiral Carl A. Trexel，負責評估加強經濟之工程計畫、包括航路、礦、電、土地開墾、交通、農業等）、經濟顧問華爾克（Melville H. Walker，負責對棉、煤、糧食與金屬原料等之評估，並分析東北資源利用的相關問題）等專家。[14] 魏德邁在南京機場也發表一份聲明：表明他是奉杜魯門總統之命，欲對中、韓兩國的全盤情勢作一評價。肩負的任務，是調查政治、經濟、軍事局勢的實況，並由經濟、財政、工程與政治等人員協助，研究考察中國在復員時所採取措施的實效。他強調他的調查團在調查時，不會存有任何成見及約束，並將以客觀且徹底的調查，評定事實真相，將結果送之美國總統。[15] 中國朝野各方面對於魏德邁之來訪，多數是表示歡迎。中國輿論認為魏氏此次以美總統特使的身分來華，與前此馬歇爾以總統特使來華的角色與任務不同。馬之使命是設法調解國、共的衝突，而魏的目的，乃是在以美國所有一切可能的援助給予中國以反對共產黨。[16] 國民黨也對魏德邁的任命頗為興奮，認為他是親國民黨而反共產黨的，並將其來華使命解釋為美國業已放棄任何組織聯合政府的希望或與中共再行商談之意。[17] 不過，蔣中正主席個人對於魏德邁此行並非完全滿意，因為他的調查任務也包括了朝鮮，蔣氏認為是有損中國的主權與尊嚴。其次，美國在宣布魏氏來華之前，未曾先與他商量，蔣氏也認為有受侮辱之感。18

七月二十三日上午，調查團在美駐華大使館舉行了抵華後的第一次短暫會議，出席的美國外交官與軍事武官對中國政府當前的情勢都毫不保留地大肆批評。例如一等秘書魯登（Raymond Ludden）批評國民黨原來是中國最有前途的政黨，但現已逐漸成為「保存既得利益的政治工具」，實際並沒有廣大的基礎以面對共黨的威脅。中國社會原來是不太可能接受共產主義的，但是國府失去人心，使得人民被迫向左傾，依此情況下去，共產主義會淹沒整個中國，即使美國對國民黨作出實質援助，並不一定能消滅共產主義。經濟副參事鮑令格（Carl H. Boehringer）也贊同魯登之言。他強調陳立夫與陳果夫是CC派的領導者，只要陳立夫仍保持優勢，則大幅度的改革能否會導致情勢的逆轉則是不可預知的。19

美使館軍事顧問丁柏曼（Timberman）對局勢的看法，最為悲觀。他在魏德邁來華前三週所撰的一項備忘錄中表示，國府是難以想像的無能，國民黨的軍事機構似乎不是有效的戰爭機器。數年前美軍顧問建議應加強有效的動員力與積極的團隊精神，但中國的領導者則一味堅持美國應再多提供新式裝備與人員。如今美國最為可行的作法是等待第三勢力的出現，如果出現一個非共政權並能安定局勢時，美國或許才會涉身其中，並給予中國政治上及實質上的支持。20美駐華軍事顧問團對魏德邁所作的報告則是國府的軍事改革必須伴隨政治改革，才會發生作用。若要提供物資援助給中國人則必須有一附帶條件，例如給予顧問權力只有當中國軍隊接受良好訓練時，才會給予中國軍隊裝備；但是顧問團承認這種作法是對中國主權的侵害。21

七月二十六日開始，魏德邁搭機訪問上海；然後自八月一日起至八月八日則訪問華北數個重要城市與東北的瀋陽，而於八月八日返回南京。八月十一日再自南京飛往台灣，並於十五日至十六日訪問了華南的廣州之後，飛返南京，完成了他在華調查的基本行程。

七月二十九日，當魏德邁第一次訪問上海返回南京後，曾將抵華兩週以來所瞭解的中國政、經、社會的最新情況向國務卿馬歇爾作第一次的初步報告。他認為當前中國的情況依然混亂，政府在經濟與政治上的問題使得民心大為動搖，若不能作出改革，蔣主席的地位或將不保。許多中國人認為魏德邁的任務是解決所有中國弊病的萬靈丹，並相信調查團若不能作出提供及時與實際的援助，中國將會失敗，因而可能造成軍閥割據，共產主義也會快速地瀰漫全亞洲。然而魏德邁對當前中國的印象是中國人的冷淡與迷惑。中國人都知道局勢惡劣，但卻不圖改進，未能有所反省。他感到國府居上位者精神上是破產了，親國府的中國人已對領導者、政治和軍事都失去了信心。他們都知道國府的崩潰已是不可避免，因此要在崩潰前盡可能地謀取利益。[22]

及魏德邁結束他的華北與東北之行之後，他發現無論他到何處，都瀰漫著一種悲觀主義。他對馬歇爾有關東北情勢的報告中，即說明自國府接收日本佔領區之後，官員、人民與軍人都一樣的腐敗無能。當國府接收東北時，東北人民原認為國府為解放者而滿心歡迎；但國府卻認為東北人是敵人、傀儡。此外，令東北人民氣憤的是，國府對東北的農作物如大豆等，低價予以收購，之後再將該作物轉售給政府所經營的公司，以使這些企業獲取暴利。[23]魏德邁在報告中，也表明東北地區的軍事情勢已對國府大為不利，戰爭的主動權在中共軍手中。假如國府無足夠軍隊從華中與華北增援東北，則長城以南特別是山東的情況會立刻變壞。所以，當前國府必須在軍事上作出決定，保住東北而危害華北，或者從東北撤退，以穩住華北。[24]

魏德邁儘管對上述的情況感到厭惡，但他仍堅持中國的內戰是美國在全球對抗蘇俄的一項支流，所以，他認為中國的失敗將是非常可怕的。因此，魏德邁並未考慮美國從中國撤退，反而促使魏德邁想發起密集活動以力勸蔣中正主席加強改革。[25]所以，當魏德邁在瀋陽與參謀總長陳誠會面時，他即告訴陳誠國軍的薪資與糧食供給過低，是造成政府軍搶掠人民的主因。國府中央政府應在未直接發生內戰地區交由地方自衛隊去管理，以大幅減低預算。陳誠則向魏德邁表示，多餘的無能將領是嚴重問題。魏氏立刻說為何不將他們革職，例如原東北行轅主任熊式輝就應予以解職。魏德邁並建議調查所有官員的財產，因為國府在東北衰敗的原因就在於接收官員的全面腐敗。[26]

四、魏德邁對蔣中正的諍言與兩人不歡而散

七月二十三日，當魏德邁抵華一週後舉行過第一次調查團團員與美駐華大使館文武官員的簡短聯席會議之後，魏氏即於是日上午十一時晉謁國府蔣中正主席。蔣對魏德邁調查團來華並未攜帶美國總統的介紹函，頗感訝異。[27]同日下午，魏也分別拜會了行政院長張群與外長王世杰。七月二十九日，魏德邁致函蔣主席，認為一九二七～一九三七年國民政府曾採取建設性的步驟，若不受抗日戰爭的影響，中國今日已成為強大而統一的國家。因此，他希望國府提供一項在日本投降後曾在恢復政治經濟的進步而採取之建設性的備忘錄，說明國府在戰後努力改革的證據。[28]

八月十日，魏德邁於考察華北與東北一週後返回南京的第二天，又第三次晉謁蔣中正，兩人的談話長達兩小時。在談話中，他將他在瀋陽告訴陳誠的觀點，重複告訴了蔣主席，並建議國府必須有一套獎懲制度，以改善官兵間的關係，同時國府應降低對地方行政的干涉。會談結束時，魏德邁強調要消除蔣主席身邊腐敗

無能的官員，蔣中正則要求魏德邁給予確切的名單，魏則指出了杜聿明等二人。魏氏也批評了進出口調配協會與秘密警察的行動。蔣中正對於魏德邁的率直表達了感謝之意。[29]實際上，蔣中正在與其屬下的機密會談中也表示，他很瞭解魏氏所提出的一些缺點，[30]但他總是不肯從治本與治標兩方面予以確實糾正和改善。

八月十九日上午，魏德邁再度晉謁蔣中正，兩人相談約六小時，至午後三時，才結束談話。蔣主席在談話中比較三年了前與當今的中國局勢，並告訴魏德邁中國遭遇困難的原因。另並就政治、軍事與黨務等問題交換意見。魏德邁並未談及世界及遠東政策以及中美具體合作的辦法，蔣中正亦未對此評論，只是稍微提及美國對華政策與行動矛盾之處。蔣對美國的無政策感到憂慮，並認為惟有莊敬自強外，別無他途。[31]顯然蔣氏對於魏氏九日前率直的批評，並未作真正的反省，也未採取任何具體的步驟俾予改善。

八月二十二日上午十時，蔣主席在官邸舉行茶會，對即將離華的魏德邁話別，國民政府全體委員及各部會首長均準時出席。蔣主席首先致詞，對魏德邁之來華考察表示欣慰，並歡迎魏氏坦率貢獻意見。[32]魏德邁則在會中首先聲明，其發言純屬個人意見，並非以總統特使身分談話，而且他強調他是出自一片至誠。之後，魏氏分別就軍事、政治、經濟等方面敘述其考察所得，供政府作為參考。

魏德邁首先指出，中國人口中大約有百分之八十是農民，但是他們已因不堪稅賦而淪為土匪，然而商人與富人卻百般設法逃稅。在軍隊方面，魏德邁相信共產黨的問題無法單純使用武力來解決，惟有藉由改進政經情況，才能獲得民眾真正的支持。在徵兵方面，事實上並未完全有效的實行，許多有錢人藉由金錢來逃避兵役，並設法將孩子送往國外讀書，而非留在國內為國效勞。

在軍中有太多不適任的將領，這些年老軍官應該退休或予以解職。許多軍人傲慢無禮，並毫無忌憚地偷、搶，使得軍隊與百姓之間的關係惡劣。無論在東北或台灣，人民都和中央政府在情感上疏離，這些問題都是源於紀律。若政府想在對付共產黨方面有成功的機會，必須設法改善軍人與百姓間的關係。就政府組織而言，責任與權力的重疊，造成了摩擦與無效率。魏德邁在研究了中國的行政機關後，始終無法理解國民大會和立法院之間在實施立法的功能與權限的分別的問題。

在經濟方面，在急劇的通貨膨脹壓力下，政府官員與軍人的薪水已根本不足，許多人就是因為生活費用不足才會導致貪污。在另一方面，一些富人與政府高官，裙帶關係充斥，藉由職位與權力之便，趁機安插自己的親屬在政府或公司工作，來獲取暴利。因此，若要減少貪污，他建議建立一套標準生活水平指數，依此調整官員的薪水。

魏德邁在結論中指出，政府應鼓勵民眾對政府作出建設的批評，而一旦指出錯誤時，就應該採取有效步驟來加以改正。魏氏知道這些話很多與中國傳統相違背的，但是忠言逆耳，他相信他的話與儒家的思想原則是並行不悖的。33

魏德邁演說結束時，當時擔任交通部長的俞大維對於當時的情況有著深刻的描述。他說：「在場人員只有青年黨曾琦發表意見，但卻文不對題；而其他政府官員則是面面相覷錯愕難堪。總統的臉色也是一陣青、一陣白」。34 一位出席的國民黨員對魏德邁的批評，深深感到不安與難過，因而當場公開流淚。35

事實上，魏德邁與蔣主席私人談話時，魏氏已描述了同樣的情況，他一直強調國府之各級政府普遍有貪污的行為。雖然蔣中正先前不斷鼓勵魏德邁報告他一個多月來在中國的所見，但是魏德邁的率直批評以及暗示他無法建議美國對中國援助，使蔣氏感到相當不安與不悦。故在魏德邁離華前，在美駐華大使司徒雷登寓所邀請蔣主席與夫人及張群等人之晚宴，蔣中正在當天下午藉病佯稱無法出席，改由蔣夫人獨自前往。在蔣夫人赴宴之際，魏德邁打電話給蔣主席說，「剛從牯嶺下山，已疲乏不堪，委員長既不能來，宴會也就決定作罷」。[36]魏、蔣雙方不歡而散的心情不只呈表面化，而且大有互為決絕的態勢了。

八月二十四日早，魏德邁搭專機離開南京時，並發表了一份書面離華聲明，強調在中國所看見的，乃是一種冷淡的態度，既不設法解決問題，徒以許多時間浪費在譴責外來勢力的影響或者一味尋求外援；政府如今迫切需要做的，是掃除無能的官員。今日的中國人多充滿了失敗主義，中國雖因戰爭革命頻仍，但仍擁有充分資源來從事復興工作。中國的復興是需要啟發性的領導作風與道德精神的重生，而這些只能來自中國內部。國民政府必須作出強烈而大幅度的政治與經濟改革，才能收到立竿見影之效。單獨的軍事行動是無法打敗共產主義的。[37]

五、魏德邁調查團報告書與其結局

一九四七年九月七日，魏德邁通知其調查團團員表示他要建議應對中國國府採取道德上的鼓勵與物資的援助兩項途徑，惟對援助的範圍、形式與順序則應由中、美兩國會商決定之，而援助則應加以監督以保證能與美國政策一致的情況下進行。[38]九月十九日，他向杜魯門總統正式呈上他的調查報告書。[39]

在報告書中，魏德邁首先指出他係以全球性觀點而對中國與朝鮮的情勢予以評估，並提出美國在遠東遵循的行動方針。在雅爾達會議後，蘇俄進入東北及日後美國停止對中國的援助，間接促成蘇俄的遠東計畫。

魏德邁建議應由中國出面向聯合國建議，需要美國之援助中國戰後重建與復甦經濟；這樣美國才不會有侵犯中國主權之虞。對於東北情勢的惡化，魏德邁建議美國應採取立即的行動，以停止國、共在東北的敵對狀態，並由美、蘇、英、法、中五強加以監督或看管東北。若五強拒絕時，則由中國出面要求聯合國託管東北。假使中國不如此做，魏德邁認為即使有美國援助，東北仍會喪失。因為當前中國國軍在東北的軍事形勢，只能勉強支撐，補給線既長，又無掩護，完全無法用武力消滅共產黨。而且東北也無法全靠武力收復。假如國府在長城以南恢復實力之後，東北的安全可有保障，也就不會給予蘇俄單獨行動的機會。魏德邁是為了挽救中國的東北，才作此提議。

魏德邁懷疑蔣主席在解決共黨問題後，是否會全面裁軍與致力經濟改革，但是他相信若有美國的援助，則可穩定中國局勢與阻止共黨的擴張，而蔣主席也會因此建立改革決心。

對於中國的經濟情勢，魏德邁認為國家預算之長期赤字是造成高度通貨膨脹的原因。中國在海外的資產總額近十八億美元，但國府未曾認真利用這些資產來從事復興工作。至於中國對於外商受到的不公平待遇，雖曾採取步驟改善，但是成效不顯著。

在軍事情勢上，國軍雖然在力量上佔優勢，卻因為必須防守許多重要地區，因而喪失機動性。同時，國府在山東與河北之控制也受到嚴重的挑戰，如果美國對國府擴大軍援，可能會導致蘇俄以類似援助給予中共，因而導致意識型態的衝突，而引發世界大戰。

所以，魏德邁的結論是中國內戰已威脅到世界和平，必須以積極步驟來結束這種敵對情勢，因此，最佳途徑是交由聯合國處理。國民政府在東北、山東與河北的情勢之持續惡化的結果可能加強東北淪為蘇俄的附庸，進一步使共產黨統治中國。所以，中國目前最需要的是國府本身的改革與改組，減少軍事預算以及外來援助。中國如果能有效運用援助才可能趨向穩定，而美國的援助計畫則必須派人監督；但是此類計畫惟有在中國要求提供顧問與物資援助之下，才可展開。

在報告書的最後，魏德邁建議美國政府應通知中國國府，表明美國願意提供援助，以維持中國的領土完整與協助中國的復興，中、美兩方代表應就下列項目取得協議：

㈠中國立刻通知聯合國，表示需要美國增加物資與顧問援助；

㈡中國應要求聯合國立即採取行動，結束東北的敵對情勢，並要求將東北置於五強的監督之下。如果不能實現，則依聯合國憲章接受託管；

㈢中國應有效運用本身的資源，按照計畫經濟重建，健全財務，減少預算赤字；

㈣中國繼續提出證明實施政治與軍事改革；

㈤中國接受美方顧問人員在指定的軍事與經濟方面協助中國運用美援。40

魏德邁報告書引起了國務院的一陣混亂。國務院官員白特渥茲（W. Walton Butterworth）建議，該報告書應視為機密，不對外透露任何內容。報告書中有關託管東北的建議，國務院認為若將其刊出，將造成美國外交政策上的困難，因為這勢將增加了聯合國的負擔，恐怕它將無力實行託管。而且託管東北也暗示中國國民政府已不能控制其宣稱已經控制的地區，這將對蔣主席的政權造成嚴重的打擊。41國務院另一高級官員魯斯克（Dean Rusk）則擔心蔣主席的反應將使此計畫擱淺，因為託管東北表示國府已無力對其所屬領土予以統治了；更何況要實行此一計畫實需要美國強大人力與資源的支助，但參謀首長聯席會議與外交官等已評估過中國的戰略利益實際上不如西歐與中東對美國的重要。此外，一九四七年秋，美國國會已嚴重刪減了預算，使美國無法提供數萬名官兵派赴中國。[42]而且事實上美軍事部門早在一九四六年年底即已評估託管中國東北的擬議，結論是對其可行性深表懷疑。[43]所以，國務院在經過一番考慮後，決定將魏德邁報告書視為「最高機密」，不准任何相關人員對外透露其內容。[44]

當國務院壓制魏德邁報告書不予發表時，如果魏氏能在當時毅然決然地予以拒絕，並向全國說明真相，可能促成美國對中國的全面干涉，對於國府也可能產生一種很大的鼓舞作用，或許會讓中國的領導者燃起全面改革的決心。但當時國府的積弊已深，恐怕任何改革的圖謀與計畫，也都無法獲得徹底的成效吧！當國府的三分鐘改革熱度逐漸消退後，恐怕國府所依賴的仍將是美國的援助而已！

六、結語

總括而言，魏德邁在一九四七年所率領的中國（朝鮮）調查團的整個調查過程中，他本人似乎並未扮演英雄的角色。該團在中國的日子裡，無論是與政府人士或政府以外的人士接觸，或者在各地發表的相關談話中，都可明顯地看出調查團是依照其所獲訓令中「公正與客觀」的態度行事的。即使在魏德邁返回美國之後，美國新聞媒體爭相要求魏氏評論中國情勢，魏氏也均予拒絕。[45]在魏德邁報告書被列為最高機密之後，他雖然對美國的外交政策愈來愈感到不滿，但是礙於命令他並未作出使美國政府為難的評論或發言。就此點而言，魏德邁的確已善盡了其調查團所奉美總統訓令的要求與軍人服從的本份了。[46]

不過，魏德邁對中國內戰中國府政治、經濟、軍事發展的預測，實不幸而言中。在國軍戰略上兼顧華北與東北的總態勢下，因在戰術上也普遍採取基本的防守策略，它很快在中共軍的全面進攻下呈全盤皆輸之局。一九四八年九月二十五日，山東省會濟南被中共軍所攻陷；一個半月之後，東北的軍事局勢也迅速逆轉：一九四八年十月十四日連接關內外的戰略要地錦州失守，瀋陽也旋於十月三十日為中共軍所佔領，東北國軍精銳三十萬人（一說四十萬）全部損失，其中包括八個美式裝備師。[47] 加之國府在經營商務印書館起家、對金融只有常識性知識與實務的王雲五出任財政部長之後，竟於一九四八年七月十九日強力實行金圓券幣制改革，使原已趨於崩潰的全國經濟，更為加速地全面崩潰；國府運用政治力量以控制正常經濟活動的努力，僅只維持了短短三個半月左右而已，人心盡失。[48] 一九四八年十一月三十日徐州淪陷於中共軍之手，至是年年底國府投入了所剩最精銳軍隊的徐蚌（淮海）會戰已以災難性的失敗結束；一九四九年一月二十一日，蔣中正也被迫自行宣告引退，「以彌戰消兵」了。整個大陸很快在一年多之內全部為中共軍所控制；但在一九四九年十二月七日，國民政府則宣布遷設台北，以迄於今。[49]

注釋

* 本文係李恩涵、張家綸合著。

1 參閱 Charles F. Romanus and Riley Sunderland, *Stilwell's Command Problems* (Washington D.C.: U.S. Army Center of Military History, 1956, reprinted 1985), p. 468; Albert Wedemeyer, *Wedemeyer Report!* (N.Y.: Henry Holt & Co., 1958), pp. 296-297.；張家綸，〈魏德邁與中美關係〉，國立政治大學外交研究所碩士論文（民國八十六年），頁二九～四一、五八～六七、七〇～八〇；另參閱 Jonathan D. Spence, *The Search of Modern Chian*

(N. Y.: W. W. Norton & Co., 1990), pp. 479, 483, 484。

2 王成勉，《馬歇爾使華調處日誌（一九四五年一月～一九四七年一月）》（台北：國史館，民國八十一年），頁二四～六〇；另參閱郭廷以，《中華民國史事日誌》，第四冊（台北：中研究院近史所，民國七十四年），頁五二八～五九四間所記。

3 Yu-ming Shaw, *An American Missionary in China: John Leighton Stuart and Chinese-American Relations* (Cambridge, Mass.: Harvard University Press, 1992), p. 156; *The Military Situation in the Far East and the Relief of General MacArthur*. Washington, D. C.: A Microfilm Project of University Publications of America, Inc. 1977, p. 6100.

4 William Stueck, "The Marshall and Wedemeyer Missions: A Quardilateral Perspective," in Harry Harding and Yung Ming, eds., *Sino-American Relations, 1945-1955: A Joint Reassessment of A Critical Decade* (Wilmington: Scholarly Resources, Inc., 1989), pp. 102-103.

5 William Stueck, *The Wedemeyer Mission: American Politics and Foreign Policy During the Cold War* (Athens: Georgia Univ. Press, 1984), pp. 3-4.

6 *Ibid*., pp. 7-8.

7 *Ibid*., p. 8.

8 趙綺娜，〈美國親國民政府國會議員對杜魯門政府中國政策影響之評估〉，《歐美研究》，第二十一卷，第三期（民國八十年九月），頁八八～八九。

9 *The Military Situation in the Far East and the Relief of General MacArthur*, pp. 6082-6083.

10 Albert Wedemeyer, *Wedemeyer Report*, pp. 366-367.

11 William Stueck, *The Wedemeyer Mission*, pp. 15-16.

12 顧維鈞，《顧維鈞回憶錄》，第六冊，（北京：中華書局，一九八八），頁一七〇。

13 U. S. Department of State, *Foreign Relations of the U. S., 1947, The Far East: China* (Washington, D. C.: U. S. Government Office, 1972), p. 636.

14 *Ibid*., pp. 639-642.

15 秦孝儀主編，《總統蔣公大事長編》（初稿），第六卷，下冊（台北：中國國民黨黨史委員會，民國六十七年），頁五一八～五一九。

16 《大公報》，民國三十六年七月十八日。

17 同報，民國三十六年七月二十二日。

18 *Foreign Relations of the U. S*., 1947, vol. VII, p. 674.

19 *Ibid*., pp. 656-660; William Stueck, *op. cit*., pp. 30.

20 William Stueck, *op. cit*., pp. 31-32.

21 *Ibid*., p. 33.

22 *FRUS*, 1947, vol. VII, pp. 682-684.

23 William Stueck, *op. cit*., p. 37.

24 *FRUS*, 1947, vol. VII, pp. 712-715.
25 William Stueck, *op. cit*., p. 39.
26 *Ibid*., pp. 39-40；另參閱《顧維鈞回憶錄》，第六冊，頁一九六～一九七。
27 秦孝儀，前書，頁五一二。
28 同書，頁五二四。
29 William Stueck, *op. cit*., pp. 40-41.
30 *Ibid*.
31 秦孝儀，前書，頁五四八～五四九。
32 參閱李元平，《俞大維傳》（台北：台灣日報社，民國八十一年），頁九三。
33《中央日報》，民國三十六年八月二十三日，*The China White Paper: August 1949* (Stanford: Stanford University Press, 1967; Originally issued as *United States Relations With China with Special Reference to the Period 1944-1949*), pp. 758-762。
34 李元平，前書，頁九三。
35 William Stueck, *op. cit*., p. 44.
36《顧維鈞回憶錄》，第六冊，頁一九五。
37《東方雜誌》，第四十三卷，第十五號（民國三十六年九月），頁五八。
38 *FRUS*, 1947, vol. VII, pp. 769-770.
39 參閱王曉寒、翟國瑾合譯，《魏德邁論戰爭與和平》(*Keith E. Eiler, Wedemeyer on War and Peace*, 1987)（台北：正中書局，民國七十八年），頁二五五～二七四。
40 同上註。
41 William Stueck, *op. cit*., pp. 86-87.
42 *Ibid*., pp. 88-89.
43 *Ibid*., p. 89.
44 *Ibid*., p. 87.
45 張家綸，〈魏德邁與中美關係〉，頁一二六。
46 同上註。
47 郭廷以，《中華民國史事日誌》，第四冊，頁七九〇、七九六、八〇七；Jonathan D. Spence, *The Search of Modem China*, pp. 505, 507。
48 Jonathan D. Spence, *op. cit*., pp. 502-504.
49 *Ibid*., PP. 511-512；郭廷以，《中華民國史事日誌》，第四冊，頁八一二～八一五～九二〇所記相關各大事。

原為中華軍史學會主辦，《二十世紀中國戰爭與政治國際學術研討會》論文，台北市南港，二〇〇〇年十二月十五日、十六日，原稿十七頁。

第二十章 一九四九年後中共對南洋華人的政策

一、前言

一九四五年八月十五日日本向同盟國投降，中國作為同盟國「四強」之一，抗日戰爭八年終於獲得勝利，惟中國國內國民黨與共產黨的衝突很快於一九四六年下半年後進入全面內戰之局（事實上兩黨自一九二七年三月國民黨領袖蔣中正全面武力清除黨內共產黨勢力之後，雙方即斷斷續續以武力互鬥了二十年之久）。而戰後國共內戰經過三年多的全面戰鬥之後，國民黨即全面潰敗，一九四九年三月蔣中正率部退守台灣，但堅持中華民國的大纛，隔台灣海峽繼續反共抗俄，而共產黨則於一九四九年十月一日建立中華人民共和國，以取代中華民國。但雙方在軍事、政治、思想與文化方面的對峙與互攻，至今已五十三年之久（本文寫於二〇〇二年），仍隔台灣海峽而分治，難分最後之勝負。

國民黨自建黨之初即與海外華僑（華人）的關係密切，在它所領導的一九一一年辛亥反滿革命前後，國民黨的領導層本身即有一部分為海外華僑，而在反滿的各次革命起義行動中，其財力與人力的重要來源與支持者，也靠海外華僑特別是東南亞華僑。但中國共產黨在革命過程中，則與海外華僑的淵源較少，也與東南亞華僑沒有像國民黨那樣之盤根錯節的複雜關係。所以，國民黨在推翻滿清、建立中華民國之後，一九一二年，北京政府即設立暨南局，總局設於廈門，故又稱福建暨南局。一九一八年，北京政府（已非國民黨所控制）於國務院之下設僑工事務局，一九二四年，又改設僑務局。一九二三年二月，已下野的國民黨總理孫中山成立大元帥府於廣州，在其大本營內也設立僑務局，但因軍事影響，不久即停辦。一九二六年，廣州國民政府設置僑務委員會，旋因全軍北伐，該會於一九二七年六月，被併入廣東省政府民政廳，而北伐軍蔣中正於一九二七年三月「清共」後所成立的南京國民政府，則於是年冬，由外交部在上海設立僑務局；南京國府大學院（即教育部）也設立華僑教育委員會。一九二八年，關內外各省統一，以黨治國的國民黨又於國民政府之內恢復設立僑務委員會，惟次年又將該委員會改隸國民黨中央執行委員會；一九三一年，始再將該委員會改隸於國民政府行政院（即內閣），如其他部會一樣，並於一九三二年四月十六日改組完成，負責僑民管理、僑民教育、僑民經濟與總務（一般事務）等事務。在僑民教育方面，對海外華校之調查、立案、監督與指導以及籌撥華校經費、頒行華校課程以及訓練與介紹華校師資等方針，僑務委員會與教育部或分或合，各自負責。[1]國民政府對於服務海外華人認為是一種義務與內部事務的一項權利，故於一九二九年所制定的國籍法，完全承襲晚清一九〇九年國籍法的主要內容，對海外華僑採血統主義，凡華人之父為華人血統，即為中華國籍。國民政府對於東南亞華僑的政策，特重視華文教育的推廣，著重文化的植根與愛國心與僑鄉、僑眷親情的倡導與聯繫，並盡其全力（雖然當時中國國力貧弱）與各殖民統治政府相交往，以保護海外華僑的基本利益。2

抗日戰爭（一九三七～一九四五）時，僑務委員會遷往重慶，戰後始遷回南京，一九四九年二月，於中共軍進攻南京前，南遷廣州，同年八月，則遷到台北。

二、一九五〇～一九五九年間中國對南洋華人的政策

中共於一九四九年十月一日建立的中華人民共和國，其中央人民政府也仿照國民黨的國民政府，設置華僑事務委員會，掌管海外華僑之服務、文教宣傳、生產救濟等事項，在組織上大體仍如國民黨時期的僑務委員會；其組織特殊之處，在於一九五八年之後增設了「歸僑司」，負責安置歸國華僑的生產、僑眷生產、僑匯投資、僑生就學等事務。3中共建國早期主持華僑事務委員會的領導層，多借重國民黨時代的原有人才，如其第一任主任委員即為原國民黨左派領袖廖仲愷（一九二五年被暗殺）的遺孀何香凝（何氏於一八七八年出生於香港，一八九七年與廖仲愷結婚，一九〇二年在日本留學時，加入革命黨的興中會，後即為中國革命同盟會之一員）。繼何氏之後擔任華僑事務委員會主委者，則為她的兒子廖承志（即廖仲愷之子）。廖承志則為長期獻身的中共黨員，為中共總理外交部長周恩來所倚重。4

惟中共自建國之初，雖然也想以文化教育、愛國心與僑鄉僑眷之親情等傳統因素，維繫東南亞華僑的向心力，並視華僑為中國人口的一部分，視保護海外華僑為一種「權利」與「義務」，但因中華人民共和國自一開始即為國際共產圈重要之一員，對外一面倒向蘇聯，參加韓戰（一九五〇年十月），與以美國為首的英、

法、加拿大、澳洲等聯軍廝戰三年之久，不分勝負；此後也一直與美、英等資本主義國家作思想、政治、經濟等方面的長期對抗。對內則實行全國性社會主義改造（土地改革、三反五反、實行農業工業的集體化與國有化，甚至實行「大躍進」，建立人民公社制），與東南亞華僑社會中居有領袖地位的「頭家」之上、中、下層資產階級人士的私人與家族利益，顯然有著極大的衝突與歧異。所以，中共自一九五〇年之初，雖在護僑、華僑匯款、倡導華文教育與提倡海外華僑愛國心等四大方面，與一九四九年前國民政府所遭遇到的問題相同，但在性質上已大為不同。首先，中華人民共和國仍然是一個工農業落後的發展中國家，對於仍在資本主義民主國家殖民統治下或受民主國家政治、經濟、軍事控制下的大部分東南亞國家對於華人的一些迫害與歧視性壓制行動，它是無力保護華僑（華人）的。它對同為國際共黨一部分的馬來亞共產黨的叛亂（一九四八年七月英人進剿馬共的「緊急狀態」正式開始，馬共雖然其成員的百分之九十九為華人，但自初即認同馬來亞，也不走種族認同路線），即受到此一方面的局限，只能在思想意識上予以支持，並不因其為華人而支持之，也不號召華人社會支持之。5 對於當時東南亞華僑所碰到的其他問題，新的中共政權除去以高分貝的意識型態的辭彙予以猛烈抨述外，它與過去國勢較弱的國民政府時期所處的無力提供有效保護的困境，並無差別。反之，中共的任何對華僑（華人）問題的反應，都被冠以「共黨滲透」的惡名提供，而為當地殖民當局或新興獨立國家所嚴斥及嚴予壓制。6 中國所能做的，只是在一九四九～一九五九年的十年間接納了約三十萬被迫或自願返國的華僑回華，為其中的二十萬人提供職業，並為數達一千萬人的華僑眷屬提供勞動生產的機會。7

在華僑匯款方面，海外（特別是東南亞）華僑過去大力匯款回中國直接支援僑眷、間接有力支助平衡中國外貿上的赤字，一九一四～一九三〇年每年即達當時國幣（約略兩元國幣等於一美元，按年期而略為不同）

約二億元，一九三〇～一九三六年則每年約三億，此後抗戰初期一九三七～一九四一年的東南亞僑匯援華，其數額更大。但中共政府建政後則僑匯大減，如一九五〇年中國收到的僑匯為六千零一十萬美元（內東南亞華僑匯回者二千四百八十七萬美元）；一九五五年為四千六百四十九萬美元（內東南亞僑匯二千七百一十三萬美元），一九六四年僑匯額則只有約四千四百九十二萬美元，約只有三〇年代每年匯額的一半，甚至不到一半；而且此數額尚須扣去居留香港的僑眷所收匯款的一千五百萬美元。[8]中國當局雖然也大力鼓勵華僑在國內投資，規定其投資之公司可以永久為投資人所保有，不受社會主義國有化政策的影響，而且保證年利率為百分之八，每年獲利額可有二分之一匯去僑居地；但華人真正投資中國的似乎也不多。[9]另就倡導海外華文教育與華僑愛國心方面，中共那一套的意識型態教育與國民黨所倡三民主義特別是民族主義教育的性質，實有本質上的不同：一九五〇～一九五一年間新加坡、馬來亞華文教育的青年基於對中國新局的憧憬，雖然也有一陣回國熱，甚至一般商人回國者也多，至一九五一年頭幾個月內，每月回中國者達二千至五千人，但此後即大額減少，以致於無以為繼。[10]加之一九四九年之後東南亞各國都嚴禁中國移民，過去老一代移民則在爭取或者變為（大部分變為）新興國家的公民，中華人民共和國所面臨的新的華僑問題，使其陷於多項抉擇的困境。

面對上述的這些難題，新中國首先採取一種消極政策，以為對應：即海外華僑問題已非中國的一項「權利」，中國對海外華僑（華人）的要求須得到華僑（華人）本身的合作與支持，始可。

新中國既無力護僑，又在五〇年代之初未與東南亞的新興國家（緬甸與印尼兩國例外）與舊殖民統治國家（英國雖於一九五一年一月承認中華人民共和國，但此後許多年內雙方並未建立完整的外交關係）建立外交關係，所以，它只有促使當地華僑（華人）對遭遇到的任何大大小小問題，都採取自力更生、先求集體性或個人的「生存哲學」策略——中共對於各國歧視或迫害華僑的某些措施，其官方抗議既無可投遞，乃只在《人民日報》上發布其官方的抗議照會。其次，中共則一方面與中華民國的台灣競爭爭取回國僑生教育權，一方面則鼓勵華僑（華人）在當地國採取「去中國化」的態度——改認同於當地國，而避免認同於在台灣與其對抗的中華民國。[11]不過，大陸與台灣互爭華僑學生回國的競賽，並不怎樣成功。一九五〇年回大陸的僑生有一千一百七十六人，一九五一～一九五二年有二千六百多人，一九五三～一九五五年有近四萬人，總計自一九四九～一九六五年間返回中國大陸的僑生共有八萬四千多人，但除去一九六〇年印尼排華被迫返華的一萬人及其後又返回香港的一萬一千多人，實際只有七萬一千多人。而一九五一～一九六五年間返回台灣的僑生則有二萬七千九百多人（實際回國有一萬九千八百多人）；但回大陸的僑生多是「半工半讀」或「半農半讀」，在台灣升學的僑生則可全程在設備良好的學校就讀（一九五四～一九六五年有美國援助），故所造就的專才甚多。[12]

至少在一九五三年九月，中共已經瞭解到東南亞華僑（華人）問題可能成為中國與東南亞新興國家（當時已有菲律賓、柬埔寨、老撾、印尼等國獨立，越南、馬來亞則在邁向獨立過程中）之間建立外交關係的重大障礙，海外僑務可能成為中國的重大負擔，國家外交利益應更優先於僑務利益（何況在「去中國化」的考慮下，華僑應認同於當地國，成為當地新興國公民的一份子，以解除中國的義務與負擔）。一九五四年四月二十九日中國發表「和平共存五原則」，以為中國與各國外交的指導性綱領，包括⑴互相尊重彼此的領土與主權的完整；⑵互不侵略；⑶互不干預彼此的內政事務；⑷平等互惠；⑸和平共存。接著一九五四年九月，中國總理兼外長周恩來在第一屆全國人民代表大會中報告海外華僑問題時，即第一次提出解決華僑（華人）問題的一項積極具體的步驟，首先應致力解決華僑（華人）雙重國籍問題。周恩來所建議的重要內容如下：

㈠取消華僑（華人）的「雙重國籍」：應該在各國華僑、華人中作一清楚的分類：何者為華僑，即是為中國國籍者；何者為華人，即已認同於當地，並已取得當地新興國或當地自治體（如馬來亞、新加坡，甚至尚為英國殖民地的砂朥越、北婆羅洲、沙巴、汶萊等）的國籍或公民權者。換言之，海外華僑此後應分為兩類：一為華僑（具中國國籍者），一為華人（具當地國或當地自治體的國籍與公民權者）；

㈡中國應規範那些仍是中國國籍的「華僑」，不應參與或干涉當地國的政治。他們應瞭解干預當地政治不是一項簡單法律問題。對於那些已放棄中國國籍的華人，此後他們的一切作為，則與中國完全無關。對於那些仍是中國國籍者則應受中國法律的規範管轄。其次，中國應向當地國保證，中國絕不利用華僑從事於任何政治目的；

㈢中國已準備放棄華僑國籍的血統主義（principle of jus sanguinis）。中國此一新政策不只是對華僑所居住的當地國一般國籍原則的一項退讓（一般殖民國家與新興國家對國籍歸屬都採屬地主義 jus soli），它也等於承認海外華僑／華人因認同於當地國而與中國的關係日益變弱的事實。[13]

中國在放棄華僑（人）之雙重國籍原則時，初期也堅持為達到此目的：第一，中國應與華僑居住國簽訂一項正式條約或正式協定；第二，華僑在選擇中國國籍與當地國國籍時，應有自由選擇之權。[14] 惟此後因遭遇到種種實際上的困難，第一項之堅持原則，此後並未真正堅持。對於第二項之堅持事項，此後也主要是在尊重當地國的處理步驟原則下，在不重形式的情形下接受此一性質不同的處理步驟。

周恩來解決雙重國籍的擬議提出後，作出具體反應願意與中國談判解決此一問題的，只有印尼一國。因為當時菲律賓與泰國已於周氏提出擬議之約略同時（一九五四年九月），參加了積極反共、致力圍堵蘇聯、中共勢力南下的「東南亞條約組織」（Southeast Asia Treaty Organization, SEATO），在美國的領導下拒絕承認中共，而承認台灣的中華民國，自然不會與中國談華僑／華人問題。馬來亞聯合邦與新加坡自治市尚未獨立；只有蘇加諾（Sukarno）領導下的印尼作為「不結盟」的亞、非國家中的一個新興大國，與中國的關係也非常友好與親密，表示願意與中國合作解決華人雙重國籍問題。中印談判先在北京進行；[15] 一九五五年四月十八日，亞非國家會議在印尼萬隆（Bandung）舉行，在會議期間的四月二十二日中國即與印尼簽訂了「中印雙重國籍條約」，以解決印尼華人的雙重國籍問題，其中規定：所有在印尼出生的華人應有權在該條約批准後的兩年內就印尼國籍與中國國籍間，作一抉擇：選擇印尼國籍者，此後即為完全的（full）印尼公民；選擇中國國籍的，此後則為印尼境內的外僑（aliens），可為印尼當地拒發居留准證。中國則承諾接受將此等被印尼拒予繼續居留之華僑接納回國。[16] 惟該中印雙重國籍條約實有一項很嚴重的錯誤，它實際改變了印尼一九四六年國籍法與一九四九年荷印圓桌會議有關國籍問題的決定，使原本已成為印尼公民的「土生華人」喪失了印尼國籍，而必須重新選擇國籍。為求補救此一錯誤，周恩來與印尼決定以換文補充規定：一部分已成為印尼公民的華人，不屬於具有雙重國籍華人的範圍，因此，他們沒有必要經過條約規定選擇國籍的程式。換言之，參加過一九五五年大選的華人已自動成為印尼公民，沒有必要重新選擇國籍。中國也向印尼政府施加壓力，要求印尼接受最大多數的華人為印尼公民。[17]

兩年多之後的一九五六年十月三日，周恩來在北京接待新加坡、馬來亞工商貿易考察團高德根等一行時表示：任何國家都不會允許雙重國籍的，一個國民不能同時效忠於兩個國家。新、馬華人一旦取得公民權後，就不再擁有中國國籍，而是具有中國血統的馬來亞人了。如果有人不要入馬來亞籍，願保留華僑身分，當然悉聽尊便。不過依周氏之見，為了新、馬的繁榮，還是作當地公民較好，作華僑容易引起別人誤會。作為華僑，最好不要參加當地的政治活動。[18]稍後，周恩來在接見前新加坡首席部長、勞工陣線領袖的馬紹爾（David Marshall）時，也就新加坡華人國籍問題，表達了同樣的願望。[19]當時尚在爭取獨立的馬來亞聯合邦各政黨領袖，對於周恩來的談話，均表贊許。巫統宣傳主任兼工商部副部長佐哈里認為為了使華人問題獲得根本的解決，馬來亞獨立後，應仿效印尼政府所採取的措施，與中國訂立有關華人雙重國籍的協定。馬來亞印度國大黨中央執委兼雪蘭莪州分部主席華沙甘也説，周恩來此次之聲明，令人感到鼓舞。惟一九五七年八月馬來亞聯合邦獨立後，中馬兩國並未就華人雙重國籍問題重新談判，更未簽訂類似中國與印尼所簽訂的雙重國籍條約或協定。[20]

一九五六年十二月十八日周恩來在緬甸仰光對當地華人社團的一次演講中，更要求海外具中國國籍的華僑，不應在海外參與政治或從事於階級鬥爭。他在該演講中，首先敦促當地華人應遵守當地國的法律、尊重當地國的風俗、習慣與宗教信仰，並與當地國的婦女通婚，以改變身分為當地國的公民。成為當地國公民之後，他們即不應再參與當地華人社團的社區活動。對於那些仍保留中國國籍的華僑，則他們絕對不應該參與僑居國的任何政治活動。周恩來並嚴肅宣布，中國不在華僑、華人團體中鼓勵共產黨的組織活動或民主黨派的組織活動，海外華僑如欲參與政治活動，則應返回中國為之。周氏也鼓勵他們學習當地國的語言與文化，並在華校中以當地語文授課。[21]

事實上，共產中國對於五〇年代時某些東南亞國家之歧視與迫害華人，經常採取視而不見的策略。如一九五六年九月反共的南越吳廷琰政府突然宣布禁止華僑經營賣豬肉、賣魚攤販、當舖、紡織、五金、五穀、碾米廠、運輸公司及代銷店等十一種行業，並頒布國籍法，強迫西貢附近（堤岸）五十萬出生越南的華人，如具有越南國籍者，負有應徵入伍服兵役的義務。中國華僑事務委員會主委廖承志，並未提出即時抗議；其於一年之後所提出的抗議，措辭也甚溫和。[22] 種種跡象都可見中國堅持一勞永逸地解決東南亞華僑雙重國籍問題的極大決心。

三、一九六〇～一九六六年間中國對南洋華人的政策

不過，中國與東南亞國家所簽訂的惟一正式解決華僑雙重國籍的條約（即一九五五年四月中國與印尼雙方所簽訂的中印雙重國籍條約），在執行上並不順利，雙方所意欲達到的目標都告落空，而且使得雙方的外交關係變得非常緊張，最後只靠中國政府總理周恩來、外長陳毅與僑務主委廖承志等之咬緊牙關，承擔起極大運輸華僑返國的義務的決策才算勉強維持住雙方外交關係於不墜。中國原意想敦勸印尼華僑中之最大多數依照條約選擇印尼國籍的目的，並未達到，其結果適得其反，因為印尼當局在條約批准交換之前，即採取步驟迫使華僑選擇中國國籍，而且印尼所採步驟之強烈，實為史無前例，以迫使中國運回這些數目龐大的無資格選擇印尼國籍的華僑。

中印雙重國籍條約早在一九五七年十二月即經兩國政府正式批准，但印尼政府並不予以迅速交換生效。[23]

反而在陸軍、右翼勢力與渴望發財的土著商人的強大壓力下，在該條約交換生效前，採取一系列排華措施，限制華文教育、除一、二家華文報紙外，其他皆予禁止、對外籍華人（即不合乎可選擇印尼國籍條件之華僑）徵收相當重的外僑稅、禁止匯款回中國、除華人企業擁有至少土著股份百分之五十者外，不准購買外匯與禁止華人開設碾米廠（已設者需於限期前關閉之），更嚴重地當然是一九五九年之突然禁止華人在鄉村行之多年（甚或一、二個世紀）的零售販賣業，等於是在短期內之「突然沒收與掠奪」，其直接受害華人即達十五萬到三十萬人之多。[24]在此之前的一九五八年七月，印尼政府更通過一項新國籍法，進一步限制可以選擇印尼國籍之「土生華人」的條件：即不只他（她）本人須出生於印尼，其父親亦應為印尼國籍（即其父亦應在印尼出生）；該國籍法也規定此後申請歸化為印尼公民者必須先放棄其原來國籍，換言之，此規定的真正意義為「外籍華人與其後代在依據中印條約之國籍選擇期之後即無法輕易再獲得印尼國籍了」。在印尼政府之政治上、經濟上與法律上多項強迫性限制之下，實際當一九六〇年一月中印雙重國籍條約正式交換生效後，該條約之主要精神——華人可在自由意志與自由選擇的情況下對兩種國籍作一選擇的條約規定，已變成無何真正運作的餘地了。其結果是至一九六二年一月止（即依條約規定之上述條約生效後的兩年之內），印尼「土生華人」與「新客華人」合計總數中的三分之二，仍然是「外籍華人」（華僑）。[25]惟一可對這些外籍華人身分有所補救的，是他們子女的國籍雖然在一九六二年一月前由其父母予以決定，但根據條約，當他們到達成年年齡之後，他們仍有權自己再選擇其國籍（一九六九年四月印尼片面廢約後，「外籍華人」子女的此一權利，雖已無法實行，但可經由歸化之申請以改變其當年父母對其之選擇，惟需花費之費用不少）。[26]

由於華人在印尼受到大規模的迫害，因印尼禁止鄉村零售業而失去生活憑藉、無家可歸的華人，人數即達十五萬至三十萬人之多，外長陳毅乃答應遣返這些華僑回華；廖承志也建議遣返至少六十萬身陷困境、自願返回中國的華人（有些華人家庭已居留印尼數代之久，有些甚至已居留一百多年了）。一九六〇年，根據中國的估計，在整個東南亞華人的一千二百萬人之中，真正具有或願意保有中國國籍的，只佔百分之四十左右，即有約五百萬人，其餘百分之六十即約七百萬人，已取得當地國的公民權，已不具有或不願意保有中國國籍了；他們已經在當地國安居樂業，完全不必中國為他們妥籌安全之道。所以，中國計畫在一九六〇年之後的七年或八年之內運回無法在海外居留國生活的海外華僑三百萬至五百萬人返華。[27]換言之，中共在一九五五～一九六〇～一九六六年間對於海外華人的政策實際上與國民政府在一九二七～一九四九年間對海外華僑的政策相反，即堅決要解決雙重國籍的困局：凡選擇當地新興國國籍的華人，此後在法律上即與中國國家無關，而只是中國人的親戚，如英國人與澳洲人、紐西蘭人一樣。他們應歸化與同化於他們的居留國。但對於那些選擇中國國籍的海外華僑，中國則對他們負有極大的責任。如果他們無法為當地居留國容許繼續居留，中國當負起責任必要時將他們運返中國重建新家園（這也是中印雙重國籍條約所規定的一項重要事項）。[28]

因此，一九六〇年開始，中國乃遣派船隻前往印尼爪哇與蘇門答臘接運那些因當地國禁止鄉村零售業而陷於困境而流亡於雅加達、巨港等都市區的華僑難民。當年即運返華僑九萬六千人；此後，往返船運一直繼續，至一九六七年五月，仍有自印尼運返的歸僑抵達中國港口。[29]一九六三年，中國也自印度撤僑；並於一九六六～一九六七年又再度自印尼撤僑。至一九六六年文化大革命開始時，總計十萬人以上的海外華人自願選擇而返回中國。不過，由於大規模集體遷移對於居留國當地社會秩序的破壞性，實在也對居留國的影響甚大，故居留國最後乃予以阻止，遣返華人的數目並未再增加。[30]

四、一九六六～一九七六～現在中國對南洋華人的政策

一九六六年三月，中國文化大革命正式開始，紅衛兵造反攻擊劉少奇、鄧小平當權派的重要項目之一，即為他們所主持的「放棄海外華人」政策。實際主持中國僑務政策的總理周恩來、外長陳毅與僑辦（華僑事務委員會）主持人廖承志自然也首當其衝，成為被衝擊、被攻擊的首要「當權者」。至一九六七年，僑辦已停止了正常運作；至一九六八年年底或一九六九年初，華僑事務委員會並可能已遭到被取消廢除的處分。一九六七年五月後，領導「造反」的前駐印尼大使館代辦姚登山，主張「造反」外交，不只對廖承志的僑務政策，嚴予批評，迫令廖氏靠邊站，不再主持政務，甚至還要打倒陳毅主持外交的權威；但他與其他紅衛兵造反派並未提出任何具有建設性足以取代廖承志／陳毅／周恩來的前述政策的新政策，以實際解決海外華人政策所面對的困局。[31] 造反派主要是打亂了中國正常僑務行政的程序，將許多僑務主持人「下放改造」（如廖承志、方方），[32] 但中國僑務政策可能在周恩來的幕後主持下（周恩來在文化大革命的過程中一直峙立不倒），仍然堅持原訂放棄華僑雙重國籍政策而不搖，並使該一政策在「亂中有序」中維持其連續性而絕不改變。周恩來也主張絕不干預各國的文化統合華人的政策。[33]

一九六七年四月，印尼雅加達發生新的反華暴行。稍後，在香港、外蒙古、柬埔寨與緬甸仰光，都發生當地華人紅衛兵（造反派）與當地軍警嚴重的衝突事件。自一九六七年十月到十二月，中國連續向這些國家發出九十六次抗議（同年一月至九月，則只總共發出七件抗議），可見中國與這些國家衝突的嚴重性。一九

六七年四月的雅加達反華事件，是由於印尼右翼陰謀製造事件以進一步斷絕中印外交關係（一九六五年九月印尼政變後，蘇加諾總統下台，印尼新政府大舉武力清除印尼共產黨在政治與社會中的勢力，與壓制親共的華裔印尼人的政黨組織「印尼國籍協商會」，但未與中國絕交）。但因北京紅衛兵於四月至五月初為報復起見在北京圍困印尼駐華使館，印尼右翼回教團體乃於同年八月五日再度聚眾攻入中國駐雅加達大使館，放火焚燒了幾幢建築；十月一日印尼學生團體又再度大規模聚眾攻人與燒毀中國大使館，其藉口則是中國虐待印尼外交人員。連續的暴行乃導致十月九日印尼之主動「中止」（suspend，非正式斷交）雙方外交關係。（一九六九年四月，印尼政府即宣布廢棄一九五五年四月的中印雙重國籍條約。）[34]香港事件則是因為香港英當局之嚴厲對付當地「造反派紅衛兵」，中國當局為報復起見，乃逮捕英人之在北京者及封鎖英駐華使館人員的進出，雙方堅持達數月之久；但北京政府在周恩來的主持下，並未給予香港當地「造反派」任何直接的支持。[35]

外蒙古事件係自中國前往的「紅衛兵」與外蒙古軍警的一次直接對抗與衝突，導致這些紅衛兵與當地華僑被強迫驅遣出境。[36]柬埔寨事件也是因為北京前往的紅衛兵在該國首都金邊從事種種「造反」活動，並與柬國當局相對抗，因而為親華的西哈諾親王（Prince Sihanouk）怒斥之為「文化大革命的輸出品」。一九六七年十月，周恩來因此兩度專函西哈諾親王，保證中國不干預柬國的內政，始為之了事。[37]緬甸仰光事件也是由於北京遣派來的「紅衛兵」在當地華僑社群中挑動而起，因而於一九六七年六月發生與緬甸軍警的激烈對抗，使中緬外交關係陷於破裂的邊緣。這些紅衛兵顯然得到北京某領導機構的支持，但與僑辦無關；因此，緬甸當局拒絕中國派遣一個調查團前往調查的要求。鑒於中共一直公開支持緬甸共產黨的叛亂，緬政府對當地華僑的壓制也是短期而有節制的。一九六七年十一月之後，雙方的激烈對抗大致漸告平息，仰光華僑社會也恢復到事件前尊重緬甸當地法律與風俗習俗的狀態。38

周恩來在文化大革命的高潮期間（一九六七～一九六九），對於海外華人問題的政策，似乎是堅持「不改變（原定的解決雙重國籍）、不退讓、不主動」的消極策略。當一九六八年十一月，印尼政府揚言要廢止中印雙重國籍條約時，代表中國的中國新聞社，曾認為這是違反該條約本身的，該社並特別提到印尼「外籍華人」的年輕人依照該條約到十八歲時應有再度抉擇國籍的權利。但到一九六九年四月該條約為印尼政府真正片面所廢止時，中國新聞社則並無任何評論（其時中印已無外交關係）。39 一九六九年五月十三日馬來西亞發生馬來人與華人衝突事件，華人死傷官方說有二百多人（實際據說有數千人），房屋財產損失甚巨，但新華社只評論說中共已注意到遭受損失的主要是華人。換言之，即華裔馬來西亞人。該社在字裡行間表示無意抗議，也未暗示要保護華人。很多事實都可以顯示出周恩來堅持永久性解決海外華人雙重國籍問題的決心，而且在一九七〇年前後，廢除了過去主管華僑事務的僑務委員會。40

一九七一年六月，美國尼克森總統宣布將於明年（一九七二）二月訪問北京；一九七一年七月，林彪垮台；同年十月，中國人民共和國取代中華民國進入聯合國；四十多個國家隨之自承認中華民國改而承認「中華人民共和國」。一九七二年九月，中國並與日本建立外交關係。中國在東南亞除去已建立邦交的越南、緬甸與柬埔寨三國外，也致力擴展與其他各國的外交關係。一九七四年五月，馬來西亞總理敦拉薩（Dun Razak）訪問北京，雙方發表「共同聲明」，建立邦交。「共同聲明」中明定中國有權保護馬來西亞仍保有中國國籍者的「正當權利與利益」，但同意「敦囑」（enjoin）這些保有中國國籍者「遵守馬來西亞的法律與尊重馬來西亞人的風俗與習慣」。該「共同聲明」中也規定華裔人民已選擇馬來西亞國籍者已自動喪失了其中國國籍。因此，此後已無雙重國籍問題的存在。但中、馬「共同聲明」中完全未提到馬來西亞尚有十二萬至二十萬無國籍華人的問題。41 一九七五年，菲律賓總統馬可仕（Ferdinand Marcos）訪問北京；同年六月，中菲建立邦交。一九七五年七月，泰國也與中國建立邦交。菲、泰兩國的建交聲明中，均如中馬建交的共同聲明一樣，明文解決了華人雙重國籍問題，即選擇當地國籍的華人已自動喪失了他們的中國國籍了。中菲與中泰的兩份共同建交聲明中，也全未提到在菲律賓的約十萬與在泰國的約三十一萬「無國籍華人」之問題。根據瞭解，中國是不承認華人無國籍的，因此，中國很明顯地有意想鼓勵該三國能分別用給予這些無國籍華人以當地國籍的辦法來解決此一懸案的。42

事實上菲律賓馬可仕總統在決定與中國建交前即擬先解決在該國約十萬的「逾期羈留華人」（非法入境問題。他早於一九七一年六月至一九七二年十二月舉行的菲律賓憲法會議中通過憲法修正案，雖將出生地主義為國籍根據的規定予以修正，但規定歸化者也可依法規取得菲國國籍，並規定對於父為華人、母為菲人之子女可自動成為菲國公民。而且，早自一九七四年四月，馬可仕政府即鼓勵具有中國國籍的華人申請歸化為菲國國籍。並將申請歸化限期定為中菲建交前的一九七五年五月十五日（其後延期至同年六月三十日）。約十萬多名中國國籍的華人中有約六萬人申請菲律賓公民，其餘的四萬人則未申請，43 但他們很可能都是具有中華民國國籍者。

至於一九七四年在馬來西亞的約十二萬「無國籍華人」，好像其居留權也是沒有什麼問題，加之可用擁有馬來西亞國籍之子女的名義申請居留，似乎尚未聞有任何問題發生。至於在泰國的三十一萬「無國籍華人」，其中可能有二十萬人仍為具中國國籍者。44 其他十一萬所謂「無國籍華人」，可能均為持中華民國護照者——他們在國際法上與事實上的身分是無何問題的。

一九七七年十一月與一九七八年二月二十六日北京《人民日報》在引述副總理李先念與總理華國鋒的話說：雖然中國仍然鼓勵海外華人在自願的基礎上改變為居留國的公民，那些擁有外國公民身分的華人也不再是中國公民，但他們仍是我們的親戚與友人。45 一九七八年十一月九日至十二日，中國副總理鄧小平訪問馬來西亞（之後並訪問新加坡），馬國總理胡先翁（Datuk Hussein Onn）告訴鄧氏，馬來西亞尚有九萬華人並未申請馬來西亞國籍，另有約十萬華人為「無國籍」。惟馬來西亞與新加坡的華人對於鄧小平的訪問，均持平常之心看待，並無特別的激動心理。46 一九八〇年九月十日，中國制定新的國籍法，其中也明確規定單一國籍原則，即擁有外國國籍的中國人即喪失了中國國籍。惟該國籍法明定，尊重個人意志而不強迫任何華人血統者為中國國籍。47 這仍是一九五五年四月二十二日中印雙重國籍條約內所訂的基本原則的普及化實踐。經過了近五十年的考驗，至今東南亞各國已不再因雙重國籍問題而對其華裔公民或其華籍僑民（中華民國台灣人也是各該國無問題的華籍僑民）有所疑慮。而且隨著中國的開放與「去共產化」以及國勢的日益強大，無理取鬧式地、以意識型態而亂扣帽子的土著民族反華、排華運動，也逐漸真正銷聲匿跡了。

注釋

1 夏誠華，〈一九四九年以來兩岸的僑生教育〉，見《一九四九年中國的關鍵年代學術討論會論文》（台北：中國近代史學會主辦，一九九九年十二月九日至十日），頁二。

2 Stephen A. Fitzgerald, *China and Overseas Chinese: A Study*

of Peking's Changing Policy, 1949-1970 (London: Cambridge Univ. Press, 1972) pp. 6～7, 76.

3 夏誠華，前文，頁三～四。

4 同上文，頁三～四。Stephen A. Fitzgerald, *op. cit.*, pp. 78, 87.

5 Stephen A. Fitzgerald, *op. cit.*, p. 78。崔貴強《新馬華人國家認同的轉向，一九四五～一九五九》（新加坡：南洋學會，一九九〇），頁四〇。謝詩堅，《馬來西亞華人政治思潮演變》（檳城：友達企業公司，一九八四），頁三三。Stephen A. Fitzgerald, *op. cit.*, pp. 87, 92～96。

6 Stephen A. Fitzgerald, *op .cit.*, p. 87.

7 Mary F. Somers Heidhues, *Southeast Asia's Chinese Minorities* (Victoria, Australia: Longman, Australia, 1974), p. 94; Victor Purcell, *The Chinese in Southeast Asia*, p. 35.

8 Leo Suryadinata, *China and the ASEAN States: the Ethnic Chinese Dimensions* (Singapore: Singapore Univ. Press, 1985), p. 78; Stephen A. Fitzgerald, *op. cit.*, p. 90.

9 Victor Purcell, *The Chinese in Southeast Asia*, p. 36; Mary F. Somers Heidhues, *op. cit.* p. 90.

10 崔貴強，前書，pp. 252, 262, 264.

11 Stephen A Fitzgerald, *op. cit.*, pp. 77, 87.

12 夏誠華，〈一九四九年以來兩岸的僑生教育〉，頁一四～一五，一〇～一一。

13 Stephon A. Fitzgerald, *op. cit.*, pp. 105～106.

14 *Ibid*, pp. 108～109.

15 C. P. Fitzgerald, *China and Southeast Asia Since 1945* (Camberwell, Victoria, Australia: Longman, 1973), p. 82.

16 *Ibid*, p. 40.

17 *Ibid*, p. 40; Stephen A. Fitzgerald, *op. cit.*, p. 109。周南京〈印度尼西亞華人的參政問題〉，見《第四屆世界海外華人國際研討會論文集》（台北：中央研究院中山人文社會科學研究所等主辦，二〇〇一年四月二十六日至二十八日），第三冊，頁三三一。

18 崔貴強，《新馬華人國家認同的轉向，一九四五～一九五九》，頁二七八。

19 同上書，頁二七九。Victor Purcell, *op. cit.*, p. xvi, note l.

20 崔貴強，前書，頁二七九～二八〇。

21 C. P. Fitzgerald, *op. cit.* pp. 87～88.

22 Ibid, p. 87; Mary F. Somers Heidhues, *op. cit.*, p. 26.

23 周南京，前文，頁三二一，三二〇。

24 C. P. Fitzgerald, *op. cit.* pp. 40～42.

25 Charles A. Coppel, "The Chinese in Indonesia, the Philippines and Malaysia" in *Paprs on Far Eastern History* (Canberra ,Australia) vol. 1 (1970), p. 5.

26 *Ibid.*, pp. 5～6.

27 C. P. Fitzgerald *op. cit.*, p. 89.

28 *Ibid.*, pp. 87, 89～90.

29 Stephon A. Fitzgerald, *China and Overseas Chinese: A Study of Peking's Changing Policy, 1949-1970*, pp. 148, 165.

30 *Ibid.*, p. 42; C. P. Fitzgerald *op cit.*, pp. 89～90.

31 Stephen A. Fitzgerald, *op. cit.*, 165～170, 172～173, 177～179.

32 *Ibid*, pp. 163～164.

33 Jay Taylor, *China and Southeast Asia: Peking's Relations with Revolutionary Movements* (N. Y.: Praeger, 1974), p. 237.

34 J. A. C. Mackie, ed. *The Chinese in Indonesia: Five Essays* (Singapore: Heinmann Educational Books, 1976), p. 11.

35 Stephen A. Fitzgerald, *op. cit.*, p. 170.

36 *Ibid.*, p. 171.

37 *Ibid.*

38 *Ibid*; Edwin W. Martin, *Southeast Asia and China: The Study of Containment* (Boulder: Westview Press, 1977), p. 49.

39 Stephen A. Fitzgerald, *op. cit.*, p. 169.

40 *Ibid*, p. 183; Jay Taylor, *op. cit.*, p. 316．宋明順，〈東南亞華人及其前途——民族主義及社會主義的衝擊〉，見崔貴強、古鴻廷編，《東南亞華人問題之研究》，頁七四。

41 Wang Gungwu, "The Question of Overseas Chinese", in *Community and Nation: Essays on Southeast Asia and the Chinese* (Kuala Lumpur: Heinmann Educational, 1981), pp. 258～259; Edwin W. Martin, *op. cit.*, p. 51.

42 *Ibid*, pp. 51～52.

43 Charles A. Coppel, "The Chinese in Indonesia, the Philippines and Malaysia", pp. 5～6.

44 Wang Gungwu, "The Question of Overseas Chinese", p. 257.

45 Leo Suryadinata, *China and the ASEAN States: the Ethnic Chinese Dimensions*, p. 70.

46 *The Straits Times* (Sngapore), Dec. 5, 1978．李光耀，《李光耀回憶錄，一九六五～二〇〇〇》（台北：世界書局中譯，二〇〇〇），頁六九〇～六九八。

47 Leo Suryadinata, *op. cit.*, p. 85.

原載中華民國海外華人研究學會編，《時代變局與海外華人的國族認同國際學術研討會論文集》，台北，二〇〇三年十二月，初稿十二頁。

附錄一

退休感言（附「著作目錄」）

（二〇〇〇年七月二十七日在中研院近史所「退休茶會」上演講）

時光荏苒，驀然回首，我竟然是已屆七十「古稀」與所謂「隨心所欲不踰矩」之年了；而我自大學畢業（民國四十三年，一九五四）至今，也整整四十六年之久了。雖然事實上我早已是多病纏身之人，但因我平時總是服膺當代旅美小品文作家劉墉所說的：「不回頭，不回頭，不是我不想回頭啊，只是一回頭，我們就再也往前踏不出半步了」。所以，這些年我總是老牛破車，勉力向前，為完成我自己多年來要寫出的一些東西而匍匐前進。我非常感謝本所所長呂芳上教授與主持本所討論會的黃自進教授的厚愛，給予我這樣一次回首前塵、感念數十年來教我、助我的老師、長輩、妻兒、朋友與學生們對我所給予的各種形式的提攜、鼓勵與支助，其中我要首先特別感謝的，就是本所前所長張玉法教授在我長期離所出國講學的十七年多之後，惠允我於一九九〇年重新返所服務，使我能有機會為我們共同的學術目標而奮鬥（當然我早自一九五六年二月起，就已是本所最早期的「老同仁」之一了）。我也要感謝大學同班同學師範大學文學院前院長李國祁教授與國立政治大學外交系前主任趙國材教授於一九八一～一九八二年與一九八九～一九九〇年分別邀聘我回台擔任師範大學與政治大學的「客座教授」，使我對於國內的歷史學術界不至生疏。回顧過去，從我攻讀大學至今整整五十年期間，老友國祁兄常常對我說：「恩涵兄是一員福將」；我仔細想想我這些年成長、受教、以至出而任事、作研究教書的平淡生活歷程：從我十五歲離開了自己的原鄉、十九歲隨堂兄恩渥從遥遠的山東來到亞熱帶炎熱的台灣，毫無憑藉地竟然能幸運地考取了大學，又能在大學畢業之後來本所任職，結婚、生子，並能幸運地考取了或申請到了全額留學美國的獎學金，分兩個梯次，完成了我一向嚮往的獲取最高學位（哲學博士，Ph. D.）的素志，國祁兄所給我的「福將」之名，也確是一種不毀之譽吧。

一

我是一九三〇年出生於僻處山東東南濱海的古老小城諸城的一個小康之家。六歲時入讀本縣城南門裡著名的觀海書院小學（觀海書院好像早自元、明時代就有了，代有仁人傑士啟蒙孕育於此）。諸城地方雖小，但因宋、元、明、清與民國時代，在政治與文化方面頗出了幾個全國性的人物，如趙明誠（宋宰相之子，李清照之夫，金石名家）、張擇端（繪清明上河圖長卷的大畫家）、劉統勳（乾隆時之軍機大臣）、劉墉（劉羅鍋，統勳之子，乾隆時協辦大學士，書法名家）、竇光鼐（嘉慶帝之太傅、四庫全書副總纂）、王心葵（北派古琴大師，曾任北京大學古樂導師）、王樂平（二〇年代國民黨領袖）、王統照（五四後名作家）、康生（中共著名領袖）、臧克家（名詩人）等等，故諸城雖然僻處山東東南一隅，但教育風氣則特別開朗、開放，常與北京、上海所盛行的最具前瞻性的風氣，有著直接的聯繫。這固然與城內每一巷道內都有大地主的巨型邸第有關，也與諸城城內設有省立第十三中學、縣立鄉村師範、觀海書院小學與府前小學等優良學府內常有飽學與開風氣之先的卧虎藏龍之士有關。所以，家兄恩淳、堂兄恩渥既從小就想作外出求學之計，我雖小小年紀，也以去濟南、青島攻讀為理想。觀音書院小學的老師臧丙兮先生（為家兄的老師，我尚無緣從學於他）為本城擁有數十頃（每頃一百畝）大地主的嫡子，博學多才，為多產的文學家、音樂家和思想家；所撰觀小校歌的曲與詞，慷慨激昂，音調鏘鏘，頗有法國馬賽曲與戰時義勇軍進行曲的意味，至今我都能大致唱誦不忘（自然我是從家兄處學來的）。

可惜我在觀海書院小學只讀了一年半，一九三八年春，侵略中國的日本軍就從附近的青島西攻，一舉佔領了諸城，而殘暴的日軍不只在佔領初期，即強將我們的省立第十三中學的校址，作為其駐軍的司令部（大肆予以破壞、改建），也完全破壞了我們的縣立鄉村師範與全縣社教中心的民眾教育館（圖書館），校舍相當像樣子的觀海書院小學及府前小學，自然也全遭破壞，房屋設備一掃而空；使我的小學教育霍然中止。這是當年日本有計畫地破壞中國有形的文化建設，想將中國一舉打回「石器時代」的一項例證。（日本當年對中國的種種陰謀企圖，我們應當永誌不忘，而當代日本人如不道歉、謝罪、賠償，我們定將永記在心，大家走著瞧）。

日軍佔領下的諸城，因為日軍常常隨便殺人，我們男女老少都跑到城內惟一的一處天主教堂避難（為德國神父主持），教堂附近的家家户户都將其大街小巷的大門壅塞起來，而將自己庭院內的牆壁打通，以與天主教堂連通成為一個大社區，不走大門，而走破牆而成的各家小門，在各街巷的外壁上，則寫上兩公尺見方的大字：「大德國天主教堂」字樣（當時德國與日本有著半同盟的親密關係，日本軍最怕德國人）。所以，大家，特別是婦女，得以免除遭受日軍的蹂躪。但日子一久，我們這些孩子都失學一年之久了，教會當局乃在「大難民院」內開辦了一家私立育德小學，校舍雖然是急就章，相當簡陋，但教室內總有桌子、黑板等必需物品，另也闢有運動場如籃球場、雙槓、單槓等；惟老師陣營則非常之好：很多位老師都是原任教於青島、濟南著名中學的老師，因避難而返回了諸城原籍；而且老師們感受到國難當前，都非常認真教學，又極注重於體育、音樂、藝術等科目與課外活動（雖然校區不大），令我至今仍極懷念他們的那番熱情。尤其是李紀文老師和李紀武老師（兄弟），甚至在國文上課之餘，為我們小學二、三年級補習加讀《古文觀止》和《唐詩三百首》等書，在我幼小的心靈中，等於是一種「啟蒙」（我從未讀過私塾），不只加強我對中國文學的知識，也使我的眼界開擴了不少。至今兩位李老師諄諄善誘的音容笑貌，仍然常深印在我腦海之中。在育德小學讀書二年，也使我浸潤於天主教的信仰之中，「天主經」、「聖母經」、「信經」等經文，至今仍琅琅上口，一字不忘。同時，在日偽對教育的控制下，我校也有「日語」的必讀課，但老師都是馬馬虎虎的教，學生也是馬馬虎虎的學，除了學會了五十一個平假名、片假名字母之外，進步有限。

一九四〇年夏，我隨祖父與父親、叔父轉往濟南居住，轉學進入了峨雅坊小學（在濟南東門甕城內，校舍位於護城河兩岸，中有木橋相通）。該校規模龐大（相對於育德小學而言），環境優美，設備完善，老師眾多；但對我而言，對於這次轉學卻感到異常惶恐，因為我在諸城所學的國文、數學等課的程度，雖然似乎較濟南同年學生的程度為高，但在日語方面，我在諸城所學的較之濟南同班（四年級）同學的日語程度，相差很大。幸虧我在我的遠親王讀膾先生的親切鼓勵與教導下，每週他都為我補習日語數次，從課文到發音、文法等，非常有恆而認真的教我，使我在一學期之內就趕上了濟南同班同學的日語程度了；而且在全班同學中有兩個學期我都在各科目平均總分中考了第一名，受到「王老爺爺」（他比我高三輩）撫頭獎勵：「李恩涵是個好孩子」（王讀鳌先生是山東官費留學日本早稻田大學畢業，在山東政界頗有地位，為山東國民黨領袖范予遂的岳父。當時他因在諸城鄉下無法安居，只好避難去濟南住，在山東偽政府中擔任了一個糊口的芝麻小官。其實他是常被壓迫出任偽政府省廳長級的高官的，但他總避之惟恐不遠，只允作個糊口小官而不作大官）。

在濟南另一項影響我一生的事，是我在王讀鳌先生的兒子處（名字已忘記了，他是一位醫生，在濟南東門甕城內開設一家太平醫院），發現了他的一處文學藏書，其中包括有巴金、冰心、張愛玲、蘇青（日偽時代的黃色小說作家），甚至魯迅、郭沫若等人的雜文、小說等等，還有當時北京、上海每月出版的文學雜誌等，有兩、三個書架之多。我雖然只是一個小學四、五年級的學生，對於這些文學作品實在看不大懂，尤其像《吶喊》、《徬徨》等評論性的文字。但我仍然很有興趣的常常去看，有時甚至借書回家，慢慢讀。對於郭沫若的新詩集《繁星》，我最喜讀：冰心的《寄小讀者》，也增加了我對新世界的新奇感。巴金的《家》、《春》、《秋》、《春天裡的秋天》等等，我也全部讀過了。太平醫院的藏書中，還有幾冊世界地圖集，也是我最喜歡的課外讀物。地圖上塗藍色的法蘭西，我的印象一直很好，常心嚮往之。對於塗粉紅色的英吉利，則不太喜歡，只是它塗著粉紅色的屬地遍布全球，為全球第一大國。對於美國則無甚特殊印象。

一九四二年，我又隨家庭自濟南轉回諸城，轉入縣立模範小學與私立鴻瑞獻小學就讀，一年後小學畢業。總計我小學六年，竟讀了五處學校，也是奇聞。當時諸城教育界人士數年來推動恢復中學的擬議，已經成熟，在偽縣政府的支持下，由張步月校長（他在戰前即任教青島某中學教師並擔任校長多年，戰時返回諸城家鄉，任模範小學校長，為年高德劭的教育家）和臧荀慈教導主任（為北京某大學畢業的當地國民黨要人，也是諸城教育界名人）的領導下，成立了縣立諸城中學，於一九四三年夏天招考第一屆初中一年級學生。我適逢其會，幸運地在一百二十名錄取新生中名列第十一名。由於戰爭使正常的教育系統（特別在鄉下）停頓已久，我讀初中一年級時才是十三歲的小孩（我只耽誤讀書一年），但同班同學中，竟有不少二十多歲、已結婚生子的同學，大我三、四歲的同學更是相當不少。由於我縣原省立十三中學的宏大校舍仍為日軍佔為司令部，我們諸中的校舍只能利用西城原和尚廟改建的數棟殿宇及新建的數間大教室。不過，整個校區的配置還算寬敞；既有不錯的籃球場和集會場，也有一棟學生宿舍（供鄉下來的學生住）。校牆之外，則有廣大的菜園，全年綠油油；另在一面校牆之外，則為城牆，寬約兩公尺，是閒來眺望城外農村景色的好地方，也是溫習功課或男女同學談情說愛、悠閒思考的好所在。

諸城中學的特色，尤在於它教師陣營的堅強：張步月校長長著一個公羊鬍子，人極和善，不太管事，待學生如子姪，呵護慈愛，如浴春風。全校日常事務全由臧荀慈主任總持一切。臧主任出身於擁有數十頃田地的大地主，又為國民黨的地下領袖之一，一派洵洵儒者的樣子，說話溫和，而鼻孔中一直發出「孔」、「孔」的出氣聲，他的專業科目好像是物理、化學。他治校的基本方針，是開明與開放的；在基本的校規之下，他絕不將學生管的死死的。因此，課餘我們常去教師辦公室向他與其他老師執經問難，他絕不拒人於千里之外。教國文的李道庸老師，為北京大學（或北京師大）畢業，戰前原任教於青島扶輪中學。他上課時出口成章，為有著名士派頭而不拘小節的良師。在李老師的教誨下，我受益最多，可說打下了我此後國文的基礎，因為在此後的高中與大學階段，我因著力於學習教學與英文，而頗忽略了國文一課，我的國文程度可說已無大進步了。數學老師也是非常好（但我已忘記了他的大名），為我的算學與代數打下了紮實的基礎。教英文是一位鄭老師（名字忘記了），發音雖不太好，但教課認真，我曾很努力地讀英文一年；但第二學年（一九四四・九～一九四五・八）日本顧問（日本人為控制本校，在學校設有專職「顧問」，此人長的矮矮，能說中文，人人對他如避瘟疫，躲避之惟恐不遠）通知學校：㺅、㹸（英、美）為大東亞共榮圈各國的死敵，不准各級學校學生再學英文了。我們的英文課便這樣霍然而止。教日語的是羅君強老師（與汪偽政權中的大漢奸羅君強同名）。他實際是國民黨的地下人員，好像是南方人（江蘇），教學非常認真，但他並不強制每位學生一定要將日文學好。我因為有在濟南曾經苦讀日文兩年的底子，應付他的課，真是輕鬆而愉快之至。

二

一九四五年八月十五日，日本投降，中國終於跟在美、蘇之後也戰勝了強敵，並一躍而成為全世界的四強之一。但緊接著勝利之後，國共內戰很快便全面展開，山東尤其為雙方精銳大戰的焦點區之一；而在勝利後的一個月之內，諸城也淪陷於共軍之手。過了幾天，我們回到諸城中學看看，大門竟然改掛著「濱海學院」與「山東大學分校」的兩個大牌子，小小初中竟然一躍成為大學的校區了，令我們感到困惑、驚愕之至。稍後，學校並派人通知我們復學上課。事情顯然有些不妙，我們何敢輕易去上課？因此，父親與叔父便很快決定送堂兄與我轉去青島就讀；我所轉讀的學校就是青島市中初中部，只讀了一年即順利初中畢業了。一九四六年夏，我繼續投考高中。我雖然很幸運地考取了本校高中部與山東省立青島臨時中學（這是一所流亡學校），但因後者管吃管住，我乃選擇後者就讀。那時我已十六歲。

省立青島臨中位於黃台路，原為日本青島女中的校舍，規模相當大，我們省中所佔的房舍只是原女中的一處宿舍大樓及其附近空間，只佔有原女中校區的六分之一左右而已。校區綠樹環繞，而成行的櫻花樹植遍各處，另有面積頗大的蓄水池一處與籃球場等運動設備，環境整潔優美。這棟教學大樓（即原為宿舍之大樓）的二、三樓分間為各班級的教室，四樓則為大家的宿舍，各生魚貫席地而臥，也算非常滿意而理想了。膳食方面，省中免費供應全校師生白麵饅頭（麵粉為美國以聯合國名義救濟中國難民及重建者），在當時吃白饅頭可真算是享受。副食方面，雖然沒有魚肉及湯羹佐餐，但鹹菜頭不缺。後來也吃過雜糧窩窩頭（黃金塔），但仍屬難得；因為當時山東各地戰火漫延，中共在各處實行階級鬥爭，加以災荒頻仍，在逃難流亡的日子，有學校可讀可住，三餐無虞，已是心滿意足了。

省中最大的特色，是特注重學生的學業，而師資優良，較之青島市中實有過之而無不及。我是高五級（即應為高中第五屆畢業生），授業各老師都非常出色，尤其我著重的數學（算學、代數、幾何）、英、理、化各科。數學老師吳錫濤先生，北大畢業，身材壯碩而矮，頭大而呈扁狀，教學非常嚴格認真，而學識優良。他也兼教物理，教的也非常好，有風趣而使人終生不忘；故同學背後給他起一個外號「豬頭」（絕無侮辱之意）。又因為他平常的「口頭語」好說某某人為「小人物」，所以，我們也叫他「小人物」（其實他是我們敬愛的對象，此綽號也絕無輕視之意）。英文老師張居在先生為北洋工學院畢業，為人端莊嚴正，一板一眼，教學認真，一絲不苟。他教英文著重課文的熟讀，常叫我們熟讀課文十遍、十五遍，但不必背誦，自然會對英文結構運用自如。英文文法除簡單的一些規則學生應予牢記之外，其他英文中瑣細的平常很少用到的一些文法，他根本不教，而叫學生直接去寫英文小文章。他叫學生「常查字典」也是最重要的學好英文的要項。張老師特注重正確的「標點符號」：每句第一字的第一個字母，應該大寫；每句最後一字之後應加「句點」（period），如有錯誤，全卷即予零分。總之，經過他四個學期的教導，我們無不養成了正確寫英文字句的良好習慣；在英文的學習上，進步甚速。張居在老師也鼓勵我們多讀英文的課外讀物（多查字典），我因此養成了常去青島廣西路市立圖書館借閱 Time Magazine 的習慣，受益無窮。可惜當我們讀高三上學期時，英文課改由校長王秋圃先生授課。他雖然是北師大英文系畢業，但一講英文便大畫其 diagram（文法圖表），反而使我們忘記了欣賞課文中優美英文的本體了，令人煩厭；所以，這一學期內，我們的英文程度不進反退了。化學老師張世鐃先生，為煙台著名釀葡萄酒業的張裕公司的嫡裔老闆（但工廠為中共沒收而流亡青島），上海復旦大學畢業，教課清晰而引人入勝，富於啟發性。雖然我校一點化學設備也沒有，但我卻不知不覺都能將那些複雜的化學元素的分子結構式，記的清楚。我也對化學發生了濃厚興趣。

其他教我們國文的王亦若老師，教地理的劉象天老師、教歷史的王馥遠老師等，也是教的好而認真的優秀老師。音樂老師孫桐友先生為西北大學音樂系畢業，會寫曲，也會自撰歌詞。他自寫歌詞並予以譜曲的「原子彈歌」，我至今仍能琅琅上口：「頂好！頂好！我是個原子彈！年紀小，志氣高，我的力量團結的最堅牢。……我要打倒一切的強盜，決不是以暴易暴。勝利已經得到了，頂好！頂好！」孫老師還教我們唱〈聯合國歌〉，我至今也一字不忘：「太陽與星辰羅列天空，大地踴起雄壯歌聲；全世界的人民都高唱，慶祝新世界的誕生！聯合國萬眾一心，打倒敵人，讓自由幸福的新世界奮勇前進，讓自由幸福的新世界奮勇前進！」

三

民國三十八年（一九四九）三月二日，父親突然告訴我，要我隨堂兄恩渥前往台灣，他與叔父則仍留青島。三月五日，渥哥服務的聯勤被服廠的員工與設備全部搬運上負責運輸的海張輪（一萬噸左右），當日凌晨即自青島大港某號碼頭啟程南行，三日後，我們即抵達基隆。全廠的設備與員工眷屬又改搭火車逕抵高雄小港，我也成為該廠工人的一員了（我初在縫紉二部作搬運工，一週後則調升為司帳員，其後並被調至高雄市郊苓雅寮設立縫紉加工分站，率員工三人，負責衣料加工及收發等工作，對上級所交辦的任務，都能順利完成）。在全中國糜爛式大變動的關鍵年代中，我算是很幸運地未吃到什麼苦頭。因為我在高雄小港被服廠有著一個小小據點（司帳員也算是個小主管），而且作工人可以隨到、隨吃、隨住，解決了最基本的生活問題，所以，許多青島省中的老同學都來我處小住幾日，如同班的楊家駒（後任國軍飛彈營上校營長）、于洪達（後任職警局外事室，現在美國 Florida 州 Miami 經商）、高六級的隋邦銳（後任樹林中學校長）等。過一段日子之後，他們再分往他處自求發展。

一九五〇年七月，我從高雄來台北考大學。我本應投考台大土木工程系的，因為作建築工程師一直是我的志願，也是我在就讀高中時平均著重數、英、理、化等科的目的所在。我其實真正是一塊學理工的料子，頭腦單純而記憶力和分析力都還可以；但因我實際差一學期並未讀完高三，物理並未讀完，而在高雄小港被服廠的工作忙碌，無暇將物理一科自修複習；所以，報名時乃以台大歷史系與師範學院史地系為志願，而在考試時對於所考的數、國、英、歷史各科，也感到得心應手。考試後發榜，我同時幸運地考取了台大歷史系與師範學院史地系。由於台大新蓋的宿舍遲未完工，而我於一九五〇年九月來台北後擠住在老同學的小屋內，所以，我很快就決定去和平東路師範學院報到，並參加了該院的新生訓練了，並未去台大歷史系就讀（我攻讀大學工學院的志願，最後只能由我的兩個兒子為我完成：大兒柏恆與二兒柏毅均為電機系畢業，一在加州大學〔UC Berkeley〕，一在普度大學〔Purdue University, Indiana〕，因為他倆的數學程度都不錯）。

當時師院（畢業時改為師大）的規模很小，只有學生八百人左右，史地系與其他各系的師資都很優秀整齊，而且師生間的熟悉度高，住在宿舍內不同系別的同學，也彼此很快相熟。在大學一年級的通識教育科目中，教「英文」的吳奚真教授、教「國文」的程發軔教授（為鄂派傳統歷史地理學的傳人，著作繁富）、陳致平教授（名作家瓊瑤之父）、教「哲學概論」的田培林教授（留德博士）、教「教育心理學」的林仲達教授（所授內容甚精粹而確有研究心得者）、教「教育概論」的余書麟教授等等，都是非常好的老師，使我在史地本科之外，對其他學科也頗有茅塞頓開之感。在史地系的課程中（我自始即著重於歷史方面，只讀地理方面的必修課，不讀選修課），李樹桐教授的大一「中國通史」，紮紮實實地介紹我們閱讀錢穆、繆鳳林、張蔭麟、呂思勉等人的著作，並要大家閱讀《史記》、《漢書》、《資治通鑑》等大部頭書。朱雲影教授的「史學通論」則全面性初步介紹了一些基本的史學方法與中國、西洋的史學史。他教的雖然有些枯燥，但材料卻豐富、全面，對於近代諸史學名家梁啟超、張蔭麟、何炳松等的著作，以及西洋史數名家的著作，都有詳細介紹。沙學浚系主任（為國防地理學的權威，德國柏林大學博士）的「史地綜論」，則分析歷代胡人「南下牧馬」的歷程，並教我們查閱歷代正史中的「地理志」。

進入專史的範圍之後，郭廷以教授的「中國近代史」（必修）、「中國現代史」（選修）、「明清史」（選修），都是我最感興趣的科目，因為我經歷過中國翻天覆地的苦難歲月之後，實在很想從最近的歷史中探索出其中的一些原由來；加之郭師著作多（在台灣研究近代史的學者當時無出其右者，台大吳相湘教授的《晚清宮廷紀實》當時尚未出版），大名如雷灌耳。郭師上課，態度嚴峻，對學生不假辭色，講課聲音自小而大，內容則一氣呵成，無任何「迴想」的空間。所以，大家只是猛記筆記，而全班筆記之組織最好而文字佳順者，則首推李國祁、李恩涵、鄧汝言三人，課後常成為同學們爭相借抄的對象。郭師介紹的基本參考書，有李劍農、蔣廷黻、陳恭祿、H. B. Morse、H. N. MacNair 諸書（但他絕不介紹學生讀蕭一山《清代通史》兩大冊之書〔當時第三冊尚未出版〕，事後多年，我想真有道理，因蕭書龐雜，史實羅列而毫無頭緒，對初學者只有「嚇阻」而無「鼓勵」之效的）。當時我可能是全班惟一的一位部分讀過H. B. Morse之書的人（全台灣當時只有台大圖書館藏有此書，我則託人轉借而得），頗多獲益。

師院四年，對我走上研讀歷史之途最有助益的另一位老師是王德昭教授。他教我們「西洋近世史」與「史學方法」。前者他自文藝復興開始講起，非常全面、具體而深入（他譯有《歐洲文藝復興概論》一書），使人對 Florence, Flanders 為之神往（七〇年代，我均前往親訪那邊的一些博物院與教堂）。他也指定 Hayes and Moon 的 *Political and Social History of Modern Europe* 為參考書，我也確實將該書一頁一頁的讀下去，至少讀了二分之一！王師所講的「史學方法」，雖無姚從吾先生在台大所講「史學方法論」之例舉分明（姚先生此課我也去台大旁聽過），但他將梁啟超、陸懋德、何炳松（譯）等著作，扼要地詳為介紹，也曾談到史語所傅斯年的「旨趣」，是非常充實的一個課，其啟發性不下於姚；而且，王師待人和氣，滿面春風，還請我去他家吃過飯，很使我受寵若驚（畢業後，王師一直對我關照、愛護和鼓勵，他實是我的恩師之一）。藍文徵教授教我們「隋唐史」，教我們去查閱《舊唐書》和《新唐書》等，使我對大唐史事，為之心嚮往之。吳俊才教授兼任的「印度史」的內容，我雖不甚感興趣，但吳師年輕倜儻，對印度史事非常嫻熟，而娓娓道來，使人對印度文化的博大精深，甚有體會。這與我在十九年之後（一九七三）毅然南下南洋任教新加坡大學十七年之久的一段淵源，實際也很有關係，因為新加坡實有百分之十的印度裔人口呢！

一九五四年六月，我師大畢業，於服役預備軍官（第三期）一年之後，次年八月，我被派去省立桃園中學任教（教初一至高三的歷史課，共有四個不同的教學單元），但我毫不以為苦，每課皆有頗為詳細的「教學大綱」，而且還在教學之餘，翻譯了相當多的希臘史的資料（當時我初譯的陶恩培〔Arnold Toynbee〕的〈希臘歷史思想緒言〉一文，後來竟為王任光、黃俊傑編輯的《古代希臘史研究論集》〔台北：成文出版社，民國六十七年〕，採入印出，頗出我的意外）。一九五五年十月，郭量宇師輾轉通知我，要我馬上來中研院近史所作助理員，但因桃園中學的課程適在學期的中途，我請求稍稍延期三個月，再來南港報到。這便是一九五六年二月我轉來本所服務的一些背景（我是與李念萱兄同時入所服務的）。

四

至於我來近史所擔任助理員之後歷經升級為助理研究員、副研究員、研究員的過程以及其間兩度（一九六二～一九六四，一九六七～一九六八～一九七一）赴美國留學，及此後於一九七三年前往新加坡（國立）

大學任教的種種來龍去脈，我的學生李仕德博士與周琇環協修合寫的〈學人簡介：李恩涵〉一文（見本所《近代中國史研究通訊》，第二十九期，民國八十九年三月，頁三二～四六），已有簡括的敘述，此處即不再贅言了。綜括而言，我除奉郭師之命，與王璽兄合編過《礦務檔》（八大冊，五〇九四頁，民國四十八年，一九五九）、與王爾敏兄、呂實強兄合編了《中法越南交涉檔》（七大冊，四六四九頁，民國五十一年，一九六二）、《教務教案檔》，第一輯（三冊，一七〇九頁，民國六十三年，一九七四）、第二輯（二冊，一八〇五頁，民國六十三年，一九七四）之外，在個人的研究旨趣方面，則主要是著力於中西外交史的範疇：最早我在五〇年代時的主要考慮是想藉多讀外文資料，以達到去美國留學的目的；而這也與五、六〇年代西方學者對於近代中國的研究著重於 China's Response to the West 的趨向，不謀而合。其後我赴美攻讀與此後之研究、教學所涉及的範疇，尚有內戰後的美國外交史、日本近代史與東南亞華人史等，而在過去四十六年之中，我所撰寫的論著，則計有中、英文專著九冊、譯書一冊、彙編（合編）資料集四種、中、英文學術性論文八十四篇、書評六篇、譯作等十四篇等。綜括而言，我研究論題的第一著重所在，係環繞近代中國民族主義發展的研究，計出版專書《晚清的收回礦權運動》（一九六三年，三七一頁）、*China's Quest for Railway Autonomy, 1904-1911*（一九七七，三一六頁）、《北伐前後的「革命外交」（一九二五～一九三一）》（一九九三，三五六頁）等書籍三冊及論文二十餘篇。此外，我對某些中國近代的外交家如曾紀澤、唐紹儀、王正廷、伍朝樞、陳友仁與政治家左宗棠等也曾作過深入的研究，著有《曾紀澤的外交》（一九六六，三九八頁）、〈唐紹儀與清季外交〉（一九七三，七三頁）、〈伍朝樞的外交事業〉（一九九三，二二頁），《左宗棠事功研究》（計包括論文八篇，擬刊印中）等書籍二冊、論文二十餘篇。我感到特別欣慰的是，我對「革命外交」（即一九二五～一九三一年間的撤廢不平等條約運動）的研究（我為此曾兩次前往倫敦的英國公共檔案局 Public Record Office, Kew Garden，查閱 F. O. 405/228/371 等資料），「重新發現」了南京（武漢）國府在收回租界（漢、潯、廈、鎮江）與收回關稅自主權之後，實際曾於一九三一年六月五日與英國簽訂了一項全面廢除在華治外法權的「草約」（draft treaty），中國付出的代價，為上海英人之權保留十年，天津保留五年（此事甚至為南京國府的官方外交報告所遺漏了，因而即使在深入研究此段外交史的學者之間，也不知道了，實為遺憾）。該「草約」雖因同年八月英保守黨在大選中勝利上台，而遇到一些困難，但相信當無礙於它之最後轉變為中英之間的正式條約；惟真正迫使該「草約」胎死腹中的是一九三一年九月十八日日本突然發動的九一八事變。

從一九八六年夏季之後，我實際在集中全力於研究中日戰爭期間日本在中國與東南亞華人社區的暴行罪行的問題。我研究入手的方法則希望在「多文字、多檔案」（multi-language, multi-archive）的資料基礎上，分就中、日、英文中有關此一論題的公、私原始資料與第二手資料，予以仔細的爬梳比較，並就這些頗有爭議性的論題，分別作出儘量客觀的公正的非情緒性的研究論著。我幾乎每年暑假都去加州大學（Berkeley, Santa Barbara, Irvine, Los Angels）或斯坦福大學 Hoover Institution 查閱資料，幾乎每週都風塵僕僕於奔走各圖書館之間，終日孜孜不倦地鑽研於巨型資料書與舊書報典藏室內，踉蹌獨行，而義無反顧；其間之甘苦與所經歷的悲憤、喜悅、痛苦與解脫的心理過程，是不足為外人道的。在這方面，我總計在過去十四年的歲月中，計已出版了學術性論文十一篇（包括南京大屠殺者三篇、一九四二星洲檢證屠殺一篇、「三光作戰」者三篇、日本戰時販毒者四篇），半學術性論文三篇，匯集為《日本軍戰爭暴行之研究》（一九九四，四二九頁）及

《戰時日本販毒與「三光作戰」研究》（一九九九，五六三頁）兩本書行世。我在這方面的研究，已引起國際學術界廣泛的注意，一九九八年四月加州大學（Berkeley）東亞研究所召開Conference on the Nanking Incident，邀請我與其他日、美專家十餘人各提論文參會，大會則提供我們往返旅費、食、宿、零用金以及優渥的宴會款待；會後的論文（英文）則由Princeton University Nanking 1937 Conference印行刊布中（已經出版見Fei Fei Li, et al, eds. *Nanking, 1937: Memory and Healing*. N.ty.: M.E. Sharpe, 2002）。我所寫作的中日戰爭時期日本販毒活動的中文論文，也由我自己改寫為英文"Japan's Involvement in Drugtrafficking in the Occupied Northern and Central China, 1937-1945"於二〇〇〇年三月三日至五日在美國舊金山召開的第六屆中日關係史國際研討會上宣讀，希望它很快也可以正式刊佈行世。

五

如果就我在本所四十四年半的長期研究中（中間我雖離開本所去國外講學十七年多，但實際我仍與本所在精神上與實際上密切相聯），有什麼小小的心得，以向各位同仁與各位貴賓朋友提出來，共相切磋，我願提出下列五點：

㈠我認為我們在研究近代中國史事時，必須在資料上作到以多種文字、多種檔案的來源（因為在一九四五年前，中國是一個半殖民地式的弱國，列強在中國的外交情報與一般特務調查性的情報資料，非常多，雖其中成見錯謬之處甚多，但這些資料所涉及政、經、社會、文化等方面甚廣，值得我們予以批判性的參考利用）。

㈡大部頭的有關研究論題的資料必須「系統閱讀」——所謂「系統閱讀」就是對有關係的時期內，自始至終的查閱之（即使與本題無直接關係，也應查閱，而不是選擇性的部分閱讀）。這樣對於本論題的本身，固然可有系統的瞭解，對於與本論題不直接相關的某些問題，也可有相當的瞭解，可免見樹不見林之弊。

㈢原始資料與第二手論著（包括記述、回憶等）應交叉閱讀。然後再就這兩方面的資料擴大其範圍而搜羅閱讀之——擴大再擴大。要知道運用各種類型的「書目」（bibliography）。原始資料的擴大運用，固極重要，但為避免「迷失於叢林之中」，我們對於新的第二手論著的閱讀、探索，也絕對不應偏廢，以達資料完備（exhaustiveness）的目的。

㈣史實的比較與解釋：同類史實在不同地區與不同時代有其類似性，也有其歧異性。如我在研究二次世界大戰時日本在華的暴行罪行時，總是對納粹德國戰時在蘇俄、波蘭、甚至法國的某些暴行，予以瞭解（如 Omer Bartov's *Hitler's Army* 及他的其他論著及 T. Schulte, *The German Army and Nazis Policies in Occupied Russia* 等等的著作，我都曾仔細閱讀）。史實的解釋是一件很不容易的事，如西方學者自由主義式對不同社會發展的解釋（Max Weber 等），馬克思派學者對東方社會的解釋，都有其系統的、哲學的深厚背景的。即使像 John. K. Fairbank 中型性質「合治論」的解釋，也極不易。但我因個人的才力和學力較差，訓練又不足，但我至少在本論題的直接範圍之內，作了些小規模的解釋，也算作完了這個論題的完整研究。

㈤全世界「現代化」（modernization）的理論研究與中國現代化的特殊經驗與其歷程，仍然是我們研究近代、現代中國者的一項饒有興味而重要的課題。我個人在六〇年代對於 W. W. Rostov, Edward A. Shils, Cyril E. Black, S. N. Eisenstadt, Marius Jansen, Robert Bellah 等的著作，雖曾下過一些研讀工夫，但因專題研究忙碌，我只寫出來一篇中日近代化比較的文章（《思與言》，一九六七），因此退休之後仍希望能將我對此一問題的全盤瞭解全面的有系統的寫出來，才對。我認為梁啟超先生之⑴器物模仿；⑵政、經、制度的模仿；⑶思想、文化的模仿的「三段論法」，殊嫌籠統，因為一個廣土眾民的中國自一八四〇年代即為不平等條約所緊扼其頸項，無自由作為的意志了。一個廣土眾民的「半殖民地」的中國在現代化的過程中，實無法直接學習先進的英、法、美（雖也是廣土眾民，但資源「無限」）等國的經驗，甚至也無法完全學習德國、日本（人口較少，地區較集中）。因此，中國只能學習蘇俄（⑴政權集中；⑵先建立工業化中的重工業系統），孫中山、蔣中正、毛澤東等，好像在現代化問題上所採取的策略，基本上莫不如此。至於未來富強與「民主」的協調問題；「民主」的內涵與實踐的問題（是否「民主」的主要內涵，只為「金錢替代權力」、三權分立、代議制的多黨政治、直接選舉等等），也是我們研究政治民主化的一些主要分析項目。總之，從理論到實際，我們研究中國近代史事的人希望也可以對於現代化問題貢其瞭解的一得，因為我們對於歷史發展的實際全盤過程，較之社會學者、政治學者或心理學者，實更為熟習之故。

展望未來，對於我們的國家、社會、歷史學術界與本所的前途，我看到的，都是一片光明——長江後浪推前浪，後起的精英份子與年紀較輕的同仁，他們都在作為歷史研究者的條件與大環境的配合上，較之我

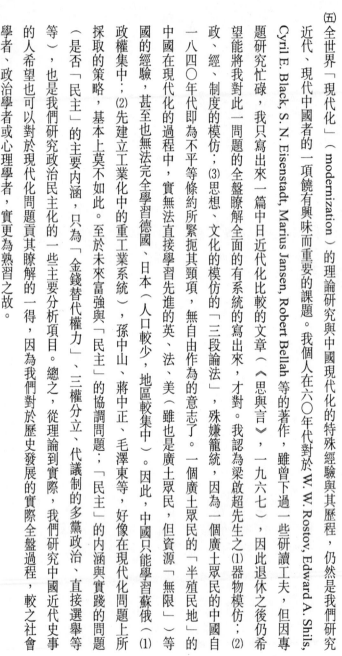

們這一輩在外敵侵境、內戰亂離、鋒鏑刀斧、傷殘餘生長大的一些人，好得多了（他們也應該是好的多了吧！）。不過，我個人深信美國西點軍校軍歌中的話：「老兵不死，他們只是逐漸凋謝」——在歲月的餘暉中，我總希望在凋謝過程中仍然能繼續放射出一些生命的光芒吧！我總希望對於自己的國家、社會、文化在我有生之年，仍能貢獻我微薄的力量，推動它不斷的進步、發展才對。

全文發表於中央研究院近代史研究所編，《中國近代史研究通訊》，第三十期，二〇〇〇年九月，頁二六～三九。

附：本書著者著作目錄

A. 專書

1. 《晚清的收回礦權運動》，台北：中央研究院近代史研究所，專刊（八），一九六三，三七一頁。
2. 《曾紀澤的外交》，台北：中央研究院近代史研究所，專刊（一五），一九六六，三九八頁。
3. 《近代中國：知識份子與自強運動》（與張朋園等合著）。食貨歷史叢書，一九七七年，二六二頁。
4. *China's Quest for Railway Autonomy, 1904-1911: A Study of Chinese Railway-Rights Recovery Movement* (Singapore: Singapore University Press, 1977), 316pp.
5. 《星、馬華人與辛亥革命》（顏清湟原著，李恩涵譯作），台北：聯經出版公司，一九八二，四五三頁。

6.《近代中國史事研究論集》，台北：台灣商務印書館，一九八二，六〇二頁。

7.《近代中國史事研究論集》（第二冊），台北：台灣商務印書館，一九八七，四六四頁。

8.《北伐前後的「革命外交」，一九二五～一九三一》，台北：中央研究院近代史研究所專刊（六九），一九九三年，三五六頁。

9.《日本軍戰爭暴行之研究》，台北：台灣商務印書館，一九九四，四二九頁。

10.《戰時日本販毒與「三光作戰」研究》，南京：江蘇人民出版社，一九九九，五六三頁。

11.《東南亞華人史》，台北：五南圖書出版，二〇〇三，九一五頁。

B. 論文

1. "Tseng Chi-tse, 1839-1890: Diplomat in Modern China," in *Synopses of Monographical Studies on Chinese History and Social Sciences*, vol. III (Taipei, 1964), 22pp.

2. "Tseng Chi-tse, 1839-1890 and His Role as A Diplomat of Modern China," M. A. Thesis, 1964, University of Hawaii, 220pp.

3.〈清季史實的線索與其解釋〉，《大陸雜誌》，第三十二卷，第十二期（一九六六年六月），六頁。

4.〈清末金陵機器局的創建與擴展〉，《大陸雜誌》，第三十三卷，第十二期（一九六六年十二月），八頁。

5.〈咸豐年間反基督教的言論〉，《清華學報》，新第六卷，第一期、二合刊（一九六七年），二八頁。

6.〈研究中國近代史的趨向與必要參考書目〉，《思與言》，第四卷，第五期（一九六七年一月），一〇頁。

7.〈清季同光自強運動與日本明治維新運動的比較〉，《思與言》，第五卷，第一期（一九六七年六月），一一頁。

8.〈同治年間反基督教的言論〉，《大陸雜誌》，第三十五卷，第三～六期（一九六八年八月至九月），三二頁。

9.〈論清季中國的民族主義〉，《思與言》，第五卷，第六期（一九六八年十二月），九頁。

10.“China's Response to Foreign Investment in Her Mining Industry, 1902-1911”, in *Journal of Asian Studies* (U. S. A.), vol. 28, No. 1 (Nov. 1968), 21pp.

11.〈中美收回粵漢路權交涉〉，《中央研究院近代史研究所集刊》，第一期（一九六九年），六七頁。

12.“China's Quest for Recovery of Railway Rights, 1904-1911: Economic Nationalism in Action,” Ph. D. Dissertation, University of California, Santa Barbara, June 1971, 378pp.

13.〈中英廣九鐵路路權交涉〉，《國立師範大學歷史學報》，第一期（一九七二年），三四頁。

14.〈中國近代之收回鐵路運動〉，《中國現代史專題研究報告》，第二輯，一九七二年，三四頁。

15.“Chekiang Gentry-merchants vs. the Peking Court Officials: China's Struggle for Recovery of the British Soochow-Hangchow- Ningpo Railway Concession, 1905-1911,” in *Bulletin of the Institute of Modern History, Academia Sinica*, No. 3 (1972), 46pp.

16.〈唐紹儀與晚清外交〉，《中央研究院近代史研究所集刊》，第四期（一九七三年），七三頁。

17.〈曾紀澤與中俄伊犁交涉〉，《新社學報》（新加坡），第五卷，第四期（一九七四年十二月），五頁。

18.“China's Response to Foreign Scramble for Railway Concessions, 1895-1905,” in *Journal of Oriental Studies* (University of Hong Kong), vol. XIV, No. 1 (Jan. 1976), 22pp.

19.“China's Struggle for A Self-financed Railway Network, 1904-1911,” in *Bulletin of the Institute of Modern History, Academia Sinica*, No. 5 (June 1976), 85pp.

20.〈同治年間陝甘回民事變中的主要戰役〉，《中央研究院近代史研究所集刊》，第七期（一九七八年），三〇頁。

21.〈左宗棠早期剿攻太平軍的戰績〉，《國立台灣師範大學歷史學報》，第七期（一九七九年），一八頁。

22.〈剿捻期間湘淮軍間的合作與衝突〉，《中央研究院近代史研究所集刊》，第八期（一九七九年），三二頁。

23.〈同治、光緒年間（一八七〇～一八八五）湘、淮軍間的合作與衝突〉，《中央研究院近代史研究所集刊》，第九期（一九八〇年），二六頁。

24.“China's Recovery of the British Hankow and Kiukiang Concessions in 1927: a Study of the Chinese Nationalist Party's Revolutionary Diplomacy During the Northern Expedition Period,” (Monographic Series, No. 4, Centre for East Asian Studies, University of Western Australia, Australia), 1980, 34pp.

25.〈北伐前後收回關稅自主權的交涉〉，《中華民國建國史討論會論文集》，第三冊，台北，一九八一年八月，五四頁。

26.〈收回利權運動與立憲運動〉，《中國近代的維新運動——變法與立憲》，台北：中央研究院近代史研究所，一九八一年八月，三一頁。

27.〈南洋華人對孫中山反滿革命的貢獻及其與香港的聯繫〉，香港：珠海學院主辦，《孫逸仙博士與香港國際學術會議論文集》，一九八二年十一月，頁一四三～一五二。

28.〈北伐期間收回漢口、九江英國租界的交涉——國民政府「革命外交」的研究之一〉，《國立台灣師範大學歷史學報》，第十期（一九八二年），三五頁。

29.〈左宗棠的經世思想〉，《中央研究院近代史研究所集刊》，第十二期，一九八三年，一二頁。

30.〈左宗棠收復新疆的幾次重要戰役〉，《新加坡國立大學中文系學術論文》，第十九種，一九八四年，二五頁。

31.〈孫中山先生對星、馬華人文化與教育的影響〉，《近代中國》，雙月刊（台北），第四五期（一九八五年），六頁。

32.“Rivalry, conflicts and collaboration between the Hsiang (Hunan) and Huai (Anhui) Armies, 1860's-1880's,” in the *Journal of the Institute of Chinese Studies of the Chinese University of Hong Kong*, vol. XVI, 1985, 12pp.

33.〈新馬華人的抗日救亡運動，一九三七～一九四一〉，《南洋學報》（新加坡），第四十卷，第一、二期，一九八五年，四二頁。

34.〈抗日戰爭前期（一九三七～一九四一）星、馬華人的抗日救亡運動〉，《孫中山先生與近代中國學術研討集》，高雄：國立中山大學，一九八五年十一月，二〇頁。

35.〈九一八事變前中美撤廢領事裁判權的交涉——二〇、三〇年代「革命外文」的研究之三〉，《中央研究院近代史研究所集刊》，第十五期（一九八六年），三五頁。

36.〈一九四二年初日本軍佔領星洲「檢證」之役考實〉，《南洋學報》（新加坡），第四十一卷，第一、二期，一九八六年，二一頁。

37.〈九一八事變前南京國民政府撤廢不平等條約的成就〉，國史館等編，《蔣中正先生與現代中國學術研討會論文集》，第二冊，一九八六年，二六頁。

38.“The Sino-American Diplomacy over the Building of the Canton-Hankow Railway, 1897-1905: A Case Study of the American Investment in China during the Late 19th and Early 20th Centuries,” *Bulletin of Historical Research*, National Taiwan Normal University, No. 14 (1986), 38pp.

39.〈清季自強運動的失敗與清廷中心領導層的關聯〉，《清季自強運動研討會論文集》，台北：中央研究院近代史研究所，一九八七年八月，二五頁。

40.〈辛亥革命前革命派與維新派在新、馬的思想論戰〉，《珠海學報》，第十五期，一九八七年十月，香港：珠海學院，《孫中山先生與中國現代化國際學術會議論文集》，頁一一四～一二四，一一頁。

41.“China's Response to the Full-fledged Christian Challenge, 1860-1900: An Analysis of Chinese Anti-Christian Thought during the Second Half of the 19th Century,” *Asian Culture* (Institute of Asian Culture Studies, Hallym University, Korea), vol. 4 (1988), 24pp.

42.〈中國外交史的研究〉，《六十年來的中國近代史研究》，上冊，台北：中央研究院近代史研究所，一九八八年六月，二六頁。

43.〈九一八事變（一九三一）前中英撤廢領事裁判權的交涉——北伐後中國「革命外交」的研究之四〉，《中央研究院近代史研究所集刊》，第十七期，一九八八年六月，四五頁。

44.〈王正廷〉，《中華民國名人傳》，第七期，台北：近代中國出版社，一九八八年，二二頁。

45.〈伍朝樞〉，《中華民國名人傳》，第七期，台北：近代中國出版社，一九八八年，一六頁。

46.〈一九四二年初日本軍佔領星洲「檢證」之役考實〉，《中央研究院第二屆國際漢學會議論文集——明清與近代史組》，下册，台北：中央研究院，一九八九年六月，二三頁。

47.〈日軍南京大屠殺的屠殺令問題〉，《中央研究院近代史研究所集刊》，第十八期，一九八九年六月，二三頁。

48.〈日本軍南京大屠殺的屠殺數目問題——戰時日軍暴行的研究之三〉，《國立台灣師範大學歷史學報》，第十八期，一九九〇年六月，四四頁。

49.〈南京大屠殺的事實豈容抹殺——駁石原慎太郎之兩度狂言〉，《傳記文學》（台北），第五十八卷，第四期（一九九一年四月），六頁。

50.〈日軍南京大屠殺所涉及的戰爭國際法問題〉，《中央研究院近代史研究所集刊》，第二十期，一九九一年六月，三三頁。

51.〈王正廷的「革命外交」（一九二八～一九三一）與九一八事變〉，《中華民國建國八十年學術討論集》，第二册，台北：國史館，一九九一年十二月，二二頁。

52.〈有關南京大屠殺的屠殺數目與其所涉及的戰爭國際法問題〉，《近代中國》雙月刊，第八十六期，一九九九一年十二月，八頁。

53.〈論王正廷的「革命外交」，一九二八～一九三一〉，《抗日戰爭研究》（北京），一九九二年，第一期，一九九二年二月，二四頁。

54.〈中英收交威海衛租借地的交涉，一九二一～一九三〇〉，《中央研究院近代史研究所集刊》，第二十一期，一九九二年六月，二〇頁。

55.〈日本軍南京大屠殺的屠殺數目問題〉，蔣永敬、張玉法主編，《近百年中日關係論文集》，台北：中華民國史料研究中心，一九九二年，三六頁。

56.〈抗日戰爭期間日軍對晉東北、冀西、冀中的「三光作戰」〉，《中央研究院近代史研究所集刊》，第二二期（下），一九九三年六月，二八頁。

57.〈伍朝樞的外交事業〉，《近代中國歷史人物論文集》，台北：中央研究院近史所，一九九三年六月，二二頁。

58.〈日軍對晉東北、冀西、冀中的「三光作戰」考實〉，《抗日戰爭研究》（北京），一九九三年，第四期，一九九三年十一月，二七頁。

59.〈左宗棠與清季政局〉，《中央研究院近代史研究所集刊》，第二十三期，上冊，一九九四年六月，三三頁。

60.〈日軍對晉東南、冀南、魯西的「三光作戰」〉，《第三屆近百年中日關係研討會論文集》，下冊，台北：中央研究院近代史研究所，一九九五年一月，四四頁。

61.〈日軍在山東的「掃蕩戰」與「三光作戰」〉，《中央研究院近代史研究所集刊》，第二十四期，下冊，一九九五年六月，四一頁。

62.〈中日甲午戰爭後列強對中國鐵路、礦務利權的攫奪〉，《甲午戰爭一百週年紀念學術論文集》，台北：國立台灣師範大學，一九九五年，三〇頁。

63.〈北伐前後（民國十四年至二十年）廣州、武漢、南京國民政府的「革命外交」〉，《國父建黨革命一百週年學術討論集》，第二冊，一九九五年，三五頁。

64.〈抗戰期間日軍對晉東北、冀西、冀中的「三光作戰」考實〉，《第二屆近百年中日關係史國際研討會論文集》，北京：中華書局，一九九五年，頁三一九～三三三。

65.“China's Recovery of the British Hankow-Kiukiang Concessions in 1927,” in *Modern China in Transition: Studies in Honor of Immanuel C. Y. Hsü, eds, Philip Yuen-sang Leong and Edwin Pak-wah Leong* (Claremont, Calif.: Regina Books, 1995), pp. 127-170.

66.〈中日甲午戰爭後列強對中國鐵路、礦務利權的攫奪〉，見戚其章、王如繪主編，《甲午戰爭與近代中國和世界：甲午戰爭一百週年國際學術討論會文集》，北京：人民出版社，一九九五年，頁九三三～九五三。

67.〈抗戰期間日軍在華北的「三光作戰」暴行〉，《中華民國史專題論文集：第三屆討論會》，台北：國史館，一九九六年三月，頁五四七～五七三。

68.〈九一八事變前後日本對東北（偽滿洲國）的毒化政策〉，《中央研究院近代史研究所集刊》，第二十五期，一九九六年六月，頁二六九～三一〇。

69.〈日軍南京大屠殺及其所涉及的戰爭國際法問題〉，《漢學研究之回顧與前瞻國際會議論文選集》，下冊，新加坡：新加坡國立大學，一九九六年，頁一八四～一九三，一〇頁。

70.〈陳友仁與北伐前期（一九二六～一九二七）的「革命外交」〉，見《紀念北伐七十週年學術論文集》，台北：中華軍史學會，一九九七年，全載於《中華軍史學會會刊》，第二期，一九九七年，頁五八五～六一二，二八頁。

71.〈日本在華北的販毒活動（一九一〇～一九四五）〉，《中央研究院近代史研究所集刊》，第二十七期，一九九七年六月，頁四五～九一，四七頁。

72.〈本世紀三〇年代前後日本對華北的毒化政策〉，《近代史研究》（北京），一九九七年第四期，一九九七年七月，頁九二～一三九，四八頁。

73.〈辛亥革命前革命黨與維新立憲派在南洋的思想論戰〉，《華僑與孫中山先生領導的國民革命學術研討會論文集》，張希哲、陳三井主編，國史館，一九九七年八月，頁九～二〇，一二頁。

74.〈耶穌會士與中俄尼布楚條約交涉〉，《清代前期在華天主教國際學術研討會》，輔仁大學，一九九七年十二月十二日至十三日，二四頁。

75.〈戰後戰勝國對南京大屠殺日本戰犯的審判〉，見《紀念「南京大屠殺」六十週年學術研討會》論文（台北），一九九七年十二月十四日，頁二四；發表於《近代中國》雙月刊，第一二二期，一九九七年十二月二十五日，頁六～二二，一七頁。

76.〈左宗棠在浙、閩、粵戡定太平軍的主要戰役〉，見《近世中國之傳統與蛻變：劉廣京院士七十五歲祝壽論文集》，上冊，台北：中央研究院近代史研究所，一九九八年五月，頁三四三～三六四，二二頁。

77.〈中法戰爭期間（一八八一～一八八三～一八八五）湘軍與淮軍之間的合作與衝突〉，《海峽兩岸紀念劉銘傳逝世一百週年論文集》，合肥：黃山書社，一九九八年，頁三一七～三四一，二五頁。

78.〈日本在華中的販毒活動，一九三七～一九四五〉，《中央研究院近代史研究所集刊》，第二十九期，一九九八年六月，頁一七九～二二二，四四頁。

79.“The Rape of Nanking Re-assesed: A Study of the Sino-Japanese Controversy over the Factual Number of Massacred Victims.” (manuscript 41pp.), presented at the Conference on the Nanking Incident to be held at the Institute of East Asian Studies, University of California, Berkeley on April 17-18, 1998 (Printed in Fei Fei Li, et al. eds. *Nanking 1937: Memory and Healing*, N. Y.: M. E. Sharpe, 2002, pp. 47-74).

80.〈戰後遠東國際軍事法庭對南京大屠殺日本戰犯的審判〉，《侵華日軍南京大屠殺史國際學術研討會論文集》，合肥：安徽大學出版社，一九九八年，頁三六七～三八五，一九頁。

81.〈德國對山東礦權的侵奪與山東收回五礦利權運動〉，《德佔膠澳一百週年學術研討會》論文，山東青島市，一九九八年八月，二一頁。

82.〈日本在華南的販毒活動，一九三七～一九四五〉，《中央研究院近代史研究所集刊》，第三十一期，一九九九年六月，頁一三三～一六五，三三頁。

83.“Japan's Involvement in Drug-trafficking in the Occupied Northern and Central China, 1937-1945” (manuscript 20pp.), Paper presented at the 6th International Conference on the Sino-Japanese Relations to be held at San Francisco, U. S. A. on March 3-5, 2000. (in printing)

84.〈南方軍政府時期的外交（一九一一～一九二五）〉，國史館編，《中華民國外交志（初稿）》，台北：國史館，民國九十一年（二〇〇二），頁五三～八三。

85.〈南方軍政府外交行政機構（一九一一～一九二五）〉，見國史館編，《中華民國外交志（初稿）》，台北：國史館，民國九十一年（二〇〇二），頁二四八～二六〇。

86.〈戰時日本對冀東的「三光作戰」（一九三七～一九四五）〉，中國社會科學院近代史研究所主辦「第二屆近代中國與世界國際學術討論會」論文，二〇〇〇年九月六日至十日於北京市舉行，初稿三四頁。發表於《台灣師大歷史學報》，第三十一期，民國九十二年（二〇〇三年）六月），頁一五一～一七〇。

87.〈一九四七年魏德邁中國調查事件經緯〉（與張家綸合撰），中國軍史學會主辦，《二十世紀中國戰爭與政治國際學術研討會》，二〇〇〇年十二月十五日至十六日，台北市南港（初稿二五頁）。

88.〈一九四九年後傅斯年與其史料學派對台灣史學教研的影響〉，將宣讀於〈傅斯年與中國文化國際學術研討會〉，二〇〇四年八月二十四日至二十七日（山東聊城大學）（初稿四八頁）。

89.〈一九四九年後中國大陸對於東南亞華人的政策〉，見《時代變局與海外華人的國族認同國際學術研討會》，二〇〇三年十二月五日至六日，台北，一二頁。

C. 編纂

1.《礦務檔》（八冊，與王璽合編），台北：中央研究院近代史研究所，一九五八年，五〇九四頁。

2.《中法越南交涉檔》（七册，與王爾敏等合編），台北：中央研究院近代史研究所，一九六二年，四六四九頁。

3.《教務教案檔》第一輯（三册，與呂實強合編），台北：中央研究院近代史研究所，一九七四年，一七〇九頁。

4.《教務教案檔》第二輯（三册，與呂實強合編），台北：中央研究院近代史研究所，一九七四年，一八〇五頁。

D. 書評

1.〈理想主義與現實主義的抉擇〉，《美國研究》，第三期，一九七一年九月，八頁。

2.“Chuan Han-sheng's A Brief History of the Hanyeping Iron and Coal Mining and Smelting Company, 1890-1926,” (Book-review), *in Journal of Oriental Studies*, University of Hong Kong, vol. XIII, No. 1, Jan. 1971, 2pp.

3.〈美國外交政策的方向〉，《美國研究》，第二卷，第一期，一九七二年，一一頁。

4.〈譯述顏著《星、馬華人與辛亥革命》一書之緣起〉，《近代中國》雙月刊，第十三期，一九七九年十月，六頁。

5.〈評入江昭著《超越帝國主義，一九二一～一九三一：遠東新秩序的尋求》〉，《中央研究院近代史研究所集刊》，第十一期，一九八二年六月，六頁。

6.〈評介鄧著〈美國人與太平天國〉〉，《文藝復興月刊》（台北），第一四一期，一九八三年四月，二頁。

E.其他

1.〈北伐時期美國的對華政策〉，《新思潮》，第八十三期，一九五八年，七頁。
2.〈環繞「科學的歷史」的有關問題〉，《思與言》，第三卷，第一期，一九六五年，七頁。
3.〈同文館〉、〈外債築路政策〉、〈收回礦權運動〉，《雲五社會科學大辭典——歷史學》（增訂本），一九七三年，六頁。
4.〈南洋方面研究孫中山先生的史料與史學〉，《研究孫中山先生的史料與史學》，台北：國史館，一九七五年，一五頁。
5.〈《希臘歷史思想》緒言〉，王任光、黃俊傑編，《古代希臘史研究論集》，台北：成文出版社，一九七九年，一七頁。
6.〈當代漢學研究的趨勢與特徵〉，國立台灣師範大學歷史系，《史學會刊》，第二十六期，一九八二年四月，六頁。
7.〈東南亞華人的種族同化問題〉（譯作），《海外華人研究》（台北），第一期，一九八九年六月，一四頁。
8.〈日本不配聯合國安理會常任理事國〉，見《聯合報》「民意論壇」，一九九七年二月十五日。
9.〈日本應為戰時暴行反省、道歉、賠償〉（序），張純如著、蕭富元譯，《被遺忘的大屠殺：一九三七年南京浩劫》，七頁。
10.〈南京大屠殺鐵證如山，不容日人狡賴〉，見《中國時報》（台北），「民意版」，一九九九年二月二十四日。

11.〈序：略論第二次中日戰爭史的研究〉，鄭浪平著，《不朽的光榮——第二次中日戰爭史》（台北），七頁。

12.〈中國百年奮鬥的反思與前瞻〉，見《海峽評論》，第一〇九期，二〇〇〇年一月，頁一九～二四，六頁。

13.〈日本右派否認南京大屠殺，中華民國為什麼不抗議？〉，見《聯合報》（台北）「民意論壇」，二〇〇〇年一月二十五日。

14.〈退休箴言：暮靄回首來時路，煙波迷茫念師友〉，見《近代中國史研究通訊》，第三十期，二〇〇〇年九月，一四頁。

15.〈注視日本新軍國主義者對台灣的陰謀〉，《海峽評論》，第一二五期，二〇〇一年五月，頁二九～三一，三頁。

16.〈顧維鈞與中國近現代外交〉，《百年家族顧維鈞・序》，沈潛著，台北：立緒文化，二〇〇一年五月，頁七－十一。

17.〈警惕日本新軍國主義的軍力動向〉，《海峽評論》，第一二九期，二〇〇一年六月，頁二四～二八，五頁。

18.〈紀念九一八事變七十週年：兼論當前東亞大局與其前景〉，《海峽評論》，第一二九期，二〇〇一年九月，頁二九～三五，七頁。

19.〈反對觀光局邀請石原慎太郎來訪〉，《海峽評論》，第一五四期，二〇〇三年十月，頁二四～二五，二頁。

20.〈《美國與中國》序：兼論美國費正清教授對中國近現代史的研究〉，見《美國與中國》（費正清著、張理京譯、楊凡逸校），台北：左岸文化，二〇〇三，pp. VII-XXIV，一八頁。

附錄二

中國近代外交史「教學大綱」（參考）

第一學期（括號①係指教學一個小時，餘類推）

1.總論（過去的研究與近年趨勢；各國外交檔案的公布與刊印；外交史的特質；「必讀」（**）與「選讀」（*）書簡介）；

2.我國外交的傳統（古代迄宋、遼、金、元；傳統的封貢制度）；（雷海宗：「古代中國的外交」，《社會科學》（清華大學），第三卷，頁一～一二；J. K. Iaibank, *The Chinese World Order*, pp. 20-33）。①

3.中西早期關係（I. Hsu, *The Rise of Modern China*, pp. 122-161；郭廷以，《史綱》，頁一二～三五）；

(a)海上的接觸；(b)陸上的接觸；(c)早期清廷主持外交的機構：禮部與理藩院。②

4.中英關係（Hsu, *op. cit.*, pp. 183-219；蔣廷黻，《外交史資料輯要》），上冊，頁三一～五一；MacNair, *Moden Chinese History*, pp. 85-111；

(a)公行制度與馬戛爾尼（Earl McCartney）的使華；②

(b)阿美士德（Lord Amherst）的使華：

(c)中外間的糾紛與鴉片問題：①

5.鴉片戰爭（一八三九～一八四二）期間的外交（Hsu, pp. 231-242；蔣廷黻，頁五二～一一九；Chang, *Commissioner Lin and the Opinm War*, pp. 51-84, 189-217）：

(a)林則徐時期的外交（穿鼻海戰與封港）：①

(b)天津談判（琦善）與穿鼻草約（Chuan-pi Convention）：①

(c)粵東談判與奕山的戰績：①

(d)閩、浙、長江之戰與南京條約：①

6.戰後外交（一八四二～一八五六）：（Hsu, pp. 243-253；蔣廷黻，《資料選輯》，頁一二〇～二〇三；J. K. Fairbank, *Trade and Diplomacy on the China Coast*, pp. 155-284）：

(a)伊里布、耆英的撫綏（Appeasement）政策（中英續約〔虎門條約〕、中美、中法條約）：②

(b)徐廣縉、葉名琛的強硬政策（咸豐皇帝）。①

7.英法聯軍之役期間的外交（Hsu, pp. 253-269；蔣廷黻《資料選輯》，頁二〇四～三三一；Hsu, *China's Entrance into the Family of Nations*, pp. 21-118）：

(a)天津條約（英、法、美、俄）的談判：①

(b)北京城下之盟（北京條約，一八六〇）：①

(c)俄國友誼的代價（瑷琿條約與北京條約）：①

8. 同、光新政與外交（Hsu, *China's Entance*, pp. 149-210; Mary C. Wright, *The Last Stand of Chinese Conservatism*, pp. 12-42；蔣廷黻，《資料選輯》，上，頁三二三～四一三；中，一八～四七）：

(a)總理衙門（即外務部的前身）的創立與自強新政；①

(b)赫德（Robert Hart）與我國海關行政制度的新制；①

(c)各國新約的簽訂（中英新約[Alcock Convention]及其廢棄）；①

(d)中日外交關係的建立；①

(e)國際法的輸入（翻譯）與駐外使館的建立。①

9. 各省教案與外交（蔣廷黻，《資料選輯》，中，頁七○～一○四；P. Cohen, *China and Christianity*, pp. 63-261）：

(a)傳教事業的「侵略」特質（法國保護權）；②

(b)總理衙門（總署）的政策；①

(c)南昌教案；①

(d)天津教案（一八七○）及其他教案。①

10. 日本侵略的肇始與中英煙台條約（Chefoo Convention, 1876）（Hsu, *The Rise of Modern China*, pp. 376-381；蔣廷黻，中，頁一○五～一○三；Fairbank, *The Chinese World Order*, pp. 112-134）：

(a)日本侵台之役（一八七四）；①

(b)中日琉球問題交涉；①

(c)馬嘉理案（The Margary Affain）之經緯與中英煙台條約；

11. 中俄伊犁交涉（蔣廷黻，中，頁二〇四～二六九；李恩涵《曾紀澤的外交》，頁六一～一六三）；Hsu, *The Rise of M. China*, pp. 381-385; Hsu, *The Ili Crisis*, pp. 78-94, 139-188；

(a)俄國霸佔伊犁；

(b)海防與塞防之爭；①

(c)崇厚使俄與利伐第亞條約（Treaty of Livadia）；①

(d)曾紀澤改訂新約（Treaty of St. Petersburg）；①

12. 中法越南問題的外交（郭廷以，《史綱》，頁二三九～二五一；Hsu, *The Rise of M. China*, pp. 389-394; L. Eastman, *Throne and Mandarins*, pp. 70-84, 108-205）；

(a)法國侵越與中法之明交暗戰時期；①

(b)中法戰爭期間的內政與外交（曾紀澤、李鴻章、清流黨與清廷之忽戰忽和）；①

(c)中法和約的簽訂（喪失對越南的宗主權）；①

13. 朝鮮問題與中日甲午戰爭（郭廷以，《史綱》，頁二六五～二八七；Hsu, *The Rise of M. China*, pp. 406-430; MacNair, *Modern Chinese Hirtory*, pp. 503-548; Akira Iriye, *Pacific Estrangement: Japan and American Expansion*, pp. 43-62）；

(a)中韓關係與日韓江華條約的簽訂；①

(b)戰爭的爆發與戰時外交；①

(c)馬關議和（馬關條約，一八九五）與三國（俄、德、法）干涉還遼；①

14. 列強競逐下的內政與外交（MacNair, *Modern Chinese History*, pp. 549-571; En-Han Lee, *China's Quest for Railway Autonomy*, pp. 1-44, 265-278; Hsu, *The Rise of M. China*, pp. 421-428）：

(a)俄法與英德的借款競爭；①

(b)中俄密約的簽訂（一八九六）；①

(c)列強對我路礦利權的競奪；①

(d)列強租佔港灣與劃定「勢力範圍」（Spheres of Influence）；

15. 美國的門戶開放政策（Hsu, *The Rise of M. China*, pp. 426-490; P. A. Varg, *The Making of A Myth*, Chapts, 2, 5;）

16. 義和團事變與辛丑和約（The Peking Protocol, 1901）（Hsu, *op. cit.*, pp. 470-496）。①

一、基本教科書（**部分必讀）：

**1. 郭廷以，《近代中國史綱》（香港：香港中文大學，一九七四）；

**2. 蔣廷黻，《近代中國外交史資料輯要》，上卷、中卷（台北：台灣商務印書館重印，民國四十七年，一九五八）

**3. Immanuel C. Y. Hsu, *The Rise of Modern China*（2nd Edition, H. K.: Oxford Univ. Press, 1975）（台北虹橋有翻印本）(6th Edition, 2000)；

4. John K. Fairbank, ed. *The Chinese World Order: Traditional China's Foreign Relations* (Cambridge, Mass.: Harvard

University Press, 1968);

5. *The Cambridge History of China*, eds. J. K. Faribank & K. C. Liu, vol. 9 (Part I), vol. 10 (Part II), 1978, 1980.

6. Mark Mancall, *China at the Center: 300 Years of Foreign Policy*. (N. Y.: The Free Press, 1984);

二、選讀書（*任讀其中之兩冊）：

甲、中文：

1. 梁嘉彬，《廣東十三行考》（上海：上海商務印書館，民國二十六年）（台北有重印本）；
2. 李國祁，《中國早期的鐵路經營》（台北：中研院近史所，民國五十年）；

*3. 李恩涵，《曾紀澤的外交》（台北：中研院近史所，民國五十五年）；

4. 李恩涵，《近代中國史事研究論集》第一冊（台北：台灣商務印書館，民國七十一年）；
5. 王爾敏，《清季兵工業的興起》（台北：中研院近史所，民國五十二年）；

*6. 邵循正，《中法越南關係始末》（北平：清華大學，一九三五）；

*7. 王信忠，《中日甲午戰爭之外交背景》（北平：清華大學，一九三七）；

乙、英文：

1. Joseph Sebes, S. J., *The Jesuits and the Sino-Russian Treaty of Nerchinsk (1689): The Diary of Thomas Pereira, S. J.* (Rome: Institutum Historicum S. I., 1961);

*2. John K. Fairbank, *Trade and Diplomacy on the China Coast: The Openning of the Treaty-ports, 1842-1854* (Cambridge, Mass.: Harvard U. Press, 1953);

*3. Immanuel C. Y. Hsu, *China's Entrance into the Family of Nations: The Diplomatic Phase, 1858-1880* (Cambridge, Mass.: Harvard U. Press, 1960);

4. Mark Mancall, *Russia and China: Their Diplomatic Relations to 1728* (Cambridge, Mass.: Harvard U. Press, 1971);

5. Gerald Graham, *The China Station: War and Diplomacy, 1830-1860* (N. Y.: Oxford University Press, 1975);

*6. Frederic Wakeman, Jr. *Strangers at the Gate: Social Disorder in South China, 1839-1841* (Berkeley: Univ. of Calif-omia Press, 1966);

7. J. Y. Wong, *Yeh Ming-chen: Viceroy of Liang Kuang, 1852-1858* (Cambridge University Press, 1976);

8. Mary C. Wright, *The Last Stand of Chinese Conservatism: The Tung-chih Restoration, 1862-1874* (Stanford: Stanford U. Press, 1957);

*9. Hsin-pao Chang, *Conmissoner Lin and the Opium War* (Cambridge, Mass.: Harvard U. Press, 1964);

*10. Yen-pin Hao, *The Compradore in Nineteenth Century China: Bridge Between the East and West* (Cambridge, Mass.: Harvard U. Press, 1970);

*11. Paul A. Cohen, *China and Christianity: the Missionary Movement and the Growth of Chinese Antiforeignism, 1860-1871* (Cambridge, Mass.: Harvard U. Press, 1963);

12. Paul A. Varg, *The Making of A Myth: The U. S. and China* (East Lansing: Michigan State U. Press, 1968);

13. Ian H. Nish, *The Anglo-Japanese Alliance: The Diplomacy of Two Island Empires, 1894-1907* (London: The Ath-

lone Press, University of London, 1966);

14. Jane Kate Leonard, *Wei Yuan and China's Rediscovery of the Maritime World* (Cambridge, Mass.: Harvard University Press, 1984);

*15. L. K. Young, *British Policy in China, 1895-1902* (Clarendon: Oxford U. Press, 1970);

16. Andrew Malozemoff, *Russian Far Eastern Policy, 1881-1904* (Berkeley: U. of Calif. Press, 1958);

*17. John E. Schrecker, *Imperialism and Chinese Nationalism: Germany in Shantung* (Cambridge, Mass.: Harvard U. Press, 1971);

*18. Lloyd E. Eastman, *Throne and Mandarins: China's Search for a Policy During the Sino-French Controversy, 1880-1885* (Cambridge, Mass.: Harvard U. Press, 1967);

19. Marilyn B. Young, *The Rhetoric of Empire: America's China Policy, 1895-1901* (Cambridge, Mass.: Harvard U. Press, 1968);

*20. Marius B. Jansen, *The Japanese and Sun Yat-sen* (Cambridge, Mass.: Harvard U. Press, 1954);

21. Mary H. Wilgus, *Sir Claude MacDonald: The Open Door and British Informal Empire in China, 1895-1900* (N. Y.: Garland, 1987);

*22. En-Han Lee, *China's Ouest for Railway Autonmy, 1904-1911: a Study of the Chinese Railway-Rights Recovery Movement* (Singapore: Singapore U. Press, 1977);

第二學期（括號①，係指一個小時，餘類推）

1.中華民國誕生初期的外交（張忠紱，《中華民國外交史》，第一冊）：
(a)革命進展期中的外交與各國承認問題：①
(b)銀行團借款的交涉；
(c)中俄外蒙古交涉：②
(d)中英西藏交涉；
(e)中日滿蒙五路等交涉：②

2.山東問題與「二十一條」交涉（張忠紱：MacNair, *op. cit*, I, II）：
(a)山東問題的初起（日本佔領青島及膠濟路沿線）：①
(b)「二十一條」的交涉：②

3.歐戰期間的外交（張忠紱：MacNair, *Modern Chinese History*, I, II）
(a)洪憲帝制與外交：①
(b)對德絕交與參戰；
(c)西原借款與山東問題換文：②
(d)中日軍事協定（民國七年五月）。①

4.巴黎和會前後的我國外交（張忠紱：MacNair, II; Pollard, *China's Foreign Relations*, pp.50-114. 205-247.）：

(a)我國對於和會的期望與提案；
(b)和會對於中國問題的處置；①
(c)五四運動（一九一九）與拒簽（對德）和約；②
(d)華盛頓會議的公開；
(e)四國協定與九國公約（我國在華盛頓會議中的奮鬥）；②
(f)北洋政府撤廢不平等條約的努力①

5. 中蘇外交（一九一七～一九二六）（張忠紱；MacNair, II; Pallard, 115-160, 161-204）；
(a)俄國革命與中東鐵路問題；①
(b)西伯利亞出兵與中日交涉；①
(c)外蒙古撤消自治與中俄交涉；①
(d)蘇俄的對華姿態與塔、新通商章程；
(e)優林與越飛的來華；②
(f)中蘇建立外交關係的談判（加拉罕、王正廷、顧維鈞）。②

6. 北伐前後的外交（洪鈞培，《國民政府外交史》；李恩涵《北伐前後的「革命外交」》，第二至五章；傅啟學《中國外交史》；W.A. Fishel, *The End of Extraterritoriality*, pp. 109-187；
(a)廣州國民政府（一九二五～一九二七）的外交政策（胡漢民、陳友仁）；①
(b)五卅慘案（一九二五）、沙基慘案（一九二五、六）與國民革命軍的北伐；①

(c)「革命外交」(陳友仁)與收回漢口、九江英租界的交涉;①

(d)五三濟南慘案(一九二八)與日本出兵山東;①

(e)南京國民政府初期(伍朝樞)的「革命外交」;①

(f)南京國府(王正廷)與收回關稅自主權;②

(g)中東路事件(一九二九)與其交涉;①

(h)中英、中美撤消領事裁判權的交涉(第二階段之「革命外交」)(附:收回上海臨時法院、九一八事變)②

7. 抗日戰爭(一九三七~一九四五)前後的外交(I. Hsu, pp. 578-613; R. D. Buhite, *N. T. Johnson and American Policy toward China*, Chapt. 8; H. Feis, *The China Tangle*, Part 2):

(a)戰前(一九三一~一九三七)對日外交的策略與實際(略);

(b)戰爭前期對美、對蘇、對英的外交(略);

*(c)簽訂中美、中英平等新約(一九四三)之經緯;

(c)戰爭後期之中美關係(史迪威事件);②

*(d)中蘇友好同盟條約的簽訂與其檢討。①

一、基本教科書(**部分必讀):

**1. 張忠紱,《中華民國外交史》(台北:正中書局,民國四十二年台一版);

2. 洪鈞培,《國民政府外交史》(民國十九年版,台北:台北文海繙印,民國五十七年)

3.傅啟學，《中國外交史》（台北，民國四十九年）；

4.Immannel C. Y. Hsu, *The Rise of Modern China* (Resised Ed, Oxford U. Press, 1975);

5.Mark Mancall, *China at the Center: 300 Years of Foreign Policy* (N. Y.: The Free Press, 1984).

**6.H. F. MacNair & Donald F. Lach, *Modern Far Eastern International Relations* (N. Y.: 2th Edition 1951)

**7.Robert Pollard, *China's Foreign Relatrons, 1917-1931* (N. Y.: McMillan, 1933);

8.石源華，《中華民國外交史》（上海：上海人民出版社，一九九四）。

二、選讀書（*任讀其中之兩冊）：

1.John Cady, *The Roots of French Imperialism in Eastern Asia* (Itheca, N. Y.: Cornell U. Press, 1954);

*2.Tien-Yi Li. *Woodrow Wilson's China Policy, 1913-1917* (Lawrance, Kansas: U. of Kansas Press, 1952);

*3.Allen S. Whiting, *Soviet Polices in China, 1917-1924* (New York: Columbia U. Press, 1954);

4.Conrad Brandt, *Stalin's Failure in China, 1924-1927* (Cambridge, Mass.: Harvard U. Press, 1958);

5.C. Martin Wilbur, *The Nationalist Revolution in China, 1923-1928* (Cambridge Univ. Press, 1984);

*6.——, *Sun Yat-Sen: Frustrated Patriot* (N. Y.: Columbia University Press, 1976);

*7.Dorothy Borg, *American Policy and the Chinese Revolution* (New York: Inst. of Pacific Relations, 1947);

8.Lau Kit-Ching Chan, *Anglo-Chinese Diplomacy in the Career of Sir John Jordan and Yuan Shih-kai, 1906-1920* (H. K.: Oxford University Press, 1978);

*9. Pao-Chin Chu, *V. K. Wellington Koo: A Case Study of China's Diplomat and Diplomacy of Nationalism, 1912-1966* (H. K.: The Chinese University of HongKong, 1981);

10. W. W. Willoughby, *The Sino-Japanese Controversy and the League of Nations* (Baltimore: Johns Hopkins University Press, 1935); (non-academic but informative),

11. Parks M. Coble, *The Shanghai Capitalists and the Nationalist Government, 1927-1937* (2nd Editon, Harvard Univ. Press, 1986);

*12. Arthur N. Young, *China's Nation-Building Efforts, 1927-1937: The Financial and Economic Record* (Stanford: Stanford Univ, Press, 1971);

13. Alastair Lamb, *The China-India Border: The Origins of the Disputed Boundaries* (London: Oxford University Press, 1964);

14. Dorothy Borg, *The United States and the Far Eastern Crisis of 1933-1938* (Cambridge, Mass.: Harvard U. Press, 1964);

*15. Akira Iriye, *After Imperialism: the Search for a New Order in the Far East, 1921-1931* (Cambridge, Mass: Harvard U. Press, 1965);

16. Takehiko Yoshihashi, *Conspiracy at Mukden: The Rise of the Japanese Military* (New Haven: Yale U. Press, 1963);

17. Brian E. Porter, *Britain and the Rise of Communist China: A Study of the British Attitude, 1945-1954* (London: Oxford U. Press, 1967);

*18. Tang Tsou, *America's Failure in China 1941-1950* (Chicago: U. of Chicago Press, 1963);

*19. Chalmers A. Johnson, *Peasant Nationalism and Communist Power: the Emergence of Revolutionary China* (Stanford: Stanford U. Press, 1962);

*20. W. R. Fishel, *The End of Extraterritoriality in China* (Berkeley: U. of Calif. Press, 1952);

21. Barbara Tuchman, *Stiwell and American Experience in China, 1941-1950* (New York, 1971);

*22. Herbert Feis, *The China Tangle* (Princeton: Princeton U. Press, 1953);

23. Gavan McCormack, *Chang Tso-lin in Northeast China, 1911-1928: China, Japan and the Manchurian Idea* (Stanford: Stanford University Press, 1977);

*24. 蔣永敬，《鮑羅廷與武漢政權》（台北：中國學術著作獎助會，民國五十二年）；

25. 梁敬錞，《史迪威事件》（台北：台灣商務印書館，民國六十年）；

26. Arthur N. Young, *China and the Helping Hand, 1937-1945* (Cambridge, Mass.: Harvard U. Press, 1963);

27. Michael Schaller, *The U. S. Crusade in China, 1938-1945* (N. Y.: Columbia Univ, Press, 1979);

28. Jessie Lutz, *China and the Christian Colleges, 1850-1950* (Itheca, N. Y.: Cornell University Press, 1971);

*29. William Kirby, *Germany and Republican China* (Princeton: Princecton University Press, 1984);

30. Joshua Fogel, *Politics and Sinology: the Case of Naito Konan (1866-1934)* (Cambridge, Mass.: Harvard University Press, 1984);

*31. 李恩涵，《北伐前後的「革命外交」（一九二五～一九三一）》（台北：中研院近史所，民國八十二年）；

32. Dan N. Jacobs, *Borodin, Stalin's Man in China* (Cambridge, Mass.; Harvard University Press, 1981);

33. Nicholas R. Clifford., *Retreat from China: British Policy in the Far East, 1937-1941* (Seattl: University of Washington Press, 1967);

*34. Russell D. Buhite., *Nelson T. Johonson and American Policy toward China, 1925-1941* (East Lansing: Michigan State University Press, 1968);

35. Edmund S.K. Fung, *The Diplomacy of Imperial Retread: Britaim's South China Policy, 1924-1931* (Hong Kong: Oxflord Univ. Press, 1991);

*36. 李恩涵，《日本軍戰爭暴行之研究》（台北：台灣商務印書館，民國八十三年）；

*37. Russell D. Buhite., *Patrick J. Hurley and American Foreign Policy* (Ithaca: Cornell University Press, 1973);

38. Dorothy Borg, and Waldo Heinrichs, *Uncertain Years: Chinese-American Relations, 1947-1950* (N. Y.: Columbia University Press, 1980);

39. Allen S, Whiting, *China Crosses the Yalu: The Decision to Enter the Korean War* (Stanford: Stanford University Press, 1968);

40. Rosemary Foot, *A Substitute for Victory: The Politics of Peace Making at the Korean Armistice Talks* (Itheca, N. Y.: Cornell University Press, 1990).

41. Fei Fei Li, Robert Sabella, et al. eds. *Nanking 1937: Memory and Healing* (N. Y.: M. E. Sharpe, 2002).

近代中國外交史事新研 ／ 李恩涵著. -- 初版.
-- 臺北市：臺灣商務, 2004[民 93]
面： 公分
參考書目：面

ISBN 957-05-1891-X（平裝）

1. 中國－外交關係－近代（1600- ）－
論文, 講詞等

641.407 93011232

近代中國外交史事新研

定價新臺幣 500 元

著 作 者 李 恩 涵
責任編輯 劉瑋琦
美術設計 江美芳
發 行 人 王 學 哲
出 版 者
印 刷 所 臺灣商務印書館股份有限公司
臺北市 10036 重慶南路 1 段 37 號
電話：(02)23116118 · 23115538
傳眞：(02)23710274 · 23701091
讀者服務專線：0800056196
E-mail：cptw@ms12.hinet.net
網址：www.commercialpress.com.tw
郵政劃撥：0000165 － 1 號
出版事業登記證：局版北市業字第 993 號

• 2004 年 8 月初版第一次印刷

版權所有・翻印必究

ISBN 957-05-1891-X（平裝） 32562030

廣 告 回 信
台灣北區郵政管理局登記證
第 6 5 4 0 號

100臺北市重慶南路一段37號

臺灣商務印書館　收

對摺寄回，謝謝！

傳統現代　並翼而翔

Flying with the wings of tradition and modernity.

讀者回函卡

感謝您對本館的支持，為加強對您的服務，請填妥此卡，免付郵資寄回，可隨時收到本館最新出版訊息，及享受各種優惠。

姓名：＿＿＿＿＿＿＿＿＿＿＿＿＿＿＿＿ 性別：□男 □女

出生日期：＿＿＿年＿＿＿月＿＿＿日

職業：□學生 □公務（含軍警） □家管 □服務 □金融 □製造

□資訊 □大眾傳播 □自由業 □農漁牧 □退休 □其他

學歷：□高中以下（含高中） □大專 □研究所（含以上）

地址：□□□＿＿＿＿＿＿＿＿＿＿＿＿＿＿＿＿＿＿＿＿

＿＿＿＿＿＿＿＿＿＿＿＿＿＿＿＿＿＿＿＿＿＿＿＿＿

電話：（H）＿＿＿＿＿＿＿＿＿＿＿＿（O）＿＿＿＿＿＿＿＿＿＿＿

E-mail: ＿＿＿＿＿＿＿＿＿＿＿＿＿＿＿＿＿＿＿＿＿＿＿＿

購買書名：＿＿＿＿＿＿＿＿＿＿＿＿＿＿＿＿＿＿＿＿＿＿

您從何處得知本書？

□書店 □報紙廣告 □報紙專欄 □雜誌廣告 □DM廣告

□傳單 □親友介紹 □電視廣播 □其他

您對本書的意見？（A/滿意 B/尚可 C/需改進）

內容＿＿＿＿ 編輯＿＿＿＿ 校對＿＿＿＿ 翻譯＿＿＿＿

封面設計＿＿＿＿ 價格＿＿＿＿ 其他＿＿＿＿＿＿＿＿＿＿

您的建議：＿＿＿＿＿＿＿＿＿＿＿＿＿＿＿＿＿＿＿＿＿＿

＿＿＿＿＿＿＿＿＿＿＿＿＿＿＿＿＿＿＿＿＿＿＿＿＿

＿＿＿＿＿＿＿＿＿＿＿＿＿＿＿＿＿＿＿＿＿＿＿＿＿

臺灣商務印書館

台北市重慶南路一段三十七號 電話：（02）23116118・23115538

讀者服務專線：0800056196 傳真：（02）23710274・23701091

郵撥：0000165-1號 E-mail：cptw@ms12.hinet.net

網址：www.commercialpress.com.tw